Deutsch-Neuguinea

Wolf J. Lippmann

Juli 1997

BURKHARD VIEWEG

BIG FELLOW MAN

Muschelgeld und Südseegeister

Authentische Berichte aus Deutsch-Neuguinea 1906–1909

Der Verfasser berichtet von den Erlebnissen seines Vaters Karl Vieweg

verlag josef margraf
Scientific Books

CIP-Titelaufnahme der Deutschen Bibliothek

Vieweg, Burkhard:
Big fellow man: Muschelgeld und Südseegeister; authentische Berichte aus Deutsch-Neuguinea 1906–1909 / Burkhard Vieweg. – Weikersheim: Margraf, 1990
ISBN 3-8236-1189-5

Umschlagentwurf und Satz:
Katrin Geigenmüller, Stuttgart

Druck und Bindung:
Vier-Türme-Verlag, Münsterschwarzach

Scientific Books
Mühlstr. 9, 6992 Weikersheim

ISBN 3-8236-1189-5

Inhalt

Abb. 1: Karl Vieweg (1883 – 1945)

Meinem Vater,
der dem seinen große Sorgen bereitete,
wie der Verfasser seinem Vater.

Zum Geleit

Im Februar 1986 erhielt ich den ersten Brief von Herrn Dr. Burkhard Vieweg, in dem er von seinen Plänen einer Reise in die Südsee nach Papua-Neuguinea berichtete und erwähnte, eine Geschichte über seinen Vater, der als Verwalter von Kokospalmenplantagen einige Jahre in Neuguinea gelebt hatte, schreiben zu wollen. Seither habe ich mit großem Interesse das Projekt von Burkhard Vieweg verfolgt, auch wenn ich nicht immer alle seine Fragen beantworten konnte. Von besonderem Wert erschien es mir von Anfang an, daß er an die in der Südsee liegenden Lebensstationen seines Vaters gereist war, um so die Tagebuch-Aufzeichnungen seines Vaters besser verstehen und einordnen zu können. In den achtziger Jahren sind sehr viele Veröffentlichungen über die inzwischen fast ein Jahrhundert zurückliegende Kolonialzeit erschienen. Der hier vorliegende Bericht reiht sich in diese Publikationen in ganz besonderer Weise ein, indem eine Synthese von persönlicher Beschäftigung mit der Biographie des Vaters, mit der Kolonialzeit und mit der heutigen Situation dieser uns so fernen Südseeinseln versucht wird.

Manche der in dem Bericht angeführten Gebiete, insbesondere die Witu-Inseln, sind auch heute noch ethnographisch wenig bekannt. Um so mehr erfreute es mich, daß hier Erzählungen eines Augenzeugen wiedergegeben werden, auch wenn sie manchmal sehr von den Vorurteilen und Vorstellungen der damaligen Kolonialzeit geprägt und beeinflußt sind.

Da ich selber bei meiner ethnologischen Arbeit in Neuguinea mit vielen Erzählungen und Berichten von Einheimischen konfrontiert wurde, in denen ihre frühere Arbeit auf den Kokospalmenplantagen eine sehr große Rolle in der Erfahrung und Auseinandersetzung mit der Welt der Weißen spielte, möchte ich vor allem auf die in den Ausführungen von Karl Vieweg wiedergegebenen Angaben zu den Bedingungen und dem Leben auf den Plantagen verweisen. Es ist die Darstellung des Alltags auf den Plantagen und damit der für die Einheimischen von Neuguinea so ungewohnten "Lohnarbeit", der diesen Bericht von Karl Vieweg bzw. die Nacherzählung durch seinen Sohn Burkhard Vieweg so lesenswert macht. Besonders jedoch lernen wir den Alltag der Plantagenverwalter kennen, ihre Nöte und Ängste, ihre Beschäftigungen und ihren Zeitvertreib. Wir erfahren aber auch, wie die Europäer an ihre Arbeit auf den Plantagen herantraten, wobei Karl Vieweg mit seinem ausgeprägten Interesse für das Land und seine Bewohner schon wieder eine Ausnahme darstellt.

Der hier von Burkhard Vieweg vorgelegte Bericht ist auch ein Teil mündlicher Überlieferung unserer eigenen Kultur, indem die Erzählungen des eigenen Vaters, wie sie in der Erinnerung weiterleben, wiedergegeben werden.

Die Leser dieser Aufzeichnungen sollten keinen "objektiven ethnographischen Bericht" über jene ferne Inseln, ihre Bewohner und ihre Kultur erwarten. Vielmehr werden sie eine lebendige Einführung in die Kolonialzeit am Anfang dieses Jahrhunderts vorfinden. Darin kommen die Hoffnungen und Erwartungen jener jungen Leute zum Ausdruck, die hinauszogen, um ihre Erfahrungen und Abenteuer in der Fremde zu machen, und die dort mit anderen jungen Menschen zusammenkamen, die ebenfalls, wenn auch nicht immer freiwillig, ihre Dörfer verlassen hatten, um die Welt der Europäer kennenzulernen.

Bonn, im Frühjahr 1990

Dr. Markus Schindlbeck
(Museum für Völkerkunde,
Abteilung Südsee, Berlin)

Vorwort des Autors

Die vorliegende Schrift war ursprünglich nicht für die Öffentlichkeit, sondern für die Nachkommen von Karl Vieweg (1883–1945) gedacht, um ihnen anhand seiner Erlebnisse und Beobachtungen von der deutschen Kolonialzeit in der Südsee zu erzählen. Interessierte Freunde regten jedoch an, die Ausarbeitung einem größeren Leserkreis zugänglich zu machen. So entstand dieses Buch.

Als Karl Vieweg zu Quedlinburg am Harz geboren wurde, war gerade der Deutsche Kolonialverein gegründet worden. In der Südsee hatten zu jener Zeit nur Spanien, Frankreich und England Kolonien. Als erstrebenswert galt bis in die 80er Jahre des 19. Jahrhunderts nicht immer der Erwerb von Land. Das geflügelte Wort war 'we want trade, not dominion'; denn das Klima mit Malaria und anderen Tropenkrankheiten war in diesen Breiten zu ungesund. Litten schon die einheimischen Völker sehr darunter, so bedeutete es für die Europäer oft den Tod.

Auf Tahiti, Tonga, Samoa und im Bismarck-Archipel gab es bereits Niederlassungen deutscher Firmen, darunter die Handelshäuser Godeffroy und Hernsheim. Sie verzeichneten große Erfolge, da die vulkanischen Böden bei hohen Niederschlägen und hohen Temperaturen ausgezeichnete Ernten ermöglichten. Zudem waren die Lohnkosten gering. Die Kokospalmen lieferten große Mengen Kopra, und das hieraus gewonnene Öl war zu einer bedeutenden Einnahmequelle geworden.

1884 wurde die deutsche Flagge auf dem Nordostteil Neuguineas gehißt. Unter der Schirmherrschaft des Reiches nahm die Tätigkeit deutscher Firmen beträchtlich zu. Es war eine Zeit, in der dem Weißen beim Anblick der fremdartigen Bewohner noch bang ums Herz werden konnte, in der man nicht unbewaffnet sein durfte, in der der Kannibalismus noch nicht besiegt war, Geheimbünde trotz strenger Verbote weiterblühten und Mord und Totschlag nichts Ungewöhnliches waren. Jeder Weiße wußte von grausamen Gesetzen, denen sich die Insulaner unterworfen fühlten, hörte von Zauberern und Medizinmännern, kam in einen Kulturkreis, der ihm nicht zugänglich war und damit unverständlich bleiben mußte.

Auf Neuguinea arbeitete seit Beginn der deutschen Zeit die Neuguinea Compagnie. Ihr war zunächst auch die Verwaltung der Kolonie übertragen. Ihr Hauptsitz war Finschhafen, ein idyllischer, aber mörderischer Ort, der bald aufgegeben werden mußte, da zu viele Europäer von der Malaria dahingerafft wurden.

An anderen Plätzen wuchsen jedoch die Erfolge. Plantagen waren angelegt, und regelmäßige Schiffsdienste liefen verschiedene Punkte an, um die Säcke mit der begehrten Kopra abzuholen.

Die Kolonie erstreckte sich mit ihren rund 2 000 Inseln über eine Fläche von mehr als 3 000 x 4 000 km. Dies verdeutlicht, daß eine vollständige Kontrolle durch die Kolonialmacht kaum möglich war. Die wenigen Weißen – 1905 waren es nicht einmal 500 – saßen nur an einigen Punkten der Küste. Was weiter als 10 oder 15 km landeinwärts im Urwald oder irgendwo hinter den Bergen geschah, ob dort Menschen wohnten oder nicht – das wußte niemand. Diese Gebiete waren große weiße Flecken auf der Landkarte. Europäer, die fünf oder mehr Jahre in diesem Klima ohne schwere gesundheitliche Schäden überlebten, waren eine Seltenheit.

Alle Deutschen, die Interesse für die weite Welt hatten, studierten die greifbaren Publikationen, freuten sich über die Erfolge in den Kolonien in Afrika und in der Südsee und grausten sich entsprechend, wenn sie von Menschenfressern und Geistern lasen.

Im Hause Vieweg zu Quedlinburg waren die Kolonien ein beliebtes Thema der abendlichen Unterhaltung. Das Interesse war groß, weil Leo Frobenius, der Afrikaforscher, zur Verwandtschaft gehörte. Der junge Karl Vieweg sah in dem zehn Jahre älteren Vetter ein großes Vorbild, da dieser mit kaum zwanzig Jahren im Fachjournal 'Deutsche Geographische Blätter' sehr aufschlußreiche Artikel über Afrika geschrieben hatte. Und die Veröffentlichung 'Die Weltanschauungen der Naturvölker' war für Karl Vieweg so interessant, daß sein Wunsch reifte, hinaus in die Welt zu gehen und die Völker in den dunklen Erdteilen kennenzulernen. Vetter Leo konnte dies, wie er sagte, nur unterstützen, zum Kummer der besorgten Eltern.

Nach Gymnasium, kaufmännischer Lehre und Reserveoffiziersausbildung fühlte sich Karl fit, um eine Aufgabe im fernen Süden zu übernehmen. Die Neuguinea Compagnie in Berlin, die einsatzfreudige und kerngesunde Leute suchte, machte ihm ein Angebot.

Karl Vieweg zögerte nicht lange. War Neuguinea auch nicht das Afrika, von dem Vetter Leo so anschaulich erzählt hatte, so besaß das Wort Südsee doch einen eigenen Reiz. Von Stund an las Karl – jetzt wohnhaft in Berlin, dem Sitz der Neuguinea Compagnie – nur noch, was über Neuguinea erreichbar war, betrachtete im Völkerkunde-Museum alles, was von dort kam, und befaßte sich mit Pidgin-Englisch, jenem seltsamen Kauderwelsch aus Englisch und anderen Sprachen, das dort gesprochen wird. Er besorgte sich die 'Samoafahrten' von Dr. Otto Finsch, studierte die Berichte von Heinrich Schnee und las jeden Artikel im 'Deutsches Kolonialblatt', nicht zu vergessen 'Aus Papuas Kulturmorgen' von Stefan von Kotze, dessen lockere Wiedergabe der harten Realitäten ihm besonders imponierte.

Die Neuguinea Compagnie vermittelte ihrem Aspiranten für den Posten in der Südsee leider nicht das Wissen, das ihm dort eines Tages hätte von Nutzen sein können. 'Selber ausprobieren', das war die Parole! Und nach diesem Grundsatz bereitete er sich vor und handelte später, wenn er sich draußen u.a. auch als 'Arzt' betätigen mußte.

Im Herbst 1906 traf er nach einer Reise von 49 Tagen in Neuguinea ein. Wie er es sich vorgenommen hatte, führte er Tagebuch und schrieb fleißig nach Hause. Dort wurde jede Zeile des fernen Sohnes sorgsam aufbewahrt, wie Karl es ausdrücklich gewünscht hatte. Vielleicht würde er eines Tages Zeit haben und ein Buch darüber schreiben.

Auf der Gazelle-Halbinsel lernte er den Ethnologen Dr. Thurnwald kennen, der im Auftrag des Berliner Völkerkunde-Museums dort tätig war. Bei gemeinsamen Unternehmungen in den Siedlungen der Tolai-Stämme erhielt er von Dr. Thurnwald, der heute als der erste Vertreter der modernen Ethnologie angesehen wird, wertvolle Anregungen für seine eigenen Beobachtungen, wodurch seine Aufzeichnungen noch genauer und umfangreicher wurden.

Karl Vieweg ahnte damals nicht, daß seine Berichte nicht von ihm, sondern eines fernen Tages von einem seiner Söhne aufgearbeitet würden. Die nun vorliegenden Seiten stützen sich auf die Tagebücher und Briefe, aber auch auf seine Erzählungen, denen seine Kinder später begierig lauschten. Für die Kinder waren das spannende Geschichten aus der Südsee, für den interessierten Leser offenbart sich dabei die Problematik jeglicher Kolonisation mit ihren gravierenden Folgen für das Land und seine Kultur.

Nach den Jahren seiner erfolgreichen Tätigkeit bei der Neuguinea Compagnie machte Karl Vieweg seinen schon länger gehegten Traum wahr, selbständiger Kautschukpflanzer zu werden. Allerdings nicht in Neuguinea, dessen Klima auch ihm heftig zugesetzt hatte, sondern in Deutsch-Ostafrika, dem heutigen Tansania. So verlockend die Angebote in Neuguinea waren, die Leitung großer Plantagen zu übernehmen: Afrika und Vetter Leo hatten ihn nie so ganz losgelassen.

1912 wurde das große Jahr seines Lebens. Nach einer langen Safari in Deutsch-Ostafrika hielt er die fruchtbare Erde in der Hand, nach der er gesucht hatte – seine Kautschukpflanzung wurde jetzt Wirklichkeit.

Doch es waren nur zwei Jahre, die dem jungen Unternehmer, Pflanzer und genauen Beobachter seiner Umwelt zum Aufbau blieben. Da brach der Erste Weltkrieg aus. Im legendären Feldzug des General von Lettow-Vorbeck gegen eine zehnfache Übermacht war auch Karl Vieweg als Mitstreiter dabei. Er kämpfte am Kilimandscharo und in den Fiebersümpfen des Rufiji-Flusses, erhielt als einer der ersten das Eiserne Kreuz und wurde mehrfach verwundet.

Erst 1919 wurde er aus der Kriegsgefangenschaft in Ägypten in die Heimat entlassen. Deutschland hatte die Kolonien verloren und er seine Pflanzung! Der Verlust und die Enttäuschung waren groß. Zudem hatten die zwölf Tropenjahre ihren Preis gefordert: Über sechzigmal hatten ihn die gefürchteten Tropenkrankheiten niedergeworfen, Gehirnmalaria hatte ihn – den Unerschütterlichen – an den Rand des Grabes gebracht, und über dreißigmal war er von seinen Getreuen in ein Hospital oder ein hospitalähnliches Provisorium getragen worden.

Zurück in Deutschland: Ein Mann von Sechsunddreißig fing von vorn an. Er kehrte nicht mehr in die Tropen zurück. Er schuf sich eine neue Existenz beim Deutschen Kalisyndikat in Berlin. Gern hätte er seine Erlebnisse und Beobachtungen in einem Buch niedergeschrieben, doch andere Aufgaben nahmen ihn zu stark in Anspruch. Im Alter von nur zweiundsechzig Jahren starb er an den Spätfolgen seiner in den Tropenjahren durchgemachten Krankheiten.

Die Niederschrift seiner Tätigkeit in Neuguinea ist ein Erlebnisbericht und erhebt keinen Anspruch auf Vollständigkeit, sofern es die Darstellung der Sitten und Gebräuche der dortigen Bevölkerung betrifft. Die Schilderung mancher Eigenarten mag den Leser schockieren. Er sollte sich jedoch vergegenwärtigen, daß es sich hierbei um die ungeschminkte Wiedergabe jener ausgehenden Steinzeit handelt, die in Teilen des Landes erst heute überwunden wird.

Um diesen Bericht auf eine festere Basis zu stellen und die Inseln kennenzulernen, die sein Vater so einprägsam zu schildern gewußt hatte, besuchte der Verfasser 1986 Papua-Neuguinea. Die genauen Beschreibungen des Vaters ermöglichten es, alle Plätze wiederzufinden, an denen er gewesen war. Der Verfasser bekam zusätzliche Informationen von noch lebenden Zeitzeugen und fand von den Arbeitern seines Vaters Söhne und Enkel, denen der Name Vieweg ('Piewek') etwas bedeutete.

Gern denken der Verfasser und seine Frau an die schönen Inseln zurück. Sie können aufrichtig sagen, daß sie während ihrer langjährigen Tätigkeit in tropischen Ländern Asiens und Afrikas noch nie so freundlichen Menschen begegnet sind wie in Papua-Neuguinea.

Der Verfasser möchte an dieser Stelle all denen danken, die ihn bei der Vorbereitung des Berichts wie auch bei der Durchsicht unterstützt haben, insbesondere

Frau Regina Schnarr-von Brauchitsch, Ellerbek bei Hamburg;

Herrn Dr. Markus Schindlbeck, Museum für Völkerkunde, Berlin;

Frau Gisela Wichmann-Boelicke, Ethnologin, Xanten;

Pater Superior Norbert Birkmann und Schwester Odilgard, Mission Zum-Heiligen-Herzen-Jesu, Kokopo, Papua-Neuguinea;

Pater Matthias Mayerhofer, Mission Zum-Heiligen-Herzen-Jesu, Bokungu, Zaire;

Herrn Fritz Koenn, Bundesministerium für wirtschaftliche Zusammenarbeit, Bonn;

Herrn Walter Lürken, Ammerbuch-Entringen;

Herrn Uwe-Eitel Friese, Bundesministerium für wirtschaftliche Zusammenarbeit, Bonn;

Mr. Dick Doyle und Mr. Robert Kaloha, Insel Garowe, Witu-Inseln, Papua-Neuguinea;

Mr. Walter Memeri, Mr. Angelbert Pondani (†) und Mr. Alfonse Baule, Insel Mundua, Witu-Inseln, Papua-Neuguinea.

Ein besonders herzlicher Dank des Verfassers gilt seiner Frau. Sie hat ihm unermüdlich geholfen, sei es in Papua-Neuguinea oder am Schreibtisch in Bonn.

Bonn, im Sommer 1990 **Burkhard Vieweg**

Zeittafel von Deutsch-Neuguinea

1512	Neuguinea wird durch den Portugiesen d'Abreu entdeckt.
1526	Sein Landsmann de Meneses bezeichnet die Bewohner mit dem molukkischen Wort 'papua' (kraushaarig).
1545	Der Spanier Ortiz de Retes nennt das Land wegen der Ähnlichkeit mit Guinea in Westafrika 'Nueva Guinea'.
1828	Die Holländer nehmen den Westteil der Insel in Besitz.
um 1830	Französische Schiffe kreuzen im späteren Bismarck-Archipel. Die French-Inseln (Witu-Inseln) und die Villaumez-Halbinsel erhalten ihre Namen. Nach der Korvette 'Astrolabe' wird die Astrolabe-Bai benannt.
1871/72	Als erster Europäer hält sich der russische Forscher Maclay an der Astrolabe-Bai bei dem Dorf Bongu auf. Sein Name geht in die Mythologie ein: 'Kai'-Stämme, 'Ray'-Küste.
1872	Der britische Kapitän Simpson entdeckt mit seinem Kriegsschiff 'Blanche' die spätere Blanche-Bucht mit dem Simpson-Hafen.
	Im selben Jahr landet dort der Wesleyaner Methodistenmissionar Brown.
1873–76	Erste deutsche Präsenz: Die Hamburger Handelshäuser Godeffroy und Hernsheim errichten Niederlassungen im Bismarck-Archipel, 1875 ankert die Korvette 'Gazelle' in der Blanche-Bucht.
1878	Godeffroy gründet die 'Deutsche Handels- und Plantagengesellschaft der Südseeinseln' mit Sitz auf Mioko/spätere Neulauenburg-Inseln.
1879–82	Der Franzose Marquis de Rays verspricht rd. 600 Siedlern gegen entsprechende Einzahlungen paradiesische Siedlungsmöglichkeiten im Süden des späteren Neumecklenburg (New Ireland). Die meisten der geprellten Siedlerfamilien sterben dort an Hunger und Krankheiten, der betrügerische Baron stirbt in Frankreich im Gefängnis.
1882	Die katholischen Herz-Jesu-Missionare beginnen in Vunapope

	bei Kokopo/Gazelle-Halbinsel mit ihrer fruchtbaren Arbeit (u.a. Missionar Kleintitschen).
1883	Die australische Provinz Queensland annektiert den Ostteil von Neuguinea. England annulliert diesen Schritt.
1884/85	Der Berliner Bankier von Hansemann entsendet den Dampfer 'Samoa' unter Kapitän Dallmann mit dem Wissenschaftler Dr. Finsch nach Neuguinea, um die Küsten und mögliche Häfen zu erkunden und Land für die geplante Kolonisierung zu erwerben. Nach Rückkehr des Schiffes Gründung der 'Neuguinea Compagnie' durch ihn.
1884	3. Nov.: Hissung der deutschen Flagge auf Insel Matupi/Gazelle-Halbinsel. Drei Tage später erklärt England Schutzherrschaft über den restlichen, südöstlichen Teil Neuguineas.
1885	17. Mai: Durch Kaiserlichen Schutzbrief Übertragung der Landeshoheitsrechte an die Neuguinea Compagnie mit dem ausschließlichen Recht, herrenloses Land in Besitz zu nehmen sowie Verträge über Landkäufe abzuschließen.
1885	Deutschland annektiert die Marshall-Inseln.
1886	Zum Verwaltungsbereich der Neuguinea Compagnie kommen die neuerworbenen Salomonen-Inseln Bougainville, Buka, Choiseul und Ysabel. Die evangelische Neuendettelsauer Mission (Bayern) beginnt in der Gegend um Finschhafen mit ihrer Arbeit (u.a. Missionare Flierl, Keysser, Bamler, Lehner, Zahn).
1887	Die evangelische Rheinische Mission (u.a. Kunze, Hoffmann, Helmich) errichtet an der Astrolabe-Bai bei Bogadjim ihre erste Station, weitere folgen auf den Inseln Siar und Ragetta und bei Bongu. Innerhalb der nächsten 20 Jahre kommt rd. ein Drittel der 53 Missionare durch Mord und Krankheiten um.
1888	Erste Arbeitergesetzgebung der Neuguinea Compagnie.
1899	Deutschland kauft von Spanien die Karolinen und die Marianen (mit Ausnahme der Insel Guam). Die Inseln Choiseul und Ysabel werden an England abgetreten. Die Verwaltung der Kolonie lag bisher in der Hand eines Landeshauptmanns der Neuguinea Compagnie. Nun wird die Verwaltung nach Jahren verwirrender Zuständigkeiten zwischen Landes- und Compagnieverwaltung gegen Zahlung von 4 Mio. RM an die Neuguinea Compagnie vom Deutschen Reich übernommen. Oberster Landesherr ist nunmehr ein Kaiserlicher Gouverneur. Erst jetzt beginnt die richtige Erschließung des Landes.

1900	Neufassung der Arbeitergesetzgebung.
1903	Einführung der vierwöchigen Arbeitspflicht pro Mann und Jahr.
1904	Stufenweise Einführung der Kopfsteuer.
1914	Erster Weltkrieg: Landung eines australischen Expeditionskorps – Ende der deutschen Ära.
1919	Australien erhält das Völkerbundmandat für Deutsch-Neuguinea (mit Ausnahme der nördlich des Äquators gelegenen Marianen, Karolinen, Marshall- und Palau-Inseln).
1975	Die 1949 zur Verwaltungseinheit erklärte ehemalige deutsche Kolonie (mit Ausnahme der Marianen, Karolinen, Marshall- und Palau-Inseln) und das britisch-australische Papua erhalten ihre Unabhängigkeit als 'Papua-Neuguinea'.

Landeshauptleute der Neuguinea Compagnie		**Sitz der Verwaltung**
1885–88	von Schleinitz	Finschhafen
1888/89	Kraetke	Finschhafen
1889–92	Kein Landeshauptmann. Vorübergehende Trennung der Ämter: Landesverwaltung durch Kaiserl. Kommissar Rose, Compagnieleitung durch Arnold, später Rose.	Stephansort
1892–95	Schmiele	Friedrich-Wilhelmshafen
1895/96	Rüdiger	Friedrich-Wilhelmshafen
1896/97	von Hagen	Stephansort
1897–99	Skopnik	Friedrich-Wilhelmshafen

Gouverneure von Deutsch-Neuguinea		
1899–1902	von Bennigsen	Herbertshöhe
1902–1914	Dr. Hahl	Herbertshöhe (bis 1910) Rabaul (1910–14)

Geographische Namen – früher und heute

Beliao	Belia
Berlinhafen	Aitape
Bilibili	Bilbil
Bogadjim/Stephansort	Bom
Dallmannhafen	Wewak
Echaquier-Inseln	Ninigo Islands
Friedrich-Wilhelmshafen	Madang
Hansemannberg	Nobonob
Herbertshöhe/Kokopo	Kokopo
Johann-Albrecht-Hafen	Johan Albrecht Harbour
Kaiserin-Augusta-Fluß	Sepik
Kaiser-Wilhelmsland	Der auf der Insel Neuguinea liegende Teil der Kolonie Deutsch-Neuguinea
Matupi	Matupit
Neuhannover	New Hanover
Neulauenburg	Duke of York Islands
Neumecklenburg	New Ireland
Neupommern	New Britain
Örtzen-Gebirge	Adelbert-Range
Peterhafen	Peter Haven
Ragetta	Kranket
Weber-Hafen	Ataliklikun

Deutsches Reich.

Paß-Journal

Nr. 111.

Das Auswärtige Amt

Kolonial-Abteilung

ersucht hiermit sämtliche Zivil- und Militär-Behörden, Vorzeiger dieses, den Kaufmann Karl Vieweg, der sich nach Deutsch Neu-Guinea begibt

frei und ungehindert reisen, ihm auch nötigenfalls Schutz und Beistand angedeihen zu lassen.

Berlin, den 3. Oktober Neunzehnhundertundsechs (1906)

Auswärtiges Amt

Kolonial-Abteilung

Dernburg

Reise-Paß gültig auf ein Jahr.

Abb. 2: Karl Viewegs Reisepaß

I. AN DER ASTROLABE-BAI

In Friedrich-Wilhelmshafen

Am *24. November 1906* kam die 'Willehad' in Friedrich-Wilhelmshafen (heute Madang) an. Sieben Wochen hatte Karl Viewegs Reise von Quedlinburg am Harz bis Neuguinea gedauert. Eine lange, eine erlebnisreiche Zeit. Doch nun war das Ziel erreicht.

Eine Reihe Europäer in schneeweißen Anzügen und mit Tropenhelmen waren an der Anlegestelle zu sehen, unter ihnen auch der Bezirksamtmann, Herr Stuckardt, bereit zum Empfang des Schiffes, von Freunden, Bekannten und Unbekannten.

Auf der Landungsbrücke stand dicht gedrängt eine braunrote Schar Arbeiter, braun die Haut, rot das Lendentuch. Die 'Willehad' legte an, vom Schiff flogen die Leinen, wurden aufgefangen, die dicken Haltetaue nachgezogen – Gestikulieren und viel Geschrei waren das Wichtigste.

Eine halbe Stunde später waren Formalitäten und Begrüßung vorüber und die Neuankömmlinge an Land.

Karl Vieweg wohnte zunächst in dem einzigen Hotel am Platz. Man nannte das Gebäude 'Hotel', ein Holzbau auf Pfählen, der nur zu leicht mit einer Baubude verwechselt werden konnte. Das Haus war der Schrecken aller dort frohen Mutes Eingekehrten. Es war nicht viel besser als das alte Hotel, das, von Termiten angenagt, bei einem Erdbeben in sich zusammengesackt war.

Für das Wohl des Gastes hatten zwei Boys zu sorgen. Es waren zwei liebe ältere Männer, die sich wohl früher ihre Verdienste erworben hatten. Ihr Gang war aufreizend langsam. Der eine hatte ein ausdrucksloses Gesicht. Der andere auch. Beide taten ihr bestes, das merkte man.

Die Ausstattung des Viewegschen Zimmers konnte man nur als schlicht bezeichnen. Doch Bett, kistenähnlicher Schrank und kommodenähnliche Kiste, Stuhl, Waschschüssel und Nachttopf waren vorhanden. Mehr brauchte er im Augenblick auch nicht. Später würde er sich seine eigenen Möbel zulegen. Die sollte es bei Versteigerungen günstig zu kaufen geben, hatte ihm ein Mitreisender verheißungsvoll gesagt, denn ab und zu stirbt doch jemand an Malaria oder Schwarzwasserfieber. Derselbe Europäer hatte ihm auch den Tip gegeben: Wenn du in ein Hotelzimmer einziehst, zunächst einmal mit einem kräftigen Ruck das Laken vom Bett ziehen, dann wirst du sehen, was an Ungeziefer darunter wohnt.

So tat er auch jetzt: Ein schneller Griff – gottlob, keine Kakerlaken!

Nun schob er die Kommodenkiste beiseite – oho! – und konnte nur staunen, was da alles an Krabbelgetier zu verschwinden suchte.

In der Waschschüssel stand noch das trübe Wasser seines Vorgängers, einem Gast des letzten Dampfers. Es hatte in den vergangenen Wochen als Brutstätte für die Mückenschwärme gedient, die den neuen Gast jetzt willkommen hießen.

Die erste Nacht im fremden Land war deshalb unvergeßlich, wie zu vermuten. Das Moskitonetz war in Wirklichkeit eine Moskito-Fangeinrichtung. Die zahlreichen Löcher kamen erst zum Vorschein, als Karl Vieweg im vollsten Vertrauen auf Management und Dienerschaft das Netz heruntergelassen hatte. Aber da war es schon dunkel, und beim trüben Schein der Petroleumlampe entdeckte er weniger als er eigentlich sollte. Zudem mußten Schlupflöcher oder Schlupfritzen vorhanden sein, die nur den Moskitos bekannt waren. Dem fluchenden Gast blieb nichts weiter übrig, als nach den lieben Tierchen zu schlagen und auf den Morgen zu warten.

Endlich wurde es hell.

Oben am Netz saßen still und zufrieden zahlreiche Mücken mit prallen Hinterleibern – er registrierte ein rundes Dutzend –, die ihr wohlverdientes Verdauungsschläfchen hielten.

Wer die Verhältnisse in dem trauten Heim schon kannte, der zog erst gar nicht hierher, sondern gleich in das nahe Hospital, das sich auf der Insel Beliao im Hafenbecken befand. Karl Vieweg blieb nur zwei Nächte in der Moskitohöhle. Dann zog er pflichtgemäß in das Assistentenhaus der Neuguinea Compagnie um.

Das Haus lag, wie alle anderen Europäerhäuser, in der Nähe des Meeres, dem Wind ausgesetzt. Dies nicht nur wegen der Frische, sondern vor allem wegen der Moskitos, die spätestens bei Einbruch der Dunkelheit aus ihren Verstecken hervorkamen und nach geeigneten Opfern suchten. Im Windzug wurde man von ihnen nicht ganz so schlimm geplagt wie im geschützten Raum, weil die Biesterchen mit ihren zarten Flügeln nur schwer gegen die ständige Luftströmung ankamen.

Friedrich-Wilhelmshafen lag an einem natürlichen Hafenbecken, geschützt durch einzelne Inseln. Der Ort war nicht groß, obwohl er der Hauptstützpunkt der Deutschen auf Kaiser-Wilhelmsland war, also dem Teil der Kolonie, der auf Neuguinea selbst lag. Die Siedlung zählte damals kaum mehr als 100 Weiße. Das war wirklich nicht viel. Aber auch in der gesamten Kolonie lebten 1906 kaum mehr als 500 Weiße, einschließlich 49 Frauen und Kinder.

Immerhin gab es in Friedrich-Wilhelmshafen ein Kaiserliches Bezirksamt, das Bezirksgericht, die Polizeistation, das bewußte 'Hotel', die Postagentur, die Agentur des Norddeutschen Lloyd, natürlich auch die Administration der Neuguinea Compagnie und schließlich die am häufigsten frequentierte Einrichtung, das Hospital. Die nächste Station war nicht selten der Friedhof, gleich neben dem Markt.

Wohin Karl Vieweg in dem Ort auch sah, immer wieder entdeckte er auf den Zweigen einen schlanken schwarzen Vogel mit weißer Brust und breitem Schwanz. Letzterer wackelte ständig hin und her – 'Willy Wackelschwanz' wurde er deshalb genannt. Einer von diesen Wackelfritzen kämpfte gestern mit einer der zahlreichen Krähen und verjagte sie sogar, obwohl Willy Wackelschwanz bedeutend kleiner war. Vermutlich war er so in Rage über diesen weiteren Kolonisten geraten – die Deutschen hatten die Krähen zur biologischen Bekämpfung eines Palmenkäfers eingeführt –, daß ihm der Zorn Riesenkräfte verlieh!

Neu für Karl Vieweg war die Art, wie die schwarzen Mütter ihre Kinder trugen: Der Säugling schlief auf dem Rücken der Mutter in einem Netz, das mit einem geflochtenen Band über der Stirn getragen wurde.

Eine gewisse Kaste war die der Straßenfegerinnen. Fegen war Frauen- oder wie man damals sagte, Weiberarbeit. Die Damen waren von der Ortsverwaltung angestellt, erhielten nicht viel und taten noch weniger. Am besten, man stand früh auf, wollte man ihre Schwungkraft bewundern, mit der sie in hockender Stellung ihre Besen, die Palmenwedel, über den Straßenboden bewegten. Für Spätaufsteher war dieses Beobachtungserlebnis schon schwieriger wahrzunehmen: Dann hatten sich die Schönen bereits bis zu irgendeinem der auf Pfählen stehenden, schattenspendenden Häuser hingefegt und blieben für den Rest des Tages einfach verschollen. Erst die sinkende Sonne entdeckte sie wieder, nach des Tages Mühsal heimwärts schreitend.

Es gab noch eine andere Kaste weiblichen Geschlechts. Diese Damen waren sogar bereit, Überstunden zu machen, waren auch flink bei der Hand und verstanden durchaus, Freude zu spenden. Besonders, wenn ein Schiff eingetroffen war, hatten sie alle Hände voll zu tun. Sie waren auch hübsch gekleidet, trugen bunte Tücher. Nein, es waren nicht die einheimischen Tamul-Frauen mit der platten Nase und der Kalkpfeife zwischen den breiten Lippen, sondern meist hübsche 'Polonaisen', wie man die weithergereisten Töchter Polynesiens gern bezeichnete. – Eine platte Nase galt bei den Einheimischen übrigens als Schönheit. Deshalb drückte die schwarze Mutter ihrem Neugeborenen mit dem Daumen erst einmal die Nase platt.

Außer Palmen und einzelnen Urwaldriesen standen im Ortsgebiet äußerst seltsame Bäume. Sie sahen im Grunde genommen nicht viel anders aus als viele andere Bäume, nur – und das war das Eigenartige – sie trugen große, längliche Fruchtkörper. Wie Beutel, dunkel und ledern, sahen sie aus.

Es waren keine Fruchtkörper. Es waren Fliegende Hunde, die zu Hunderten, zu Tausenden dort oben hingen und geduldig den Abend abwarteten. Für die Tamul – so wurden die Bewohner der Astrolabe-Bai allgemein bezeichnet – waren die Tiere eine leckere Speise, nur sie erbeuteten sie nicht oft. Mit Pfeil und Bogen waren sie schwer zu erreichen (die Tiere natürlich), und nach einem tödlichen Gewehrschuß blieben sie gewöhnlich festgeklammert hoch oben an ihrem Ast hängen. – Die dünnen Knochen der Flughäute werden von den Tamul-Frauen auch heute noch, 1990, gern zu Nähnadeln umfunktioniert.

Kaum war die Sonne untergegangen, so machten sich die Fliegenden Hunde zu ihren Futterplätzen auf. Dann konnte man sie als lautlose Schatten in nicht endenwollendem Zug gegen den rötlichen Abendhimmel dahinziehen sehen, ein Bild, das keiner, der einmal in Friedrich-Wilhelmshafen gewesen war, vergessen wird.

Aber auch später am Abend, im Dunkeln, gab es manchmal Eigenartiges zu sehen. Dann konnte Karl Vieweg kleine Leuchtkäfer beobachten, die zu Hunderten auf den Blättern eines bestimmten Baumes saßen. Anders als an einem lauen Sommerabend in Deutschland leuchteten sie aber nicht beständig, sondern schalteten ihr Licht regelmäßig an und aus ... an und aus ...

Seltsamerweise schaltete nun nicht jedes Käferchen nach eigenem Ermessen um, sondern alle schalteten wie auf Kommando im gleichen Rhythmus und zur gleichen Zeit, ein Phänomen, das dem Neuling natürlich besonderen Spaß machte. Wie er hörte, waren die Tamul davon überzeugt, daß die leuchtenden Tierchen die herumirrenden Seelen ihrer Ahnen seien.

Nicht seinen ersten Eindruck, aber seine erste Ernüchterung im Gelobten Land hatte Karl Vieweg schon ein paar Tage nach seiner Ankunft. Er wollte zum Schwimmen ans Meer. Der Strand lag ganz in der Nähe der Häuser. Er hörte ständig die Brandung.

Endlich konnte er im Meer baden, zum ersten Mal in seinem Leben, sein langjähriger Traum. An dieser Stelle hier waren fast keine Korallen, die Brandung rollte ungestört bis an den Strand heran. Es war ein prächtiges Bild, wenn die etwa zwei Meter hohen Wellen überkippten und dann rauschend den Strand hinaufliefen.

Das wollte er einmal miterleben!

Er sprang ins flache Wasser, wartete mit dem Rücken zur See und ließ die nächste Welle kommen. Da war sie auch schon. Krachend fiel sie über ihm zusammen, riß ihn mit, Steine schlugen auf seinen Rücken, große, kleine, Hiebe, Stöße von allen Seiten, scharfe Muscheln, die Hose nicht mehr da, wo sie sein sollte, ein endloses Rutschen über den scharfen Sand, als ob man über dem Feuer briete, dann hatte der langersehnte Wunschtraum sein jähes Ende.

Das Blut lief. Alles blutete. Die Hüfte! Die Hände! Der Allerwerteste! Er kam sich vor wie ein verprügelter Köter. Er schwor sich – nie wieder!

Und vor ihm lag in seiner ganzen Schönheit das zauberhafte Meer.

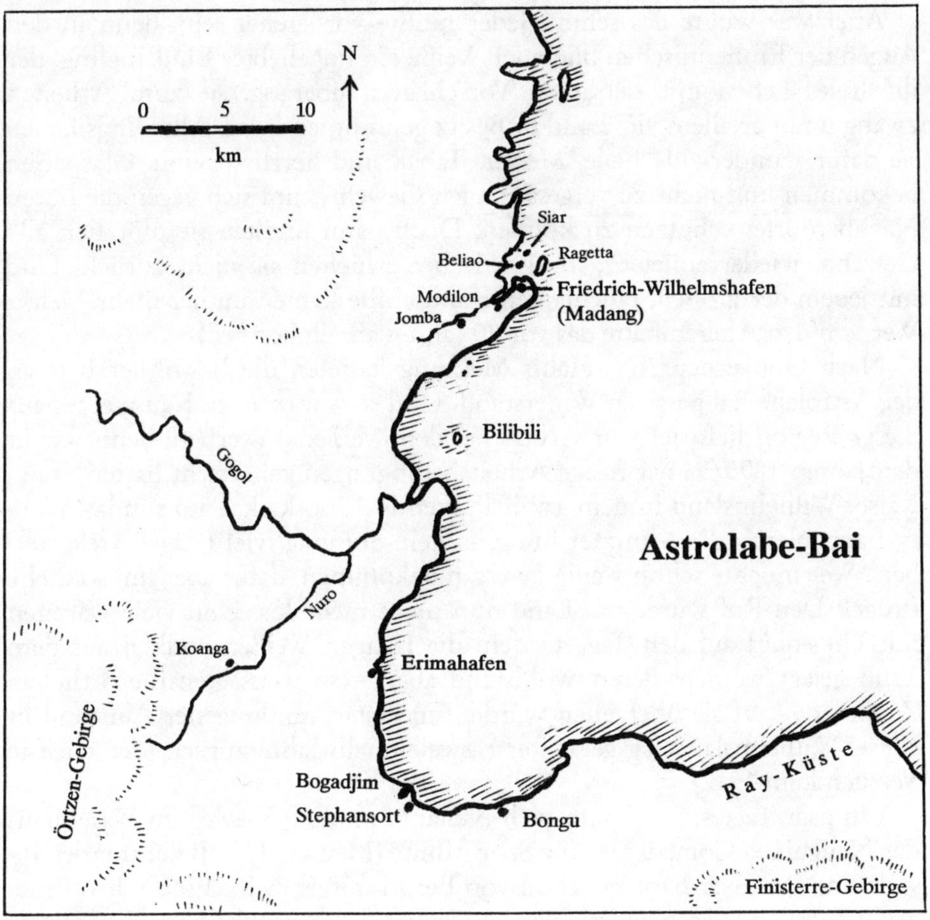

Karte 2: Die Astrolabe-Bai an der Nordost-Küste von Neuguinea

Montag, 3. Dezember 1906. Man weiß nie, wozu es noch einmal gut sein wird – heute erhielt Karl Vieweg von der Neuguinea Compagnie sein Dienstgewehr, einen der veralteten, rauchstarken M 71-Karabiner (die zum Austragen von Meinungsverschiedenheiten mit 'Halbwilden' als ausreichend galten) zusammen mit 20 Patronen, einer Handvoll Werg, einem Wischstrick und einer Flasche Curol zum Reinigen. Mit den 20 Patronen kommt man im Ernstfall nicht weit, meinte ein Kollege, das wären – optimal gesehen – 20 Kanaker. So betrachtet wäre das doch schon eine ganze Menge.

Zwar hatte jetzt die Neuguinea Compagnie in ihrem gerade veröffentlichten Jahresbericht (14) erklärt: *»Das Verhältnis zu den Eingeborenen hat sich allmählich gebessert. Bei Wachsamkeit und Vorsicht braucht man keine weiteren Aufstände zu fürchten.«*

Aber wer wußte das schon. Jeder mußte vorbereitet sein, denn in den Augen der Einheimischen blieb der Weiße ein ungeliebter Eindringling, der ihr freies Leben mit seltsamen Vorschriften überzog, sie zum Arbeiten zwang und vor allem viel Land in Besitz genommen hatte. Allerdings haben sie dafür wundervolle Beile, Messer, Tabak und herrlich bunte Glasperlen bekommen und nicht zu vergessen auch Gewehre, um sich gegen die bösen Nachbardörfer schützen zu können. Doch dann mußten sie plötzlich alle Gewehre wieder abliefern, ihr Land aber erhielten sie nicht zurück. Und mit jedem der großen, rauchenden Kanuschiffe kamen immer mehr Weiße. Wer von den Älteren hätte das vor 20 Jahren ahnen können!

Nach Gouverneur Dr. Hahls Meinung leisteten die Bewohner hier an der Astrolabe-Bai passiven Widerstand. Und so war es auch. Kaum einer aus dieser Region ließ sich zur Arbeit bei den Weißen anwerben; denn seit in den Jahren 1895/96 gar rosige Arbeitsbedingungen geherrscht hatten, stand Kaiser-Wilhelmsland in dem zweifelhaften Ruf 'no kaikai, no sunday, plenty fight, plenty die – immer hungrig, kein Sonntag, viel Prügel, viele sterben'. Wer mochte schon wenig zu essen bekommen, dafür aber um so mehr Prügel! Den Ruf wurde das Land nun nicht mehr los. Und viele warteten mit Ungeduld auf den Tag, an dem die lästigen Weißen endlich aus dem Land gejagt werden, deren Wohlstand aber – so weissagten die örtlichen Zauberer – auf sie übergehen würde. Ein erster, mißlungener Aufstand in Kaiser-Wilhelmsland lag gerade erst zweieinhalb Jahre zurück (der nächste Versuch kam 1912).

Ein paar Tage später kaufte sich Neuankömmling Vieweg im Warenhaus der Neuguinea Compagnie eine Schrotflinte (Mauser, 38,– Reichsmark). Pistole und Revolver hatte er schon von Berlin mitgebracht. Eine Schrotflinte war hierzulande so ziemlich unentbehrlich, es wimmelte von Tauben. Es war wie im Schlaraffenland: Man brauchte die Flinte praktisch nur in Richtung Baumwipfel zu halten, und schon fielen ein paar Tauben für das Mittagessen herunter!

Jeder Europäer hielt sich deshalb einen sogenannten 'Schießjungen' (boy belong shoot), der morgens das Gewehr und ein paar Patronen in die Hand gedrückt bekam, um für das Mittagessen zu sorgen. Die Lizenz für den Jungen bekam man beim Bezirksamtmann. Sie war nicht teuer. Laut Verfügung des Reichskolonialamtes in Berlin sollte jeder Schießjunge in Neuguinea die auf ein Jahr ausgestellte Lizenz 'stets bei sich tragen'. Wie man sich das in Berlin in praxi vorstellte, wußte keiner in Neuguinea so recht zu beantworten, denn wer nur ein Lendentuch trug, konnte schwerlich ein Papier in die Tasche stecken.

So passierte es einmal, daß ein Schießjunge die Bescheinigung auf Geheiß seines frisch aus Europa importierten Herrn doch bei sich behalten mußte. Er tat es. Doch bevor noch die erste Taube geschossen war, hatte er das

Dokument bereits als Zigarettenpapier zweckentfremdet.

Karl Viewegs Schießjunge wußte genau, wie man schnell ein paar Tauben zusammenbekam. Hatte er erst einmal die erste geschossen, so präparierte er sie gut sichtbar auf einen niedrigen Ast, versteckte sich selber im Gebüsch darunter und ahmte das Gurren der Tauben nach. Nicht lange, so kamen neugierig ein paar geflogen und besahen sich ihren so seltsam knickebeinig dasitzenden und genauso seltsam gurrenden Kollegen aus der Nähe. Aber dann war es auch schon um sie geschehen. Vier oder fünf brachte der Junge immer nach Hause.

Die Neuguinea Compagnie besaß dicht um Friedrich-Wilhelmshafen herum 300 ha Land, auf denen 34 000 Kokospalmen angepflanzt waren. Zwei weitere Plantagen der Compagnie, die Stationen Jomba und Modilon, lagen wenige Kilometer landeinwärts. Kokospalmen waren die Haupteinnahmequelle der Compagnie. Seit 1898, als die Koprapreise wieder im Steigen waren (und sich bis 1913 verdoppelten), war die Kopra, das weiße Fruchtfleisch der Nuß, ein blendendes Geschäft. Die Neuguinea Compagnie hatte in und um Friedrich-Wilhelmshafen herum 23 Europäer und 940 Arbeiter angestellt. Der überwiegende Teil der Arbeiter waren Papua und Melanesier, der Rest Malaien und Chinesen.

Der junge Deutsche hielt sich in Friedrich-Wilhelmshafen nur zum Einarbeiten auf. Es waren 12 Wochen. Gegen Ende dieser Zeit war er vorübergehend auch in Jomba und Modilon, hauptamtlich aber in Friedrich-Wilhelmshafen, wo er als Assistent im Hauptlager mit der Anlieferung, Lagerung und späteren Verladung der Kopra auf die Überseeschiffe zu tun hatte. Dazu gehörten natürlich auch Arbeitereinteilung und -überwachung, Führung der Personallisten, Krankmeldungen, Beschwerden, Lohnauszahlungen und was dergleichen mehr an unzähligem Kleinkram anfiel.

Der Arbeitstag dauerte von morgens 6 Uhr bis abends 18 Uhr mit einer zweistündigen Mittagspause. Das galt für alle, Schwarz wie Weiß. Bei Tagesanbruch, etwa um 5.30 Uhr, wurde durch das dumpfe und langgezogene 'tanduk'-Blasen auf der großen Triton-Schnecke geweckt, das Zeichen für den bald darauf erfolgenden Arbeitsbeginn. Dann warf er sich rasch in seine Siebensachen und ging zum Verwaltungsgebäude hinüber, wo auch die chinesischen und malaiischen Hilfskräfte und die schwarzen Arbeiter eintrafen. Viele von ihnen hielten fröstelnd die Arme auf der Brust gekreuzt – das typische Straßenbild bei Morgengrauen.

Das schwül-heiße Klima, dazu der Aufenthalt in den Lagerschuppen mit Wellblechdach ohne Zwischendecke (eine enorme Hitzestrahlung!) machte ihm anfangs sehr zu schaffen, eigentlich sogar immer. Abends nach der Dusche hing er schlaff im Liegestuhl und mußte sich erst langsam wieder erholen. Die abendliche Kühle um 24 Grad herum sowie eine leichte Landbrise waren eine Wohltat gegenüber den ca. 29 Grad (bei einer sehr hohen Luftfeuchtigkeit) tagsüber. Natürlich saß er lieber draußen auf der Veranda, aber das war wegen der Moskito-Kampfgeschwader meist nicht möglich.

Zum Abendessen, das der Boy bereitete, gab es neben dem üblichen Reis häufig auch die Knollenfrüchte Yam und Taro, die Hauptnahrungsfrüchte der Einheimischen. Im Vergleich zur nicht vorhandenen Kartoffel schmeckten sie allerdings ein wenig trostlos. Der Taro mußte besonders dick geschält werden, da er sonst seifig schmeckte. Die rosa Farbe, die er nach dem Schälen erhielt, störte nur anfangs. Manche Europäer meinten allerdings, beeinflußt durch den erstgenannten Geschmack, der Taro sähe dann aus wie die bunte Seife aus Deutschland!

Nach dem Abendessen trafen sich die Weißen im 'house kaikai', einem Restaurant, beim Bier oder kräftigeren Drinks und verbrachten dort den Rest des Tages. Was sollte man sonst auch machen. Das Restaurant lag direkt am Wasser mit schönem Blick über das Hafenbecken mit den kleinen Inseln Ragetta, Beliao und Siar. Das Wort 'kaikai' bedeutete 'Essen', auch 'Menschen essen' oder 'fressen', je nach persönlicher Auffassung und Erfahrung.

Abb. 3: Taro, das wichtigste Grundnahrungsmittel im Bismarck-Archipel

Sonnabend, 15. Dezember 1906. Gestern hatte Herr Sommer von der Plantage Jomba Geburtstag. Dementsprechend wurde gefeiert. Mit dabei war auch Kapitän Ratke von dem Schoner 'Mascotte'. Karl Vieweg hatte ihm aus Deutschland Grüße von Kapitän Böteführ aus Goslar von der 'Elisabeth Rickmers' mitgebracht. Da gab es natürlich viel zu erzählen.

Heute nun hatte der Chinese Ah Lem sechs weiße Hosen und acht weiße Jacken zum Waschen bekommen, dann wird Weihnachten alles wieder sauber sein. Hatte Ah Lem viel zu tun, gab er den Auftrag an Lapun weiter. Lapun war bekannt dafür, daß er Aufträge und Angelegenheiten der Europäer stets zu deren Zufriedenheit erledigte.

Lapun hatte eine stattliche Figur, einen strengen Duft und sechs Kinder. Er war auch nicht dumm. So fragte Karl Vieweg ihn eines Abends, als er die Wäsche brachte – der funkelnde Sternenhimmel wölbte sich über ihnen –, wo denn eigentlich das Kreuz des Südens sei?

Das Kreuz des Südens? Das 'diwai cross'?

Das war Lapun ein Begriff. Er wußte auch genau, wo es zu finden war: "Masta, wenn du wieder nach Jomba fährst und am Männerhaus stehst und in Richtung der Gärten von Martin und Teiten siehst – dicht darüber liegt das Kreuz des Südens."

Nun wußte er es ganz genau.

Wie der Tagebuchschreiber sein erstes Weihnachtsfest in der Südsee verlebt hat, ist der Nachwelt nicht überliefert. Wahrscheinlich gab es wieder ein allgemeines Besäufnis der Europäer (eine Gelegenheit wie diese wurde von allen gern wahrgenommen). Irgendwie mußte man ja die Feiertage und die Abende verbringen. Die meisten Deutschen waren unverheiratet oder auch Strohwitwer, also allein. Da schaute mancher schon einmal tief und länger ins Glas. Nicht jeder der wackeren Weißen merkte beizeiten, wann er aufhören mußte. Darüber verrät das Tagebuch:

> *»Als ich im Hause Kaikai morgens um 1/2 6 Uhr nach einer durchkneipten Nacht aufstehe und nach Hause gehen will, sehe ich in der Dämmerung vor der Treppe im Grase zwei Abdrücke menschlicher Körper: Kastner und Frommund, die eben von dem Tanduk-Blasen aufgewacht waren!«*

Beide waren sternhagelblau.

Als wenig später die Sonne aufging, hatten ihre Beine wieder so viel Halt gewonnen, daß sie (die Beine) ihre Aufgabe mehr schlecht als recht wahrnehmen konnten. Entweder begaben sich jetzt die beiden wie so oft mit dickem Kopf wieder pflichtgemäß zur Arbeit, oder aber sie steuerten dem heimischen Moskitonetz zu. Wer was an diesem Morgen tat, ist im Tagebuch nicht festgehalten.

Frommund war von Beruf Polizeichef und Hafenkapitän, Kastner Lagerverwalter und Säufer. Da Personal in Friedrich-Wilhelmshafen knapp war, mußte eben jeder mehrere Posten gleichzeitig ausfüllen!

Frommund erlegte ein paar Tage später ein mächtiges Krokodil. Es war ein über sieben Meter langer Bursche, an dem sich schon seit Jahren die weiße Minderheit von Friedrich-Wilhelmshafen versucht hatte. Das Krokodil hatte nämlich die Angewohnheit, sich auf der Fragmentkajüte eines Seglerwracks zu sonnen, das in der Mündung des Jomba-Flusses im Hafenbecken lag. Das Wrack ragte gerade noch einen halben Meter aus dem Wasser heraus.

Wenn nun Sonntag nachmittags jemand eine Bootsfahrt auf dem Fluß unternahm, tat er gewöhnlich auch einen Schuß auf das kummergewohnte Tier, das daraufhin mit einem Satz erschrocken im Wasser verschwand bzw. aufgrund schlechter Erfahrungen schon vorsorglich abgetaucht war.

Vermutlich war das Tier aber im Laufe seines Lebens schwerhörig geworden, denn als dieses Mal Frommund mit dem Boot in nur drei Metern Entfernung vorbeiglitt, döste es mit geöffnetem Rachen weiter vor sich hin. Der Schuß in den Rachen beendete seine Ära. Beim Abhäuten fand sich noch eine alte, plattgedrückte Kugel im Schädel. Vielleicht war dies der Grund für die Schwerhörigkeit.

Donnerstag, 27. Dezember 1906. Heute war wieder Dienst wie üblich und Karl Vieweg im Lagerhaus. Die Leute packten gerade die schweren Koprasäcke um, die vor Weihnachten angeliefert worden waren, als sich hinter dem letzten Stapel etwas bewegte.

Jetzt war es wieder zu erkennen – – eine Schlange wollte da gerade verschwinden, eine ziemlich große. Der nächststehende Arbeiter ließ vor Schreck den Sack fallen, und auch der Kerl dahinter nahm sofort Reißaus. Karl Vieweg griff einen Stock, drückte die Schlange hinter dem Kopf fest zu Boden, und schon hatte er sie gefangen. Den Schwarzen blieb der Mund offen. Es war eine ungiftige Felsenpython mit einer schön gemusterten Haut. Sie maß stattliche 2,12 m.

"Wer mir die Schlangenhaut abzieht, kann das Fleisch für sich behalten und braten!"

Ein fürstliches Angebot! Aber die Arbeiter blieben stumm, sahen scheu zur Seite. Für die meisten von ihnen war die Schlange ein böser Geist, mit dem man besser nichts zu tun hatte. Schon ihr Blick konnte töten.

"Nun, will keiner die Schlange haben – ?"

"Me fellow me – ich!"

So kam es jetzt schüchtern aus dem Hintergrund, und Getam, der Jabim-Mann, nahm die Schlange zum Entsetzen der anderen als willkommene Mahlzeit mit.[1]

Als nach dem Tohuwabohu der junge Herr aus Deutschland an seinem weißen Anzug herunterschaute, stellte er überrascht fest: Seine schwarzen Freunde färben ab!

Und als sich sein Hausboy am Mittag die Intensiv-Flecken näher besah, schmunzelte er. Was das sei? Das wären verschiedene Farberden, vermischt mit zerstampfter Kopra und Ruß, damit würden sich viele der Leute ein-

---

1 Damals glaubte man, es gäbe in Neuguinea nur eine einzige Giftschlangenart. Heute kennt man in Papua-Neuguinea weit über 100 Schlangenarten, von denen die meisten giftig sind. Die Riesenschlangen Python und Boa sind mit 12 Arten vertreten, und in den Küstengewässern tummeln sich 16 Seeschlangenarten (6).

reiben, um schöner zu sein. Waschboy Ah Lem brummte vor sich hin.

Praktisch veranlagt waren die Arbeiter wohl alle. Das war allein durch ihre Lebensweise bedingt, die jedem ein hohes Maß an Geschicklichkeit abverlangte.
Schlecht war es nur mit dem Zählen bestellt. Ohne Zuhilfenahme der Finger ging nicht einmal das Zählen von eins bis fünf. Die Finger mußten eben herhalten, wobei die Zahlen nicht durch die ausgestreckten Finger, sondern durch die eingebogenen angedeutet wurden. Eine Faust bedeutete also 5, zwei Fäuste 10. Für Zahlen von 11 bis 20 wurden die Füße zu Hilfe genommen, der erste kleine Zeh galt als 11 (die Zahl 20 ist in einigen Sprachen Neuguineas weitgehend mit dem Wort für 'Mann' identisch; schließlich hat ein Mann meist noch 20 Finger und Zehen). Zahlen, die über 20 hinausgingen, gehörten schon zur höheren Mathematik und wurden einfach mit 'viel, sehr viel' abgetan, was nicht unbedingt dem kaufmännischen Empfinden von Karl Vieweg entsprach.
Auch jeder Wochentag hatte seinen besonderen Finger. Da beim Zählen immer mit dem kleinen Finger begonnen wurde, bedeutete dieser den ersten Arbeitstag der Woche, den Montag. Dann ging es so fort. Sagte Vorarbeiter Tomasila beispielsweise: "Ich möchte zum Totenfest meiner Tante, ich bin am Zeigefinger wieder zurück", dann meinte er damit Donnerstag.
Wenn nun Tomasila, der in seiner Stellung natürlich auch Pidgin-Englisch sprach und richtig zählen konnte, zu Späßchen aufgelegt war, dann zählte er nach bewährter Buschmethode:
Statt sieben Ladungen Kopra, die am Vormittag verstaut waren, gab er dann '1 Hand und 2 Finger' an. Waren es am Nachmittag sogar sechzehn Ladungen, so erklärte Tomasila listig, sie hätten viel umgeladen, nämlich '1 Fuß und 1 Zeh'! Und für den ganzen Tag berichtete Tomasila gewissenhaft, daß es 'viele, sehr viele' gewesen wären.
Auch Getam, der Schlangenesser, zählte auf diese Weise. Er war erst kürzlich angeworben worden, das Pidgin-Englisch war ihm noch nicht sehr geläufig. Für Karl Vieweg war der Mann interessant, weil er von ihm manches über die Sitten und Gebräuche seines Stammes erfahren konnte. Vorarbeiter Tomasila leistete zusätzlich Dolmetscher-Hilfsdienste.
Getams Stamm, die Jabim, war eine etwa 1 000 Köpfe zählende Gemeinschaft, die weiter im Südosten, am Huon-Golf, siedelte. Die Jabim galten früher als besonders anwerbewillig, bis dann vor acht Jahren auf der Plantage Stephansort gleich 50 von ihnen an Malaria und Dysenterie starben.
Getam hatte seinen (Bei)namen von den Männern seines Dorfes erhalten, weil er einmal auf der Fahrt zu den Tami-Inseln mit dem Kanu in Wind und Wetter abgetrieben worden war, Getam, 'der Abgetriebene'. Getam unterschied sich in manchem von den anderen Arbeitern, nicht nur hinsicht-

lich der Auswahl seiner Gerichte. Er hatte auffallend dunkles Haar. Es war mit irgendeiner schwarzen Farbe nachgedunkelt, schien aber nicht abzufärben. Er hatte nicht das sonst übliche kurz geschorene Haar oder, wie viele Neuankömmlinge, eine mächtige Mähne, die nach allen Seiten abstand. Er trug sein langes Kraushaar mit einem Bastfaden zusammengebunden, so daß es wie ein Büschel hochstand.

Er hatte dünne Arme, konnte aber wie die anderen arbeiten. Tomasila meinte, daß dies anscheinend eine Eigentümlichkeit des Jabim-Stammes sei, denn noch nie habe er Jabim-Arbeiter mit kräftigen Armmuskeln gesehen. Karl Vieweg konnte es nicht beurteilen, fand es aber interessant und wollte in Zukunft einmal darauf achten.

Auf seinen Namen angesprochen, erzählte Getam, daß er ursprünglich anders benannt worden sei. Ein älterer Mann aus seinem Dorf – er war inzwischen gestorben – hatte schon vor seiner Geburt gewollt, daß er, Getam, nach ihm benannt werde. Der Familienrat hatte zugestimmt. Darauf hätte der Antragsteller der werdenden Mutter nach altem Brauch einen Rötelstrich auf den Bauch gemalt, wodurch die Sache besiegelt war. Damit hatte er – gewissermaßen als Patenonkel – auch das Recht erworben, den Säugling später zu beschneiden.

Für Neuling Vieweg war das alles hochinteressant.

Erzähl mir, Getam, was bedeuten eigentlich die vielen Tatauierungen auf deinem Körper?

Die Narben – ? ?

Das wußte Getam auch nicht. Das sei in Nasegalatu, seinem Dorf, so üblich. Der Bruder seiner Mutter hätte das gemacht, nicht der Vater. Die schmalen Narben seien mit dem schwarzen Obsidian-Stein geschnitten, Holzkohlestaub wäre da eingerieben. Die breiteren Narben wären eingebrannt. Womit? Mit einem glimmenden Aststück. Ob das weh tue? Er zuckte die Achseln. Das ist nun mal so. Die große Narbe da, die käme aber von einer Schlägerei!

Dann fingerte er aus einem kleinen Kürbisbehälter ein paar Libellenlarven heraus und steckte sie in den Mund. Er hatte sie vorhin in der Mittagspause zusammen mit einer Handvoll kleiner Krebse an einem der Seen gesammelt.

Getam hatte es bei seinen Arbeitsgenossen nicht leicht, denn von dem Jabim-Stamm gab es die folgende Erzählung: Als bei der Entstehung der Menschheit die Leute aus dem Holz der Urwaldbäume geschnitzt wurden, standen die gerade geschaffenen Jabim-Leute herum und kauten Zuckerrohr. So konnten sie vor lauter Kaugeräuschen nichts von den Gesprächen der anderen Stämme verstehen, die ebenfalls gerade geschnitzt waren, sich miteinander unterhielten und so auch die Sprachen der anderen erlernten. Deshalb wären die Jabim heute kaum fähig, eine andere Sprache aufzunehmen.

Jeder kannte die Erzählung, und jeder hielt sie für wahr. Kein Wunder, daß Getam, wenn er nur den Mund aufmachte, die Zielscheibe des Spottes seiner Genossen war.

Völker, Sprachen und Gesellschaftsordnung

Zum besseren Verständnis der Aufzeichnungen ist es angebracht, kurz auf die hier betroffenen Völker einzugehen (55, 57, 58). Der Südseeraum zeigt kulturgeschichtlich eine Dreiteilung:

Melanesien – Die 'Inseln der Schwarzen': Der Inselbogen von Neuguinea und dem Bismarck-Archipel bis Neukaledonien. Hier wohnen dunkelhäutige Menschen.

Mikronesien – Die 'kleinen Inseln': Alle Inseln nördlich von Melanesien (die Marianen, Karolinen, Marshall-Inseln und Kiribati). Meist dunkelhäutige Menschen.

Polynesien – Die 'vielen Inseln': Das Dreieck zwischen Hawaii, Neuseeland und den Osterinseln mit hellhäutigeren Menschen.

Als während der letzten beiden Eiszeiten vor 50 000 und 25 000 Jahren der Meeresspiegel tiefer lag als heute, entstanden Landbrücken und leicht zu überquerende Meerengen, über die negride Völker von Südostasien nach Melanesien zogen.

Mit einer weiteren Einwanderungswelle kamen die Papua, die sich auf Neuguinea und im Bismarck-Archipel ansiedelten und die Erstbevölkerung größtenteils verdrängten. Gruppen dieser Papua zogen wahrscheinlich nach Australien weiter.

Vor etwa 10 000 Jahren wiederum verdrängten nachfolgende 'melanesische' Einwanderer die Papua bis auf wenige Reste aus dem Bismarck-Archipel und stießen nach Süden bis zur Küste von Neuguinea vor. Dort mußten sich die Papua weitgehend ins Innere zurückziehen, so daß die Küstendörfer heute teils papuanisch, teils melanesisch sind.

Anthropologisch besteht zwischen den Papua und den Melanesiern kein entscheidender Unterschied. Die Papua mögen etwas kleiner und auch dunkelhäutiger sein – für einen Normalbürger nicht zu bemerken. Der entscheidende Unterschied liegt in der Sprache: Die melanesischen Sprachen gehören zu der großen Gruppe der austronesischen (malaio-polynesischen) Sprachen, die sich grundlegend von den Papua-Sprachen unterscheiden.

Eine vierte Einwanderungswelle, dieses Mal hellhäutige, austronesische Völker, die um 3 000 v.Chr. wahrscheinlich von Südchina und Korea aus aufgebrochen waren, erreichte den Südseeraum in den Jahrtausenden danach. Diese Völker siedelten bis auf einzelne Gruppen nicht in Melanesien, sondern drangen bis nach Polynesien vor. Die Besiedlung reichte bis weit in das letzte Jahrtausend hinein.

Doch zurück zur Gegenwart und nach Neuguinea. Papuanisch sind die in den Aufzeichnungen von Karl Vieweg genannten Stämme der Baining, Kai, Kombe, Nakanai, Orokosa, Sulka und Taulil. Alle anderen sind Melanesier (Bukaua, Jabim, Kilenge, Lae Womba, Tami, Tolai, Witu u.a.).

Einschließlich des Bismarck-Archipels gab es im damaligen deutschen und britischen Teil Neuguineas über 750 Sprachen, nicht gerechnet die unzähligen Dialekte. Diese ungeheuere Sprachenzersplitterung ist kaum vorstellbar. Im Umgang mit den aus unterschiedlichen Gegenden angeworbenen Arbeitern hatte sich daher das Pidgin-Englisch bewährt und so durchgesetzt, daß es heute neben Englisch die offizielle Sprache des Landes Papua-Neuguinea ist.

Diese Sprachschwierigkeiten sind sehr gut aus Karl Viewegs Tagebüchern zu erkennen, in denen er sich die wichtigsten Begriffe im Umgang mit den Arbeitern gleich dreisprachig aufschrieb. Wie bei uns in Deutschland das Wort 'Unkrauthacken', so war dort das 'Grasschneiden' eine wichtige Vokabel. Die Anordnung *»schneide kurz ab!«* lautet in seinen Aufzeichnungen in der

»Bogadjim-Sprache	*deije hattijue*
Uhlau-Sprache	*tarala ping*
Leineru-Sprache	*trei panne brutt«.*

Wer soll da noch durchfinden!

Dagegen ist der einheitliche Gebrauch des Pidgin eine Erholung. Mancher behauptet allerdings, Pidgin sei die elendste Sprache auf unserem Planeten. Es gibt weder Deklination noch Konjugation, und fast vor jedem Substantiv steht das Wort 'fellow' . Ein paar Sprachkobolde aus den Tagebüchern geben den richtigen Eindruck:

»Essen	*kaikai*
Hotel, Restaurant	*house kaikai*
giftig	*no good fellow kaikai*
Chinese	*long grass [da glattes Haar], auch kongkong*
Rind	*bulemakao [eine Kreuzung zwischen Bulle und Kuh: Bull, ma=und, cow]*
Meer	*big fellow soda water*
Koralle	*stone belong big fellow soda water*

Büro der Neuguinea Compagnie	*house paper belong kumbani*
Kopf	*coconut*
langsam	*no too much quick«.*

Das Klavier im Hotel in Friedrich-Wilhelmshafen ist eine 'big box, you fight him, he cry', und ein Europäer mit Glatze wird bezeichnet als 'masta belong coconut belong him no grass stop'. Einem Anglisten kann sich hierbei der Magen umdrehen.

Die Sprachen der Einheimischen selbst sind im allgemeinen sehr bildreich. Hierfür die Kostprobe:

Will ein Kai-Mann von einer Schönen wissen, ob sie ihn liebt, so fragt er: "Ist dein Bauch mit mir?", was im Grunde genommen richtig ist. Bei den Witu-Insulanern allerdings sitzt die Liebe etwas weiter oben; er flüstert ihr leise zu: "Locho rongu kiri nigu – meine Kehle ist für dich!"

Die starke Zersplitterung der Völker und die Abkapselung in einzelne Dorfgemeinschaften, bedingt durch die isolierte Insel- oder Urwaldlage, haben dazu geführt, daß in der überschaubaren Welt der Papua und Melanesier das Dorf zum eigentlichen Mittelpunkt ihres Daseins wurde.

Die nächstgrößere Einheit, der Stamm (z.B. die Jabim), stellte keineswegs eine autonome politische Einheit dar, denn es gab weder ein gemeinsames Oberhaupt noch eine gemeinsame Organisation. Bei Kriegszügen taten sich im besten Fall mehrere Dörfer zusammen, wobei die Bündnispartner schnell wechseln konnten, auch in der zivilisierten Welt nichts Unbekanntes.

So stellte das Dorf die wichtigste soziale Einheit dar. Ihr Oberhaupt war ein 'big fellow man', was sich am einfachsten mit 'Häuptling' übersetzen läßt. Aus ethnologischer Sicht ist der Begriff 'Häuptling' jedoch nicht mit 'big fellow man' gleichzusetzen, da ein Häuptling in einer ererbten Position gesehen wird. Dagegen wurde ein 'big fellow man' jemand aufgrund seiner Fähigkeiten und auch seines Reichtums, vor allem an Ehefrauen, Fruchtbäumen, Muschel- oder Schneckengeld. Alleinentscheidungen gab es kaum, meist wurde im Rat der männlichen Familienältesten beschlossen. Bei vielen Dorfgemeinschaften trat an die Stelle der Ältestenratentscheidung die Entscheidung der Männergeheimbünde.

Die nächste Rangstufe im Dorf ist auch heute noch die Sippe. Sie verehrt gemeinsam ein bestimmtes Totem, ein Tier oder eine Pflanze. Die Betreffenden glauben, davon abzustammen, wenn nicht, ist ihnen das Tier oder die Pflanze zumindest heilig. Die Abstammung von dieser oder jener Sippe errechnet sich bei den meisten Stämmen über die mütterliche Linie. Der in die Sippe einheiratende Mann hat nur wenig Anspruch auf seine eigenen

Kinder. Für diese hat sein Schwager zu sorgen, während er selbst sich um die Erziehung der Kinder seiner Schwester kümmern muß.

Meist gibt es zwei oder drei Sippen im Dorf, jede möglichst räumlich abgegrenzt von den anderen. Auch im gemeinsamen, für gewöhnlich sehr großen Männerhaus sitzen die Männer nach Sippen getrennt, und bei Beratungen nimmt jeder selbstverständlich nur die Interessen 'seiner' Sippe wahr. Da innerhalb der Sippe nicht geheiratet werden darf, gibt es leicht Schwierigkeiten bei der Partnerwahl, so daß die Suche auch auf die Nachbardörfer ausgeweitet wird. Das war damals und ist auch heute noch so, obwohl alles außerhalb des eigenen Dorfes als feindlich angesehen wurde. 'Sie sind unsere Feinde, wir heiraten sie', war ein geflügeltes Wort unter den Einheimischen.

Paradiesvogeljäger Umlauft

Um die Jahreswende 1906/07 lernte Karl Vieweg den Paradiesvogeljäger Felix Umlauft kennen, der alle paar Wochen nach Friedrich-Wilhelmshafen kam, um die Bälge der erlegten Vögel mit dem nächsten Schiff nach Deutschland zu versenden oder auch schon gleich an Ort und Stelle zu verkaufen.

Paradiesvogeljäger war ein äußerst entbehrungsreicher Beruf. Das bedeutete, wochenlang im feuchten Urwald unterwegs zu sein, fern von jeglicher Zivilisation. Es war aber auch ein einträglicher Beruf. Die herrlichen Federn waren in Europa ganz groß in Mode gekommen. Über 70 000 Tiere wurden jährlich aus den Wipfeln der Bäume heruntergeholt, damit deren Federn auf der anderen Seite des Erdballs auf den Hüten der Damen in neuem Glanz erstrahlen konnten. Für einen Balg bekam Umlauft 30,– RM, 10,– RM davon mußten an den Zoll abgeliefert werden. Die restlichen 20,– RM waren für die damalige Zeit ein recht ansehnlicher Betrag.

Paradiesvögel kommen nur in Nordaustralien, Neuguinea und auf den dazwischen liegenden Aru-Inseln vor. Von den 43 bekannten Arten sind 39 in Neuguinea beheimatet. Sie zeichnen sich durch außergewöhnliche Formen des Gefieders sowie durch eine große Palette prächtig schillernder Farbzusammenstellungen aus.

Es wäre zwar berechtigt, die Bezeichnung 'Paradiesvogel' auf seinen herrlichen Federschmuck zurückzuführen, doch das allein war es nicht: Als im 16. Jahrhundert die ersten Bälge nach Europa gebracht wurden – die Beine waren vorher abgeschnitten –, verbreitete sich die Meinung, diese wunderschönen Vögel hätten keine Beine, weil sie die Erde gar nicht beträten, sie kämen aus dem Paradies.

Wohl der häufigste Paradiesvogel in den tieferen Lagen Neuguineas zwischen Friedrich-Wilhelmshafen und Finschhafen ist der Gelbe Paradiesvogel. Seine goldgelben Schmuckfedern, die an der Achsel entspringen (also keine Schwanz- oder Flügelfedern!), finden sich nur bei den Männchen, denen sie zur Anlockung des Weibchens dienen.

Diejenigen Paradiesvogelarten, die mehr in der Küstenregion heimisch sind, waren zu jener Zeit bereits stark dezimiert, und die Jäger gingen dazu über, auch die landeinwärts in den Bergen lebenden Arten zu schießen. Es war, so erzählte Umlauft, weder für den einheimischen noch für den weißen Jäger leicht, die Tiere zu erlegen. Die Vögel saßen auf den höchsten Baumwipfeln, 30 oder 40 m oder mehr vom Boden entfernt. Viele von ihnen balzten auch oben in den Baumwipfeln. War ein Balzplatz erkannt, so baute sich der neuguineische Jäger in der benachbarten Baumkrone einen Hochsitz und versuchte von dort, seine Beute herunterzuholen.

Einige wenige Männer verstanden sogar die Kunst, den Vogel mit der Hand zu fangen. Hatten sie einen oder mehrere in einem Baumwipfel entdeckt, so ahmten sie den Pfiff des Weibchens nach, wodurch sich die Männchen täuschen ließen und neugierig näher heranflogen. Mit Zweigen und Blättern gut getarnt, versuchten die Jäger, langsam an das Tier heranzukommen. Dann ein schneller Griff – und schon war das Schicksal des Vogels besiegelt. Für etwas Tabak wurde er dem weißen Paradiesvogeljäger überlassen.

Karl Vieweg erwarb von Umlauft verschiedene Federn sowie einen kompletten Balg. Die Federn schenkte er seiner Cousine Änne Müller in Quedlinburg. Patentante Anna Köhler daraufhin im nächsten Brief an Neffe Karl in Neuguinea: *»Das war aber hübsch von Dir, Deinem Änne-Cousinchen einen Hutschmuck zu schicken!«*

Umlauft war Österreicher und hatte zu jener Zeit sein Standquartier – eine Grashütte – bei Bogadjim, einem größeren Dorf, etwa 42 km südlich Friedrich-Wilhelmshafen. Ihm schwebte immer vor, in den nächsten zwei oder drei Jahren Neuguinea zu durchqueren, was bisher noch keinem Weißen gelungen war. Bei einem solchen Versuch waren im Jahr 1896 die beiden Deutschen Ehlers und Piering nach unvorstellbaren Strapazen kurz vor Erreichen des Zieles von zwei ihrer schwarzen Begleiter ermordet worden; von den insgesamt 43 Expeditionsteilnehmern konnten nur noch 13 mehr verhungert als lebend die Südküste erreichen. Umlauft besprach auch mit Karl Vieweg wiederholt sein gewagtes Vorhaben. Doch er konnte seinen Traum nicht in die Wirklichkeit umsetzen. Er starb an einer Lungenentzündung.

Sein Name hat jedoch durch ein Ereignis traurige Bekanntheit in der Justitia erreicht, weil dieser Fall ein Beispiel dafür ist, wie bei Gerichtsverhandlungen einseitig die Partei des Weißen ergriffen wurde, ohne dabei die Rechtslage allzu genau zu prüfen. Umlauft war von Einheimischen angeblich angegriffen worden. Als es zur Gerichtsverhandlung kam, war er bereits verstorben. Da nun die Angreifer aus einem Dorf stammten, über das sich die Nachbardörfer ohnehin beklagten, und Umlaufts schwarzer Begleiter nur wirre Angaben in der ihm ungewohnten, heiligen Gerichtsatmosphäre machte, wurde eine Strafexpedition ausgeschickt, die das betreffende Dorf kurzerhand abbrannte. In der für die Berliner Reichstagsabgeordneten bestimmten 'Denkschrift über die Entwicklung der Schutzgebiete Afrikas und der Südsee im Jahre 1908/1909' (12) heißt es dazu:

> »*Auf den Paradiesvogeljäger Umlauft und seinen eingeborenen Diener, die in den Bergen der Ray-Küste ihrer Beschäftigung nachgingen, wurden hinterrücks Pfeilschüsse abgegeben, die glücklicherweise ihr Ziel nicht erreichten.*«

Hatten doch die hinterlistigen Dorfbewohner den armen Umlauft ermorden wollen!

Doch die Wirklichkeit sah anders aus, wie der Missionar, auf dessen Station Umlauft sterbenskrank eingeliefert worden war, von dem Diener erfahren konnte:

Umlauft war an der Ray-Küste mit seinem einheimischen Begleiter und seinem Hund an Land gegangen. Im erstbesten Dorf kam es zu einer Balgerei zwischen den Dorfkötern und dem von Umlauft, wobei Umlaufts Hund einem Mann, der seinem Hund zu Hilfe eilen wollte, ins Bein biß. Der Mann griff wütend zum Speer und versetzte Umlaufts Hund einen entsprechenden Denkzettel, so daß dieser jaulend davonzog. Nun griff Umlauft wütend zum Gewehr, schoß den Mann nieder und verwundete noch zwei weitere schwer. Der Rest verschwand im nahen Busch. Als sich Umlauft zurückzog, zischten ihm verständlicherweise ein paar flinke Pfeile hinterher.

Malaria

S*onntag, 13. Januar 1907*. Wieder hatte Karl Vieweg einen Malariaanfall, diesmal so schwer, daß er gleich ins nahe Hospital auf der Insel Beliao im Hafenbecken gebracht werden mußte, oder wie Vorarbeiter Tomasila es in Pidgin ausdrückte: »*He bring finish belong house sick.*«

50% der stationären Fälle im Hospital waren Malaria- und Schwarzwasserfieber-Kranke. Mit der Malaria war nicht zu spaßen. Es gab Fälle, bei denen der Kranke gleich beim ersten Anfall das Bewußtsein verlor und starb, wie es Missionar Nebe in Stephansort erging. Natürlich wußte jeder schon vor der Ausreise, daß er gegen die Malaria Chinin schlucken mußte, prophylaktisch eben bereits vor der Ankunft im fernen Land. Doch wer tat das schon regelmäßig, wenn es auf der wochenlangen Dampferfahrt so viel Abwechslung und Späßchen, aber keine Moskitos gab. Deshalb bekamen auch so gut wie alle Neuankömmlinge mit großer Regelmäßigkeit etwa drei Wochen nach ihrer Ankunft den ersten Malariaanfall. 10 bis 15 Anfälle pro Jahr registrierte der Chronist später bei sich selbst – ein normaler Mittelwert bei allen Europäern.

Schuld daran war nicht nur die kleine Anopheles-Mücke, sondern auch der bittere Beigeschmack des Chinins, der selbst den Hartgesottensten die regelmäßige Einnahme des Heilbalsams vergällte. Kein Wunder, daß mancher völlig auf Chinin verzichtete und statt dessen lieber einen regelmäßigen Fieberanfall in Kauf nahm. Seine Meinung änderte sich gewöhnlich erst dann, wenn es auch tatsächlich den nächsten Fieberanfall gab, wechselte aber wieder, wenn das Fieber gesunken und die Chinineinnahme fällig war. So etwas konnte auf die Dauer natürlich im Grab enden.

Auch regelmäßige Einnahme verhinderte das Auftreten von Malaria nicht, weil die optimale Dosis nicht genau bekannt war. Eine andere schwere Erkrankung, das Schwarzwasserfieber, schien mit der Malaria im Zusammenhang zu stehen. Sie zeigte sich in einem Nierenversagen mit blutigem Urin und meist tödlichem Ausgang. Niemand wußte damals, daß die Krankheit durch eine Überdosis Chinin verursacht wurde.

Üblich war es, zweimal wöchentlich 1 – 2 g Chinin zu nehmen. Dann blieb man meist gesund, hatte aber häufig unangenehme Begleiterscheinungen wie starkes Ohrensausen und Benommenheit im Kopf. Karl Vieweg nahm etwa diese Menge; später, auf der Insel Mundua, auf der es genauso viele Mücken, aber weniger Malaria geben sollte, reduzierte er die Menge auf 2 g pro Woche. Die heute verwendeten Chinintabletten mit einer sich erst im Magen auflösenden Schutzschicht gab es damals noch nicht. Deshalb schluckten die Weißen das Chinin mit Oblaten oder in Weinbrand aufgelöst, was trotzdem noch schlecht genug schmeckte. – Missionar Hoffmann/Stephansort nahm wenige Jahre zuvor 7 g pro Woche, erkrankte aber trotzdem innerhalb von sechs Jahren etwa 150 mal (!) an Malaria.

Daß die Anopheles-Mücke der Überträger der Malaria ist, das war auch erst seit Robert Kochs Neuguinea-Reise im Jahre 1900 bekannt. Vorher wußte man nur, daß die Malaria dort auftrat, wo es feucht und sumpfig war. Die feuchtwarmen Ausdünstungen des Bodens sollten angeblich die Ursache der Krankheit sein: mal aria = schlechte Luft, so nannten die südamerikanischen Indianer sie seit langem.

Als die wahre Ursache erkannt war, begann die deutsche Verwaltung im Jahre 1904, die Sumpfflächen um Friedrich-Wilhelmshafen herum zuzuschütten. Das Auftreten der Malaria konnte dadurch tatsächlich eingedämmt werden.

Die einheimischen Papua und Melanesier bekamen natürlich auch Malaria, doch längst nicht so schwer wie die empfindlichen Weißen. Erstere waren von Geburt an der Malaria ausgesetzt und quälten sich in der Jugend durch sie hindurch. Wer von ihnen das biblische Alter von zehn Jahren erreicht hatte und bis dahin noch nicht gestorben war, der war auch bis zu einem gewissen Grad immun geworden.

Im Dorf Beliao – Geister, Seelen, Zauberer

M*ontag, 21. Januar 1907.* Heute, am Tag vor seiner Entlassung aus dem Krankenhaus, machte Karl Vieweg einen kleinen Spaziergang zu dem auf der Westseite der Insel Beliao gelegenen Tamul-Dorf. Die Bewohner waren den Europäern gegenüber recht freundlich eingestellt. Das war vor allem auf den Leiter des Krankenhauses, den Regierungsarzt Dr. Runge, zurückzuführen, der viele von ihnen schon erfolgreich behandelt hatte.

Für einen Europäer war ein Tamul-Dorf wie hier auf Beliao oder nebenan auf den Inseln Ragetta und Siar eine romantische Idylle, dicht umgeben von einem Palmenwald, der die leichten Bauten vor den häufigen Stürmen schützte. Zunächst waren eigentlich nur Dächer zu sehen, die bis zum Boden reichten.

Der Neuling aus Quedlinburg schlenderte über den Dorfplatz und sah sich etwas näher um. Zwei magere Hunde kamen vorsichtig heran, machten einen großen Bogen um ihn herum und zogen mit gesträubtem Fell wieder ab. So etwas hatten sie schon öfter gerochen!

Karl Vieweg hätte gern einmal eine der Hütten von innen gesehen. Wie in Deutschland, so galt auch bei den Tamul die Anstandsregel, daß man nicht einfach ein Haus betrat, bevor man vom Eigentümer aufgefordert wurde. Das war für Karl Vieweg selbstverständlich. Wer es trotzdem tat (wie so viele Weiße, die glaubten, es nicht nötig zu haben), war in den Augen der Tamul ein Wilder; 'der Bumbum weiß eben nicht, was sich gehört', war ein häufiger Ausspruch der Einheimischen, und so nahmen sie die Unhöflichkeit äußerlich gelassen hin.

Ebenfalls zum guten Ton gehörte, daß ein Fremder, ein Besucher, sich nicht neugierig im Dorf umsah, sondern möglichst geradewegs auf das Versammlungshaus zuging. Tat er das nicht, so rief er den Argwohn der Dorfbewohner hervor, die seit altersher in jedem Fremden einen verkappten Feind vermuteten, der etwas auskundschaften wollte. Mit solchen Typen wurde bis vor kurzem wenig Federlesens gemacht. Karl Vieweg wußte nichts von dieser gefährlichen Sitte und sah sich intensiv um.

Weiter hinten im Dorf bemerkte er eine mächtige Baumtrommel. Bei den Hütten konnte er zwei Haustypen unterscheiden. Der eine Typ stellt – damals wie heute, 1990 – die Familienwohnung dar, in der nur die Verheirateten mit ihrer zahlreichen Nachkommenschaft wohnen. Der zweite Haustyp ist der für die Unbeweibten, die Junggesellen, also das Junggesellenhaus. Auch die Gäste wohnen dort, worunter man selbstverständlich nur Männer versteht. Das Haus hat keine Veranda, auf beiden Seiten einen meist ganz offenen Giebel und darüber ein weit vorragendes, schützendes Dach. – Alles sehr interessant für einen aufgeschlossenen Mitteleuropäer, der sich erstmalig in der Südsee befand.

Plötzlich kam laut und deutlich ein Ruf von dem großen Haus da rechts bei der Palme: *»Guai use, utasap uso – sei gegrüßt, komm herein!«*

Das galt ihm.

Der Tamul-Mann an dem Hauseingang hatte erkannt, daß der Weiße etwas von dem Dorf sehen wollte und daß er ein Neuling sein mußte, dem nicht all ihre Sitten und Gebräuche bekannt waren. Er verzieh ihm offensichtlich.

Zur Begrüßung klatschte er sich auf den Bauch. Er hatte schon gesehen, die sittenlosen Europäer machten das anders, die berührten sich immer mit der Hand, sein Sohn machte das auch schon, er aber nicht. Karl Vieweg kannte diese Art der Begrüßung bereits. Sie war ihm doch angenehmer als die der Leute in den Rawlinson-Bergen am Huon-Golf, von der ihm Missionar Becker erzählt hatte: Als Zeichen der Freude fassen sie den Gast erst einmal an die Geschlechtsteile!

Gern folgte er der Einladung und ging vorsichtig die Haustreppe hoch.

Einem Tamul ist es etwas Leichtes, in sein Haus zu gelangen, dem Europäer dagegen bereitet es gewisse Schwierigkeiten, denn als Aufgangstreppe dient schlicht ein angelehntes Stück runden Palmenstammes, in das ein paar Kerben geschlagen sind. In ihnen findet der Fuß eines Einheimischen stets seinen Halt, wohingegen es ein Europäer mit glattem Lederschuh besser erst gar nicht versuchen sollte.

Das Haus steht auf Pfählen und ist mit den Blättern der Sago-Palme gedeckt, bei anderen Häusern wird Gras verwendet. Der hölzerne Fußboden des Hauses befindet sich in etwa eineinhalb Metern Höhe und ist mit den Rindenschwarten der Limbong-Palme belegt, was wohl dem Zwecke nach dem entspricht, was man in Europa als Teppich bezeichnet. Allerdings ist dies ein ziemlich welliger Teppich. Darauf schläft die ganze Familie. Nicht jeder Europäer, der einmal auf einem solchen Boden ohne jede Unterlage – ohne Decke oder Matte – geschlafen hat, wird behaupten können, daß die Nacht sehr angenehm war.

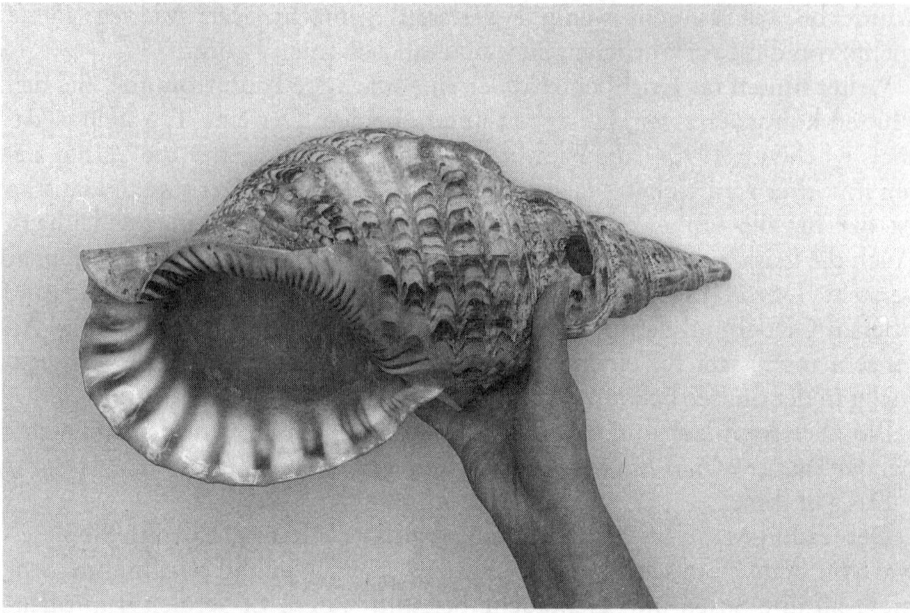

Abb. 4: Triton-Schnecke, bis zu 40 cm lang. Mit Hilfe eines seitlich eingebohrten Lochs werden auf ihr Signale geblasen.

Abb. 5: Hütten auf der Insel Siar bei Friedrich-Wilhelmshafen (heute: Madang)

Abb. 6: Dorfplatz auf der Insel Ragetta bei Friedrich-Wilhelmshafen (Madang)

Abb. 7: Bewohner der Insel Beliao bei Friedrich-Wilhelmshafen (Madang)

Das Typische dieses Hauses ist die geschlossene Giebelwand aus Blättergeflecht sowie eine überdeckte Veranda am Vorgiebel. Von ihr kann man durch eine kleine, kaum fenstergroße Türöffnung ins Innere des Eigenheims gelangen. Dieser Eingang wird bei Bedarf mit einer Matte und zwei querliegenden Hölzern verschlossen.

Fenster gibt es nicht. Wozu auch. Sie alle, jung und alt, sind doch den ganzen Tag über draußen. Allerdings, ganz oben unter dem First ist ein dreieckiges Luftloch angebracht, damit Rauch und Dunst abziehen können. Aufrecht zu stehen, ist in diesen Hütten lediglich in der Mitte unter dem First möglich, etwa wie in einem Camping-Zelt. Rechts und links davon ist es für ältere Herrschaften schon recht unbequem, für Aussteiger vielleicht gerade richtig.

Neben diesen beiden Haustypen gibt es noch das Versammlungshaus, Clubhaus würde man es bei uns nennen. Es ähnelt dem Junggesellenhaus, ist jedoch größer und hat am Vordergiebel als besondere Zierde zwei geschnitzte Geisterfiguren mit grimmigem Aussehen, die ortsfremde Geister, die hier nichts zu suchen haben, abhalten.

Das Haus hat zwei Eingänge. Den zweiten erkennt nur, wer von ihm weiß: Er liegt auf der abgewandten Seite, durch ein Gebüsch verdeckt.

Geht jemand vorn in das Haus hinein, so wird die Mattentür sofort wieder zugezogen, damit ja nicht eine Frau einen Blick in das Innere werfen könnte. Dabei gibt es eigentlich gar nichts zu sehen.

Das heißt: doch!

Im Halbdunkel des Innenraumes liegt ein schwarzgerußter Flaschenkürbis. Ihn zu erblicken, würde für eine Frau den Tod bedeuten, denn das Haus ist neben einem Versammlungsort auch gleichzeitig eine Geisterbeschwörungsstätte, und da haben Frauen eben nichts zu suchen. Sie würden sonst einfach sterben. Von selbst natürlich.

Wichtigster Bestandteil im Inneren des Hauses ist einzig und allein dieser Flaschenkürbis, etwa von der Form eines Nachtwächterhorns, der irgendwann einmal zu einem Blasinstrument umfunktioniert worden ist. Mit seiner Hilfe werden dem ängstlichen Dorfvolk vor der Hütte mit hohler Stimme Orakelsprüche vorgegaukelt.

Aha, deshalb also die zweite, verdeckte Tür auf der Rückseite der Hütte, damit der Zauberer unbemerkt hinein- und hinausschlüpfen kann. So also macht man das.

Zauberer, Zauber und Geister spielen bei den neuguineischen Stämmen, die keinen Gott, auch keine Götter kennen, eine entscheidende Rolle. Die Mythen dieser Völker handeln von Wesen aus einer unbekannten Vorzeit, die das heutige Leben, so wie es ist, eingerichtet haben. Ihre Religion ist die der Ahnenverehrung, des Ahnenglaubens.

Der Geist (die Seele), der im Menschen wohnt, fliegt nicht sofort nach dem Tod ins Jenseits. Er hält sich noch eine Zeitlang in der Nähe des Toten auf. Bevor er ins Jenseits reist, muß er noch durch allerlei Riten zufriedengestellt werden; denn weil der Mensch gern lebt, lebt auch seine Seele gern und ist jetzt nach seinem Tod eifersüchtig auf die Hinterbliebenen, die weiterleben dürfen. Deshalb die Darbietung von Opfern auf den Gräbern der Verstorbenen in Form von Taro, einem schönen Eberhauer oder anderen Dingen, die dem Einheimischen lieb und teuer sind.

Die nun ohne ihren Körper frei herumfliegende Seele muß nicht grundsätzlich eifersüchtig oder böse sein. Es gibt auch gute Seelen, nur weiß das keiner im voraus! Wichtig ist, daß gute wie böse respektiert werden, dann regelt sich vieles von selbst. Daß der Mensch eine Seele hat und diese nach dem Tod aus dem Körper flieht, ist jedem im Dorf verständlich; denn nur dadurch, daß die Seele den Körper verläßt, kann dieser in Verwesung übergehen!

Das ganze Dasein der Insulaner wird bestimmt durch zahllose Geister (Ahnenseelen), die weiterhin am täglichen Geschehen des Dorfes teilnehmen wollen. Sie können überall sein. Die Bösen sitzen vor allem im Dickicht des Urwaldes, in finsteren Schluchten oder dunklen Grotten und fügen den armen Menschen viel Leid zu. Im Speer sitzt der gutgesinnte Speergeist irgendeines Ahnen, der die Waffe ins Herz des Feindes lenkt. Traf der Speer daneben, so war ein Gegenzauber im Spiel oder exakter gesagt, es war ein Gegenahn, der ersteren ausschaltete. Auch in normalen Gegenständen wie Tanzmasken können sich böse Geister befinden, weshalb sie vor dem Aufsetzen sicherheitshalber entzaubert werden.

Diesen Ahnen, die irgendwann gelebt haben, verdanken die Einheimischen alles, und sie pflegen deshalb den Ahnenkult in außergewöhnlicher Weise. Vielfach werden aus diesem Grund die Schädel Verstorbener nach einigen Wochen wieder ausgegraben und als häusliches Nestchen für die umherirrende Seele bereitgestellt. In manchen Gegenden versuchen die Dorfbewohner, die Gesichtsform der Verstorbenen wiederherzustellen, indem sie auf den Schädeln die Gesichter mit Lehm modellieren, eventuell auch die alte Fest- oder Kriegsbemalung wieder auftragen.

Der Europäer sah immer wieder, auf welch – aus seiner Sicht – niedriger Entwicklungsstufe sich das Volk befand, was sich in vielen Lebensbereichen offenbarte. Diese 'Rückständigkeit'[2] könnte mit auf den Ahnenkult zurückzuführen sein. Die Menschen haben eine fast heilige Scheu davor, etwas anders zu machen als das, was sie vom Urahn durch Tradition übernommen haben. Eine Änderung der bisherigen Gebräuche, Sitten, Methoden könnte

2 Völkerkundlich betrachtet hat jede Kultur dieser Welt eigene und unterschiedliche Werte, die sich nicht höher oder niedriger stehend vergleichen lassen.

den Zorn der Ahnen hervorrufen und damit die schwersten Folgen für sie haben. Es wäre in einem solchen Fall immer erst der Zaubermeister zu befragen, und der ist an einem Klügerwerden seiner Mitbürger wenig interessiert.[3]

Jeder Dorfbewohner vermag Zauber in irgendeiner Weise anzuwenden, größere Probleme jedoch kann nur der Zaubermeister selbst lösen.

Aber nicht jeder kann ein Zaubermeister werden. Der Aspirant muß sich bei seinem Lehrmeister zunächst einer harten Prüfung unterziehen. Bei dem Stamm der Marind-anim im Bergland Neuguineas muß der Anwärter *»große Mengen von Leichensaft eines kurz zuvor verstorbenen Magiers zu sich nehmen, vermischt mit anderen wirksamen Zutaten«* (24). Überlebt er diese Prozedur, so ist er der gemachte Mann und kann mit dem Erlernen der zahlreichen Zaubersprüche beginnen: Er eignet sich die Kenntnisse zur Heilung von Krankheiten an und erlernt neben unzähligen Zaubermethoden auch den gefürchteten Todeszauber, mit dem er ungeliebte Personen aus dem Weg räumt.

Er muß aber auch wachsam und umsichtig sein: Ein kleiner Versprecher beim Murmeln der Beschwörungsformel, eine unachtsame Bewegung, ein Medizintropfen zu wenig, und schon ist es um den Erfolg der Behandlung geschehen!

So spielen Geister, Zauber und Gegenzauber eine entscheidende Rolle im Leben der Neuguineer.

Für Karl Vieweg war und blieb Beliao im wahrsten Sinn des Wortes ein lebendes Museum. Es war sein erster tieferer Kontakt mit einem Tamul-Dorf. Als er es verließ, verabschiedete er sich von den Leuten in der lokalen Bel-Sprache mit dem neuerlernten Gruß *»Maduo – du bleibst zurück«*, und als Antwort erscholl es im Chor *»Ulao – du gehst«*.

Die Trommelsprache

Besonders interessant für Karl Vieweg war vorhin in dem Dorf Beliao die große Trommel gewesen. Diese Signaltrommeln waren aus einem Baumstamm gefertigt, zwei oder drei Meter lang und über einen halben Meter im Durchmesser. Sie waren mit einem schmalen, langen Spalt versehen, durch den sich die Hand des Schnitzers in mühevoller Arbeit ins Innere vorgear-

3 Von mehreren Bantu-Stämmen in Afrika ist dem Verf. bekannt, daß der Zauberer von jeher darauf bedacht war, jede Erfindung, jeden Fortschritt, der nicht von ihm kam, zu verhindern und den Erfinder zu töten, weil dies seinem Ansehen und seiner Macht geschadet hätte.

beitet hatte, um den Stamm abwechselnd mit Feuer und Muschelbeil auszuhöhlen.

Solche Trommeln wurden meist von darin spezialisierten Dörfern hergestellt und dann gegen andere Dinge eingetauscht. Auf den Witu-Inseln waren die Männer von der Insel Unea die Spezialisten für die Herstellung solcher Baumtrommeln.

Hatte eine dieser großen Trommeln den Besitzer gewechselt, so wurde sie mit großem Geschrei und Aufwand ins heimatliche Dorf gebracht. Es war fast ein Volksfest. Dabei spielten neben den schwer schleppenden Männern die Frauen eine nicht weniger bedeutende Rolle. Missionar Hoffmann (26) erzählt hierüber:

»Die Frauen sind die Treiber, die am Wege stehen oder hinter ihren Männern hergehen und sie durch Zurufe anfeuern, fester zu ziehen oder, wenn es zu langsam geht, mit Brennesseln auf sie einschlagen.«

Endlich im Dorf angekommen, wurde die Trommel geschlagen.

»Weithin antwortete das Echo in den Bergen. – Der Klang einer Holztrommel pflanzt sich noch weiter fort als der Ton einer großen Glocke. Manche der Trommeln sind auf einen hohen, manche auf einen tiefen Ton gestimmt.«

Missionar Helmich von der benachbarten Insel Ragetta, der hier schon lange arbeitete, kannte die Trommelsprache der Insulaner sehr genau. Einmal gab er seinem jungen Kollegen, dem Missionar Becker aus Bongu, und dem mit ihm befreundeten Karl Vieweg, eine Einführung in die Trommelsprache.

Die Signale stellen nicht bestimmte Worte dar, die man zu Sätzen aneinanderreihen kann, sondern es sind einzelne Pauschalbegriffe wie das Kriegssignal 'Auf zum Kampf' oder 'Sieg', 'Tod', 'Überfall mißlungen', 'Alle nach Hause kommen, ein Weißer ist im Dorf', 'Der Weiße ist friedlich' oder auch 'Wir haben einen Feind erbeutet – alle zum Essen kommen'. Auch Terminabsprachen gehen per Trommel. Gibt es unerwartet Schwierigkeiten, so kommt das Signal 'Terminverschiebung' mit einem entsprechenden Änderungsvorschlag.

Einer der Missionare hatte einmal seine Petroleumlampe in einem Dorf vergessen; die Nachricht wurde durchgegeben, und Stunden später brachte ein Läufer das Gewünschte.

Es gibt einerseits allgemein bekannte Signale, die über weite Gebiete einheitlich sind (auch wenn man verfeindet ist) und von jedermann verstanden werden. Als 1904 der Aufstand in Friedrich-Wilhelmshafen mißlang, wußten das die Stämme im 150 km entfernten Finschhafen bereits, bevor irgendein Schiff die Nachricht hätte bringen können!

Andererseits gibt es Privatsignale, welche nur zwischen befreundeten Dörfern oder bestimmten Sippen bekannt sind. Als der Forscher Parkinson, den Karl Vieweg später in Herbertshöhe kennenlernte, in Neupommern überraschend auf Männer fern von ihrem Dorf auf ihren Feldern traf, flüchteten alle schnell in ihre Schutzhütten, die von einer starken Palisadenwand umgeben waren. Erst nach langem Zureden öffneten die mißtrauischen Leute den verrammelten Eingang. Außer den Hütten befand sich drinnen nur eine

> *»Schlitztrommel, ... die man bei unserem Herannahen kräftig bearbeitet hatte, ... um den Nachbarn eine Warnung zu geben. Bei unserem Weggang wurde die Trommel abermals geschlagen, und als wir zehn Minuten später eine ähnliche Festung erreichten, fanden wir die Leute zwar bewaffnet, aber ruhig vor dem Eingang stehend«* (43).

Die Trommel hatte sie und ihr Verhalten angekündigt.

Das Zeichen für einen Weißen ist übrigens überall ziemlich einheitlich: Vier kurz hintereinanderfolgende Trommelschläge. Das Signal geht zurück auf die ersten Missionare im Land, die stets einen Klappstuhl mit vier kurzen Beinen mit sich führten!

Besonders interessant ist nun, daß es für jeden Mann im Dorf ein bestimmtes Trommelzeichen gibt, so daß jeder genau weiß, wem eine bestimmte Mitteilung gilt. Die Unterschiede der Zeichen liegen in den Pausen zwischen den einzelnen Schlägen. Es gibt sehr kurze Pausen (.), kurze (–), lange (____) und sehr lange (________) Pausen.

Auch manche der Weißen haben einen Trommelnamen. So heißt ein bestimmter Missionar '– – – – – – . . – –', das entspricht dem Rhythmus der ersten neun Noten aus 'Ein feste Burg ist unser Gott' (18).

Im allgemeinen sind die Signale aber viel komplizierter. Man kann nur staunen, daß sie dennoch verstanden werden.

Ein Beispiel (41): Im Dorf ist ein Mann gestorben. Nun will man dies seiner Frau mitteilen, die mit anderen weiter entfernt am Riff nach allerlei Seegetier sucht. Zunächst wird das Signal 'Achtung' gegeben:

»____ ____ ____ ____ ____ – – – – ____ – ____ – ____ – ____ . .
. . ____ . . . . . ____ – – – – – – – – – –«

Draußen am Meer ruht sofort jede Tätigkeit. Alles wartet gespannt. Schon kommt das nächste Signal:

»____ ____ ____ ____ – – – – – ____ – – ____ – ____ – ____
____ – – – – – ____ – – – – – –«

Aha, die Nachricht ist also für eine Frau bestimmt. Welche Frau – das muß aus dem nächsten Signal hervorgehen. Da kommt auch schon das Signal. Es ist der Name eines Mannes:

»____ ____ . . . . . ____ ____ . . . . . ____ – – ____ – – ____ – ____

____ ____ ____ ____ ____ . . . . . . ____ – –«

Eine der Frauen weiß jetzt, ihr Mann ruft sie, sie soll nach Hause kommen. Vielleicht sind Gäste eingetroffen, für die sie Essen bereiten soll? Aber da folgt als nächstes das Todessignal:

»________ ________ ________ ________ ________ ________
________ «

Nun weiß die Frau, daß ihr Mann sie nicht ruft, sondern daß er gestorben ist. – Die anschließende Einladung an das Nachbardorf, zum Totenfest, d.h. zum Festschmaus, herüberzukommen, lautet ganz einfach:

»____ ____ ____ – – – – ____ ____ ____ . . . . ____ ____ ____ . . . .
____ . . . . ____ ____ ____ – – – ____ ____ ____ . . . . ____
____ ____ . . . . . ____ – – ____ . . . . . . ____ ____ ____ «

Auch die Speisekarte wird gleich mittelegrafiert:

Schweinefleisch: »____ ____ . . . . . . ____ ____ ____ . . . . ____ ____ –
– . . ____ ____ . . . . . . ____ ____ ____ ____ ____ «

oder Hundefleisch: »____ ____ . . . . ____ ____ – – ____ . . ____ ____
. . . . ____ – ____ – – –«

Bezirksamtmann Karlowa

Verwaltungssitz von Deutsch-Neuguinea war anfangs Finschhafen am Huon Golf gewesen. Nachdem dort ein Drittel der Deutschen von der Malaria dahingerafft worden war, wurde die Station aufgegeben. Der neue Sitz hieß Stephansort an der Astrolabe-Bai. Dieser Platz schien gesünder. Aber nach zwei Jahren waren bereits 25 Europäer gestorben, und fluchtartig zog die Verwaltung nach Friedrich-Wilhelmshafen (Madang) um, rd. 30 km weiter nach Norden. Vier Jahre später zog alles wieder nach Stephansort, im nächsten Jahr aber schon wieder zurück. Und nach zwei weiteren Jahren schließlich, 1899, wurde Herbertshöhe im östlichen Bismarck-Archipel der neue Verwaltungssitz, ein wesentlich gesünderer Ort. – Die Kolonie war anfangs in fünf, später in neun Bezirke eingeteilt, die jeweils von einem Bezirksamtmann (Pidgin: 'kiap') geleitet wurden.

Der 'kiap' von Kaiser-Wilhelmsland mit Sitz in Friedrich-Wilhelmshafen hieß Karlowa. Er war gerade von einem Strafzug gegen die kriegerischen Orokosa – nordwestlich von Friedrich-Wilhelmshafen – zurückgekommen und berichtete darüber abends im Restaurant den gespannt lauschenden Europäern, unter ihnen der junge Karl Vieweg. Karlowa war erst im Dezember als Nachfolger von Stuckardt hier eingetroffen und hatte mit den Orokosa sogleich vollauf zu tun, um für Ruhe und Ordnung zu sorgen.

Dort im Nordwesten galt es, grimmige Fehden zwischen den Küstenbewohnern (Melanesier) und den im Inland wohnenden Orokosa (Papua) zu schlichten. Erstere waren den Weißen gut gesinnt und wurden von den an Zahl überlegenen Orokosa erbittert bekämpft. Letztere machten auf ihren Kriegszügen stets reiche Beute an Menschenfleisch. Gefangene oder Tote wurden im Triumpf in die heimatlichen Dörfer geschleppt. In der Nähe ihres Hauptdorfes stimmten sie dann ihren Siegesgesang an. Für jeden Toten oder Gefangenen, den sie gemacht hatten, wurde ein Jauchzer mit eingeflochten. Das war so üblich, um den wartenden Frauen und Kindern den mitgebrachten Fleischvorrat anzukündigen. Gefangene, die schwer verwundet waren, wurden genauso wie Schweine mit zusammengebundenen Händen und Füßen ungeachtet der Schmerzen stundenlang an einer Stange getragen, bis ihr Brüllen schließlich beim Absengen über dem Feuer erstarb.

So erzählte Karlowa.

Den Neulingen am großen Tisch lief es kalt den Rücken hinunter. Jedem von ihnen konnte es vielleicht einmal genauso ergehen. Besser gar nicht daran denken.

Der Wirt füllte die Gläser nach.

"Immer voll, Wirt, solange uns die Malaria und die Schwarzen nicht auffressen – – wo war ich stehen geblieben – – – richtig, bei den armen Kerlen, die über dem Feuer geröstet wurden, damit den Kanakern später keine Haare zwischen den Zähnen hängen bleiben" (verkrampftes Lächeln auf beiden Tischseiten).

Er trank und erzählte weiter.

"Solche scheußlichen Abschlachtereien konnten wir natürlich nicht dulden. Nach ergebnislosen Friedensbemühungen blieb mir mit meinen 20 braven Polizeijungen also nichts weiter übrig, als mit Waffengewalt gegen die Orokosa vorzugehen. Die Annäherung meiner kleinen Truppe war natürlich längst durch Trommelsignale angekündigt worden. Es kam zu einem blutigen Gefecht, bei dem wir uns ganz überraschend hart verteidigen mußten. Die Übermacht war einfach zu groß."

Karlowa wußte, wovon er sprach. Er hatte mehrere Jahre Erfahrung von der Gazelle-Halbinsel mitgebracht.

"Die Jungen schossen wie die Teufel! Es gab kritische Augenblicke, als bei dem Geheul und der Masse der Angreifer meinen Leuten die Knie weich wurden. Da halfen nur eiserne Disziplin – und dann natürlich unsere Gewehre! Der Gegner hatte die Wirkung der Feuerwaffen unterschätzt und zog sich schließlich an den Waldrand zurück. Auf dem Kampfplatz blieben zahlreiche Tote und Verletzte.

Nun erschien, viel zu spät, der melanesische Kriegshaufen, unsere lieben

Verbündeten. Sie brachen in ein Freudengeheul aus. Nicht nur wegen des Sieges, sondern vor allem wegen des verlockenden Fleisches, das da auf dem Kampfplatz herumlag. Schon machten einige Anstalten, sich der Toten und Verwundeten zu bemächtigen. Das gab es natürlich nicht. Ich mußte auch hier einschreiten.

Die geschlagenen Orokosa hatten unsere Macht zu spüren bekommen und wußten, was sie künftig davon zu halten hatten. Zum Zeichen des Friedens übersandten sie ein Schwein. Sie erklärten sich zu einer Bußezahlung bereit und versprachen, Frieden halten zu wollen (er hielt auch mehrere Jahre).

Das Bier kann doch nicht schon wieder zu Ende sein – – ? Ihr trinkt noch schneller als die Orokosa fressen ... "

Und alles am Tisch bemühte sich, auch über diesen Witz zu lachen. Immerhin – er war der Herr Bezirksamtmann!

Nicht immer gelang ein Kriegszug so gut wie dieser. Schon bald darauf mußte Karlowa mit seinen 20 Jungen nach dem Osten der Kolonie, um auch dort Ruhe und Ordnung wiederherzustellen. Hier siedelte nördlich des Markham-Flusses der berüchtigte Stamm der Lae Womba, der stets an seinen eßbaren Nachbarn interessiert war. Die Lae Womba hatten diesmal das vor kurzem missionierte Dorf Lakamo überfallen, in dem sich die Bewohner zur Morgenandacht in der Kirche versammelt hatten, und nahmen alles, tot oder lebendig, zum großen Festschmaus mit. Niemand überlebte. – Hier mißlang jede Strafexpedition, weil der Urwald den Lae Womba zu viele Schlupfwinkel bot.

Mit dem Küstensegler nach Stephansort

Mittwoch, 30. Januar 1907. Karl Vieweg sollte in Kürze nach Herbertshöhe versetzt werden, um dort die frei gewordene Assistentenstelle auf der Pflanzung Kenabot zu übernehmen.

Heute erhielt er die Gelegenheit, mit Kapitän Glahn, dessen schwarzer Besatzung und dem Compagnie-eigenen Küstensegler 'Papua' nach Stephansort zu fahren, wo ein paar Aufträge zu erledigen waren. So würde er auch diese Gegend kennenlernen.

Um 8.30 Uhr löste das Schiff die Leinen. Kapitän Glahn hatte vor, auf dem Weg dorthin auch die Insel Bilibili anzulaufen. Anschließend war ein Besuch in Erimahafen vorgesehen, und erst morgen früh wollte er nach Stephansort weitersegeln.

Sie erreichten die offene See. Der Wind war günstig. Nach eineinhalb

Stunden passierten sie die flachen Jomba-Riffe und steuerten die kleine Insel Bilibili an, auf der Hälfte des Weges nach Stephansort gelegen. Nach einer weiteren Stunde gingen sie auf der Reede der Insel vor Anker, ruderten mit einem Beiboot an Land und bereiteten ihr Mittagessen vor: Reis mit frisch erlegten Tauben, von denen es hier noch mehr als auf dem Festland gab. Bilibili mit seinen Palmen und hohen Urwaldbäumen, in denen sich unzählige Vögel heimisch fühlten, gehörte zu den prächtigsten Stellen in der Astrolabe-Bai.

Die Bilibili-Leute waren wegen ihrer schönen roten Tontöpfe bekannt. Töpfe aus anderen Gegenden waren schwarz.

Bei dem Stichwort Bilibili dachte allerdings keiner nur an friedliche und begabte Töpfer. Jeder wußte nur zu gut, was erst vor zweieinhalb Jahren geschehen war. Damals war ein Aufstand geplant, und alle Weißen in Friedrich-Wilhelmshafen und von den anderen Niederlassungen längs der Küste sollten getötet werden. Nur dem fehlerhaften Zeitplan der Bilibili-Insulaner war es zuzuschreiben, daß der Aufstand im letzten Augenblick vereitelt werden konnte. Sonst wäre wohl keiner der Weißen an der Astrolabe-Bai mit dem Leben davongekommen.

Anlaß war die Unzufriedenheit der Tamul mit den abzuleistenden Arbeiten. Früher, unter der Administration der Neuguinea Compagnie, waren die Tamul sich selbst überlassen gewesen. Jetzt, nach der Übernahme der Verwaltung durch die Regierung des Deutschen Reiches (1899), mußten sie eine vierwöchige Pflichtarbeit leisten, zum Beispiel beim Zuschütten des mehrere Hektar großen Sumpfes bei Friedrich-Wilhelmshafen, einer großen Malaria-Brutstätte. Keiner der Deutschen hatte vermutlich den Tamul erklärt, wie gefährlich dieser Sumpf auch für sie war. Und wenn die Arbeiter dann nach Ansicht des Aufsehers nicht hart genug gearbeitet hatten, wurden bei Feierabend im Auftrag des Bezirksamtmanns auch noch 'Liebesgaben' verteilt: Zehn Hiebe auf die blanke Rückseite mit dem daumendicken Stock der Rotangpalme – kein ausgesprochenes Vergnügen für den armen Burschen.

Diese Maßnahmen trugen nicht zur Zufriedenheit der freizeitgewohnten Tamul bei. So schritten sie also zur Tat. Die weißen Eindringlinge, einschließlich der Missionare, sollten ein für allemal von der Bildfläche verschwinden.

Die Häuptlinge der Inseln Siar, Ragetta und Beliao im Hafenbecken von Friedrich-Wilhelmshafen sowie die Häuptlinge von Bilibili und der Siedlung Jomba schmiedeten einen gut durchdachten Plan, der nach der Abfahrt des Postdampfers am 26. Juli 1904 zur Ausführung kommen sollte. Am Morgen dieses Tages hatten sich Hunderte von Tamul im Ort verteilt, standen wie zufällig in Gruppen an den Büros und in der Nähe der verstreut liegenden Wohnhäuser herum und warteten auf das vereinbarte Signal der Bilibili-Leute mit der Tutschnecke.

Keinem Weißen fiel etwas auf. Die meisten Tamul waren mit ihren Kanus früh gekommen und hatten geschickt an verschiedenen Stellen des buchtenreichen Hafens angelegt und sich auch unauffällig überall verteilt. Daß sie Speere, Pfeil und Bogen und Keulen bei sich hatten, auch das fiel nicht besonders auf, denn sie taten verabredungsgemäß so, als ob sie diese Stücke, wie so oft schon, bei den Weißen gegen Tabak oder anderes eintauschen wollten.

Alles wartete ungeduldig auf die Bilibili-Leute, die an der Küste bei Jomba landen sollten, dann die Pflanzung zu überfallen hatten und anschließend den eventuell aus Friedrich-Wilhelmshafen Flüchtenden den Fluchtweg ins Hinterland, in den Urwald, versperren sollten.

Doch die Bilibili-Leute kamen nicht. Sie waren noch auf hoher See. Sie mußten bis zur Küste bei Jomba einen etwa 16 km langen Seeweg zurücklegen und hatten gerade an diesem Morgen mit einem ungewöhnlich starken Gegenwind zu kämpfen. Das hatten sie nicht mit einberechnet. Währenddessen bekam der Hausjunge des Regierungsarztes Dr. Hoffmann Gewissensbisse gegenüber seinem geliebten Master, der natürlich auch erschlagen werden sollte. Er verriet ihm alles.

Dr. Hoffmann ließ sich sofort von seiner Hospitalinsel Beliao nach Friedrich-Wilhelmshafen hinüberrudern und eilte zur Kaserne, um die kleine Polizeitruppe zu alarmieren. Auf dem Wege dorthin traf er mehrere Deutsche, die von einer Gruppe Schwarzer in ein Gespräch verwickelt waren. Er rief ihnen die Warnung zu, doch die meisten glaubten ihm nicht. Einer meinte sogar im Spott zu seinem Kollegen: *»Vergiß nur nicht, die Brille abzunehmen, bevor dich die Tamul in den Kochtopf stecken; die armen Kerle könnten sich sonst an den Glassplittern den Magen verderben«* (59).

Die wartenden Tamul waren bereits ungeduldig geworden, weil von den Bilibili-Leuten immer noch kein Signal zu hören war. Da beschloß eine der Gruppen, nicht mehr zu warten und beim Bezirksamtmann zu beginnen. Mit sechs Mann traten sie bei dem etwas abseits liegenden Haus auf die Veranda, um ihm Speere und anderes zum Tausch anzubieten. Einer stellte sich wie zufällig hinter ihn und hob seine Steinkeule zum tödlichen Schlag – da sprang ihn die wachsame Dogge des Amtmanns wütend an.

In diesem kritischen Augenblick erschien auch die schwarze Polizeitruppe unter Polizeimeister Beyer. Die Verschwörer nahmen sofort Reißaus und verschwanden in Richtung Hafen. Das war das Signal zum allgemeinen Rückzug, und jeder suchte so schnell wie möglich, in seinem Dorf unterzutauchen.

Am nächsten Tag erschien in der noch knisternden Atmosphäre, völlig unerwartet für Schwarz und Weiß, das deutsche Kriegsschiff 'S.M.S.Möwe', und der pfiffige Bezirksamtmann ließ flugs verbreiten, daß er das Schiff we-

Abb. 8: Männer aus dem Dorf Sissanu. Mehrere von ihnen tragen geflochtene Bauchpanzer gegen Pfeilschüsse.

Abb. 9: Mann von der Insel Siar mit Bambuskamm

Abb. 10: Siar-Mann mit Gattin und Betelkloß in der Backe

Abb. 11: Stephansort an der Astrolabe-Bai

Abb. 12: Ein Junge erklettert eine Palme ohne jegliches Hilfsmittel

Abb. 13: Dorfszene in Bogadjim (heute: Bom) an der Astrolabe-Bai

gen des gestrigen Vorfalls herbeigezaubert habe!

Da staunten die Tamul über diese unheimliche Zauberkraft! Wie kann man denn gegen solche Zauberleute einen Kampf gewinnen!

Natürlich blieb die ganze Sache nicht ungesühnt, und sechs Hauptverschwörer wurden öffentlich erschossen. Außerdem mußten die Bewohner von Bilibili ihre Insel verlassen. Ihnen wurde auf dem gegenüberliegenden Festland ein Streifen Land zugewiesen, so daß man sie besser unter Kontrolle hatte.

Dies war der mißglückte Mordanschlag, der seitdem jeden Europäer Vorsicht walten ließ.

Der Kapitän und sein Gast waren mit dem Mittagessen fertig. Sie saßen noch etwas im Schatten der überhängenden Bäume und dachten über die vor noch gar nicht langer Zeit abgelaufene Geschichte nach. Eine Gruppe Schwarzer näherte sich jetzt, anscheinend Fischer oder Kanubauer, die sich vorübergehend auf der Insel aufhielten. Unwillkürlich standen die beiden auf und gingen langsam zum Boot zurück. Der Gedanke wollte ihnen nicht aus dem Kopf, daß die Bilibili-Leute jederzeit nachholen könnten, was sie damals versäumt hatten (tatsächlich war 1912 ein neuer Aufstand von ihnen geplant, der abermals verraten wurde).

Die Weiterfahrt nach Erimahafen dauerte eine gute Stunde. Hier lagen mehrere Pflanzungen der Compagnie. Der Segler hatte allerlei Versorgungsgüter mitgebracht und auszuladen. Hier blieben sie auch über Nacht.

Am nächsten Morgen segelte die Gruppe mit Sonnenaufgang nach Stephansort im innersten Winkel der Astrolabe-Bai, kaum 10 km von Erima entfernt. Beides waren Niederlassungen aus den 80er Jahren, als Friedrich-Wilhelmshafen noch keinerlei Bedeutung hatte.

Die gestrige Fahrt und die heutige entlang der Küste waren ein wunderbares Erlebnis. Karl Vieweg wurde nicht müde, auf die Küste zu schauen, denn beständig wechselten die Bilder, und immer waren sie malerisch schön. Die weiter entfernten Finisterre-Berge mit Gipfeln über 4 000 m schienen von einem leuchtenden Blau übergossen zu sein. Sie waren wohl viel weiter entfernt, als es den Anschein erweckte. Grün bewachsene Hügel zogen vorüber. Palmen standen bis dicht an die Küste, die nur selten einen Sandstrand zeigte. Dann wieder blieb der Blick an der Steilküste und den bizarren Korallenblöcken haften.

Über das nahe Stephansort hinaus konnte man in großer Entfernung die beiden Häuser der Missionsstation Bongu als weiße Punkte erkennen. In jener Richtung waren auch mächtige Rauchwolken zu sehen. Wahrscheinlich waren dort Einheimische auf der Jagd und hatten Grasbrände gelegt, um die Wildschweine aus ihren Verstecken herauszutreiben.

Nun war Stephansort erreicht. Die Ansiedlung hatte keinen schützenden Hafen. Deshalb mußte das Schiff auf der offenen Reede ankern, Fracht und

Passagiere wurden mit einem Boot an Land gebracht. So etwas ging gut, solange die Brandung nicht zu hoch war. Schon mancher Erstankömmling, der es besser gewußt hatte, war hier zusammen mit seinem Gepäck an Land gespült worden, mancher dabei auch zu Tode gekommen.

Stephansort war nicht groß. Nur zehn oder zwölf Weiße lebten hier. Sie waren etwa zur Hälfte auf den Pflanzungen tätig, die um den Platz herum angelegt worden waren. Es gab sogar Hospitalgebäude für Schwarz und Weiß. In dem teilweise sumpfigen Gelände waren Entwässerungsgräben gezogen, um der Malaria besser Einhalt bieten zu können. Ein Denkmal erinnerte an den Landeshauptmann von Hagen, der 1896 hier in der Nähe ermordet worden war.

Vom Landungsplatz aus zog sich Richtung Westen ein breiter Fahrweg hin, der zu dem gleich anschließenden Dorf Bogadjim und weiter durch die unter Leitung von Herrn Dommes stehenden Plantagen der Neuguinea Compagnie bis nach Erima führte.

Neben Kokospalmen gab es auf den Plantagen auch viel Kautschuk. Die verschiedenen Gummibaumarten waren von der Gesellschaft an diesem Ort erstmalig in Neuguinea angepflanzt, und alles versprach, ein Erfolg zu werden. Insgesamt standen im Bezirk Stephansort, dazu gehörte auch Erima, schon rund 130 000 dieser Bäume!

Auf dem Rückweg von den Plantagen kam Karl Vieweg wieder durch das Dorf Bogadjim. Er war durstig geworden. Vor ihm zwischen den Hütten standen hohe Palmen, an denen zahlreiche trinkreife Kokosnüsse hingen. Er hatte kaum seinen Wunsch nach einer Nuß geäußert, als auch schon ein junger Bursche an einer Palme hochkletterte – ohne den üblichen Hilfsstrick zwischen den Füßen – und mehrere Kokosnüsse herunterwarf.

Das Dorf bestach durch seine großen und prächtigen Hütten. Diese hatten im Gegensatz zu Beliao noch einen Hängeboden unter dem Dachfirst zur Aufbewahrung von allerlei Gegenständen. In beiden Dörfern, so fiel ihm auf, war der Dorfplatz äußerst penibel gefegt.

Missionar Becker aus Bongu hatte ihm einmal folgende Anekdote über Bogadjim erzählt:

> Ein Tamul-Junge hatte auf dem Markt ein Stück billiges Tuch gestibitzt, worauf der Händler beim Vertreter des Kaiserlichen Gerichts in Stephansort klagte. Der dort frisch aus Deutschland eingetroffene Assessor waltete getreu nach Berliner Vorschrift seines Amtes, stellte eine schriftliche Vorladung aus, versah sie mit einem dicken Siegel und ließ dies in Bogadjim dem Vater des Jungen übergeben. Der erschrak fürchterlich über ein so seltsames Papier, und auch die um Rat gefragten Nachbarn und Dorfältesten vermuteten in dem geheimnisvollen Ding mit den fremdartigen Zeichen und dem seltsamen, harten Klecks auf

der Rückseite einen bösen Zauber, dem man am besten aus dem Weg ginge. – Als am nächsten Morgen aus anderem Grund ein Bote aus Stephansort eintraf, fand er das Dorf verlassen vor. Die Tamul hatten ihr altes Dorf aufgegeben und waren dabei, in der Nähe ein neues zu errichten, aus Furcht vor dem Zauber des weißen Papiers, das sie im Dorf zurückgelassen hatten. Der Missionar von der nahe gelegenen Rheinischen Mission hatte große Mühe, die verschreckten Tamul wieder zur Umkehr zu bewegen.

Solche Mißverständnisse kamen häufig vor. Zwei Welten prallten aufeinander.

Missionar Becker erzählte Karl Vieweg auch von den Schwierigkeiten, die den Verkündern des Wortes Gottes begegneten: Wenn die schwarzen Kinder zum Gottesdienst kamen, erwarteten sie, daß sie im Ausgleich dafür Tabak für ihre Tonpfeifen erhielten. Und wenn der Missionsunterricht zu Ende war und der Tabak aufgeteilt, schrien sie lauthals *»Auf – nach Hause«* und rannten davon. Es waren natürlich nur die Jungen, die zum Unterricht kamen. 'Mädchen haben keine Seele', sagten die Alten, was sollten die also in der Schule!

(Diese Auffassung war gar nicht so ungewöhnlich. Nach Meinung der Araber in Ostafrika hatten die 'heidnischen Neger' ebenfalls keine Seele.)

Bogadjim hatte damals etwa 300 Einwohner und bestand aus den drei Teildörfern Sakar, Lalo und Bom. Die Bewohner von Bom waren vor längerer Zeit aus dem Inland zugewandert. Ihre Sprache war mit der der beiden anderen Teildörfer vermischt. Alle drei hatten verschiedenartige Gewohnheiten.

Mitten in Bogadjim hatte einmal ein blutiges Gefecht zwischen den Dorfbewohnern stattgefunden, das nicht vergessen war. Missionar Hoffmann (26) und der Arzt Dr. Wendland (59), die in Bogadjim bzw. nebenan in Stephansort tätig waren, hatten über den Sippenkampf berichtet. In ihren nachfolgenden Aufzeichnungen sind die damaligen Verhältnisse äußerst realistisch festgehalten worden:

Wendland: *»Vielfach herrschten in den Tamuldörfern zwischen den einzelnen Familien, die nach der Vorherrschaft strebten, Neid und Eifersucht. So waren auch in Bogadjim seit einiger Zeit zwei Familien, von denen jede einen großen Anhang hatte, miteinander verfeindet. Zum offenen Streit fehlte bisher nur der nötige Anlaß. Doch dieser ließ nicht lange auf sich warten. Ein junger Mann stahl einem Dorfältesten der Gegenpartei seine Lieblingsfrau, ... und der betrogene Ehemann sann auf Rache. ... Der Frauendieb erklärte sich* *schließlich bereit, die gestohlene Gattin wieder zurückzugeben. Aber der betrogene Ehemann gab sich damit nicht zufrieden, was ihm nicht zu verdenken war. Seinen Anhängern schien dies eine willkommene Gelegenheit, der schwächeren Gegenpartei eins auszuwischen.«*

Hoffmann: *»Am Nachmittag des 29. Mai hörte ich plötzlich die Kriegstrommel. Ich hielt nach dem, was mir die Eingeborenen gesagt hatten, die ganze Sache zunächst für einen Wortkrieg. Aber gleich darauf kam einer meiner Schüler angelaufen und meldete, daß der Streit in vollem Gange wäre und ein Mann schon tot am Boden liege. Wildes Geheul erscholl aus dem Dorf, wo sich die Parteien mit Pfeilen und Speeren beschossen. Bruder Hanke ... und ich eilten gleich ins Dorf. Bei unserem Schulhäuschen saßen die Frauen und schrien in großer Angst. Als wir ins Dorf eintraten, kamen mehrere Frauen und brachten einen mir besonders nahestehenden älteren Mann angeschleppt, der schwer verwundet war. Hinter ihm drein kam sein Bruder, dem ... ein langer Pfeil im Rücken steckte.«*

Wendland: *»Vergeblich waren ihre [Hoffmann, Hanke] Bemühungen, dem Kampf Einhalt zu gebieten; ungehört verhallten ihre Worte im Lärm und Getümmel des Gefechts. In heißer Kampfgier und Wut sprangen die Männer wie wilde Bestien, die Blut geleckt hatten, umher, während sie sich gegenseitig anfeuerten und die Gegner mit Worten herausforderten. Die in der Nähe befindlichen melanesischen Arbeiter waren durch den Lärm herbeigelockt und schienen die größte Lust zu haben, sich aus reinem Vergnügen mit schnell beschafften Steinschleudern auch am Kampf zu beteiligen.*

Da eilte der Missionar, der das Nutzlose seiner Bemühungen einsah, zu dem Stellvertretenden Administrator ... und bat ihn, mit der Polizeitruppe einzuschreiten. ... Die Truppe in Stärke von 20 Mann jagte mit ihren Karabinern bewaffnet im Laufschritt nach dem Dorfe ...

Erst beim Eintreffen der Polizeitruppe stoben die kämpfenden Parteien, die vor den Feuerwaffen großen Respekt hatten, auseinander. Jetzt wurden zunächst die Leute der einen Partei zusammengerufen, und diese erklärten sich bereit, vom Kampfe abzulassen, wenn die Gegner es auch täten. Die Gegenpartei aber, die an Zahl überlegen auf dem besten Wege gewesen war, den Sieg zu erringen, zeigte sich anfänglich keineswegs zum Frieden bereit; nur die energische Drohung, mit den Karabinern auf sie zu schießen, wenn sie den Kampf fortsetzen würden, bewog auch sie, endlich von dem weite-

Abb. 14: Ein Jabim-Mann auf der Plantage Stephansort

Abb. 15: Männer des Dorfes Dallmannhafen (Wewak), mehrere mit schönem Brustschmuck aus Eberhauern, der auch als Schutz gegen Pfeilschüsse diente.

ren Blutvergießen abzusehen und in Verhandlungen einzuwilligen. Auf dem Kampfplatz lag ein Toter [zwei weitere Männer starben später]. ... Nach und nach meldeten sich zehn Tamul, von denen die meisten mehrere Pfeilschüsse und z.T. schwere Verletzungen davongetragen hatten. Die leicht Verwundeten, deren Zahl mindestens ein Dutzend ausmachen mußte, ließen sich überhaupt nicht sehen. ... Das Herausschneiden der mit vielen Widerhaken versehenen Pfeilspitzen war nicht ganz einfach. Bewundernswert war die Standhaftigkeit, mit der die Männer die schmerzhaften Eingriffe ertrugen. Zu der ihnen unbekannten Narkose ließ sich keiner bewegen.

Am folgenden Tage ... noch zwei Verwundete. Eine 15 cm lange Pfeilspitze wurde dem einen aus dem Schulterblatt und eine nur wenig kürzere dem anderen Patienten aus dem Kniegelenk entfernt. Fast drei Wochen später führte mir Missionar Hoffmann noch zwei Tamul zu, die sich mit Pfeilspitzen in der Brust seit jenem Kampftage herumgeschleppt hatten. ... Der letzte verwundete Krieger kam erst Ende Juli ... Fast zwei Monate war er mit einer Pfeilspitze im Rücken – natürlich unter großen Schmerzen – umhergelaufen, ehe es dem Missionar gelang, ihn zu bewegen, meine Hilfe in Anspruch zu nehmen.«

Die 'Papua' hatte inzwischen ihre Kopra- und Kautschuklasten geladen, und gegen 13 Uhr segelte sie wieder ab, zurück nach Erimahafen. Dort blieb sie bis zum nächsten Morgen, so daß Karl Vieweg Gelegenheit hatte, sich auch hier auf den Pflanzungen bei der Siedlung Erima, die etwas landeinwärts lagen, umzusehen.

Abends war er zu Gast bei Landmesser Fröhlich, der im Bezirk Stephansort ein reiches Aufgabengebiet hatte. Herr Fröhlich war bereits länger im Lande und besaß ein schönes Sortiment an ethnologischen Stücken. Offensichtlich merkte er, wie sehr der junge Mann an diesen Dingen interessiert war und schenkte ihm zu seiner großen Freude einen langen Speer mit geteilter Spitze. Er stammte aus dem Tamul-Dorf Koanga, das am Nuro-Fluß lag, etwa 10 km von hier landeinwärts; also aus einer sehr finsteren Gegend, wenn man bedenkt, daß zu jener Zeit nur ein schmaler Küstenstreifen von höchstens 10 bis 15 km von den Europäern erforscht bzw. überhaupt bekannt war.

Herr Fröhlich war ein tatkräftiger Mensch. In diesem Jahr noch, so erzählte er Karl Vieweg, wollte er zusammen mit Damköhler ins unbekannte Innere Neuguineas vorstoßen, und zwar von der Markham-Mündung am Huon Golf flußaufwärts bis über die Wasserscheide zum Ramu und dort über die südlichste Finisterre-Kette zur Astrolabe-Bai.[4]

Es war Regenzeit. Der Nordwest-Monsun war in vollem Gang, und am späten Nachmittag türmten sich über dem Festland immer mehr Wolken auf. Als die Sonne unterging, stauten sich vor dem Örtzen-Gebirge im Westen von Erima große Wolkenberge. Unaufhörlich wetterleuchtete es. Nach Meinung der Tamul waren da Geisterfrauen am Himmel, die sich stritten und mit Feuerbränden wild aufeinander losschlugen!

Gewitter in den Tropen sind bekanntlich viel heftiger als in den gemäßigten Breiten, weil durch die intensive Sonneneinstrahlung im Laufe des Tages bedeutend größere Energiemengen aufgestaut werden. In der Gegend um Erima fallen zudem im Jahr über 3 000 mm Regen (in Deutschland rd. 600 mm), und dies wegen der Trockenzeiten auf weniger als ein Jahr beschränkt. Und wenn man weiß, daß die Temperaturen von Erima tagsüber bei 30 Grad liegen, dann weiß man auch, daß diese Gegend kein ausgesprochener Erholungsort ist.

Herr Fröhlich und sein Gast hatten es sich im Langstuhl – so wurde damals der Liegestuhl genannt – auf der Veranda bequem gemacht und entspannten sich von der drückenden Hitze des Tages. Unangenehm waren hier wie auch in Friedrich-Wilhelmshafen die Fliegen, die ihm kleiner erschienen als die zu Hause in Quedlinburg, dafür aber um so aufdringlicher waren. Sie klebten förmlich an ihm. Viel unangenehmer, so sagte er sich, waren an den letzten Abenden in Strandnähe die gräßlichen Sandfliegen. Ihr Stich juckte wie ein Flohstich, und ein Moskitonetz war gegen sie wirkungslos – sie krochen einfach hindurch. Das einzige Gegenmittel war, die Häuser auf möglichst hohen Pfählen zu errichten, weil sich die Sandfliegen kaum über eineinhalb Meter in die Luft erheben konnten. Er war in den letzten Tagen arg von ihnen zerstochen worden und hatte viele juckende Stellen. Bloß nicht kratzen, das entzündete sich sofort! (Die Wanzen in seiner letzten Berliner Wohnung waren dagegen fast ein Labsal ...)

Plötzlich wehte ein kühler, scharfer Wind heran, es fröstelte ihn fast, und Augenblicke später brach das Unwetter über Erima herein.

Es blitzte und krachte unaufhörlich. Jetzt, so wissen die Einheimischen, springt ein wilder Himmelsriese zornig von Wolke zu Wolke, weil ihn jemand im Schlaf gestört hat. Wütend schleudert er seine feurigen Speere, zerschmettert Bäume, schlägt auch Menschen zu Boden, setzt Hütten in Brand. Am besten, sich ducken und schweigen, um den grollenden Riesen nicht noch mehr zu reizen.

Wieder ein krachender Donnerschlag – und als Antwort ein wehklagen-

---

4 Fröhlich und Damköhler haben ihr gewagtes Vorhaben auch erfolgreich durchgeführt. Für die etwa 200 km (Luftlinie) benötigten sie 17 Tage, kamen mit unbekannten Stämmen in Berührung und entdeckten weite, landwirtschaftlich nutzbare Talebenen.

des Rufen aus der Hütte hinter dem Haus.

Ein Einschlag?

Nein, der Küchenboy Songang! Immer wieder rief er die Namen seiner Kai-Ahnen an. Sie sollten ihm doch helfen und vor dem Riesen schützen.

Die Ahnen halfen. Der Riese traf ihn nicht.

Regenkaskaden trommelten jetzt auf das Wellblechdach. Es goß wie aus Kübeln. Draußen vor der Treppe unterhalb der Tür floß mit einem Mal ein kleines Bächlein. Ein Grund mehr, die Häuser auf Pfählen zu errichten!

An diesem Abend war an ein Früh-schlafen-gehen natürlich nicht zu denken. Die beiden Männer labten sich am kühlen Bier und lauschten in die Nacht hinaus. Unaufhörlich rauschte der Regen, grelle Blitze beleuchteten gespenstisch den Wald. Die Natur genoß es und bereitete sich auf ein Wiedererwachen vor.

Nach geraumer Zeit ließ der Regen nach.

Nun begann ein vieltausendstimmiges Grillenkonzert. Die Welt der Kleintiere war erwacht. Auch die Frösche stimmten ein und bemühten sich aus Leibeskräften, den Weibchen mit ihren Paarungsrufen zu imponieren. Ein solches Grillen-Frosch-Konzert war ein Erlebnis! Eine Unterhaltung war bei dem Freudentaumel dieser kleinen Musikanten fast unmöglich. Es war ein Abend, wie ihn Karl Vieweg nicht vergessen konnte.

Am nächsten Morgen erinnerte bei strahlendem Himmel nur noch der dampfende Boden und die Schwüle an das nächtliche Gewitter. Auf dem Maulesel von Herrn Fröhlich ritt Karl Vieweg gedankenversunken nach Erimahafen zurück. Hatte er nichts vergessen?

Die 200 Kautschuksamen, die er von den Versuchsanpflanzungen in Stephansort mitbringen sollte, hatte er besorgt. Für Herrn Fröhlich sollte er das große Zelt schicken lassen. Außerdem sollte er von ihm die Herren Schmidt, Fischer und Wuchert in Herbertshöhe grüßen. Das hatte er notiert. Und Frau Dommes in Stephansort ließ sagen, daß Herr Kastner, der Lagerverwalter, den amerikanischen Trade-Tabak nicht mehr zu liefern brauchte. Außerdem hatte sie Karl Vieweg gebeten, nach seiner Versetzung Grüße an Herrn Müller in Herbertshöhe auszurichten. Stecklinge oder auch Samen von Bougainvillia sollte es in Herbertshöhe reichlich geben, die wollte er dann an Frau Dommes schicken lassen. – Ein Schmunzeln ging über sein Gesicht: Frau Dommes hatte Ähnlichkeit mit Missionarsfrau X, und wie hatte diese neulich vor dem Restaurant zu ihrem Mann gesagt?: »*Komm du mir nachher unters Moskitonetz!*« Das fiel ihm jetzt gerade ein. Er mußte laut lachen.

In Erimahafen war inzwischen alles fertig verladen, und um 9 Uhr verließ der Segler die Ansiedlung.

Eines war dem jungen Mann bei dieser Reise besonders aufgefallen: Die Dorfbewohner von Bogadjim, Erimahafen und anderen Siedlungen längs der Küste besaßen so gut wie keine Kanus. Dagegen gab es solche an der Küste gegenüber Bilibili und bei den Inseln um Friedrich-Wilhelmshafen herum fast im Überfluß. Das schien ihm doch ungewöhnlich. Worauf konnte das zurückzuführen sein? Er fragte Kapitän Glahn, der schon lange im Land war und gewöhnlich alles wußte, so auch dieses Mal:

Bevor die Weißen kamen, selbst in den letzten Jahren noch, wurden die Küstendörfer von den Inselbewohnern rigoros kontrolliert und unterdrückt. Eine Seefahrt der Küstenbewohner wurde von ihnen nicht zugelassen. Besonders die Inseln Siar und Bilibili achteten scharf darauf, daß keiner außer ihnen Kanus besaß. Den Kanubau betrachteten sie als ihr Monopol und setzten alle verfügbaren Mittel ein, um die Vormachtstellung zu behalten.

Hatte sich ein Küstendorf dennoch Kanus gebaut oder von weither eingetauscht und hatten das die Inselleute festgestellt, so erschienen sie eines Tages überraschend mit mehreren Fahrzeugen und verbrannten die vorgefundenen Einbäume. Mucksten die Eigentümer auf, wurde das Dorf gleich mit abgebrannt.

> (Man sieht, die Überwachung der Flottenrüstung des Gegners zur Absicherung der eigenen Machtstellung ist nichts Neues. Sie war bereits in der Steinzeit üblich.)

Die Inselbewohner selbst besaßen große, oft zweimastige Kanus mit einem Fassungsvermögen von über 20 Mann. Die Fahrzeuge waren bis zu 15 m lang, hatten Aufsatzbretter an den Seiten und in der Mitte einen zwei- oder sogar dreistöckigen Aufbau. Ihre großen Mattensegel waren aus den langen, schwertförmigen Blättern der Pandanus-Palme geflochten.

Erdbeben

Am ***4. Februar 1907*** erlebte der Neuguinea-Neuling sein erstes Erdbeben. Es war kurz vor 5 Uhr morgens, er schlief noch: Jemand kam mit großem, schwerem Schritt auf seine Tür zu – immer lauter und schneller der Schritt –, es ging in ein heftiges Rattern und Schütteln über – – – und nun entfernte sich der große Unbekannte wieder.

Er sauste aus dem Bett. Der Schlüsselanhänger im Türschloß tickte noch hin und her wie ein Pendel. Die Blumenvase lag zerbrochen am Boden. Er überlegte, was zu tun wäre. Ein erneuter Erdstoß, und er lief vor die Tür nach draußen, wo auch andere vor dem Assistentenhaus im Nachthemd oder ähnlich ergreifender Bekleidung erschienen waren.

Abb. 16: Zweimastiges und mehrstöckiges Kanu der Bilibili-Insulaner

Abb. 17: Küstendorf Warapu bei Sissanu, das nach einem Erdbeben im Meer versunken ist.

Wieder ein paar kräftige Stöße. In seinem Zimmer fiel die Wasserkaraffe um – nicht zu überhören.

Dann war es still.

Es blieb auch still. Am Horizont dämmerte es. Keine zwei Minuten hatte der ganze Spuk gedauert. Jetzt nach der Entspannung kam sich jeder in seinem Aufzug doch recht seltsam vor und verschwand eiligst wieder in seinem Zimmer.

Erdbeben sind in Neuguinea und im Bismarck-Archipel nichts Ungewöhnliches. Sie entstehen durch die Bewegungen dreier großer Kontinentalplatten, der Pazifischen, der Indo-australischen und der Bismarck-Platte. Die ersten beiden treiben seit Jahrmillionen aufeinander zu und schieben sich im Raum Neuguineas übereinander. Eine der vielen Reibungskanten liegt unter der Blanche-Bucht im Bismarck-Archipel und führt dort ebenfalls zu erhöhter Erdbebentätigkeit.

Als sich vor der Küste Neuguineas vor 25 bis 15 Millionen Jahren Korallenablagerungen mit einer Stärke bis zu 1 500 m bildeten, waren die Platten noch weit voneinander entfernt. Vor etwa 9 Millionen Jahren stießen sie gegeneinander, die Pazifische schob sich unter die Indo-australische und hob (und hebt weiterhin, 2 mm jährlich) die Ablagerungen in einer Knautschzone mehrere tausend Meter aus dem Meer heraus. Das sind u.a. das heutige Örtzen-Gebirge und das Finisterre-Gebirge. Horizontal bewegen sich die Platten heute mit einer Geschwindigkeit von fast 10 cm pro Jahr, oder um es plastischer auszudrücken, sie bewegen sich etwas schneller, als ein Fingernagel wächst. Das ist sehr viel! An den Rändern steigt Magma empor und führt zu Vulkanismus und weiteren Erdbeben.

Erst einige Wochen, bevor Karl Vieweg in Neuguinea eingetroffen war, hatte es ein größeres Beben gegeben, bei dem weiter südlich an der Küste am Sattelberg große Erdmassen zu Tal gestürzt waren und dabei ganze Wälder und Dörfer begraben hatten. Im Jahr darauf versank an der Nordküste bei Sissanu ein 25 Quadratkilometer großer Küstenstreifen mit dem Dorf Warapu. – Verletzte und Tote gab es selten. Zwei deutsche Forscher waren einmal von einer durch ein Beben verursachten hohen Flutwelle ins Meer gerissen und nicht mehr wiedergefunden worden.

Wie alle anderen, so gewöhnte sich auch Karl Vieweg an die Beben. Saßen sie gerade im 'house kaikai', so hob jeder nach dem ersten Stoß gewohnheitsmäßig sein Bierglas und wartete ab. Wurde es schlimmer, so gingen sie mit ihren Gläsern nach draußen, bis die Angelegenheit vorüber war. Gewöhnlich passierte nichts, doch es konnte schon einmal vorkommen, daß die leichten Holzhäuser – es waren eben aus diesem Grund alles nur leichte Holzhäuser – auf ihren Tragpfeilern verrutschten. 20 bis 40 Erdbeben pro Jahr waren die Regel.

Die Kai-Leute, so erfuhr Karl Vieweg von einem seiner Arbeiter, stellen sich als Verursacher der Erdbeben ein Wesen vor, das Ähnlichkeit mit einem Menschen, aber statt der Beine nur Stummel hat. Dieses Ungeheuer sitzt in einer Höhle und hält in seinen beiden Fäusten die Wurzeln zweier Brotfruchtbäume. Wenn es an ihnen rüttelt, dann bebt die Erde!

Die Plantagen Jomba und Modilon

Sonntag, 10. Februar 1907. Baron d'all Abacco auf Station Jomba, ein gebürtiger Italiener, hatte gestern Geburtstag. Heute nachmittag sollte große Geburtstagsfeier sein. Karl Vieweg und zwei Kollegen aus Friedrich-Wilhelmshafen waren ebenfalls eingeladen und machten sich auf den Weg dorthin. Das ging am staubfreiesten mit dem Ruderboot den Jomba flußaufwärts. Die Plantage lag etwa sieben Kilometer entfernt.

Gesagt, getan. Ein Boot und sechs dunkelhäutige Ruderer standen zur Verfügung, und früh am Sonntag morgen, als die Sonne noch nicht so stach, stieß das Boot in der Bucht ab. Im enger werdenden Inneren Hafen ging es zunächst an dichten Mangrovebeständen entlang, die das westliche Ufer säumten. Dann lenkte das Boot in den eigentlichen Fluß ein, zunächst noch vorbei an dem bekannten Schiffswrack mit dem nicht mehr vorhandenen Krokodilveteranen. Weiter durch dichten Mangrovewald mit den bis zu drei Metern aus dem Wasser ragenden Stelzwurzeln, die sich übrigens, da sie schwer verrotten und zudem sehr gerade wachsen, vorzüglich zum Bau von Hütten und Umzäunungen verwenden ließen.

In den Wipfeln der Bäume leuchteten die karminroten Blüten der Tecoma-Schlingpflanze. Unbekannte Vögel flogen plötzlich von Ästen auf, auf denen man sie vorher nicht entdeckt hatte. Vereinzelt waren nun Nipa-Palmen zu sehen, die im schlammigen Boden küstennaher Gewässer zu Hause sind, aber weniger Salzwasser vertragen als die Mangrove. Die gewaltigen Blätter der Nipa-Palme sind bis zu sechs Meter lang. Sie werden von den Einheimischen gern als Dachmaterial beim Hüttenbau verwendet.

Je weiter das Boot flußaufwärts vorankam, desto mehr nahmen die Nipa-Palmen zu, bis sie schließlich den Mangrovewald völlig abgelöst hatten. Fast schloß sich der Galeriewald über dem jetzt schmaleren Fluß. Was für ein wunderbares Erlebnis, langsam im Schatten überhängender Bäume dahinzugleiten und dabei die fast unberührte Natur in sich aufzunehmen!

Nach etwa einstündiger Fahrt brach der Galeriewald plötzlich ab, es wurde heller, und Reihen von Kokospalmen tauchten auf. Ein kleiner Landungssteg erschien: Jomba, das Ziel, war erreicht.

Die Plantage war etwa 350 ha groß. Auf ihr standen 8 000 Kokospalmen sowie 160 000 Kautschukbäume. Beim Kautschuk waren zwei Arten vertreten, *Castilloa elastica* mit gerade aufstrebenden Stämmen, die im älteren Stadium unseren Buchen ähneln, und als zweite Art *Ficus elastica*, jener Gummibaum mit den großen, glänzenden, dunkelgrünen Blättern, der in Deutschland in mancher Wohnung zu finden ist. Am Hauptweg nach Friedrich-Wilhelmshafen standen rechts und links Kapokbäume, aus deren Fruchtkapseln man ein besonders weiches, seidenartiges, weißes Material, ähnlich der Baumwolle, gewinnt, das in der damaligen Zeit für Kissenfüllungen verwendet wurde.

Einige der Palmen hatten am Stamm dicke Auswüchse oder Wülste von etwa einem Meter Länge. Beim Näherherantreten schienen es Nester der Töpferwespe zu sein. Doch als der schwarze Begleiter mit dem Haumesser dagegenschlug und ein Stück herausbrach, wußte Karl Vieweg sofort, das hier also war ein Termitenbau! Er hatte bisher noch nie Termiten gesehen, nur in Büchern darüber gelesen, auch daß sie große Erdbauten errichteten, aber daß sie das sogar in luftiger Höhe an den Palmen machten, das war ihm neu. Vom Boden führte nur eine fingerbreite Lehmspur hoch zum Bau und von dort weiter bis zur Krone der Palme.

Am Nachmittag war die Geburtstagsfeier. Auch ein Foto wurde gemacht (damals eine umständliche Angelegenheit mit schwerem Stativ, großem Holzkasten, schwarzem Tuch, Platte einschieben usw.). Es ging wie immer hoch her. Einer der Anwesenden gab zum besten, wie einmal der Gouverneur unerwartet erschienen war und d'all Abacco, der schon zehn Jahre im Land war, seine bisher noch nie benutzte Anwesenheitsliste hervorkramte, um die Namen der Arbeiter erstmalig mit der Wirklichkeit zu vergleichen. An letzter Stelle auf einer Seite stieß er auf das Wort 'Transport!':

> *»D'all Abacco las und schimpfte: 'Transport! - – ? Wo ist der Satan? Gestern war die Bestie noch da. Transport – ! Transport ! ! Sacramento, Maria und Josef, Binatang, miserabliges!'«*

Alles johlte vor Vergnügen!

Das Ruderboot, das die Besucher am Vormittag gebracht hatte, war mittags wieder nach Friedrich-Wilhelmshafen zurückgekehrt. Eine Nachtfahrt war wegen der Untiefen und Krokodile nicht ratsam. So bestiegen Karl Vieweg und seine beiden Kollegen einen kleinen viersitzigen Bahnwagen der schmalspurigen Feldbahn, die zwischen Friedrich-Wilhelmshafen und Jomba vor allem für den Abtransport von Kopra und Kautschuk angelegt worden war. Als Lokomotive fungierten zwei Buckelrinder. Zugführer war ein Malaie, unterstützt von zwei schwarzen Helfern.

Und los ging es.

Abb. 18: Umweltfreundliche Schnellverbindung mit zwei Zugochsen zwischen Friedrich-Wilhelmshafen und der 7 km entfernten Plantage Jomba. Wenn es bergab ging, trotteten die Tiere hinterher.

Das Gelände, das sie jetzt durchfuhren, war wellig. Sobald es leicht bergab ging, wurden die Ochsen ausgespannt, und das Gefährt rollte von allein weiter, etwas gebremst vom Zugführer, während die beiden 'Schaffner' mit ihren Ochsen gemächlich hinterhertrotteten. Am Ende der nächsten Senke konnten sich die Gäste die Beine vertreten, bis die Ochsen wieder herangekommen waren. Dann wurde erneut eingespannt. So ging es in schöner Abwechslung dahin, bis sie endlich Friedrich-Wilhelmshafen und ihr Heim erreicht hatten.

Nach unseren heutigen Begriffen muß es eine lustige Fahrt gewesen sein, geeignet als Touristenattraktion. Damals war es bloße Notwendigkeit.

Ein paar Tage später hatte der Tagebuchschreiber auf der anderen Pflanzung, Modilon, zu tun. Im hohen Alang-alang-Gras fand er den Spießerschädel eines Hirsches. Er war ein Überbleibsel eines der Rusa-Hirsche, die erst vor drei Jahren versuchsweise aus Java eingeführt und hier freigelassen worden waren. Ihnen hatte die neue Umgebung mit den zarten Blättern der jungen Kautschukbäumchen gleich nebenan ganz ausgezeichnet gefallen! Das Grün des Urwaldes und das harte Alang-alang-Gras interessierte sie herzlich wenig. Schon nach kurzer Zeit hatten die Tiere in den Plantagen schwere Schäden angerichtet, so daß sie alle abgeschossen werden mußten. Das war das Ende eines teuren Versuches.

Die Zeit in Friedrich-Wilhelmshafen ging ihrem Ende zu. Karl Vieweg hatte viele Erfahrungen gesammelt, in seinem Arbeitsbereich wie auch im Umgang mit den Einheimischen. – Seine ethnologischen Stücke waren schon zu einer kleinen Sammlung angewachsen. Er besaß jetzt:

1	Speer	von Herrn Fröhlich
2	Triton-Schneckenhörner	davon 1 von der Insel Ragetta
2	zusammengebundene Muscheln, Brustschmuck	für 3 Stangen Tabak
1	Armband (Kaurimuscheln)	
1	Frauenlendenschurz	
52	Pfeile	für 4 Flaschen Schlüsselbier
2	Bogen, 1 Pfeil (Beliao)	für 6 Stangen Tabak
1	Kanumodell	

II. AUF DER GAZELLE-HALBINSEL

Umzug nach Herbertshöhe

Am *15. Februar 1907*, also fast drei Monate nach seiner Ankunft in Neuguinea, erfolgte Karl Viewegs Umzug nach Herbertshöhe, seinem neuen Arbeitsort, rund 740 km entfernt im Bismarck-Archipel. Die 'Manila' war gestern am frühen Abend in Friedrich-Wilhelmshafen eingelaufen. Heute, um 8.30 Uhr, ging er an Bord. Das Gepäck war verladen, und um 9 Uhr legte der Dampfer ab.

An Bord waren wie üblich viele Passagiere. Sie ließen sich leicht in die wohlbekannten Kategorien einordnen: Neuankömmlinge aus Europa mit der gesunden Frische, nicht mit der malariableichen Neuguinea-Farbe. Dann waren da die Beamten und Angestellten der Verwaltung sowie Missionare und Schwestern, die nur innerhalb der Kolonie den Standort wechselten wie er selbst, und schließlich eine etwas schwierig einzuordnende Gruppe, deren auffallend rötliche Gesichtsfärbung wohl weniger der Sonne als dem Branntwein zuzuordnen war. Im Zwischendeck saßen außerdem einige Chinesen, Malaien und Melanesier. Die zählten nicht.

Die Fahrt ging zunächst direkt nach Osten, dann nach Nordosten. Das Schiff lief nicht schnell, nur 16 km pro Stunde. Mittags waren erst in einiger Entfernung, dann nahe beim Schiff, Delphine zu sehen, die immer wieder aus dem Wasser emporschnellten und spielerisch mit dem Schiff im Wettkampf zu sein schienen. Am Abend blieben die Passagiere noch lange auf, neue Bekanntschaften wurden geschlossen, es gab viel zu erzählen.

Am Vormittag des nächsten Tages waren Steuerbord voraus einzelne weiße Wölkchen am Horizont zu erkennen. Dort mußten die Witu-Inseln liegen. Die Inseln selbst waren noch nicht zu sehen. Nur die in großer Höhe über ihnen schwebenden weißen Kondenswölkchen der aufsteigenden wärmeren Inselluft wiesen auf ihr Vorhandensein hin.

Waren diese Inselwolken nicht auch wichtige Orientierungshilfen für die Polynesier?, überlegte Karl Vieweg. Er hatte erst kürzlich wieder davon gehört, daß diese kühnen Bootsfahrer der Südsee auch heute noch mit ihren primitiven Fahrzeugen oft Wochen auf hoher See unterwegs waren. Bis zur Ankunft der Weißen kannten sie keine der gebräuchlichen Navigationsinstrumente, keinen Kompaß. Sie kannten die Gestirne, und sie hatten ganz erstaunliche Kenntnisse von den Naturerscheinungen, den wiederkehrenden Winden und Strömungen und dem Verhalten bestimmter Vögel und Fische. Höhepunkte der Orientierungskunst aber waren die Stabkarten der

Marshall-Insulaner, mit denen sie die Kabbelungspunkte der kaum merkbaren Rückdünungen zwischen zwei Inseln markierten, die irgendwo unter dem Horizont lagen. So fanden sie Inseln, ohne sie zunächst zu sehen. Die Melanesier konnten das nicht.

Nach einer Stunde tauchten die Witu-Inseln selbst auf. Sie sagten Karl Vieweg zu diesem Zeitpunkt nicht viel. Die Neuguinea Compagnie sollte dort ebenfalls Plantagen besitzen.

Dann war den ganzen langen Tag über nichts mehr zu sehen, nur das weite Meer. Die Wasserfläche war spiegelglatt.

Plötzlich wurde sie an einer Stelle rauh. Was war das?

Da rasten Hunderte kleiner Fliegender Fischchen dahin. Sie waren auf der Flucht vor Raubfischen, schossen aus dem Wasser heraus, segelten ein Stück durch die Luft und tauchten wieder ein. Sie selbst waren auf die Entfernung nicht zu sehen.

Der junge Reisende lehnte sich in seinem Liegestuhl zurück und sann vor sich hin. Was passiert eigentlich, so fragte er sich, mit den vielen Passagieren an Bord, wenn das Schiff plötzlich von einem Unterwasserriff aufgeschlitzt wird, so wie es dem kleinen Kreuzer 'Cormoran' erging oder auch der 'Aighburth', die vor zwei Jahren bei den Siassi-Inseln wegsackte, jeder dritte Mann ertrank. Immer wieder, so hatte er gehört, werden neue Unterwasserriffe entdeckt. Ob die Rettungsboote in dem zu erwartenden Durcheinander dann von der farbigen Mannschaft noch richtig heruntergelassen werden? Eine berechtigte Frage! Am besten, man fragt sich so etwas gar nicht (der Compagnie-eigene Dampfer 'Seestern' verschwand zwei Jahre später spurlos mit Mann und Maus).

Er dachte unwillkürlich an seine Hannoversche Lebensversicherung. Müßte nicht die Prämie für das erste Halbjahr 1907 in den nächsten Wochen fällig sein? Wenn er übermorgen in Herbertshöhe ankommt und seine Sachen auspackt, will er das gleich einmal nachprüfen. Als er noch in Deutschland war, betrug die Prämie für ein halbes Jahr 65,– RM. Nun muß er 101,50 RM einzahlen. Zwar ist das im Verhältnis zu seinem höheren Auslandsgehalt (350,– RM/Monat) längst nicht so hart wie in Deutschland, als er nur 125,– RM erhielt, es bleibt aber trotzdem ein noch recht spürbarer Posten. Die Versicherungsgesellschaften wissen schon genau, daß man hier draußen schneller stirbt als in der Heimat, und sie erhöhen entsprechend. – Waren eigentlich die neuen Versicherungsbedingungen vom Kaiserlichen Aufsichtsamt genehmigt? Wenn ja, dann müßte er die Police gegen eine mit neuen Bedingungen austauschen. Richtig, diesen Fragen muß er unbedingt in seinem nächsten Brief nach Deutschland nachgehen.

Der Service an Bord war nicht der beste, der Kabinenboy faul, der Steward kaum besser, und selbst der Obersteward tat nicht mehr, als seiner zur Schau getragenen Würde entsprach. Das war auf der 'Willehad' von Hongkong nach Friedrich-Wilhelmshafen aber anders gewesen! Die hatten sich ihre Trinkgelder redlich verdient.

Und diese Drei hier?!

Er schwor sich, den Faulpelzen übermorgen bei Abschluß der Reise auch nicht einen einzigen Pfennig zu geben.

> (Zwei Tage später: Was soll's, sagte er sich, gib dem Trio wenigstens ein kleines Trinkgeld. Immerhin zahlt mir die Neuguinea Compagnie für die Überfahrt 4,– RM Reisespesen pro Tag.)

Der Abend kam. Ein wunderschöner Sonnenuntergang.

In der zweiten Nachthälfte näherte sich das Schiff der Nordküste von Neupommern, der Gazelle-Halbinsel, passierte in der Morgendämmerung die Insel Watom und fuhr bei Sonnenaufgang in die große Blanche-Bucht ein. Ihr nördlicher Teil ist Simpson-Hafen benannt worden.

Es ist schon ein wunderbares Erlebnis, so sagte einmal jemand, hier den Sonnenaufgang zu erleben. Während jetzt unten noch alles in der Dämmerung lag, waren die Bergspitzen schon in die Farben der aufgehenden Sonne getaucht.

Es hieß, daß die Blanche-Bucht der schönste Hafen in der ganzen Südsee sei. Im Norden und Nordwesten der Bucht erhoben sich die drei auffallenden Vulkane Mutter, Nordtochter und Südtochter – Kombiu, Toyanumbatir (andere Bezeichnung Tavanumbatir) und Turanguna. Mutter und Südtochter waren 688 bzw. 475 m hoch. Zwei kleinere Vulkane, der Kaia und der Matupi-Krater, lagen noch davor.

Landeinwärts über der Bucht, weiter im Süden, sah Karl Vieweg die alleinstehende, abgerundete Bergkuppe des Vunakokor aus dem Grün des Urwalds hervorragen. Und im Südosten, irgendwo im Dunst des Horizonts in etwa 20 km Entfernung, lag Herbertshöhe, das Ziel seiner Reise.

Die Blanche-Bucht ist nach allen bisherigen Erkenntnissen das Zentrum der vulkanischen Tätigkeit im Bismarck-Archipel. Wer hier lebt, geht oder steht, der befindet sich im wahrsten Sinn des Wortes auf einem Vulkan, denn die Blanche-Bucht ist nichts anderes als der riesige Kratersee eines Vulkans von ungeheuren Ausmaßen, an dessen Rändern sich die heutige Kraterfamilie einträchtig versammelt hat. Man kann nur hoffen, daß der alte Griesbart nicht plötzlich wieder ausbricht. Seine letzten großen Explosionen ereigneten sich vor 3 500 und 1 400 Jahren. Letztere öffnete die Blanche-Bucht zum Meer hin. Erdbeben sind um die Blanche-Bucht herum etwas Alltägliches, die meisten bemerkt man gar nicht. Einige Beben sind vulkanischen Ursprungs, andere werden durch die Bewegungen der drei Kontinantalplatten hervorgerufen, die in dieser Gegend aufeinandertreffen.

Die 'Manila' blieb in Simpson-Hafen bis zum nächsten Vormittag. Es gab viel zum Ausladen, weil hier der künftige Regierungssitz der Kolonie entstehen sollte. Die in der Umgebung seßhaften Tolai-Melanesier nannten den Platz seit altersher Rabaul ('Mangrove-Urwald'), und so sollte die neue Hauptstadt dann auch benannt werden.

Der erwartungsvolle junge Mann nutzte die Mußestunden in Simpson-Hafen, um sich die Bucht etwas näher anzusehen. Der Boden bestand aus der schwarzen, staubartigen Asche der umliegenden Vulkane und war teilweise mit bis zu mannshohem Gras bewachsen, das allgemein als Alang-alang-Gras bezeichnet wurde. Er kannte das Gras bereits von der Pflanzung Modilon her. Es war ein hartes, schneidendes Gras, das nur zu leicht Wunden verursachte.

Wer wollte, konnte hier in Simpson-Hafen manches Interessante sehen. Schon wenige Minuten zu Fuß von der Landungsbrücke aus in Richtung Hafenausfahrt erstreckte sich ein seltsamer, kaum zwanzig Meter breiter und mehrere hundert Meter langer Meeresarm landeinwärts, an dessen innerem Ende heiße Schwefelquellen entsprangen. An vielen Stellen kochte das Wasser. Es handelte sich offensichtlich um einen Erdriß, entstanden bei einem der vielen Erdbeben.

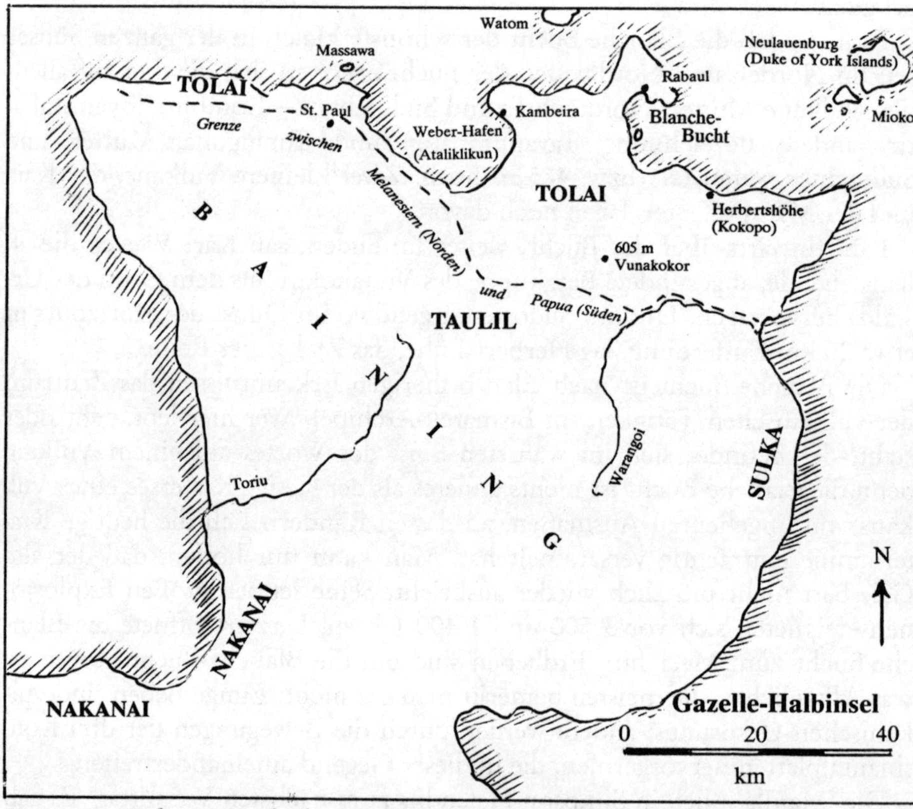

Karte 3: Verbreitung melanesischer und papuanischer Volksstämme auf der Gazelle-Halbinsel/Neupommern (New Britain), Bismarck-Archipel

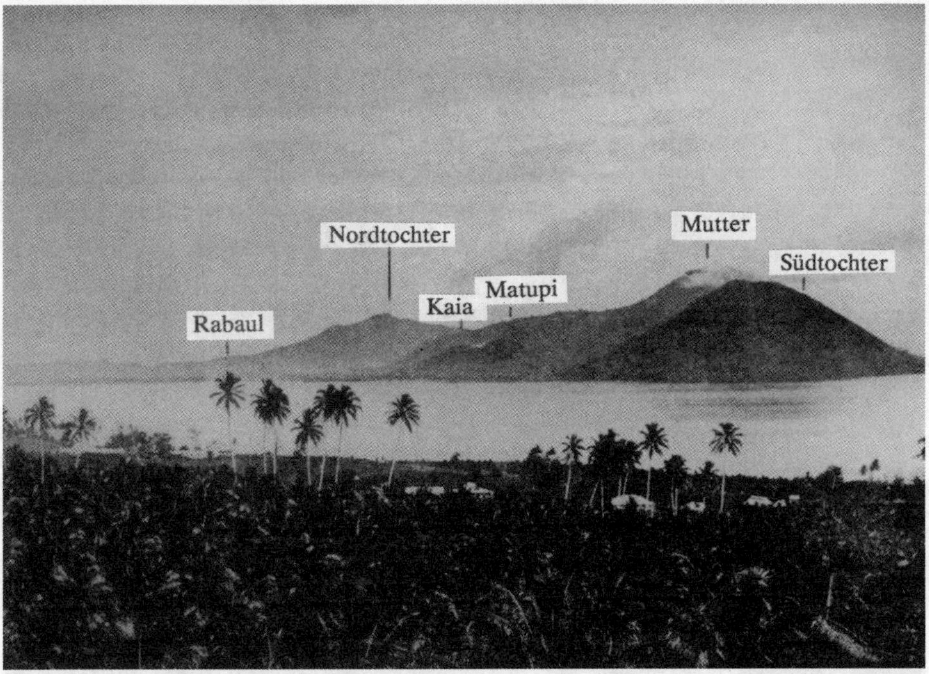

Abb. 19: Die Blanche-Bucht auf Neupommern (New Britain) im Bismarck-Archipel. Im Vordergrund die deutsche Ansiedlung Herbertshöhe.

Abb. 20: Plantagenarbeiter beim Herausschälen der Kopra aus den reifen Kokosnüssen

Auch draußen am Strand kochten Schwefelquellen. Dicht am felsigen Ufer daneben lag die Insel Matupi, zu der man über eine lange Holzbrücke gelangen konnte. Dort drüben hatte die Hamburger Firma Hernsheim & Co. ihre Hauptniederlassung. Die Insel war auch Kohlenstation für die deutschen Kriegsschiffe, die in die Südsee kamen.

Und gar nicht weit von der Hernsheim-Niederlassung entfernt lud ein schmuckes Häuschen zum Verweilen ein. Es war die bekannte und nicht gerade selten besuchte Bar des Chinesen Ah Tam, die dem Neuankömmling schon auf der 'Manila' wärmstens empfohlen worden war. Es hieß, die drei dort beschäftigten japanischen Damen würden dem Gast jeden Wunsch von den Lippen ablesen und auch erfüllen!

Karl Vieweg überlegte. Nein, nicht wegen der Damen, sondern wegen der Vulkane. Ein Mitreisender hatte ihm heute früh gesagt, von dort oben eröffne sich eine fantastische Aussicht. Drei Stunden würde der Aufstieg zur 'Mutter' dauern. Das wäre ein Ausflug fürs Wochenende, wenn er sich in Herbertshöhe erst einmal eingearbeitet hatte.

Auf der nördlichen Seite der Blanche-Bucht gab es guten Ankergrund für die Schiffe. Alle ankerten hier. Im Süden dagegen fielen die Abhänge des umschließenden Plateaus so steil ab, daß an ein Ankern nicht zu denken war. Dort, mitten in der Bucht, waren auch zwei kleine Felseninselchen zu sehen, die von den Europäern wegen ihrer lustigen Form 'Bienenkörbe' genannt wurden. Putzige Dinger. Erst vor siebzehn Jahren waren sie bei einem Erdbeben völlig unmotiviert erschienen. Die örtlichen Zauberer waren in heller Aufregung gewesen. Was hatte das zu bedeuten? Hatten sie irgendeinen der zuständigen Ahnengeister vor den Kopf gestoßen, geärgert? Wollten die Geister sie strafen? Als nichts weiter geschah und die Felsen so blieben, wie sie nun einmal waren, beruhigte sich nach einiger Zeit alles wieder.

Karl Vieweg wanderte zurück zur Landungsbrücke. Um den Brückenkopf herum war die neue Hauptstadt im Entstehen, die bisher allerdings erst aus einem guten Dutzend Häuser und Schuppen, vielleicht auch einigen mehr, bestand. Die oberen Zehntausend der deutschen Verwaltung hatten seinerzeit noch rechtzeitig erkannt, daß nicht Herbertshöhe mit der offenen Reede, sondern Simpson-Hafen mit der geschützten Bucht und dem natürlichen Hafen der geeignete Ort für die künftige Hauptstadt von Deutsch-Neuguinea wäre (heute hat Rabaul (Simpson-Hafen) 15 000 Einwohner).

Bis 1904 – also vor knapp drei Jahren – war der Platz um die Landungsbrücke noch dichter Urwald gewesen. Damals ließ der neue Gouverneur, Dr. Hahl, die Häuptlinge und Dorfältesten der umliegenden Dörfer zusammenkommen und erklärte den Anwesenden in deren Kuanua-Sprache, daß er ihnen dieses (1,5 km^2 große) Stück Urwald abkaufen wolle, um darauf

Häuser für ein ganz großes Dorf zu bauen. Dann – ein historischer Augenblick – zog er einen Beutel mit 150 neuen, blitzblanken Fünfmarkstücken hervor und zählte sie einzeln auf den bereitstehenden Tisch.

Welch eine Versuchung für die Häuptlinge!

Welch ein Vermögen!

Für ein Fünfmarkstück konnte man so viele Stangen Tabak kaufen, wie zwei Männer Finger und Zehen hatten!

Eine unvorstellbare Zahl. Eine unvorstellbare Menge. Unbegreiflich.

Wer war bei einem solch fürstlichen Angebot nicht bereit, seine drei Kreuze unter ein läppisches Papier zu setzen ? – ?

Das war die Gründung von Rabaul.

Am nächsten Morgen roch es auf der 'Manila' äußerst penetrant nach Schwefelwasserstoff. Der II. Offizier erklärte, daß der Geruch von dem Vulkan Kaia käme. Der Wind hatte gegen Morgen gedreht und wehte nun leichte Gasschwaden herüber, die man nicht sehen, um so deutlicher aber riechen konnte. So ganz erloschen war der Vulkan also doch noch nicht.

Die Weiterfahrt nach Herbertshöhe dauerte nur eine knappe Stunde. Schon von weitem waren auf einer Erhöhung in der Nähe des Strandes die beiden Kirchtürme von Vunapope, der katholischen Mission Zum-Heiligen-Herzen-Jesu, zu sehen. Die Station war noch vor der deutschen Kolonisation von dem weitblickenden Bischof Couppé angelegt worden. Jeder wußte, die Mission war sehr erfolgreich; sie war die erfolgreichste von all den im Land arbeitenden Missionen. Unmittelbar diesseits von Vunapope lag das Dorf Kokopo und die deutsche Ansiedlung 'Herbertshöhe' mit dem Regierungssitz des Gouverneurs. Nahe der Landungsbrücke standen mehrere Kapok-Bäume.[5]

Das stattliche Wohnhaus des Kaiserlichen Gouverneurs auf einer Anhöhe am Berghang überragte eine größere Anzahl von Wohn- und Verwaltungsgebäuden. Die Häuser der Handels- und Plantagengesellschaften lagen unten in Kokopo am Hauptweg, darunter die der beiden größten, der Neuguinea Compagnie und der Firma Forsayth & Frau Kolbe. Einen eigentlichen Hafen besaß Herbertshöhe oder Kokopo ('Steilküste') nicht.

Neuankömmlinge der Compagnie mußten in Herbertshöhe zunächst im Hotel 'Deutscher Hof' untergebracht werden, denn Wohnhäuser waren knapp, vor allem deshalb, weil es kein geeignetes Bauholz gab. Das mußte erst aus Australien eingeführt werden.

Für Karl Vieweg war die Einquartierung im Hotel kein schlechter 'Tausch', wenn er sein neues Zimmer mit dem in Friedrich-Wilhelmshafen verglich. Nur fürchterlich laut war es, so stellte er gleich in der ersten Nacht

5 Herbertshöhe erhielt seinen Namen nach Bismarcks Sohn Herbert, Staatssekretär im Auswärtigen Amt von 1886–1890.

fest. Hackte da etwa jemand Feuerholz – ? Unverschämtheit.

Er lag wach und horchte.

Nein. Das war es nicht. Irgend etwas polterte da auf dem Dach herum. Affen? Nein. Das konnte es nicht sein. Die gab es hier doch nicht.

Jetzt wieder. Kokosnüsse! Natürlich, das war es, Kokosnüsse waren das. Aber so viele?

Er schlief wieder ein.

Jetzt krachte es erneut, gleich eine Salve. Mit einem Satz sprang er ärgerlich aus dem Bett. Das mußte doch zu klären sein! Draußen dämmerte es bereits – und bei ihm selber auch: Am Boden vor seinem Fenster rollten gerade ein paar kleine, runde Früchte aus. Das also war des Rätsels Lösung, kleine, gelbliche Äpfel, so groß wie Eierpflaumen.

Sie fielen von dem großen Mon-Baum, von dem einzelne Zweige über dem Hoteldach hingen. Ein kleines Mädchen von vielleicht sechs oder sieben Jahren war schon auf und gerade dabei, die über Nacht heruntergefallenen Früchte aufzulesen und in mehreren Häufchen zu sammeln. Die Einheimischen aßen die Früchte gern. (Er probierte später eine Frucht und fand sie fürchterlich sauer.)

Nun nahm das Mädchen eines der am Boden liegenden großen Blätter von dem Brotfruchtbaum daneben, rollte es geschickt zu einer Tüte und begann, den zweckdienlichen Behälter mit den leckeren Früchten zu füllen. Bald war die Tüte voll, und mit beiden Armen sie haltend, wollte die Kleine zu ihrer elterlichen Hütte gehen.

Da fiel ihr eine der Früchte auf den Boden. Die Hände hatte sie nicht frei. Flugs ergriff sie die Frucht mit den Zehen des rechten Fußes und humpelte so davon! Ein praktisches Mädchen!

Hier im Hotel wohnte Karl Vieweg volle acht Monate. Erst im Oktober 1907 zog er in sein neu erstelltes Haus mit den üblichen Stelzbeinen und der luftigen Veranda rings herum. Doch das kleine weghumpelnde Mädchen mit der Mon-Frucht zwischen den Zehen war zur bleibenden Erinnerung an die Zeit im Hotel geworden.

Pflanzung Kenabot

Karl Viewegs neues Arbeitsfeld war die Plantage Kenabot, die unmittelbar an Kokopo angrenzte. Er war dort als Pflanzungsassistent tätig. Die Neuguinea Compagnie besaß auf der Gazelle-Halbinsel außer Kenabot noch drei weitere Pflanzungen: Raniolo, Gunanur und Tobera, die alle gemeinsam von Kokopo aus verwaltet wurden. Die beiden ersteren waren reine Kokosplantagen, darunter Kenabot mit 32 000 Kokospalmen auf einer Fläche von insgesamt 320 ha. Auf den anderen beiden Pflanzungen wurde außer Kokos auch Kautschuk angebaut.

Kokospalmen waren die Grundpfeiler der wirtschaftlichen Entwicklung des Landes. Diese Kultur war in dem tropischen Küstenklima heimisch, brauchte außer Unkrauthacken keine spezielle Pflege, trug das ganze Jahr über, und ihr Produkt, die Kopra, war damals auf dem Weltmarkt ein in zunehmendem Maße gefragtes Erzeugnis.

Kopra ist das harte, weiße Fruchtfleisch der Kokosnuß, das sich im Laufe der Reife aus dem stärkereichen Wasser der unreifen Kokosnuß bildet. Früher preßte man die stark ölhaltige Kopra – sie enthält bis zu 70% Öl – an Ort und Stelle aus und exportierte das gewonnene Palmöl nach Europa. In den 70er Jahren des vergangenen Jahrhunderts machte dann das große Hamburger Handelshaus Godeffroy, dem über 70 Segelschiffe auf den Weltmeeren gehörten, eine revolutionäre Entdeckung: Statt das ausgepreßte, leicht verderbliche Öl zu verschiffen, ließ man die herausgeschälten Koprastücke an der Oberfläche trocknen, so daß das Öl auf diese Weise konserviert nach Europa gebracht werden konnte und erst dort ausgepreßt wurde. Godeffroys Gewinne gingen sprunghaft in die Höhe. Das war der Beginn der Kopraausfuhr.

Ein Nachteil der Kokospalmenkultur ist, daß es in den ersten Jahren keinen Ertrag gibt. Erst ab dem siebten oder achten Jahr sieht man einzelne Nüsse in der Krone hängen, und etwa ab dem zwölften Jahr ist mit einer vollen Ernte zwischen 40 und 120 Nüssen pro Palme und Jahr zu rechnen. Nimmt man einen mittleren Ertrag von 60 Nüssen bei 100 Palmen pro ha und Jahr (Pflanzweite 10 x 10 m) an, dann kann mit einem Kopra-Ertrag von 1 t/ha gerechnet werden, das waren im Jahr 1907 etwa 250,– RM.

In Kenabot standen neben älteren, voll tragenden Beständen – die ersten aus dem Jahr 1890 – auch jüngere Anpflanzungen, die noch nicht trugen. Hier lernte Karl Vieweg auch, daß die Tolai-Leute für das Wort 'Kokosnuß' keine einheitliche Bezeichnung hatten, sondern sieben verschiedene, je nach dem Reifestadium der Nuß:

»– *piovo*	*die ganz junge Nuß*
– *tirip*	*fast ausgewachsen*
– *kulau*	*zum Trinken richtig (enthält Wasser, keine Milch)*
– *kubika*	*noch trinkbar, doch Kern fast hart*
– *lama*	*reif, Kern hart, Schale noch grün*
– *maraga*	*reif, Schale braun*
– *varai*	*reif, Wasser durch Schwammartiges ersetzt.*

Die letzteren drei Stadien sind gut zur Kokosnußmilchgewinnung für Soßen.«

Ähnlich war es mit den Bananen. All die vielen Bananensorten – Dutzende – hatten unterschiedliche Namen, es gab aber keinen Namen für den übergeordneten Begriff 'Banane'.

An der Landungsbrücke in Kokopo lag der Compagnie-eigene Dampfer 'Siar', der neue Fremdarbeiter für die Arbeiten auf den Plantagen gebracht hatte, darunter einen größeren Trupp für Kenabot. Die Leute kamen von den Salomonen, von der Insel Buka. Es hieß, die Buka wären die Menschen mit der dunkelsten Hautfarbe auf der Erde. Sie wurden von den Hiesigen, den Tolai, geringschätzig als 'die mit der schwarzen Haut' bezeichnet. Ihre eigene Hautfarbe betrachteten die Bewohner der Blanche-Bucht dagegen als 'red skin – Rothaut'.

Einer der Neuankömmlinge, Gualin, heiratete gleich nach seiner Ankunft eine ebenfalls mit dieser Gruppe eingetroffene Arbeiterin. Beide stammten aus demselben Dorf. Ihre Familien waren dagegen gewesen, daß sie ein Paar werden wollten, weil sie zum selben Totem gehörten. So etwas war und ist sträflich untersagt und wurde dort, wo der noch recht kurze Gesetzesarm des weißen Mannes nicht hinreichte, mit dem Tod bestraft.

Da hatten sie den Weg gewählt, der sich bereits vielfach bewährt hatte: Sie ließen sich bei der erstbesten Gelegenheit von der Neuguinea Compagnie anwerben und waren damit zunächst einmal aus dem Blickfeld der Familien verschwunden. Wenn das Paar dann nach drei Jahren wieder in sein Dorf zurückkehrte, war Gras über die Angelegenheit gewachsen, und niemand hatte mehr etwas dagegen.

Die Hochzeit war ziemlich formlos gewesen. Natürlich wurde ausgiebig getanzt. Und gegessen wurde, solange noch Platz im Bauch war! Die beiden waren gute Arbeiter, stellt das Tagebuch fest; *er* war meist beim Aufschlagen der Kokosnüsse eingesetzt, *sie* beim Unkrauthacken.

Hier auf Pflanzung Kenabot, so bemerkte Karl Vieweg in einem Brief an seine Eltern, gab es im Gegensatz zu Friedrich-Wilhelmshafen bedeutend weniger Moskitos, ihre Stiche schmerzten jedoch nicht minder! – War er nun leichtsinniger geworden? Er war gerade drei Wochen auf der Plantage, da erlitt er wieder einen so schweren Malariaanfall, daß er ins Krankenhaus am Hang oberhalb von Kokopo gebracht werden mußte.

Der Arzt, der ihn behandelte, war der Regierungsarzt Dr. Wendland, mit dem er sich auch privat gut verstand und mit dem er später gemeinsam eine Bergtour unternahm (für das Wort 'Doktor' hat man in Pidgin die Kurzbezeichnung 'long fellow masta long fellow too much'). Dem Arzt zur Seite standen zwei junge, tüchtige Schwestern, Therese Wagner und eine im Tagebuch nicht namentlich genannte.

Das Krankenhaus – wenn man es so nennen darf – bestand aus nur zwei Räumen, dem Krankenzimmer und dem Operations'saal'. Platz gab es für acht Patienten. Fenster waren nicht vorhanden. Dafür aber 23 Türen, deren obere Hälften aus schräggestellten, jalousieartig angebrachten Brettern bestanden, so daß für frische Luft gesorgt war. Fensterglas benötigte man nicht, Durchzug war gefragt. Der ganze Holzbau stand wie üblich auf eineinhalb Meter hohen Pfählen.

Gebäude und Einrichtung stammten noch aus der Frühzeit der Kolonie und entsprachen zweifellos nicht ganz den letzten medizinischen Erkenntnissen der Menschheit. Zudem hatte die Anzahl der Europäer an der Blanche-Bucht stark zugenommen. Ein Neubau, schon lange überfällig, war von den Geheimräten in Berlin endlich für nötig und gut befunden und in praxi für dieses Jahr zugesagt worden.

Für die Melanesier waren zwei Krankenhäuser in Betrieb, zwar nicht ganz so fein wie das oben erwähnte, doch mußte sich dort ein Arbeiter wie im Paradies fühlen, dachte er nur an das Operationsbesteck seines heimatlichen Medizinmannes – in der Reihenfolge des Fortschritts: Bambusmesser, Obsidianskalpell oder als neuste Errungenschaft nach dem Erscheinen der Weißen Bierflaschenscherben. Das eine der beiden Krankenhäuser war schon vor längerer Zeit von der Neuguinea Compagnie für ihre Arbeiter errichtet. Da es nicht ausreichte, war vor kurzem das zweite von der Regierung erstellt worden.

In und um Kokopo herum

S*onnabend, 4. Mai 1907*. Das Tagebuch berichtet von einem *»ziemlich starken«* Erdbeben um 16 Uhr. Im Büro knarrte und krachte es in allen Fugen, die Palmenwipfel bewegten sich. Gleichzeitig war aus dem Dorf das Blasen der Triton-Schneckenhörner zu hören. Hierdurch sollten die 'kaia'-Geister erschreckt werden, die in den Vulkanen hausten und das Erdbeben verursachten. Und tatsächlich, das Blasen hatte Erfolg, schon hörte das Beben auf! Gefährlich wurde ein Beben eigentlich nur abends, wenn die Petroleumlampe angezündet war, die umfallen und Feuer verursachen konnte. Grundregel deshalb für jedermann: Nie eine brennende Lampe im Zimmer allein lassen, auch nicht für wenige Augenblicke.

Karl Vieweg war zu einem Empfang beim Gouverneur eingeladen. Dessen Haus lag dicht oberhalb von Kokopo, ein luftiger Wohnsitz auf einem Hügel, von den Tolais 'vunabakut – Wolkensitz' genannt. Auf einer steil ansteigenden Straße gelangte man dorthin und war überrascht von der prächtigen Aussicht. Der Blick über das Meer reichte bis zu den hohen Ber-

Abb. 21: Gastarbeiterehepaar; die Frau trägt am Hals eine Muschelscheibe mit filigranartig ausgearbeiteter Schildpatt-Auflage.

Abb. 22: Dr. Albert Hahl, Gouverneur von Deutsch-Neuguinea von 1902 bis 1914

Abb. 23: Frau Emma Kolbe (genannt Queen Emma), die reichste Frau der Südsee

Abb. 24: Hotel 'Deutscher Hof' in Herbertshöhe (Kokopo), Gazelle-Halbinsel. Der Schlaftrakt liegt rechts außerhalb des Bildes.

gen der im Norden liegenden Insel Neumecklenburg.

Eine breite Veranda, auf der man sich wegen des Luftzuges (wenn solcher vorhanden war) gern aufhielt, umschloß das Haus, das innen neben mehreren Zimmern auch einen großen, saalähnlichen Raum aufwies. Unter den Gästen befand sich u.a. der Bezirksamtmann von Neumecklenburg, Boluminski. Er war ein gestrenger Herr, der vorausschauend auf seiner langgestreckten Insel eine Nord-Süd-Straßenverbindung anlegen ließ. Jedes Dorf machte er für die Instandhaltung des in seinem Bereich liegenden Straßenabschnitts verantwortlich. Kam Boluminski auf einer Inspektionsreise an eine Stelle, die nicht ordnungsgemäß instandgehalten war, so ließ er sich samt Pferd und Wagen von den betreffenden Dorfbewohnern darüber hinwegtragen. Wenn er nach Tagen wieder zurückkam, konnte er sicher sein, daß die Straße ausgebessert war!

(Trotz derartig schikanöser Maßnahmen steht Boluminski heute in Papua-Neuguinea in höchstem Ansehen; die von ihm begonnene Fernstraße ist ihm zu Ehren 'Boluminski-Highway' benannt worden.)

Gouverneur Dr. Hahl selbst wurde gern als 'Vater der Schwarzen' bezeichnet, weil er sich sehr für ihre Belange einsetzte. Wenn Schwierigkeiten auftauchten, gab es sie meistens mit der älteren Generation, die nicht gewillt war, sich von den Weißen neue Lebensformen vorschreiben zu lassen. Ein Big-Fellow-Man hatte ihm einmal gesagt: *»Deine Worte mögen für den Weißen gelten, das geht mich nichts an. Wir aber wollen den Feind erschlagen und verzehren, das ist unsere Art, bei dieser will ich bleiben«* (20). Dr. Hahl zitierte diesen Ausspruch des öfteren, damit die Europäer stets wachsam blieben. Der Aufstand in Friedrich-Wilhelmshafen lag damals erst vier Jahre zurück und den älteren von ihnen noch empfindlich im Magen.

Dr. Hahls schwarzer Diener Sveri servierte zunächst vorzüglich gekühltes Bier. Dann gab es einen Imbiß, den der chinesische Koch zubereitet hatte. Wer einen chinesischen Koch besaß, war ein König, ein einheimischer Koch verblaßte dagegen. Allerdings konnten sich auch nur die allerwenigsten einen 'kongkong' leisten, denn ihm mußte man etwa dreimal soviel Lohn bezahlen.

Der Holzfußboden des Saales war an einer Stelle, etwa einen halben Quadratmeter groß, dunkelbraun verfärbt. Hier hatte der Zahlmeister der S.M.S. 'Möwe', Herr von Below, bei einem Diner auf seinem Stuhl gesessen, als plötzlich ein Schuß krachte. Pflanzer Kolbe, der Herrn von Below gegenüber gesessen hatte, spürte einen Schlag am linken Arm und sprang auf. Herr von Below selbst blieb sitzen, neigte sich langsam vornüber und gab auf die Frage, ob er verletzt sei, keine Antwort. Dann quoll ein breiter Blutstrom aus seiner Brust. Minuten später war er verblutet. Die Kugel hatte ihn ins Herz getroffen und danach noch Herrn Kolbe verletzt.

Ein zweiter Schuß krachte ... ein Kanakerüberfall! ... alle Lampen löschen! ... Gewehre her!! ... Stille ... warten ...

Dann klärte sich alles auf: Der Todesschütze war ein Diener des Gouverneurs. An dem betreffenden Abend hatte er einen Fieberanfall und war vom Gouverneur zu Bett geschickt worden. Da bemerkte er, wie seine junge Frau vorsichtig in Richtung Busch zu einem Stelldichein verschwand. Wütend lief er mit einem Gewehr des Gouverneurs hinterher, stellte seine Frau zur Rede und schlug sie mit dem Kolben nieder. Währenddessen saß der Hausfreund unentdeckt im nahen Gebüsch. Schlotternd an allen Gliedern ging dem Sünder auf, was wohl in wenigen Augenblicken auf ihn zukommen dürfte.

Aber dann stürzte der Rasende mit dem Gewehr auf das Haus zu, wo die Diener explosionsartig auseinanderstoben, und schoß durch die offene Tür, hinter der als nächster Herr von Below saß. Mit der zweiten Kugel erschoß er sich selbst.

Es war damals also kein Aufstand gewesen, aber eine deutliche Warnung für alle.

Unwillkürlich blickte Karl Vieweg zur offenen Tür ...

Seit drei Jahren gab es in Kokopo zwei Hotels, 'Fürst Bismarck' und 'Deutscher Hof'. In letzterem, das die Neuguinea Compagnie errichtet hatte, wohnte der junge Quedlinburger bekanntlich acht Monate, bis das für ihn bestimmte Wohnhaus fertiggestellt war.

Das Hotel lag direkt am Meer. Der Schlaftrakt des Hotels war ein separater, einstöckiger Bau, der in Pidgin-Englisch 'house sleep' oder noch genauer 'house seleep' genannt wurde (die Melanesier können schwer zwei Konsonanten hintereinander aussprechen und schieben deshalb noch einen Vokal dazwischen). Der andere Teil des Hotels müßte üblicherweise eigentlich 'house kaikai – Restaurant' genannt werden. Sinnigerweise wurde er aber von den Einheimischen als 'house derink' (drink) bezeichnet! Er enthielt neben einer kleinen Bar einen großen, zur Meerseite offenen Speisesaal, in den die Seebrise ungehindert Ein- und Auszug halten konnte. Hinter dem abschließenden Rasenplatz brach die Küste steil gegen das Meer ab.

Das Hotel war genereller Treffpunkt und Mittelpunkt der weißen Fremdlinge aus Europa. Hier saßen sie gern und oft zusammen, hörten Neues von der Außenwelt, sahen neue Gesichter kommen und altbekannte wieder auftauchen. Der Wirt kannte jeden der Europäer der näheren und weiteren Umgebung. Er besaß in seinem Lager die besten europäischen Weine. Auch mit dem Bier konnte er jeden verwöhnen. Und wer von den Gästen dann noch die Mutprobe bestand und sein Herbertshöher Spezialgetränk, Weinmarke Eigenbau, probierte, der konnte seiner Sympathie endgültig sicher sein.

Es wurde aber nicht nur getrunken und erzählt. Es gab auch Singabende, an denen sich jeder aktiv beteiligen konnte. Karl Vieweg war dabei, denn er sang gern und hatte eine gute Stimme. Schon in der Schulzeit war er im Gesangverein gewesen, zusammen mit seinem Bruder Hans. An einem Singabend im Hotel – es war der Geburtstag eines der Angehörigen der kaiserlichen Familie –, da sang er auch solo. Mutter Julie im nächsten Brief an Sohn Karl: » ... *und alle haben sie Dich gewiß gern, schon Deiner schönen Singstimme wegen. Das hat mir viel Spaß gemacht.*«

Mit dem letzten Dampfer war ein Besucher eingetroffen, Dr. Büsing, Rechtsanwalt in der Kolonie Tsingtau. Am Abend war er im 'Deutscher Hof' eingeladen und mußte von China und der Außenwelt berichten. Auch die Herren vom 'Top' waren anwesend. Gemeint war damit die Anhöhe, auf der die Häuser der Regierungsbeamten standen. Die große Tischrunde sorgte für Dr. Büsings Wohlsein. Später, in der richtigen Stimmung, wurde ihm das vielsagende Lied vorgesungen, dessen Text im Dezember 1907 Oberleutnant Schlenzka von der S.M.S. 'Planet' geschrieben hatte. Alle mit tiefer Inbrunst:

»Kommt einer nach Simpsonhafen hin, -hafen hin,
bleibt an der Pier er gleich stehn.
Spricht dann: 'Hier möcht ich begraben sin, -graben sin,
Junge wie is dat hier schön!'
Seht doch, da steht ja gleich rechter Hand, rechter Hand
oder auch mein'thalben links
herrlich am lieblichen Blanche-Bucht-Strand, Blanche-Bucht-Strand
winkend Herrn Höpfels Haus Drink.

Kommst du von fern in die Nähe schon, Nähe schon,
ruft alles jubelnd dir zu
in dem so traulichen Südseeton:
'Heute ist Limlimlimbu!'«
(Limlimlimbu = nichts tun, bummeln, spazieren gehen)

Ob Dr. Büsing die letzte Zeile für bare Münze genommen hat, ist ungewiß. Etwas förmlich wie er war, war auch seine Einladung zum Abschiedsabend mit gedruckter Karte:

»Dr. jur. Büsing bittet Herrn Vieweg zum Bierabend im 'Deutscher Hof' am Sonntag, den 12. April, 8 Uhr. U.A.w.g.«

So steif wie die Einladung von Dr. Büsing war nicht jede Einladung gehalten. Zumindest nicht die an Käptn Ratke, der wieder einmal die Blanche-Bucht angesteuert hatte und im 'Deutscher Hof' vor Anker gegangen war. Karl Vieweg kannte ihn von Friedrich-Wilhelmshafen und Jomba her. Wer kannte ihn eigentlich nicht! Ratke war schon so gut wie überall in der

Südsee gewesen. Keine Frage, daß der Käptn zu einem Trunk eingeladen wurde.

"Ratke! Erzähl' uns, wie es auf den Echaquier-Inseln zugeht. Wir haben ein paar Neue unter uns."

"Ach, Jungs, laßt mich. Meine Kehle ist so trocken."

"Waiter! – Vermaledeiter, siehst du nicht, daß Master Käptn ein leeres Glas hat? Bring noch eine Probe von deinem fürchterlichen Spezialgetränk!"

"Na schön, ich erzähle."

Und Ratke erzählt: Er war Steuermann auf dem Hernsheimschen Segelschiff 'Mascotte' gewesen, das von Kapitän Macco geführt wurde. Sie liefen die Insel Echaquier der gleichnamigen Inselgruppe (heute 'Ninigo-Inseln') an, die ganz im Westen des Bismarck-Archipels lag. Das Schiff kam nur alle paar Monate. Dann hatte sich eine ausreichende Ladung Kopra angesammelt. Häuptling am Platze war

» ... Jimmy, ein Koprahändler aus der guten alten Zeit. Jimmy hatte die Häuptlingstochter geheiratet und war nach Schwiegervaters Tod selbst zum Häuptling avanciert. Er lebte zwar noch in seinem alten Holzhaus, aber sonst wie ein richtiger Kanaker, von allen anerkannt.

An solchen Tagen, wenn ein Schiff eintraf, strömten fast alle Inselbewohner von fern und nah zusammen, besonders viele Frauen und Kinder, die man sonst gar nicht zu Gesicht bekam. Der Segler hatte natürlich reichlich Tauschwaren mitgebracht, billiges buntes Tuch, meist knallrot, allen möglichen Tand, viele Glasperlen, Taschenspiegel, Messer und Beile und vor allem Tabak. Macco und Ratke hatten sich bereits jeder ein hübsches Mädchen ausgesucht, wie das bei Gästen so üblich war. Eine schnatternde Menge bewegte sich zwischen dem Landeplatz und dem ehrbaren Hause.

Ratke saß neben Jimmy auf der Veranda und sah sich das Treiben vor ihnen an. Jimmys ältester Sohn war etwa 13 bis 14 Jahre alt; als die 'Mascotte' vor Anker ging, hatte er zur Feier des Tages sogar ein Lendentuch angelegt. Da sah Ratke, wie Jimmys Ältester mit einem Mädchen, das von einem entfernteren Dorf gekommen war, längere Zeit lebhaft verhandelte. Beide waren sich jetzt offensichtlich einig geworden. Der liebeshungrige Sprößling ging zu seinem Vater auf die Veranda und fragte:

'Me like hem, two fellow stick tabak belong puspus – ich mag sie, ich möchte zwei Stangen Tabak haben, um sie zu bezahlen!'

Der Vater fluchte ganz gewaltig und brummte schließlich: 'Da hast du die Schlüssel zur Vorratskiste. Nimm aber nicht mehr als zwei.'« [6]

---

6 Puspus = koitieren. Intimverkehr in diesem Alter war keine Seltenheit. Karl Viewegs Hausboy Tarok war 15 Jahre alt und verheiratet.

Ratke war inzwischen Kapitän geworden. Man hatte mehrmals Gelegenheit gehabt, seine Erzählungen mit der Wirklichkeit zu vergleichen, und siehe da, es stimmte! Es war kein Seemannsgarn, das er seinen Zuhörern bot. Das hatte er nicht nötig.

Sein Maschinist Kleinert war da ein wenig anders. Er renommierte gern, daß er schon in allen fünf Erdteilen gewesen wäre und fast sämtliche Häfen der Welt kenne.

Na warte! Die Runde beschloß, ihn aufs Kreuz zu legen.

»'Sagen Sie, Herr Kleinert,' fragte Regierungssekretär Warnecke wie nebenbei, 'waren Sie denn schon mal in flagranti?'

'Flagranti? Ach so! Italien. Na, diese ganz kleinen Häfen kann man doch nicht alle anlaufen!'

Allseitiges Prusten und Gelächter.«

Wie Ratke so war auch Wilhelm Wernicke ein alter Kunde in Herbertshöhe. Er war Landmesser von Beruf und hatte daher Landeserfahrung wie selten jemand. Vor zehn Jahren schon war er ins Land gekommen, war in Kaiser-Wilhelmsland und dem Bismarck-Archipel lange mit Vermessungsarbeiten tätig gewesen und hatte dabei die tollsten Dinge erlebt. Viele seiner Landkarten sind veröffentlicht worden.

Nun ging Wernicke endgültig zurück nach Deutschland. Es gab kaum Europäer, die es über eine so lange Zeit in der Kolonie ausgehalten hatten. Die Angestellten der Neuguinea Compagnie bekamen gewöhnlich Verträge über drei Jahre, die viele jedoch aus gesundheitlichen Gründen vorzeitig beenden mußten. Nur wenige verlängerten ihre Verträge. Um so bewundernswerter Wernickes Leistung, wenn man weiß, daß er, bedingt durch den Beruf, einen großen Teil seiner Zeit unter schwierigen und gefahrvollen Umständen mit dem Zelt allein unterwegs gewesen war.

Das Bier floß also heute wieder einmal reichlich, und alles jubelte, als er den Ausspruch tat:

»'Gott sei Dank, daß ich endlich aus diesem Affenland 'rauskomme, aus diesem Konglomerat von Kokosnüssen und Bierpullen!'«

Der Abend verging, der Morgen näherte sich erschreckend schnell. Einer der vorhin Jubelnden – wer der Herr mittleren Alters war, ist nicht notiert – hatte einen ganz wunderbaren Knebelbart. Er war sein ganzer Stolz, und immer wieder zwirbelte sein Besitzer daran herum, das heißt, solange er es noch vermochte, denn die Macht des Alkohols war einfach zu groß. Mit einem Mal rutschte er, der Besitzer, plumps, unter den Tisch weg. Da lag er nun. Alles, was von ihm noch aufrecht stand, war der edle Knebelbart, der aufreizend in die Gegend schaute.

– – ? – !

He, Wirt – – eine Schere!

Armer Kerl, wenn du wüßtest, auf welch furchtbaren Gedanken deine Zechgenossen soeben gekommen waren. Doch der Herr unter dem Tisch kam nicht auf solche Gedanken. Er ruhte sanft und mild und ahnte nichts von der Prozedur, die an ihm vorgenommen wurde.

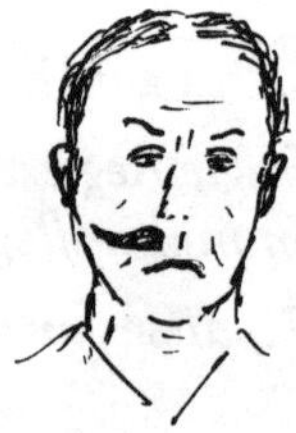

Zwei Boys karrten ihn später nach Hause.

Wie seine Reaktion am Morgen vor dem Spiegel war, steht im Tagebuch nicht geschrieben. Es ist auch müßig, darüber nachzudenken. Es muß schlimm gewesen sein. Wo sonst die linke Hälfte des Bartes prangte, war jäh über Nacht gähnende Leere entstanden. Dem Armen blieb nichts weiter übrig, als auch die rechte Hälfte seines Schmuckstückes auf die gleiche Minimalkürze zu stutzen.

Seltsamerweise traf der Mißhandelte an diesem Tag niemanden von seinen Kollegen. Alle waren irgendwie anderweitig beschäftigt.

Donnerstag, 19. März 1908. Wieder einmal hatte ein Kollege seinen Dreijahresvertrag mit der Neuguinea Compagnie glücklich überlebt. Es war der Abschiedsabend des Belgiers Harry Richrath aus Antwerpen, mit dem Karl Vieweg auch später in Europa weiter in Verbindung stand. In zwei Tagen wurde die 'Manila' erwartet, die ihn mit in die Heimat nehmen sollte. Aus dem 'house derink' dröhnte in voller Lautstärke das Festlied:

»Auf in den Kampf zum Tohorihio,
die Flinte in der Hand
ins Kanakerland!
Wenn auch Moskiten und Kannibalen zielen auf dich,
ein jeder Pfeil, der trifft ja nich
in den Zwölffingerdarm hinein.
Im Kongo soll's viel schlimmer sein!«
(Toriu = Fluß auf der Gazelle-Halbinsel)

Ach, meinte wehmütig ein Älterer, wie haben sich die Zeiten doch geändert. Keiner von uns hat ein richtiges Abschiedsgeschenk für unseren Freund Harry mitgebracht. Wie höflich war man in den guten alten Zeiten des Wilfried Powell, als der vor 30 Jahren hier in Kinigunan zu einem Begrüßungsfest alle Häuptlinge aus der Nachbarschaft eingeladen hatte. Da brachte jeder etwas mit, keiner kam mit leeren Händen. Einer der honorigen Gäste hatte als Beitrag für den Abendgrill sogar einen geschlachteten Sklaven mitgebracht – ausgenommen, abgehangen und rasiert! Nein, was waren die Leute damals doch nett!

Kinigunan gehört heute zur Missionsstation Vunapope bei Kokopo. Solche grausigen Geschichten wie oben angegeben, waren damals nichts Ungewöhnliches. So berichtete der deutche Wissenschaftler Kleinschmidt 1881 kurz vor seiner Ermordung, daß ein Big-Fellow-Man von Kinigunan eine Gefangene zur Frau nahm und deren bisherigen Mann für das Hochzeitsmahl zubereiten ließ (48).

Wenn Kokopo auch nur ein Dorf war und heute noch ist, so wohnte doch gleich nebenan die berühmteste Frau der Südsee, Frau Emma Kolbe, die Königin der Südsee, kurz 'Queen Emma' genannt. Sie hatte sich vor Jahren ein paar hundert Meter neben dem späteren deutschen Regierungssitz eine Prachtvilla gebaut, die von den dort wohnenden Tolai bezeichnenderweise 'Gunantambu – Gehöft des Geldes' genannt wurde. Emmas Charme und Gastfreundschaft waren weit über die Grenzen des Landes hinaus bekannt, aber auch die tollsten Anekdoten wurden von ihr erzählt. Nur zu gern gab sie Empfänge und Feste für Freunde, Geschäftsreisende, für die Neuguinea Compagnie und die Regierungsbeamten.

Queen Emma wurde 1850 als Tochter einer samoanischen Prinzessin und des Amerikaners Coe geboren. Er war mit seinem Schiff auf Samoa gestrandet und blieb dort. Coe hatte sechs Frauen und achtzehn Kinder, darunter seine Lieblingstochter Tui Malietao, genannt Emma.

Ihre Ausbildung erhielt sie in Sydney und San Francisco. Sie war eine bildhübsche, junge Frau mit einer noch etwas helleren Farbe als die schon hübschen Samoanerinnen. Auf Drängen des Vaters heiratete sie den britischen Geschäftsmann James Forsayth, der nach kurzer Ehe im Chinesischen Meer verscholl. Eine Romanze mit dem Amerikaner Steinberger endete unglücklich.

1879 ließ sie sich mit ihrem neuen Geliebten, dem Australier Thomas Farrell, auf der Insel Mioko, etwa 30 km nordöstlich von Kokopo, als Mrs. und Mr. Farrell nieder, um in das Kopra-Geschäft einzusteigen. Tatsächlich gingen die Geschäfte auch blendend, und in kluger Voraussicht kaufte Emma große Landflächen auf der Gazelle-Halbinsel längs der Blanche-Bucht, insgesamt 1 200 ha für umgerechnet 200,– RM, 1 Ballen Stoff und 5 Pfund Tabak! 1887 starb Farrell. Ihr ständiger Begleiter hieß von nun an Kapitän Agostino Stalio, der Chef ihrer Handelsflottille. Er wurde fünf Jahre später von Insulanern ermordet.

Ihr selbst wäre es einmal um Haaresbreite ähnlich ergangen. Eine Gruppe Tolai-Männer hatte ihr im Garten aufgelauert und sie gefangen. Der Schreienden wurde ruckzuck der Mund gestopft, Hände und Füße gebunden, wie beim Schweinetransport eine Stange hindurchgesteckt, und schon verschwanden die Jäger mit dem Festbraten im Busch. Der Überfall war glücklicherweise von einem ihrer Hausmädchen bemerkt worden, und mit knapper Not konnte Emma nach qualvollen Stunden und mit entsetzlich zerschundenen Gliedern befreit werden.

Abb. 25: Queen Emma, als willkommener Festbraten entführt

Emma Forsayth hatte in diesen Jahren viele ihrer Schwestern und Nichten an die Gestade der Blanche-Bucht geholt. Die Verheirateten kamen mit ihren Familien. Die Unverheirateten waren durchweg jung und lebensfroh, zwei Dinge, die die deutschen Junggesellen und Strohwitwer in und um Herbertshöhe zu schätzen wußten.

Ihre Schwester Phoebe heiratete den deutschen Naturforscher Parkinson. Er wurde Emmas neuer Geschäftspartner, und mit ihm wuchs ihr Imperium. Um die Jahrhundertwende besaß sie rd. 10 000 ha (100 km²) bestes Plantagenland, sechs oder sieben Handelsschiffe und mehrere Geschäftshäuser. Einer ihrer Gäste beschrieb ihren Auftritt bei Empfängen so: ›› *Queen Emma hatte eine hinreißende Figur. Sie trug ein kostbares Kleid aus weißem Satin und eine Schleppe, die von einem halben Dutzend hübscher Mädchen ge-*

tragen wurde, als sie die große Treppe zum Park herunterkam. Eine kleine, mit Diamanten besetzte Krone blitzte in ihrem Haar« (44).

Um nicht als Ausländerin in der deutschen Kolonie möglicherweise einmal Schwierigkeiten zu bekommen, heiratete sie 1894 den geschäftstüchtigen Deutschen August Kolbe, leitender Angestellter und Polizeichef der Neuguinea Compagnie, von Figur und Bedeutung her ein Mann von Gewicht. Seinem höchsten Vorgesetzten, dem Landeshauptmann Schmiele, mißfiel aber ganz und gar, daß sein Mitarbeiter jetzt mit einem 'Halbblut' verheiratet war und ließ ihn das auch einmal deutlich wissen. Der – nicht faul – verabreichte seinem Chef eine schallende Backpfeife, worauf seine Karriere bei der Compagnie blitzartig beendet war.

Kolbes griffige Reaktion tat jedoch der Sympathie seiner europäischen Kollegen keinen Abbruch. Im Gegenteil! Jeder freute sich, daß er dem preußischen Vollblutbürokraten eins (aus)gewischt hatte.

Er widmete sich von nun an der Verwaltung der ausgedehnten Plantagen seiner Frau und erweiterte sie noch beträchtlich. Emma selbst leitete mit großer Umsicht und zusammen mit ihrem Sohn Coe Forsayth aus erster Ehe die Handelsgeschäfte ihres Hauses (Firma Forsayth & Frau Kolbe). Bald legte sie 1 Mio. US $ (!) in Australien an.

Als 1912 ihr Mann wegen seines Gesundheitszustandes zur Behandlung nach Europa reiste und sie hörte, daß er ernstlich erkrankt sei, fuhr sie sofort zu ihm. Sie fand ihn in Monte Carlo, und die Frau an seiner Seite behauptete tollkühn, die Ehefrau zu sein! Kurze Zeit später starb er dort, und zwei Tage später starb auch Queen Emma, die Königin der Südsee. Verständlich, daß sich um seinen und ihren plötzlichen Tod nun zahlreiche Legenden zu ranken begannen.

Ihr Sohn Coe Forsayth hat es mit der Liebe wohl auch nicht so eng gesehen. Er war mit einer sehr schönen Frau verheiratet, die ebenfalls etwas samoanisches Blut besaß. Karl Vieweg war gerade mit mehreren anderen im Hotel 'Deutscher Hof' zusammen, darunter auch Regierungssekretär Warnecke, der allgemein nur unter dem Namen Master Meyer bekannt war. Da kam Coe herein und sagte zu Warnecke:

> *»'Master Meyer, ich wollte Sie eben besuchen in Ihrer Wohnung, aber Sie waren nicht zu Hause; da habe ich mal schnell Ihre Frau vernascht!'*
>
> *Darauf Master Meyer:*
>
> *'Oh – das macht nichts, macht nichts, werde mich nächstens bei Ihrer Frau revanchieren.'«*

Der junge Mann aus Quedlinburg war offensichtlich irritiert und wußte nicht so recht, was hier Angabe oder Wahrheit war, aber aufschreiben wollte er es doch!

Karl Viewegs Haustiere

Karl Vieweg hatte sich schon bald nach seiner Ankunft in Herbertshöhe ein Reitpferd zugelegt. Ohne Pferd war man nur ein halber Mensch, war ortsgebunden und unbeweglich. So aber konnte er mehr unternehmen. Viele Europäer, besonders die Höherrangigen, besaßen außerdem noch einen zweirädrigen Einspännerwagen, der unter Europäern in der Südsee und auch in den anderen Kolonien sehr verbreitet war. Vielleicht würde er sich den später auch einmal leisten können. Zunächst hatte er genug damit zu tun, die 400,– RM Restgeld auf sein Pferd abzuzahlen (was er am 10. Dezember 1907 termingemäß geschafft hatte).

Seit kurzem war er auch Besitzer eines Kasuars, den einer seiner Vorgänger einmal als Küken von einem Einheimischen bekommen hatte. Kasuare – an der Blanche-Bucht werden sie 'murok' genannt – sind große, flugunfähige Vögel, die den Straußen ähnlich sind, aber trotz ihres langen Halses höchstens 1,80 m Höhe erreichen. Ältere Kasuare sind noch nie eingefangen worden, weil die Tiere sehr scheu sind und bei der geringsten Gefahr im Dickicht verschwinden. Zieht man sie aber als Küken auf, so werden sie bald zahm und zutraulich. Ihr haarähnliches Gefieder ist in der Jugend braun, im Alter schwarz. Die Insulaner verwenden es häufig für Masken, Geräte, Waffen oder auch als Kopfputz. Die kräftigen Beinknochen werden zu Dolchen verarbeitet.

Die Kasuare werden im Laufe der Zeit so zahm, daß sie richtig zudringlich werden können. Karl Viewegs Kasuar befand sich in einer Umzäunung am Haus. Stand die Tür versehentlich offen, so folgte der große Vogel dem Hausboy Tarok auf Schritt und Tritt und richtete in der Küche allerlei Unfug an. Er untersuchte mit seinem so seltsam geformten Schnabel – Oberteil kürzer, Unterteil länger – das Gemüse, hopste auf Tisch und Stühle und entdeckte auch den blinkenden Büchsenöffner. Den verschluckte er schließlich.

Jetzt reicht es!, schimpfte Tarok in zu später Erkenntnis. Mit viel Mühe gelang es, den vielseitig interessierten Plagegeist wieder in seine Umzäunung zurückzubefördern. Erst am übernächsten Tag konnte Tarok seinem Master wieder Gerichte aus Konservendosen servieren ...

Eines Tages kam Karl Vieweg gerade hinzu, wie Feinschmecker Kasuar ein Stück Seife verschlang. Es war spaßig anzusehen, wie das Stück im Hals hinunterglitt.

Ein anderer Deutscher, der zwei Häuser weiter wohnte, besaß zwei Kasuare, die ebenfalls nichts zu tun und nur Unsinn im Kopf hatten. Kam ein Einheimischer vorbei, so übersprangen sie häufig die Umzäunung und zwackten den Arglosen in die Rückpartie. Und wenn dieser erschrocken

Reißaus nahm, erfolgte das Zwacken nur umso schneller, was natürlich äußerst unangenehm war, da das Opfer nur selten eine Hose sein eigen nennen konnte. Erst am Ende 'ihres' Reviers ließen die Vögel von ihm ab und kehrten befriedigt in ihre Umzäunung zurück.

Abb. 26 : Kasuar-Freuden in Herbertshöhe!

Die gezwackten Passanten rieben sich schimpfend ihr Hinterteil – zur großen Freude des samoanischen Pferdejungen, der die Melanesier zutiefst verachtete. Am liebsten hätte er sich an dem Spielchen beteiligt. Der Pferdejunge ließ keine Gelegenheit aus, seinem Master zu versichern, daß er und seine Brüder mit ihrer etwas helleren Hautfarbe doch weit über den 'primitiven Wilden' ihrer neuen Heimat standen.

Dienstag, 16. April 1907. Einen Waran besaß Karl Vieweg seit gestern auch. Seine Arbeiter hatten ihm die Echse gebracht, weil sie wußten, daß der Master an solchem Getier interessiert war. Der muskulöse Schwanz war für sie zwar eine Delikatesse, aber der Master würde das schon entsprechend honorieren. Zwei Stangen Tabak wechselten dann auch den Besitzer. Der Waran war noch relativ jung, etwa 60 cm lang. Nach ein paar Jahren könnte er wohl 2 m erreicht haben. Nun kam er in ein Terrarium, das sich Karl Vieweg dafür gebastelt hatte. Die Bretter ließ er sägen, alles andere machte er selbst.

Einen kleinen Hund hätte er auch gern gehabt, einen Hund nach europäischen Begriffen, nein, keinen dieser heulenden 'Neuguinea-Hunde'. Solch ein Traumhund war aber schwer zu bekommen.

Die Neuguinea-Hunde können nicht bellen, nur heulen. Diese Eigenart zeigt deutlich ihre nahe Verwandtschaft mit dem australischen Dingo, bei dem es mit der Stimme genauso wenig klappt. Beide, der australische Dingo und sein Vetter in Neuguinea, dürften nach neueren Erkenntnissen vor Jahrtausenden von einwandernden Menschen mitgebracht worden sein. Die Neuguinea-Hunde sind klein bis mittelgroß, haben einen fuchsähnlichen Kopf und ein glattes, rostfarbenes Fell. Charakteristisch ist eine eigentümliche Hautfalte auf der Stirn, die dem Tier einen halb komischen, halb verdrossenen Gesichtsausdruck verleiht.

Die Bewohner der Blanche-Bucht hielten sich die Hunde zunächst für die Jagd. Nicht jeder Hund war natürlich gleich gut dafür geeignet. Um den Geruchssinn des Tieres zu schärfen, wickelten manche Hundebesitzer ihrem Vierbeiner stachelige Ranken um die Schnauze und stocherten ihm zusätzlich mit einem dünnen Stäbchen so lange in den Nasenlöchern herum, bis sie bluteten. Mit dem Blut floß der 'Seelenstoff' ab, der den Geruchssinn beeinträchtigte. Hatte die Radikalkur doch nichts geholfen und das Tier weiterhin zu wenig Wild gefunden, so wanderte der arme Bursche unweigerlich in den großen Kochtopf.

Gewöhnlich wurden die Hunde sehr schlecht oder gar nicht gefüttert, sie waren daher stets hungrig und fraßen, wo immer sie etwas Futterähnliches finden konnten. Saß die Familie abends beim Essen, dann konnte es schon vorkommen, daß die Hunde ihre Schnauze schnell mal mit in die Taro-Schüssel steckten.

Erst kurz vor ihrem gewaltsamen Ende wurde der chronische Hungerzustand beendet. Die Frauen mußten dann dafür sorgen, daß die Hunde ordentlich zu fressen bekamen. So erfreuten sich die Todeskandidaten noch einer letzten, ungewohnten Leibesfülle. Dr. Wendland kam einmal hinzu, als die Dorfbewohner unbekümmert einen Hund lebend aufgespießt hatten und das im Todeskampf heulende Opfer über dem Feuer grillten: *»Masta! He no man, he dog – es ist ja nur ein Hund.«*

Eine Ausnahme in der Behandlung dieses treuen Vierbeiners scheinen nur die Bewohner der Witu-Inseln und der Eipo-Stamm im Hochland Neuguineas zu sein. Die Witu-Insulaner halten Hunde nur zur Jagd, essen sie aber nicht. Die Eipo haben Hunde lediglich als Spielkameraden und bestatten sie wie die Menschen auf Bäumen (51).

Bei allen anderen Stämmen – so weit bekannt – werden nach dem Festschmaus die Zähne des Tieres herausgebrochen, vor allem die Eckzähne, die besonders begehrt sind, und zu allerlei Schmuckgegenständen verarbeitet. In manchen Gegenden dienen sie auch als Zahlungsmittel.

Jeder Tolai-Mann auf der Gazelle-Halbinsel weiß, daß der Hund in grauer Vorzeit nur eine kleine Schnauze hatte und sogar sprechen konnte! Dies besiegelte allerdings sein Schicksal, denn er hatte zuviel von den Untaten der Männer gesehen und an andere verraten, wie etwa einen Diebstahl oder eheliche Untreue. Daraufhin hätten ihm die Männer die Schnauze beidseitig aufgeschlitzt, so daß sie so groß wie heute wurde und er statt sprechen nur noch heulen kann.

Karl Vieweg taten diese Tiere leid. Da ihm niemand einen 'richtigen' Hund besorgen konnte, war es ihm schließlich sogar sehr recht, einen jungen einheimischen Hund zu bekommen. So konnte er wenigstens den Ansässigen demonstrieren, was aus einem gut gehaltenen Hund zu machen war.

Einer von seinen Aufsehern, To Waragi, hatte sich kürzlich eine größere Unterschenkelverletzung zugezogen und befand sich bis zur völligen Genesung in Warangoi, einem Arbeiterdorf der Neuguinea Compagnie, etwa 12 km südlich von Kokopo. Da To Waragi wußte, daß Master Vieweg gern einen kleinen Hund hätte und er hier jemanden kannte, der ihm einen verkaufen würde, schrieb er an Karl Vieweg mit ungelenker Hand einen Brief. Den steckte er in einen Umschlag, faltete ihn noch einmal, nahm einen kurzen Stock, spaltete ihn an der Spitze, klemmte den Brief da hinein und umwickelte ihn mit Bast, damit er unterwegs nicht schmutzig werde.

Der Bote, der den Brief am nächsten Tag nach Kokopo brachte, wußte, welch wichtige Person er heute war. Das ließ er jeden, dem er unterwegs begegnete, wissen, denn er überbrachte ja ein 'sprechendes Papier', und dafür würde er, ohne arbeiten zu müssen, auch noch bezahlt werden – nur für einfaches Gehen!

Der Inhalt des Briefes (s. Abb. 27), ins Deutsche übertragen, lautet:

> *'Master Vieweg, ich bin in Warangoi. Die Wunde an meinem Bein ist geheilt. Wichtig: Waragi Tovuna hat einen sehr kleinen Hund. Warte, ich bringe ihn mit.*
>
> *Ich bin*
>
> *To Waragi.'*

Daß To Waragi die Schreibkunst so vollendet beherrschte, das sprach sich bald herum. Er wurde ein sehr geachteter Mann. Man beneidete ihn fast; denn das wußte jeder: Wenn To Waragi von seinen Ahnen irgendeinen Wunsch erfüllt haben wollte, dann brauchte er nicht zu warten, bis ihm der betreffende Ahn im Traum erschien. Er hatte die Möglichkeit, mit ihm schriftlich in Verbindung zu treten, indem er ihm einfach einen Brief schrieb und diesen am Grab des Verstorbenen niederlegte.

Wie jeder sehen konnte, schickten die Ahnen auf den großen Kanuschif-

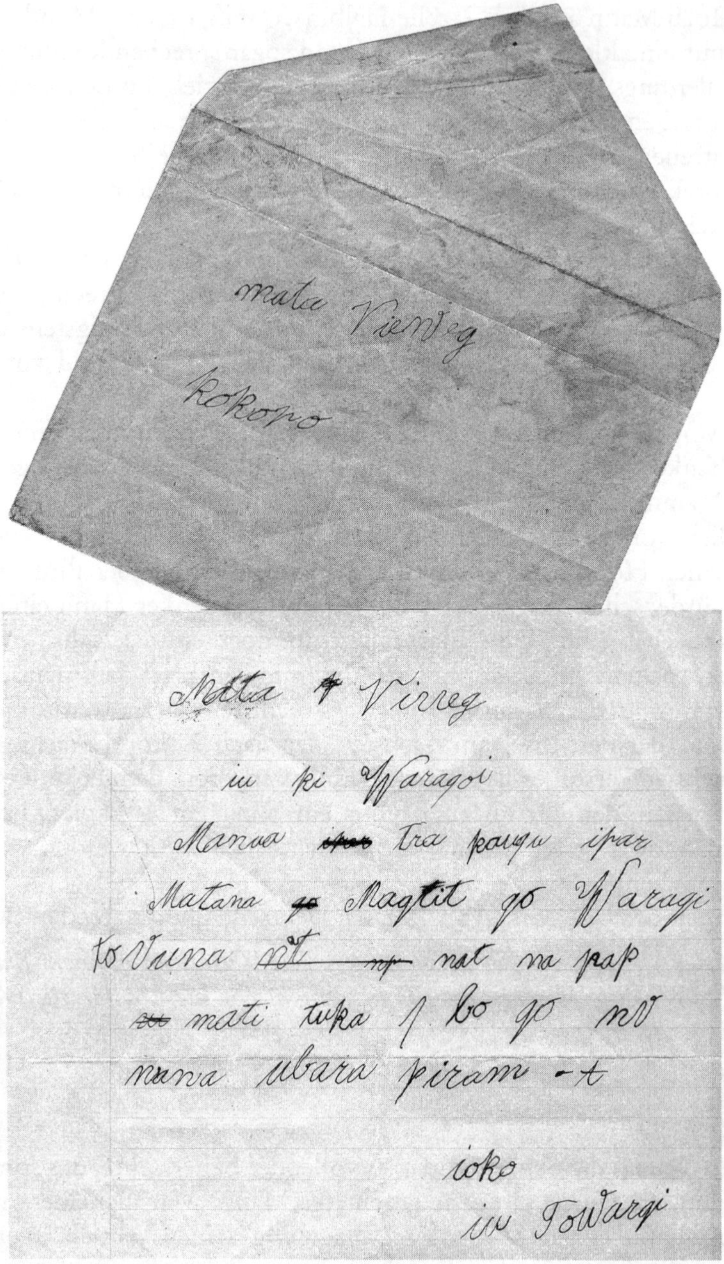

mata Vieweg
kokopo

Mata Virreg

iu ki Waragi

Manoa tra paiga ipar

Matana Magtit go Waragi

to Vuna nat na pap

mati tuka 1 bo go nV

nana ubara piram -t

ioko
iu ToWargi

Abb. 27: Brief des Aufsehers To Waragi in der Kuanua-Sprache der Tolai an Master Vieweg

fen mit den fürchterlich rauchenden Röhren all die wundersamen Dinge wie bunte Glasperlen, Messer, Spiegel und vieles andere mehr. Doch seltsamerweise war das immer nur für die Weißen bestimmt, von denen man diese Sachen dann kaufen mußte. Das war ärgerlich.

Aber eines Tages, das wissen die Insulaner auch heute genau, werden ihre Ahnen wieder auferstehen und als Weiße zu ihnen zurückkehren. Spätestens dann werden sie auch reichlich Geschenke bringen.[7]

Karl Vieweg kaufte den Hund, den ihm To Waragi vermittelt hatte. Er nannte ihn Wuppdich. Wuppdich begleitete ihn bei vielen Unternehmungen, hier wie auch später auf den Witu-Inseln.

Die Waschfrau

Die Europäer der damaligen Zeit gingen in schnee- oder blütenweißem Weiß, bei Feierlichkeiten trotz Hitze und hoher Luftfeuchtigkeit sogar mit Schlips und Kragen. Karl Viewegs Waschfrau Uröwai war dadurch nie unterbeschäftigt: Laut Tagebuch fielen von Mitte März bis Mitte Mai 1907, d.h. in 65 Tagen, 66 Hosen und 50 Jackets an, also jeden Tag ein neuer Anzug. Auf das Äußere wurde großer Wert gelegt.

Wenn Uröwai zuviel zu tun hatte, sprangen Mumpat und Matkon von der gleichen Gilde ein. Bis er seine Sachen wieder zurückbekam, dauerte es allerdings fast eine Woche. Es fehlte jedoch nie etwas, und nichts war verwechselt. Jede Schöne kannte die Jacken ihrer Master sehr genau.

Uröwai stammte nicht von hier, sie war keine Tolai-Frau, sie war die Freude ihres Mannes und zusammen mit ihm vor kurzer Zeit auf einem der Anwerbeschiffe eingetroffen. Unübersehbar war ihr schönster Schmuck, den sie sich, seit sie in Karl Viewegs Diensten stand, zugelegt hatte und der ihr buschiges Haupthaar wundervoll schmückte – eine Wäscheklammer. Die schien sich dort Tag und Nacht zu befinden.

Ihr Master hatte leider den Fehler gemacht, seinen Eltern zu Hause ein Foto zu schicken, auf dem er hautnah zusammen mit seiner gut bestückten Uröwai zu sehen war. Die Eltern sollten doch sehen, wie sich das Leben hier in der Südsee so abspielte. Den Arm hatte er dummerweise um die Schulter von Uröwai gelegt. Das war für die besorgte Mutter Julie ein doch zu starker Tobak:

7 Der Verfasser wurde 1986 während seines Aufenthaltes auf den Witu-Inseln von den dortigen Bewohnern als ein wiederauferstandener Ahn seines schwarzen Führers Memeri eingeordnet.

»Das Bild, worauf Du mit Deiner Waschfrau zu sehen bist, erschreckte mich. Ich beruhigte mich erst wieder, als ich sah, daß es bei Herrn und Frau Krätke war, wo Du eingeladen warst, und Wuppdich auf dem Schoße hattest. Sonst hätte ich doch Sorge gehabt, daß Du verwilderst.«

Tabu – das Schneckengeld

Unter den Artefakten, die Karl Vieweg aus Deutsch-Neuguinea mit nach Deutschland gebracht hatte, befand sich auch Schneckengeld. Es gab in der Inselwelt Melanesiens eine Fülle von Währungen, jede für einen bestimmten Geltungsbereich. Auf den Admiralitäts-Inseln waren es vor allem Hundezähne (Eckzähne), an der Neuguinea-Küste zusätzlich noch Eberhauer. Die Hundezähne waren das Kleingeld, die Eberhauer die Scheine.

Unter den Insulanern auf Neupommern und Neumecklenburg waren Muschel- und Schneckengeld die Hauptzahlungsmittel. Beide wurden um die Jahrhundertwende unter dem Einfluß der Europäer immer mehr verdrängt und 1902 sogar verboten, was allerdings mehr oder weniger ignoriert wurde (auf dem Markt von Rabaul, der Distrikthauptstadt der Gazelle-Halbinsel, wird noch heute, 1990, mit Schneckengeld bezahlt).

Die allgemein gebräuchliche Bezeichnung 'Muschelgeld' ist nicht korrekt, weil es sich in einigen Gegenden um Muschelgeld, in anderen um Schneckengeld handelt bzw. handelte. Da gab es die 'pele'-Währung aus weißen runden Scheibchen, die 'tapsoka'-Währung aus kleinen roten Muscheln, die 'rea'-Währung auf den Witu-Inseln und auch eine Währung aus handtellergroßen schwarzen Muscheln. Auf den Witu-Inseln galten zusätzlich die Knochen und das Gefieder des Kasuars als Zahlungsmittel.

Die Schneckengeld-Währung auf der Gazelle-Halbinsel wird mit 'tabu' bezeichnet, auf der dortigen Insel Matupi mit 'tambu', anderenorts auch mit 'tapu'[8].

Das Tabu-Geld wird aus dem Gehäuse der Schnecke *Nassa calossa camelus* gewonnen, die an bestimmten Stellen an der Westküste der Halbinsel und weiter südlich an der 150 km entfernten Nakanai-Küste vorkommt, u.a. am Fuß der Vulkane 'Vater' und 'Südsohn'. Die gleiche Schnecke ist auch auf der Hauptinsel Neuguinea in Gebrauch, allerdings nicht als Zahlungsmittel, sondern als Schmuck.

8 Die Bewohner der östlichen Gazelle-Halbinsel setzen vor die Konsonanten b, d und h ein m oder n, die westlichen Bewohner dagegen nicht (11), also 'tambu – tabu'; auf den Witu-Inseln gibt es ebenfalls beide Formen: Insel 'Ngoru – Goru', Berg 'Mboro – Boro'.

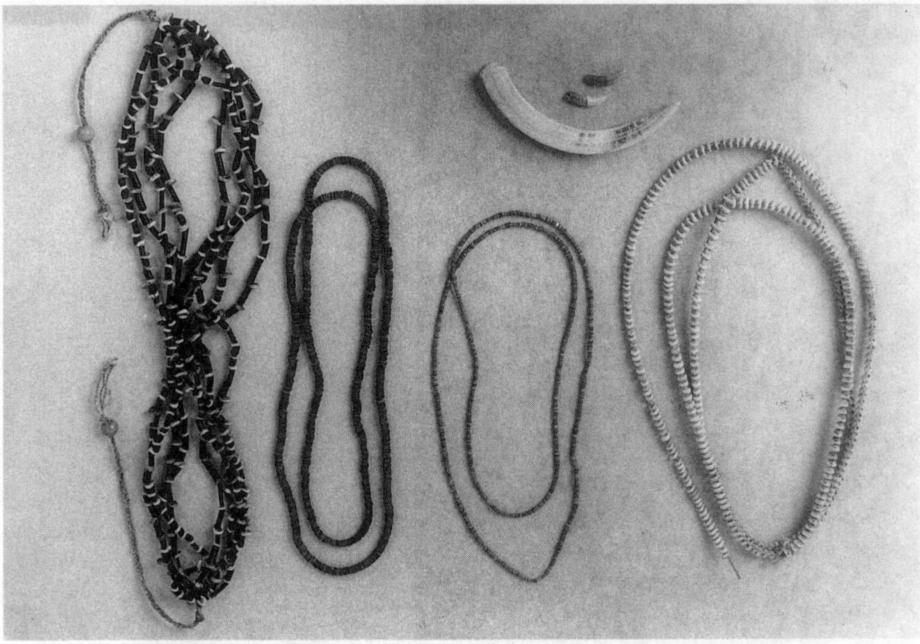

Abb. 28: Einige Währungen aus dem Bismarck-Archipel. Oben: Hunde- und Eberzähne; unten, v.l.n.r.: Gürtel aus Kasuar-Federkielen, zwei Muschelwährungen, Schneckengeld (Tabu)

Abb. 29: Ein Tolai-Mann mit einer Rolle Schneckengeld (reiner Geldwert etwa 1000,– DM); daneben die Frau des Verf. mit einigen Faden Schneckengeld.

Abb. 30: Ein Totenfest: Der Verstorbene hat vier Rollen Schneckengeld hinterlassen. Neben ihm zwei als Tubuan-Geister vermummte Männer.

Die Schnecke kommt in Buchten vor, in denen das Wasser seicht ist und sich etwas Schlamm angesammelt hat. Sind Schnecken gefunden, so zerbrechen die Männer vorsichtig die obere Wölbung des Schneckenhauses derart, daß ein Loch entsteht, das zum späteren Auffädeln dient. Die noch rohen 'Geldstücke' werden zu Hause so lange mühselig gescheuert, bis sie ganz weiß sind. Zusätzlich werden sie noch in der Sonne gebleicht. Je weißer die so entstandenen Ringchen sind – jedes einzelne wird eine 'palina' genannt – desto höher ist auch ihr Wert.

Natürlich versuchten die Nakanai-Leute früher, die Fundorte ihres Rohmaterials geheim zu halten. Doch die Bewohner von der Blanche-Bucht und der Nordküste hatten viele dieser Stellen durch Verrat erfahren. Jedes Jahr, wenn der günstige Südost-Monsun einsetzte, unternahmen sie mit ihren Auslegerbooten Handelsfahrten dorthin, die oft Monate dauerten. Dabei waren es mehr Raub- als Handelsfahrten. Kamen sie an Buchten, in denen nur wenige Nakanai-Leute wohnten, so gab es keinen Handel. Sie nahmen sich, was sie fanden, und wehe, die Anlieger erhoben Einspruch!

Waren die Nakanai-Leute gleich stark, so wurde gehandelt, oder aber es kam zum Kampf. Besiegte Feinde nahmen die Blanche-Bucht-Fernfahrer als willkommene Marschverpflegung mit – tot oder lebendig. Mord und Totschlag gehörten nun einmal zum Geschäft. Schließlich gab es an der einsamen Nakanai-Küste keine Missionsstationen oder andere Europäer, die von solchem Techtelmechtel nach Herbertshöhe berichten könnten. Und von den beiden Parteien war keine daran interessiert, in Herbertshöhe bei der Regierung zu klagen, denn dann drohte das ganze Geschäft zum Erliegen zu kommen.

Wer viel Tabu besaß, war erklärlicherweise ein reicher Mann. Er reihte das Tabu auf aufgespaltenen Rotang auf, der wie ein steifer Bindfaden wirkt, und maß es nach Faden oder Klaftern, d.h. ein Faden (Klafter) = die Länge zwischen den seitlich ausgestreckten Armen eines Mannes, also ca. 1,50 m. Auf einen Faden kamen und kommen etwa 300 'Münzen'. Bei größerem Reichtum werden die Fäden zu Ringen zusammengerollt, mit Pandanus-Blättern umwickelt und so aufbewahrt. Ein Ring enthält manchmal bis zu 500 Faden!

Schneckengeld war und ist noch heute das Grundkapital der Familie. Es wird vom Familienbankier, dem Familienältesten, in einer besonderen Hütte aufbewahrt, in der möglichst tagein tagaus ein Feuer brennt, weil sich die Schnecken sonst in der feuchten Luft leicht verfärben und damit an Wert verlieren. Dem Familienältesten steht es frei, mit dem Tabu nach eigenem Ermessen Geschäfte zu tätigen. Familienältester war damals nicht unbedingt der Älteste, sondern der, der auch reich und im Kampf erfolgreich war. Viele wurden erst durch Raub, Mord und Plündern reich und in den Rang eines Familienältesten erhoben.

Eines der vielen Geschäfte, das gern von ihnen getätigt wurde, war, von fremden Familien Mädchen im Kindesalter anzukaufen und diese nach mehreren Jahren, wenn sie verheiratet werden sollten, wieder zu verkaufen. Die Mädchen wuchsen während dieser Zeit natürlich weiter bei ihren Eltern auf. Der Gewinn mit diesem Geschäft war beträchtlich.

Mit Tabu konnte der Tolai-Mann alles erlangen, was er haben wollte, Nahrungsmittel, Waffen, eine Frau. Nimmt man überschlägig an, daß 1 Tabu-Stück (1 Palina) etwa 1 Pf entsprach,[9] so erhält man folgende Gegenwerte:

– Ein Päckchen fertiges Taro-Essen kostete 6 Palina	6 Pf
– Ein Schwein kostete etwa 10 Klafter Tabu	30,– RM
– Der Kauf einer Frau verschlang 20 bis 100 Klafter Tabu	60,– bis 300,– RM
– Als Sühne für einen Ermordeten zahlte man gewöhnlich etwa 40 Klafter Tabu	120,– RM.

Kleinere Mengen Tabu trugen Männer und Frauen bei sich, besonders an Markttagen. War von einem gewünschten Nahrungsmittel wenig auf dem Markt, so mußte auch mehr Tabu bezahlt werden. Angebot und Nachfrage regelten auch hier den Preis. Ähnlich war es bei den Sühnezahlungen. Für die Beseitigung einer ungeliebten Person hatte der Mörder wenig oder, wenn alle froh darüber waren, auch gar nichts zu zahlen. Dagegen konnte einen die Ermordung eines Einflußreichen teuer zu stehen kommen.

Weiter im Inland, in der Gegend um den Vunakokor herum, auf dem Markt von Toma, wurde Tabu ebenfalls in Zahlung genommen, allerdings mit viel mehr Ehrfurcht als an der Blanche-Bucht. Hier, fern von der Küste (15 km), war man sich über die Herkunft des Geldes gar nicht so recht im klaren und glaubte, die Ahnengeister hätten es den Menschen gegeben.

Der Besitz von viel Tabu war nicht nur zu Lebzeiten eines Tolai-Mannes wichtig. Auch für das Jenseits benötigte er viele Münzen, denn wer nicht eine ausreichende Menge rechtzeitig beiseite gelegt hatte, dessen Zukunft sah düster aus. Er konnte nicht hoffen, daß seine arme Seele zu den Vergnügungsorten der Verstorbenen gelangte. Wer es im Leben zu nichts gebracht hatte, der blieb auch im Jenseits eine Null. Seine Seele würde nach dem Tod nur zu den niedrigsten der drei Geisterklassen gehören, den 'tabaran'-Geistern, die sich mit Kot als Nahrung zufrieden geben mußten. Dagegen

---

9 Nach übereinstimmenden Angaben von Parkinson(43) und Karl Vieweg. Dieser Wechselkurs gilt annähernd auch heute (1 Palina = 1–1,5 Pf).

standen den beiden höheren Klassen der Verstorbenen, den 'tutanavurakit' und vor allem den allerhöchsten, den 'kaia', den Reichen, die Vergnügungsorte des Jenseits vollauf zur Verfügung. Man konnte jene Beneidenswerten des Nachts sehen, wenn sie als Sternschnuppen zu den heiß begehrten Tummelplätzen flogen.

Das ganze Leben eines Tolai bestand eigentlich nur aus dem fieberhaften Streben, nach dem Tod so viel Tabu wie möglich zu hinterlassen, damit auch möglichst viel an Verwandte und Freunde verteilt werden konnte. Er selbst gewann dadurch einen günstigen Platz im Jenseits – nicht wegen seiner großen Güte oder Barmherzigkeit, auch Mörder und ähnliche Spielverderber wurden im Jenseits willkommen geheißen. Der Grund war ein anderer: Auch das Schneckengeld hat eine Seele. Aus Tabu-Rollen, die beim Tod nicht für die Verteilung aufgeschnitten werden, kann die Seele nicht entweichen. Sie kann dem Toten nicht ins Jenseits folgen, und als armer Mann ist es mit seiner erhofften Seligkeit dann vorbei.

Als durch den Einfluß der Europäer Kriege zwischen den Dörfern immer seltener wurden und man auf Anordnung der Deutschen 'gut Freund' sein mußte, wurde das Verteilen von Tabu bald zu einem Alptraum für die Dorfbewohner. Kaum war jemand gestorben, und es ertönten die Schläge der Totentrommel, schon eilten die ehemals verfeindeten Dörfer freudig herbei, um für ihr Mitgefühl mit Tabu beschenkt zu werden. Dadurch ging dem eigenen Dorf viel Tabu an die ungeliebten neuen Freunde verloren. Zur Abwehr sperrten deshalb die Männer an solchen Tagen die Zugangswege zu ihrem Dorf. Sie steckten rote Drazänen (Drachenbaum) in den Weg, was im Klartext so viel bedeutete wie

'Heute Totenfest – Besucher unerwünscht!'

Die Tolai-Melanesier

Im nördlichen Küstengebiet der Gazelle-Halbinsel mit der Blanche-Bucht siedelten melanesische Stämme, die Tolai. Sie waren vor unbekannter Zeit von Norden her eingewandert und hatten die eigentlichen Bewohner der Gazelle-Halbinsel, die Baining, von der Küste ins Inland verdrängt.

Die Tolai-Melanesier lebten in kleineren Dörfern oder in weit auseinander liegenden Gehöften. Meist errichteten sie Giebeldachhütten. Nicht selten umgab ein fester Holzzaun das Gehöft und schützte vor den lästigen Wildschweinen. Die Eingangsöffnung durch den Zaun wurde gern so gelegt, daß ein Besucher fast am ganzen Zaun entlang gehen mußte, bis er zum Eingang kam. Dadurch war es dem Hausherrn möglich, den Ankömmling genauer zu beobachten und, wenn er ihm nicht geheuer erschien, durch eine Geheimöffnung rechtzeitig im Busch zu verschwinden. Diese Einrichtung hatte sich seit alters her vortrefflich bewährt!

Um das Gehöft herum standen die Fruchtbäume wie Kokos- und Areca-Palmen und Brotfruchtbäume, auch Papaya und Bananen. Dahinter lagen die Felder, die nach der üblichen Brandrodung ein, höchstens zwei Jahre bestellt und dann für zehn oder mehr Jahre liegen gelassen, wieder zu Urwald wurden. Auch sie waren meistens umzäunt, denn da wuchsen Taro, Yam, auch Süßkartoffeln, Zuckerrohr, allerlei Gemüse und meist auch der eigene Tabak (der von den Weißen schmeckte allerdings viel besser!).

Die Arbeitsmoral der Melanesier ließ nach Meinung der Europäer damals sehr zu wünschen übrig. Kein Wunder, denn die Insulaner kamen ja gerade aus der Steinzeit und kannten nicht den Begriff der Arbeit in unserem Sinn, also 'hintereinander weg etwas tun' und 'Arbeitspensum'. Das war ihnen unbegreiflich. Für sie waren die Weißen von einer erschreckenden Hast befallen.

Die Natur, in der sie lebten, war mit Wärme und Feuchtigkeit verschwenderisch, Kleidung, wie wir sie kennen, benötigten sie nicht, das nahrhafte Kokoswasser gab es zu jeder Jahreszeit, und Taro, die Hauptnahrungsfrucht, erforderte keinen großen Arbeitsaufwand. Bedürfnislosigkeit und die Fülle an unausgenutzter Zeit bestimmten bisher den Alltag. So erklärte sich die Auffassung der Europäer, daß die Melanesier faul wären.

Da gab es besondere Anpassungsschwierigkeiten für die neu eingestellten Arbeiter, die nur den üblichen Trott von zu Hause kannten. Pünktlichkeit und sofort? Missionar Keysser berichtet hierzu (27):

> *»Sofort, prompt aufs Wort etwas tun, wie es der Weiße verlangt, ist deshalb dem Eingeborenen etwas ganz Neues und Unfaßbares. 'Warum denn?' fragt er ganz erstaunt. – 'Wenn dich der Weiße ruft, und du läufst nicht sofort, dann schlägt er dich', teilt ein schwarzer Arbeiter seinem neu angekommenen Kameraden mit. 'Warum denn?' fragt dieser überrascht. 'Ja, das weiß ich auch nicht. Die Weißen sind eben so, also richte dich danach.'«*

In den Dörfern gilt seit alters her die Regel: Der Mann rodet den Busch, die Frau besorgt die Bestellung der Felder, der Mann hilft ihr dabei. Er baut den Zaun um den Garten gegen die Wildschweine, sorgt für frische Fische oder eine Taube oder einen Papagei, ab und zu auch mal für ein Schwein, sorgt für die Sicherheit der Familie, sucht sich am Strand Schleudersteine, graviert in diese in wochenlanger Arbeit das Gesicht eines Geistes, der den Stein ins Ziel lenken wird, schnitzt und schabt die Speere und Pfeile,

Abb. 31a und b: Hütten der Tolai auf der Gazelle-Halbinsel

Abb. 32: Bei mühseliger Bohrarbeit. Der Mann trägt wertvollen Brustschmuck (bzw. -schutz), eine Hundezahnkette und einen Kasuar-Knochendolch.

schwatzt mit dem Nachbarn, kaut Betel – aber Arbeit, feste Arbeitszeit? Nein, wozu das alles. Was nicht heute geschieht, kann morgen getan werden.

Wie – er, der Chef der Hütte, soll faul sein und nicht fleißig? Das kann doch nicht wahr sein! Und der Holzzaun gegen die Wildschweine, den er gerade so schön gebaut hat, soll krumm und schief sein? Die Schweine kommen so oder so nicht durch. Was ist das überhaupt, 'fleißig'!? Unsere notwendigen Dinge für die Familie erledigen wir seit eh und je – mein Vater, mein Großvater – ohne Hast oder das, was die Weißen unter 'Arbeit' verstehen, oder wie es auch der Bumbum nennen mag.

Vor Sonnenaufgang ist er schließlich schon auf, das tut kaum einer der Weißen. Dann muß er sich zwar noch etwas am Feuer wärmen und eine Länge rauchen, denn der Morgen ist kühl und der Tag lang. Außerdem hängt ja noch Tau im Gras, den die Sonne erst essen muß.

Aber dann, nachdem die Sonne schließlich gegessen hat, geht es los, zusammen mit den anderen, um den Busch zu roden. Dort machen sie sich zunächst ein Feuer und setzen sich nieder, denn, wie schon gesagt, der Tag ist erschreckend lang. Eine Zigarre wird frisch gedreht und macht die Runde. Jeder genießt es. Jeder weiß, nachher gibt es viel zu tun. – Es ist eigentlich keine Zigarre, sondern ein Bündelchen Tabakblätter, die mehr zusammengefaßt als gerollt sind und mit dem einen Ende in einer Zigarrenspitze stecken. Die Spitze hat sich der Mann eben selbst hergestellt, indem er von einem Palmenblatt einen schmalen Streifen abzog, ihn aufrollte, dann eindellte, und schon war die Spitze fertig. Für jede Zigarre eine neue Spitze.

Sie besprechen die Arbeit. Man sollte es so machen. Vielleicht sollte man es anders machen. Oder vielleicht doch so. Oder umgekehrt.

Schließlich erhebt sich einer, der erste. Nein, nicht zur Arbeit. Er hat im Blätterdach einen Kakadu gesehen, den er mit der Steinschleuder herunterholen will. Die anderen beobachten ihn und wägen ab, ob er Erfolg haben wird. Jetzt – – – der Kakadu fliegt davon – wie konnte der wegfliegen, den hätte er spielend treffen können. Der Mann kommt mürrisch zurück und setzt sich wieder.

Sie meinen, in den nächsten Tagen, wenn der Mond voll ist, müßten sie mit dem Roden fertig sein, außer den beiden großen Bäumen da hinten. Um den einen mit den großen Bretterwurzeln wollen sie ein Gerüst bauen, von dem aus sie den Baum in etwa doppelter Mannshöhe umhacken. An den anderen werden sie Feuer legen, der ist zu hart zum Hacken. In zweimal fünf Tagen fällt der auch um. – Ach, bis zur Taro-Bestellung ist es noch lange hin. Wir haben noch viel Zeit. Aber der niedergeschlagene Busch muß ja auch trocknen und abgebrannt werden. Richtig, das stimmt.

Schließlich steht wieder einer auf. Er saß nicht gut, sonst wäre er sitzen geblieben. Endlich steht ein zweiter auf, reckt sich. Er hat eine messerscharfe Bambuslatte mitgebracht und schlägt damit das hinderliche Gras nieder. – Nun stehen auch die anderen auf. Die ersten Axtschläge ertönen. Sie arbeiten.

Es wird schwül und heiß. Sie alle sind noch nicht so richtig in Schwung gekommen. Eine Betelpause wird eingelegt. Ein Älterer kaut statt dessen an der Wurzel einer Liane, die er zuvor mit etwas Kalk bestreut hat. Er zieht dies der Betelnuß vor.

Dann arbeiten sie wieder.

Schon bald ist Mittag, die Sonne steht senkrecht über ihnen. Ein Mann meint, für heute haben wir genug getan. Du hast recht, pflichtet ihm sein Nebenmann bei. Sie wollen wie üblich den Nachmittag am Strand verbringen, Muscheln sammeln, nach den Fischreusen sehen oder nur ihrer Lieblingsbeschäftigung nachgehen – einfach nur 'limlimlimbu' (am Strand unter den Palmen sitzen und pallavern).

Sie sind sich noch nicht einig, legen zunächst eine Mittagspause ein. Essen gibt es zwar normalerweise erst am Abend, aber wenn sie bei der Feldarbeit sind, ist eine kleine Zwischenmahlzeit immer willkommen: Geröstete Bananen, ein paar Grashüpfer und fette Insektenlarven, die sie unter der Rinde der großen Bäume finden; dazu gehören auch verschiedene Raupenarten, die im Blättergewirr heimisch sind. Einer der Männer hat eine Eidechse sorgsam in ein Blatt gewickelt und zum Brutzeln in die heiße Asche geschoben. Gegen den Durst gibt es Trinknüsse, und als Nachtisch werden Pfefferfrüchte und Betelnüsse, zusammen mit dem abmildernden Kalk, gekaut.

So wird die heißeste Zeit des Tages überbrückt.

Dann wird doch wieder Busch geschlagen, denn sie wollen fertig werden. Fast alles, was einen Stamm hat, wird in halber Mannshöhe abgehackt, niemals am Boden.[10]

Ein mittlerer Baum, an dem sie seit gestern gearbeitet haben, ist umgelegt worden. Er ist nicht gesplittert. Vielleicht könnte man aus ihm ein kleines Kanu herausarbeiten? Sie wollen darüber nachdenken, am besten schon morgen. Der Big-Fellow-Man ist der gleichen Meinung. Seine drei Betelnüsse vom Nachtisch haben sich inzwischen zu einem ansehnlichen Betelkloß gemausert, der jetzt von der einen Backentasche in die andere rollt. Dann schießt ein Strahl überflüßiger roter Betelsoße aus dem Gehege der Zähne. Ein Schluck aus der Kokosnuß erfrischt.

Die Sonne steht nicht mehr ganz so hoch. Sie hören mit der Arbeit auf. Das war ein hartes Stück Arbeit heute. Sie haben doppelt so lange wie sonst

---

10 Damals wie heute sind Europäer im allgemeinen der Auffassung, daß der Grund hierfür Bequemlichkeit sei. Tatsache ist aber, daß das Land nach zweijähriger Nutzung schneller wieder begrünt, weil aus den langen Baumstümpfen sofort kräftige Triebe zur Bildung des Sekundärwaldes emporschießen können.

gearbeitet. Das soll nicht wieder passieren. So ein Unsinn auch!

Bald wird der niedergeschlagene Busch trocken sein, dann kann gebrannt, das restliche Holz als Feuerholz eingesammelt und Taro und auch Yam gepflanzt werden. Hierfür stoßen die Männer mit einer langen Hartholzstange, dem Grabstock, Löcher in den Boden, in die die Frauen die Knollen stecken. Die Löcher werden weder ordnungsgemäß noch überhaupt zugemacht – der Regen wird sie schon zuspülen. Der Taro wird später frisch vom Feld verspeist, bei längerer Aufbewahrung verliert er an Qualität. Die Yam-Knolle dagegen kann gelagert werden, sie ist die Reserve für die Trockenzeit.

Mit dem Stoßen der Pflanzlöcher wäre die Männerarbeit für dieses Jahr endlich erledigt. Danach erwartet der Mann für den Rest der Saison von den Ahnengeistern nur noch Sonne und Regen und von seiner Frau, daß sie das Feld von Unkraut frei halte. Er selbst wird sich mehr der Muße widmen.

Aber noch ist jene glückliche Zeit in weiter Ferne. – Der eine von vorhin, der mit der brutzelnden Eidechse in der Asche, hat noch einen Rest Tabak, überlegt, ob er die anderen mitrauchen läßt ... wenn er es nicht tut .. . die Gefahr ist zu groß, von einem der Neider da rechts mit einem Zauber belegt zu werden. Außerdem will er beim nächsten Mal von den anderen auch etwas abbekommen. Also gibt er ab.

Fast jeder der Männer hat für die Abendmahlzeit ein paar eßbare Kräuter oder Blätter gesammelt und ein paar Heuschrecken oder anderes Krabbelgetier gefangen. Einer konnte auch eine fette Beutelratte erwischen – gleich meldet sich der leere Magen.

Am Himmel türmen sich jetzt dunkle Wolken, die Vorboten der kommenden Regenzeit. Bald wird es einen Schauer geben. Also Schluß für heute, nicht mehr zum Strand. Der Gedanke an die heimische Hütte mit dem gerösteten Yam läßt alle Mühen des Tages vergessen. Jeder strebt nach Hause.

Dort hat die Frau schon alles vorbereitet. Es schmeckt. Die Familie schlägt sich den Bauch voll, denn vor morgen abend gibt es nichts Ordentliches wieder.

Den Hausherrn und seine Frau bedrücken noch arge Sorgen, die sie endlich loswerden wollen, bevor der Monsun beginnt. Sie möchten den ältesten Sohn verheiraten, können sich aber nicht auf ein bestimmtes Mädchen einigen. Sie möchte am liebsten die Kleine, die sie jeden Tag mit ihrer Mutter beim Krabbenfangen trifft, er will lieber die Stämmige aus dem Nachbardorf, die er einmal beim Arbeiten gesehen hat. So geht das schon eine Weile hin und her.

Aber dann haben sie sich noch an diesem Abend für die Stämmige entschieden. Und sorglos entschlummern die beiden auf des Nachtlagers hartem Boden.

Gleich am nächsten Tag besuchen sie die Eltern des ausgewählten Mädchens und verhandeln über den Kaufpreis. Nicht lange, und sie sind sich einig. So übergeben die Eltern des Bräutigams beim nächsten Besuch die vereinbarte Menge Schneckengeld und nehmen das Mädchen gleich mit.

Tage später machen die Brauteltern einen Gegenbesuch. Die Brautmutter ist stolz, daß ihre Tochter heiraten wird, und hat sich mit einem neuen Schamtuch feingemacht. Auch der Brautvater ist zufrieden, besonders über den reichen Zuwachs an Schneckengeld.

Sein Gesicht ist seit gestern wieder spiegelglatt: Mit zwei Muschelschalen hat ihm sein Schwager jedes Barthaar einzeln ausgezupft. Eine mühselige Angelegenheit. Dafür mußte er anschließend seinen Schwager rasieren. Der aber hat für diese Art der Schönheitspflege nicht viel übrig. Er hält mehr von der Zwirbelmethode. Also drehte sich der Brautvater aus Bananenfasern zwei dünne Schnüre, legte sie nebeneinander und zwirbelte sie so dicht an der Schwager-Backe, daß auch einige der Kraushaare mit eingedreht waren – ein Ruck –, und schon waren sie nicht mehr am alten Platz. Es dauerte stundenlang.

Nun bringen die Herrschaften zubereitete Speisen als Geschenk und nehmen andere Speisen als Gegengeschenk wieder mit. Tage später findet eine gemeinsame Schmauserei mit Schweinefleisch und anderen Leckerbissen statt. (Früher wurde anläßlich einer Hochzeit ein Sklave geschlachtet, aber das gehört sich heute nicht mehr.)

Der Hochzeitskandidat selbst sieht von den Vorbereitungen seines größten Tages herzlich wenig. Er hockt in dieser Zeit erwartungsvoll in einer Hütte, die ihm seine Freunde aus der Junggesellenzeit abseits im Wald gebaut haben. Sie holen ihn erst wieder, wenn alles perfekt ist, d.h. wenn weitere Geschenke getauscht und weitere Prozeduren absolviert worden sind. Dann wird er zum Meer geführt und ein paar Mal kräftig untergetaucht.

Endlich ist auch das überstanden.

Nun darf er seine Zukünftige zum ersten Mal sehen, nein, nicht nur sehen, sondern auch näher betrachten; denn mehrere Tage hintereinander kommen beide Familien einschließlich Onkel und Tanten zum Essen zusammen. Auf Bananenblättern ist alles hübsch zubereitet. Es gibt Schweinefleisch, dazu Taro mit Kokosmilchsoße zum Sattessen und als Nachtisch Nüsse. Man setzt sich am Boden einander gegenüber und wartet nicht lange.

Traditionsgemäß bietet die Braut dem Bräutigam das Essen an. Die beiden schauen sich erstmalig in die Augen.

Waaas – – *die* soll meine Frau werden – ? ? Niemals!

Da sie ihm nicht gefällt, rührt er also das Essen nicht an. Die Angehörigen der beiden bemerken den peinlichen Vorfall offiziell gar nicht. Sie haben Hunger und langen zu.

Auch das Mädchen ist nicht sonderlich begeistert von ihm und seiner Schönheit, obwohl er sich eigens die Haare gegen die zahllosen Läuse mit einem Gemisch aus Kalk und ätzenden Pflanzensäften eingerieben hat. Zudem hat er eben ihr Essen verschmäht. Sie macht einen weiteren Versuch, so will es die Tradition. Also reicht sie ihm zum zweiten Mal das Pflichtessen hinüber, dieses Mal demonstrativ widerwillig.

Es hat keinen Zweck. Er will nicht.

Sie auch nicht.

Er hätte am liebsten ein Mädchen mit 'Grille' (ein weit verbreiteter Hautpilz), weil die gut kochen können. Auch sie möchte gern einen Mann mit 'Grille', weil die so stark sein sollen.

Doch die Eltern sind geduldig. Sie wissen, die Jugend ist in der Entscheidung leicht zu hitzig. Die Kinder müssen sich erst einmal kennenlernen.

So geht das ein paar Tage.

Inzwischen haben die beiden also genügend Zeit gehabt, sich auf diese Weise kennenzulernen. Heute nun wird es ernst. Heute wird die Angelegenheit entschieden!

Die Familien sitzen sich wieder am Boden gegenüber. ***Sie*** hat ihre Entscheidung bereits getroffen:

Den Kerl will ich wirklich nicht!

Und schaudernd wendet sie ihr Gesicht ab. Das ist das Zeichen! Die Familien sehen es. Also von der Braut Ablehnung. Das darf nicht sein. Das entspricht nicht den Gepflogenheiten! Ihr Onkel mütterlicherseits, der in der Rangordnung noch über dem eigenen Vater steht, ergreift daraufhin den für alle Fälle bereitgelegten Rohrstock und verprügelt das schreiende Mädchen so lange, bis es bereit ist, den Burschen zu lieben.

Und er ?

Er ist gar nicht erst erschienen! Er hat einen Vertreter geschickt, der erklärt, daß sein Auftraggeber sie nicht mag. Auch das noch! Der Unglücksbote verschwindet sogleich wieder, sonst bekommt er – einmal dabei – ebenfalls Prügel ...

Aber mit solchen unreifen Antworten lassen sich die Familien nicht so rasch abspeisen. Nicht umsonst hat der Vater seiner Tochter einen Namen gegeben, der jedem Bewerber schon von vornherein zeigen soll, daß das Mädchen für die Feldarbeit geradezu wie geschaffen ist und mit dem kurzen Stock zum Jäten umzugehen weiß. Er nannte sie *»a bair – Jätestock«*. Eine Idealfrau also. So etwas bringt natürlich einen höheren Kaufpreis!

Und der Junge ist auch nicht gerade häßlich. Gar nicht zu vergessen die vielen Geschenke, die bereits übergeben worden sind.

Da alles bisher nichts geholfen hat, bemühen die Eltern nun den Zaubermeister, der für derartig hartgesottene Pärchen stets geeignete Liebesmittel bereithält, denn die Nachfrage ist groß. Das kostet die Eltern eine Kleinigkeit.

Doch auch diese Opfer wollen nichts nützen. So geben sie es schließlich auf, geben den Kaufpreis schweren Herzens wieder zurück, auch alle übrigen Geschenke gehen den gleichen Weg. Damit ist die Angelegenheit beendet.

Im anderen Fall hätte der junge Mann nach mehreren Wochen weiteren Kennenlernens eine Hütte gebaut, in die man schließlich die beiden geführt hätte. Damit beginnt eine Ehe. Als Grundkapital erhalten Frischvermählte von der Verwandtschaft gewöhnlich noch ein oder zwei Klafter Schneckengeld.

Geheimbünde

Geheimbünde fanden zu jener Zeit – also vor 80 bis 90 Jahren – ein reiches Betätigungsfeld. Auf der Gazelle-Halbinsel waren es der 'dukduk' und der 'iniet', an der Astrolabe-Bai um Bogadjim herum herrschte der 'asa'-Kult, und bei Friedrich-Wilhelmshafen trieb sich der böse 'barak'-Geist herum. Diesen Verbindungen war gemeinsam, daß sich ihre Mitglieder verschiedene soziale Vorteile verschafften, Erwerb von Eigentum auf Kosten anderer, besseres Essen, höheres Ansehen, ungehinderten Zugang zum weiblichen Geschlecht und längere 'Ruhe'-Zeiten, in denen einfach gefaulenzt wurde – eben auf Kosten anderer.

Der bekannteste dieser Geheimbünde war der ***Dukduk***, der vor allem an der Blanche-Bucht verbreitet war. Er entstand erst um die Mitte des 19. Jahrhunderts, als zwei Männer in der heute bekannten Vermummung auftauchten und Kinder aus den Dörfern für ihre kannibalischen Mahlzeiten raubten. Niemand hatte es je gewagt, sie daran zu hindern, weil sie für böse Geister gehalten wurden, mit denen man es nicht verderben durfte! Später machten sich andere die Idee der Vermummung zunutze, um vom Volk Schulden, also Schneckengeld, einzutreiben oder andere erpresserische Maßnahmen durchzuführen.

Nur Männer konnten in diesen Bund aufgenommen werden. Sie trugen bei Tanzfesten oder ähnlichen Anlässen große, schwere Blättermasken, die in einen spitzen Kegel ausliefen. Man unterschied hierbei zwei Maskentypen, die nicht so hohe Maske des 'tubuan' (darunter steckte der Geist einer mythischen Ahnfrau, der mächtigeren und gefährlicheren der beiden Geister, mit großen, kugelrunden Augen) und die bis zu 3 m hohe, spitze Maske des Dukduk (einer der vielen Söhne der seligen Ahnfrau).

Nachdem die Europäer wegen der erpresserischen Methoden des Dukduk energisch eingeschritten waren, hatten die Festlichkeiten in der späteren Kolonialzeit mehr den Charakter eines Volksfestes, bei dem die Dukduk-Mitglieder den größten Teil des vereinnahmten Schneckengeldes wieder für das Essen der Dorfschaften herausrücken mußten.

Zusammen mit anderen Europäern konnte Karl Vieweg auch eines dieser Feste einmal miterleben, nicht ohne Murren einiger Griesbärte, die an alten Sitten festhalten wollten; denn, daß ein Fremder daran teilnahm, das wäre früher unmöglich gewesen! Solche Feste konnten wochenlang, selbst monatelang andauern. Genauso wie bei Beschneidungsfesten ruhte dann jegliche Arbeit, so daß auch die Kopraproduktion empfindlich zurückging. Das durfte natürlich nicht sein! Aus diesem Grund hatte die deutsche Verwaltung in Herbertshöhe die Dauer dieser Festlichkeiten drastisch abkürzen lassen.

Der ***Iniet***-Geheimbund hatte dagegen eine weit größere und tiefere Bedeutung für das Leben der Menschen. Wollte Karl Vieweg von seinen Tolai-Leuten etwas über diesen Bund erfahren, so begegnete ihm oder auch den anderen Weißen ausnahmslos das große Schweigen. Die Mehrzahl der männlichen Bewohner der Gazelle-Halbinsel gehörte vermutlich dem Bund an (30) . Seine größte Verbreitung hatte er im Vunakokor-Gebiet, besonders um Paparatava und Tamanairiki herum (31).

Ein Mann konnte Mitglied werden durch die Empfehlung eines im Bund vertretenen Verwandten, selbstverständlich nur gegen Zahlung einer Schneckengebühr in der Größenordnung von *»einem meterlangen Stück bis zu mehreren Klaftern«* (43). Mit jedem Neuling wurde zunächst einmal Päderastie getrieben. Dies geschah vor den Augen aller anderen Männer und war so selbstverständlich wie im alten Griechenland. Sodann erhielt der Novize einen neuen Namen und eine etwa handgroße Iniet-Figur, fast ausnahmslos hergestellt aus dem lokalen Bimsstein. Die Figuren gaben verstorbene Iniet-Mitglieder wieder, die aber durch Tiere, Fabelwesen oder auch Menschen oder Teile von ihnen dargestellt wurden (s. Abb. 34). Zudem erhielten die Figuren männliche oder auch weibliche Namen, was mit der Auswahl eines Päderastie-Partners im Zusammenhang stehen dürfte.

Hauptbeschäftigung des Iniet-Bundes scheint jedoch das Kennenlernen und Aneignen der zahllosen Zaubermittel und -formeln gewesen zu sein. Außerdem mußte ein äußerst schwieriger Tanz erlernt werden, der eine langandauernde Übung erforderte. Alles dies fand auf dem 'maravot' statt, einem geheimen Platz im Wald, zu dem Außenstehende keinen Zutritt hatten. Verschiedene Abstufungen des Iniet garantierten, daß auf dem einen Maravot nur glücklichmachender Zauber gelehrt wurde, auf dem anderen der Jagdzauber und wieder auf einem anderen der todbringende Zauber, der 'iniet na matmat' (mat = tot).

Für einen Taro-Zauber lernten sie beispielsweise, wie man die Iniet-Figur im Taro-Feld unter Hersagen eines bestimmten Zauberspruchs vergraben mußte. Das garantierte eine gute Ernte. Drehte man den Stein jedoch um und vergrub ihn beim Nachbarn, während gleichzeitig eine andere Zauberformel gemurmelt wurde, so bekam jener eine Mißernte!

An den Übungen der Tänzer mußten alleinstehende Frauen teilnehmen, über die sich die Männer ohne alle Scheu hermachten, ob die Frauen wollten oder nicht. Oft artete dies in Orgien aus, die nicht zu beschreiben waren. Schweinefleisch – die Lieblingsspeise aller Insulaner – war den Iniet-Mitgliedern strengstens untersagt, weil im Schwein ein Geist wohnte, der bei bestimmten Zaubereien benötigt wurde. Nevermann (42) schreibt hierzu:

> *»Das Verbot des Schweinefleisches trifft die Ingiet-Leute um so härter, als es außer dem Schwein kein anderes, größeres Tier auf der Gazelle-Halbinsel gibt, das Fleisch zur Nahrung liefern könnte. Wer ... also nicht ganz auf jede Fleischnahrung verzichten will – und das scheint keiner ganz zu wollen –, kann sie sich nicht anders beschaffen als durch die Zubereitung erschlagener Feinde. Der Kannibalismus ist zwar nicht der Zweck ... des Ingiet, ... aber mittelbar trägt der Ingiet doch dazu bei.«*

In ihrer Freizeit strolchten die Männer in der Gegend herum und eigneten sich von Nicht-Iniet-Mitgliedern Lebensmittel und anderes an, was sie zum Lebensunterhalt benötigten oder was ihnen gefiel. Nicht-Mitglieder waren gewöhnlich arme Schlucker, die sich nicht in den Bund einkaufen konnten oder keine einflußreichen Verwandten hatten. Parkinson (43), der Schwager von Queen Emma, der als einer der ganz wenigen Europäer bei einigen Iniet-Versammlungen dabei war, führt darüber aus:

> *»Die Iniet können tun und lassen, was sie wollen, denn keiner wagt es, sich ihnen zu widersetzen, aus Furcht, bezaubert zu werden. ... Die Geheimnisse des Bundes sind weiter nichts als eine Reihe von Scheußlichkeiten, welche sorgsam geheim gehalten werden. ... Auch die von der [deutschen] Behörde eingesetzten heimischen Dorfrichter drücken ein Auge zu, weil auch sie die Verzauberungen ... fürchten. ... Der frühere Gebrauch, daß die Eingeweihten auch Menschenblut trinken mußten, hat allerdings aufgehört.«*

1913 stellt Burger (11) über den Iniet fest: *»In dem heidnischen Hinterlande, besonders am Varzin [Vunakokor], steht er auch jetzt noch in voller Blüte.«* Und selbst 20 Jahre später war der Iniet trotz aller Verbote in seinen Aktivitäten noch ungebrochen.

Abb. 33: Tubuan-Tänzer des Dukduk-Geheimbundes

Abb. 34: Steinfigur (handgroß) des Iniet-Geheimbundes; diese Figuren gelten als Wohnsitz mächtiger Iniet-Geister.

Abb. 35: Mann mit getötetem Feind

Kannibalismus

Kannibalismus hat es in vielen Ländern der Erde, einschließlich Mitteleuropas, gegeben. In Neuguinea war er längst nicht so verbreitet wie im Bismarck-Archipel, wo regelrechte Fleischversorgungsfahrten unternommen wurden.

Eine generelle Erklärung für diese Erscheinung in der Menschheitsgeschichte hat die Wissenschaft bis heute nicht gefunden. Die Gründe mögen verschiedener Art gewesen sein. Durch den Kannibalismus wurde vielfach versucht, die Kraft, Stärke und Klugheit des Getöteten auf sich zu übertragen. In anderen Fällen heißt es, daß sich die Inlandbewohner auf diese Weise den notwendigen Eiweißbedarf verschafften, den die Küstenstämme durch den Fischfang zu decken imstande waren. Aber auch sie waren Kannibalen gewesen.

Im allgemeinen wurden nur Feinde gegessen, selten Angehörige des eigenen Dorfes, zum Beispiel eine Frau nur dann, »*wenn sie sich als völlig unbrauchbar und träge erwiesen hat*« (46). In diese Kathegorie fiel, wie Karl Vieweg berichtet, auch die Häuptlingsfrau von Tavui, die dem lieben Gatten davongelaufen war und nach dem Wiedereinfangen zur Strafe von ihm aufgefressen wurde.

Nach Helfrich (22) erklärt sich Kannibalismus im melanesischen Raum kurzgefaßt als eine »*Wiederholung der im Mythos vorgegebenen Tötung und Zerstückelung der Urzeitgottheiten*«, wodurch die am Ritual Beteiligten Kraft schöpften. – Der Tolai-Mann auf der Gazelle-Halbinsel sagte zu dem Thema das, was seine Vorfahren ihn gelehrt hatten: »*Wie ich das erlegte wilde Tier abschlachte und verzehre, so verspeise ich auch den getöteten Feind. Er ist in meinen Augen nichts anderes als ein wildes Tier, auf das man Jagd macht*« (37).

Augenzeuge einer kannibalischen Mahlzeit war einmal ein junger Deutscher, F. T. Gödicke, geworden, als er 1885 einige Tage in einem der Männerhäuser der Tolai, etwa 2 km von Herbertshöhe entfernt, wohnte, um einen genaueren Einblick in das Leben der Tolai zu bekommen. Als eines Abends ein junges Mädchen angeschleppt, von allen vergewaltigt, aufgeteilt, gebraten und gegessen wurde, blieb er völlig schockiert zitternd in seiner Ecke sitzen, wies das ihm angebotene Bratenstück unter einem Vorwand zurück, schlich in der Nacht davon, ließ sich am Morgen an Bord des deutschen Kanonenbootes 'Albatros' rudern und betrat nie wieder den Boden Neuguineas (48).

Zimmermann (63) stellt 1912 fest: »*Vor allem die Bewohner der Nordküste der Gazelle-Halbinsel frönten früher dem Kannibalismus in furchtbarer Wei-*

se.« Abschließend kommt er zu dem beruhigenden Ergebnis, daß *»diese scheußliche Gewohnheit schon etwas nachgelassen hat.«*

Der Kaiserliche Richter in Deutsch-Neuguinea, Dr. Heinrich Schnee (49), erzählte, daß er selbst einmal *»frisch zubereitetes Menschenfleisch«* gesehen hatte: An der Ostseite der Gazelle-Halbinsel war ein Kanu mit 13 Mann gestrandet. Die Bewohner der umliegenden Dörfer nahmen die günstige Gelegenheit sofort wahr und schlugen 11 der Schiffbrüchigen tot. Zwei entkamen. Die Toten wurden am Strand wie üblich mit Sand abgerieben, gewaschen und ausgestellt, bis alle Freunde und Interessenten durch die Trommel herbeigerufen und versammelt waren.

> *»Die Leichen wurden zum Teil ... an andere Dörfer weiter im Inland verkauft. Es wurden dabei für den Leichnam zwischen drei und fünf Faden Tabu gezahlt, ein Preis, welcher in dieser Gegend für ein ausgewachsenes Schwein gezahlt wird.*[11]
>
> *Die Zubereitung erfolgte in der bei Schweinen angewandten Weise. Der Körper wurde in Stücke geschnitten, die einzelnen Stücke wurden in Blätter gewickelt und dann auf heißen Steinen geröstet.«*

Die beiden Entkommenen berichteten in Herbertshöhe schlotternd von der Ermordung ihrer Kameraden. Sofort brach die Polizeitruppe auf, zusammen mit Dr. Schnee und dem Regierungssekretär Warnecke, um die Dörfer zu bestrafen. Es gelang, sie zu überraschen.

> *»Mehrere Eingeborene wurden ... getötet, andere gefangen genommen.«*

Auf den Feuerstellen lagen noch die in Blättern verpackten Fleischstücke. Strafverfolger Schnee:

> *»Ich ließ eines der Blätterpäckchen öffnen, worauf ein Stück geröstetes Fleisch ... zum Vorschein kam. Das Fleisch sah ziemlich hellfarbig aus, und es trat nun ein menschliches Schulterblatt zu Tage. ... Unsere Polizeijungen blickten auf die Virua [Menschenfleisch] als auf etwas ihnen durchaus Gewohntes. Auf Befragen gaben die ... von den Salomoninseln stammenden Polizeijungen an, daß in ihrer Heimat Menschenfleisch genau auf die gleiche Art zubereitet werde.*
>
> *Die Angelegenheit fand ... ihren Abschluß darin, daß den Dörfern die Zahlung größerer Muschelgeldbeträge und die Anlage eines breiten Weges auferlegt wurde.«*

11 Eine Leiche wurde gewöhnlich nur dann gekauft, wenn nachgewiesen werden konnte, daß das Opfer *»gehetzt und waidgerecht mit dem Speer getötet worden war«* (63).

Abb. 36: Zwei bekannte Tolai-Kannibalen

Abb. 37: Baumhaus gegen Überfälle

Geistermächte am Vunakokor

Der Vunakokor im Hinterland der Blanche-Bucht ist ein 605 m hoher, erloschener Vulkan, der bis dicht unter den Gipfel bewachsen ist. Wann er zum letzten Mal ausgebrochen war, ist nicht bekannt. Es muß Jahrhunderte her sein. Im Zuge der kaiserlichen Verdeutschungswelle aller wichtigen und unwichtigen Dörfer, Flüsse, Berge war ihm der Name des Bismarckschen Rittergutes 'Varzin' in Pommern beschert worden. Vunakokor, das bedeutet 'Vater der Gewässer'. Von Herbertshöhe lag der Berg 15 km Luftlinie entfernt.

Am ersten Sonntag im Oktober 1907 wollten sich der Regierungsarzt Dr. Wendland und Karl Vieweg mit ihren Pferden auf den Weg machen, um ihn zu besteigen.

Karl Viewegs Hausboy war entsetzt.

"Da willst du hinauf, Masta?"

"Wieso? Warum nicht, ist er zu steil?"

"Nein, das wohl nicht. Es ist der Berg der 'masalais', der Ahnengeister, sie wohnen dort. Wir dürfen sie nicht stören. Sie töten jeden, der da hinauf will!"

Auch Vuvuru, der sie begleiten sollte, war der gleichen Ansicht; der größte Geist, der dort oben wohnt und wacht, so sagte er, sei der Kaia-Geist Lagulagu.

Wie dem auch sein mag, unbekümmert ritten die beiden Weißen – und bekümmert Vuvuru – am frühen Morgen los. Vuvuru stammte aus dem Dorf Paparatava am Fuß des Vunakokor und kannte daher die Wege genau. Es war im fremden Land immer ratsam, einen Einheimischen bei sich zu haben.

Vuvuru war hauptberuflich Faulenzer. Aber er wußte gut Bescheid, war umsichtig und konnte mit Pferden umgehen. Seine Brust schmückten zwei Schlüssel, die an einer Strippe von seinem Hals herunterbaumelten. Wer einen Schlüssel sein eigen nennen konnte – so die Philosophie der dortigen Bewohner –, der mußte auch Wertgegenstände besitzen, die er in einer »*big box na tabarikik – Kiste mit Wertgegenständen*« verschloß, und wer sogar zwei Schlüssel besaß, der mußte gar Schätze besitzen! Dieser Logik vermochte sich keiner zu entziehen.

So trug auch Schlitzohr Vuvuru stolz zwei Schlüssel unbekannten Fundortes, die er, wenn es ihm notwendig erschien, wie zufällig gegeneinander schlagen ließ und so jeden Fremden darauf aufmerksam machte, mit wem er es zu tun hatte. – Vuvurus Schädel wies an der rechten Seite eine flache Delle auf. Auf Befragen erzählte er, daß ihn einmal ein Schleuderstein der Vairiki-Kanaka getroffen hätte. Er war noch einmal davongekommen.

Karte 4: Die Blanche-Bucht auf der Gazelle-Halbinsel mit Herbertshöhe und Rabaul, dem früheren bzw. späteren Verwaltungssitz der Kolonie Deutsch-Neuguinea.

Der Weg in Richtung Vunakokor war erst vor kurzem unter dem neuen Gouverneur Dr. Hahl zu einer 'Straße' ausgebaut worden. Diese Fahrwege wurden gewöhnlich von den in der Nähe liegenden Dörfern gebaut, die damit ihre jährliche Steuerpflicht von einem Monat abarbeiteten. Der Gouverneur war mit diesen Arbeiten sehr zufrieden gewesen und ließ den Leuten noch 5,– RM zusätzlich für ihren Arbeitsmonat geben, abgesehen von den zwei Stangen Tabak, die sie wöchentlich erhielten. Dr. Hahl verdiente wirklich den Namen 'Vater der Schwarzen', so wie ihn die Einheimischen schon seit Jahren nannten.

Zunächst ritten die Drei auf der Küstenstraße bis zu den Lagerhäusern der Firma Forsayth & Frau Kolbe, dann links ab nach Süden durch deren Anpflanzungen. Hier lagen große Flächen mit Kokospalmen, dazwischen auch einige mit Mais und Baumwolle. So holprig und uneben der Weg auch war, so konnte er doch von Ochsenwagen und leichten Einspännern benutzt werden. Der gelblich-weiße Boden rechts und links war einst aus vulkanischer Asche entstanden. Bimsstein lag überall herum.

Nach etwa 4 km begann der Naturwald, der hier durch ein Schild als Reservat für die einheimischen Tolai gekennzeichnet war.

Ein Reservat? Wieso ein Reservat?

Waren denn die Plantagen der Europäer und der Queen Emma schon so riesig geworden, daß die ursprünglichen Bewohner nur noch in Reservaten leben konnten? Es mußte wohl so sein, sagte sich Karl Vieweg.

Er war neu im Land und wußte zu wenig darüber. Erst kürzlich war das Thema beim abendlichen Bier von irgend jemandem angeschnitten worden ... was gibt es da zu fragen, hieß es ... da bleibt eben nicht viel Land übrig, das spielt auch keine Rolle ... im Inland, weiter im Inneren, ist noch mehr als genug Land ... außerdem ist ja alles rechtmäßig gekauft ... wenn jetzt die Tolai aufmucken und sich beim Gouverneur beschweren, daß sie nicht mehr genug Land hätten, dann ist das ihre eigene Schuld. Basta. Und damit war das Thema vom Tisch gewesen.

Es war aber wohl doch schon ein älteres Problem, denn der Gouverneur hatte vor längerer Zeit angeordnet – so wußte er –, daß pro Einwohner minstestens 1 ha Land (10 000 m^2) reserviert bleiben mußte.

Jetzt passierten die Reiter ein kleines Dorf. An seinem Rand hatten sich die Bewohner in einem Baum in mehreren Metern Höhe plattformähnliche Sitzplätze angebracht. Wozu war nicht ganz klar, denn Überfälle waren hier wegen der Nähe des deutschen Regierungssitzes (25 Polizeisoldaten!) kaum mehr zu befürchten, und Sicht auf die Felder hatte man von dort oben auch nicht. Vielleicht waren es aber doch Fluchtplätze, ähnlich den Baumhäusern auf dem Festland Neuguinea, die sehr verbreitet gewesen waren, nun aber Seltenheitswert besaßen.

Dann kam das Taro-Feld des Dorfes in Sicht, am Wegesrand davor ein rot, weiß und schwarz bemaltes Gerüst, an dem mehrere Kokosnüsse hingen.

– – ? ?

Was hatte das zu bedeuten?

Dr. Wendland, der so etwas bei den Tolai schon mehrmals gesehen hatte, erklärte: "Das ist für jeden Vorbeikommenden das unmißverständliche und ängstlich respektierte Warnschild: Wer hier stiehlt, wird von den Geistern verfolgt!"

"Das ist eine gute Idee! Wird trotzdem gestohlen?"

"Wohl kaum. Höchstens von denen, die zum Christentum bekehrt worden sind!"

Nun ging es allmählich bergan. Die Plantagen hörten auf, und der Weg tauchte in eine grüne Urwaldwand mit einer völlig anderen Atmosphäre ein. Mächtige Baumriesen überragten kuppelförmig ein Meer von Schlingpflanzen und kleineren Bäumen. Manche Pflanzen hatten sich im Kampf um Licht und Dasein vom Boden erhoben und hingen als Girlanden und Fransen von den Stämmen und Ästen herab: Bärlappgewächse, Farne, Orchideen, natürlich auch Flechten. An manchen Stellen waren die Urwaldriesen von einer undurchdringlichen Wand aus Rotang umgeben, jener Palmenart, aus der das Spanische Rohr gewonnen wird. Diese Pflanze hakt sich mit zahlreichen Dornen an artfremden Zweigen und Blättern fest und rankt auf diese Weise hoch hinauf. Für Mensch und Tier sind solche grünen Wände praktisch undurchdringlich. Die scharfen Dornen sitzen nicht nur an den Blattstielen, sondern bei manchen sogar auf der Blattoberfläche.

Die drei Sonntagsreiter hielten wiederholt an, um besonders eigenartige Pflanzen näher betrachten zu können. Einer in den Weg rankenden Schlingpflanze mit besonders schönen Schmetterlingsblüten gingen sie auf die Warnung des Führers hin aus dem Weg. Es war ein brennesselähnliches Gewächs.

An den glatten Stämmen unbekannter Urwaldriesen wucherten merkwürdige Blattgebilde, die Dischidien, eine Epiphytenart, bei der die Blätter gegen den Stamm des Baumes so umgebogen sind, daß nur der Blattrand die Rinde berührt. Mit dem dadurch entstandenen Hohlraum hat sich die Pflanze ihren eigenen Blumentopf geschaffen, in dem sich Humus und Feuchtigkeit ansammelt. Flugs sendet sie eine Wurzel hinein und ist so vom Erdboden unabhängig! Die beiden Europäer konnten über den Erfindungsgeist der Natur nur staunen.

Den schwarzen Begleiter interessierte diese seltsame Pflanze herzlich wenig. Er sah die schlanke Fächerpalme daneben, stand sinnend eine Weile davor, schob sich zwei Betelnüsse aus seiner Palmblattasche in den Mund und sprach Unverständliches. Karl Vieweg, der einen Beschwörungsspruch vermutete – etwas, das ihn immer brennend interessierte –, hakte nach:

"Vuvuru, was hast du eben gesagt – ?"

"Me sabe, good for sipeeri – ich weiß, gut für Speere!"

Wenn der Bursche nur nicht immer den Mund voller Betelnüsse hätte, dann könnte man ihn auch besser verstehen! Diese Fächerpalme war also offensichtlich der Lieferant für das Holz, aus dem die Speere gemacht werden, eine Areca- oder auch Betelnuß-Palme genannt.

Unbekannte Vögel, hoch oben im schattigen Grün der Bäume versteckt, verkündeten, daß hier Fremdlinge im Anmarsch waren. Einmal sahen die Reiter mehrere Ibisse mit den langen, krummgebogenen Schnäbeln. – Bei dem wiederholten Ertönen eines schnalzenden Rufes – die beiden Weißen hatten das gar nicht weiter registriert – wurde Vuvuru plötzlich munter: Das sei der Ruf des Kamuk-Vogels, der eine Schlange oder ein Opossum entdeckt hat. Sie hielten an und warteten. Vuvuru ahmte mehrmals den Ruf des Vogels nach, doch das mißtrauische Tier ließ sich nicht aus dem Schutz des Dickichts locken. Nun ging Vuvuru vorsichtig auf die Stelle zu. Aber dann war der Vogel still. Zu sehen war nichts.

Sie ritten in dem langsam ansteigenden Gelände weiter, durch hügelige Landschaft, einmal auch an zwei oder drei Hütten vorbei. Der Urwald ging in eine leicht gewellte, mit Schilfgras (Alang-alang) bedeckte Ebene über. Die Sonne brannte, es ging wieder bergauf.

Endlich war die Hochebene mit dem Hügel Toma erreicht, von dem sich eine herrliche Aussicht nach allen Seiten bot. Im Norden erblickten sie die Blanche-Bucht mit den drei so typischen Vulkankegeln. Dahinter die weit glänzende See, aus der sich die Inselchen der Neulauenburg-Gruppe, umschäumt vom weißen Gürtel der Brandung, deutlich hervorhoben. Noch weiter dahinter und auch im Osten waren die mächtigen Bergketten der Insel Neumecklenburg zu sehen.

Das Gelände um Toma herum hatte einen parkartigen Charakter. Die Schilfgrasflächen mit einzelnen Baumgruppen wechselten ab mit Feldern der Einheimischen und noch unberührtem Urwald.

Eine Polizeistation lag am Rande des Hügels. Die Gegend um den Vunakokor herum einschließlich Toma war von alters her das sogenannte Kampfgebiet der hier angrenzenden Stämme der Taulil, der Paparatava, der Vairiki, der Tamanairiki, der Angapapar und der Leute aus der Landschaft Nauma gewesen. Die Polizeistation war aufgrund schlechter Erfahrungen mit diesen Dörfern zum Schutz der europäischen Pflanzer angelegt worden. Ein deutscher Polizeimeister und 24 gut gedrillte junge Leute von der Salomonen-Insel Buka bildeten die Belegschaft. Die Polizeisoldaten waren vorschriftsmäßig mit einer Mütze, einem roten Lendentuch mit Ledergürtel und Patronentasche sowie einem Mauserkarabiner, Modell 71, ausgerüstet.

Generell gesprochen waren Polizeisoldaten auch nicht gerade Engelsknaben. Gouverneur Dr. Hahl fand eines Tages empört heraus, daß seine braven Polizeijungen ihren Mitbürgern Schweine mit vorgehaltenem Gewehr 'abkauften'. Und ein Polizeimeister hatte sogar berichtet: Wenn es zu einem Gefecht kam, wurden »*immer Christen aus dem Bismarck-Archipel als Wachen auf dem Kampfplatz zurückgelassen, weil sich die Polizeisoldaten sonst Teile von Leichen oder von noch lebenden Verwundeten abschnitten*« und brieten (26).

Nachdem nun bei Toma der Schutz durch die Polizeistreitmacht gegeben war, bildete sich hier von selbst ein Verkehrsknotenpunkt, an dem sich die Bewohner der Umgebung trafen, Produkte austauschten und allerlei Handel trieben. Schließlich wurde daraus die permanente Einrichtung eines Markttages an jedem dritten Tag. Von hier gingen die Inlandsprodukte weiter zur Küste, zur Blanche-Bucht und umgekehrt.

Für die drei Reiter war Toma in 400 m Höhe ein erfrischender Platz. Es war hier bedeutend kühler und vor allem nicht mehr so schwül wie an der Küste.

Außer der Polizeistation war deshalb in diesem Jahr von der Regierung ein Erholungsheim für Europäer eingerichtet worden (Abb. 38), das von dem Deutschen Gottlieb Hermann Hörstmann zusammen mit seiner Frau betrieben und gern besucht wurde. Daneben hatte Hörstmann noch ein Geschäft. Er kaufte von den umliegenden Dörfern Produkte auf und beförderte sie zur Küste weiter. Aus dem heutigen, ersten Besuch Karl Viewegs entwickelte sich eine Freundschaft, die die Jahre überdauerte. Außer dem Erholungsheim trugen auch Hörstmanns Ehe und das Geschäft wertvolle Früchte, wie sich aus einem Brief des nächsten Jahres entnehmen läßt:

> »*Mein lieber Karl! ... Gestern ist Milla von einem kräftigen Mädel (Gretel) entbunden ... Mein Geschäft geht gut, ich schicke pro Tag 1 Tonne Taro nach Kokopo. Kopra habe ich auch schon über 4 Tonnen im Monat. Ärger gibts ja auch genug, einmal zerbricht die Karre, dann krepiert ein Ochse ...*«

Bei einem Erdbeben war Hörstmann kürzlich das Malheur passiert, daß das Erholungsheim von den Pfosten, auf denen es ruhte, abrutschte. So etwas kam eben schon mal vor.

Karl Vieweg und Dr. Wendland hatten in Toma eine gut einstündige Rast eingelegt. Nun ging es weiter. Jetzt gab es keine Straße mehr. Ein schmaler Weg, nur geeignet für Pferde oder Fußgänger, führte noch zwei oder drei Kilometer weiter bis zu dem Vorsprung 'bitakaur', das heißt Bambusplatz. Von dort aus stieg man am besten zum Vunakokor auf.

Die Fernsicht von dieser Stelle war sogar noch schöner als von Toma aus. Im Westen schimmerte weit gebuchtet der Weberhafen, der eigentlich eine weite Bucht, aber kein Hafen war. In der tiefen Senke, die sich daran nach Osten anschloß, gab es keine Plantagen. Nur Urwald und nochmals Ur-

Abb. 38: Erholungsheim Toma im kühleren Bergklima oberhalb der Blanche-Bucht, Gazelle-Halbinsel

Abb. 39: Der Geisterberg Vunakokor (605m), Gazelle-Halbinsel

Abb. 40: Links am Wegesrand ein Kaia-Ahnengeist der Tolai, der in Gestalt eines Felsbrockens erschienen ist.

wald war zu sehen. Weiter im Norden stiegen die Baining-Berge empor, in denen noch wilde Stämme lebten.

Die beiden unternehmungslustigen Reiter stiegen von ihren Pferden ab und begannen, den Berg zu erklimmen. Sie waren jetzt allein. Ihr zitternder Begleiter war bei den Pferden geblieben. Er wäre um keinen Preis mit nach oben zu den schrecklichen Geistern gegangen. Solche Wesen wohnten auf Bäumen, in Höhlen und besonders auf Bergen! Der Glaube an Geister, so erzählten Karl Vieweg die Missionare von Vunapope, wäre noch so stark verwurzelt, daß selbst die Taufe nicht permanent gegen die großen Ängste helfen wollte.

Wie die beiden Kletterer den Aufstieg geschafft haben, ist im einzelnen nicht bekannt. Die Hänge des Vulkans waren ziemlich steil und von Erosionsschluchten durchfurcht. Für schwierige Passagen hatten sie sich ein Seil mitgebracht, das sie beim Abstieg auch gebrauchen mußten. Offensichtlich haben ihnen die vielen 'masalais' dort oben nichts anhaben können, denn beide kamen zum Erstaunen des tapferen Pferdehalters ungeschoren wieder unten an.

Karl Viewegs Mutter war entsetzt, als sie von seiner Klettertour vernahm, und in mütterlicher Sorge las sie noch Dinge zwischen den Zeilen, von denen Sohn Karl gar nichts wußte:

> *»Wie schrecklich ist es mir, wenn ich Dich über einem Abgrund schweben sehe, unten die gefährlichen Thiere nach Dir schnappend oder züngelnd.«*

Für solche 'gefährlichen Thiere' kamen höchstens Schlangen infrage, doch sie alle hätten möglichst schnell das Weite gesucht, wenn der liebe Karl da baumelnd heruntergekommen wäre.

Auf dem Rückweg vom Vunakokor ritten sie anfangs einen anderen Weg, etwas weiter nördlich. Hier in der Gegend, so erzählte der schwarze Begleiter, lebte bis vor kurzem der Big-Fellow-Man Talim, ein berüchtigter Kinderfresser. Wenn er einmal wieder Heißhunger auf Kinder hatte und ein Kind spurlos verschwunden war, dann hieß es, ein Tabaran, die Seele eines Ahnen, hätte es gestohlen. Jeder im Dorf aber wußte ganz genau, daß es kein Tabaran gewesen war, sondern der ehrwürdige Talim! Doch die armen Eltern wagten nicht, so etwas laut auszusprechen – der mitessende Freundeskreis des Big-Fellow-Man war zu groß. Über Talim waren die übelsten Geschichten im Umlauf. Beweisen konnte man ihm leider nichts.

Die Landschaft am Vunakokor war wild zerrissen und wies zahlreiche tiefe Schluchten auf mit vielen kleinen Wasserläufen. In einer dieser Schluchten folgten die drei Reiter einem Pfad, der zu einer schauerlichen Höhle führen sollte. Nach Auffassung der dortigen Bewohner war sie eine der Eingangspforten zu ihrem Totenreich, durch die jede Seele gehen mußte, früher oder später.

Die Höhle war für sie alle tabu. Hier wohnte und wachte der große Kaia-Geist To Kalagar. Nie würde es ein Mensch wagen, sie zu betreten. Wenn der Wind in der Nähe der Höhle stärker rauschte oder die Quelle, die aus ihr kam, stärker floß, dann wußte jeder, jetzt hat To Kalagar wieder eine Seele bekommen, jetzt feiert er ein Freudenfest. Zutritt hatten nur die Seelen Verstorbener. Doch wenn ein Mensch die Höhle betritt, wird schließlich auch ein sonst guter Geist böse. Dann entreißt To Kalagar dem Frevler die Seele und frißt sie, und der dreiste Eindringling kehrt ohne Seele nach draußen zurück. Nach Auffassung der Einheimischen erkrankt dann der Körper, weil die Seele ihn verlassen hat. Ursache für eine Krankheit ist immer das Ausscheiden der Seele aus dem Körper. Der Mensch lebt zwar noch, doch alles, was er spricht, ist nur noch leeres Geschwätz. Bald darauf stirbt der Kranke – es sei denn, es gelingt einem Zaubermeister, der gute Verbindungen zu den Geistern unterhält, die Seele auf dem langen Weg zum Jenseits ein- und wieder zurückzuholen.

Jeder wußte das, und jeder richtete sich danach. Keiner ging auch nur in die Nähe der Höhle, und keinesfalls der Führer der beiden Reiter aus Herbertshöhe.

Schon hielt er an und war nicht mehr weiterzubewegen. Mit dem vorsichtig ausgestreckten Arm deutete er die Richtung an, in der die Höhle liegen mußte. Dann hantierte er in seinem Armbeutel herum, ohne den ein Mann, der auf sich hält, nicht angezogen ist, brachte einen kleinen Behälter hervor und zog sich sorgsam aber zitternd zwei schwarze Striche über die Stirn.

Nanu!?

"Was hat das zu bedeuten, Vuvuru?"

"Masta, ihr beiden wollt in die Höhle. To Kalagar wird herausfahren und eure Seelen nehmen und wohl auch über mich erzürnt sein, weil ich euch hierher geführt habe. Wenn ich mir die beiden Striche über die Augenbrauen ziehe, dann bin ich imstande, To Kalagar zu sehen und kann rechtzeitig aus seinem Bereich fliehen!"

"So wird es sicherlich sein", meinten die beiden Europäer und stiegen aus den Sätteln. Sie ließen den verängstigten Mann mit den Pferden zurück und machten sich durch den dämmrigen Urwald auf, um die Höhle in der engen Schlucht zu finden.

Sie folgten dem plätschernden Wässerchen aufwärts, die Richtung war nicht zu verfehlen. Ein mühseliges Klettern von Stein zu Stein zwischen dornigen Schlingpflanzen und Ästen – dann standen sie schweißgebadet vor dem Eingang der Höhle.

Wie zu erwarten, gab es keinen Geist, nur geisterhafte Stille. Die Quelle murmelte leise. Weiter drinnen schienen Fledermäuse oder Fliegende Hunde an der Decke zu hängen. Es war zu dunkel, um genaueres zu erkennen.

Diese Höhlen, von denen es mehrere in der Umgebung von Paparatava gab, waren die bevorzugten Verdauungsplätzchen der etwa 3 m langen Valvalir-Schlangen (Python). Beide, Fliegende Hunde und Schlangen, die für die Bewohner nichts anderes waren als Ahnengeister in Tiergestalt, haben sicherlich dazu beigetragen, der Höhle ihren Ruf zu geben.

Die beiden Weißen kehrten zurück zu den Pferden und stiegen wieder auf. Erleichtert war Vuvuru. Seine beiden Striche hatten nicht in Aktion zu treten brauchen! Dafür wurde er jetzt um so gesprächiger. Um nicht laut sprechen zu müssen, kam er mit seinem Pferd näher heran.

"Masta, es wimmelt in dieser Gegend nur so von Geistern!"

Kaum hatte er das gesagt, da hielt der Held erschrocken sein Pferd an und stotterte erregt: "Sieh nur dort ... der Baum da vorn ... sieh nur ... die eigenartigen Striche am Stamm ... wir reiten besser nicht so dicht vorbei, das sind Geisterzeichen, die wir nicht kennen!"

Abb. 41: In den Stamm eines Baumes eingeritzte Zeichen, die vermutlich Geister abhalten sollen. Anfänge einer Schrift?

Und nach einer Weile, als der schreckliche Baum (Abb. 41) außer Sichtweite war: "Irgendwie müssen die Zeichen da hineingeritzt worden sein. Hoffentlich galten sie nicht uns, vielleicht den Taulil-Leuten, deren Stammesgebiet hier angrenzt."

Und nach einer weiteren Weile: "Masta, auch wir leben mit unseren Ahnen zusammen und erhalten von ihnen Botschaften, und wir dürfen es mit keinem von ihnen verderben: Die mächtigen Kaia-Geister helfen uns eigentlich immer, vorausgesetzt, daß wir sie nicht verärgern. Anders ist das mit den bösartigen Tabaran, die nur Kot fressen und abscheulich stinken. Am liebsten sind uns die Tutanavurakit."

Und wie zur Bekräftigung schoß ein feurigroter Betelstrahl aus seinem nicht weniger roten Mund.

Die Klassifizierung der Geister in diese drei Gruppen kannte jeder. Tutanavurakit, das bedeutete in der Kuanua-Sprache der Tolai 'ewig lebende Menschen', tutana = Mensch, vurakit = ewig. Die Tutanavurakit-Geister waren genauso wie die Kaia und Tabaran (auf dem Festland Neuguinea nannte man sie Tambaran) die Seelen Verstorbener, nur sie waren besser, sie waren die Urheber alles Schönen, der Tänze, der Schnitzereien, allen Schwelgens. Mit ihrer Hilfe erreichte der Tolai-Mann seine höchste Seligkeit: Frauen und das bekannte Limlimlimbu.

"Wo man die Tutanavurakit findet? Masta, sie wohnen hier im Stammesgebiet an zwei bestimmten Stellen bei Vunaipara und bei Tamakabag. Sie haben sich wunderschöne Gärten angelegt und gehen reich geschmückt umher und feiern viele Feste. Manchmal wird ein Dorfbewohner von ihnen eingeladen."

"Wie geht das vor sich, Vuvuru? Das geht doch gar nicht!?"

"Doch, das geht, Masta. Er erfährt es nachts, wenn er schläft. Sie wecken ihn auf und geleiten ihn zu ihren Plätzen. Er erlebt dann die schönsten Genüsse des Lebens, kann aber später nicht mehr sagen, wie er dort hin- und wieder zurückgekommen ist. – Leider kann nicht jeder von uns mit ihnen verkehren. Nur wenige sind es, die von ihnen dazu auserkoren sind. Jene Auserwählten werden nach ihrem Tod zu den Tutanavurakit gehören und können in Freuden im Jenseits weiterleben.

Masta, kein Tutanavurakit hat mich bisher nachts aufgesucht und mit mir gesprochen, und Tabu habe ich auch nur sehr wenig. Sollte ich einmal viel Tabu besitzen", und Vuvurus Augen leuchteten auf, "vielleicht wird dann bei meinem Tod meine Seele von einem Tutanavurakit abgeholt und in das wundersame Reich geleitet.

Doch ich nehme an, daß ich nie ein Tutanavurakit werde, sondern einer der unzähligen und unglücklichen Tabaran, die im Jenseits ein Dasein voller Qualen und Übelkeit vor sich haben. Sieh nur mein Bein, Masta, die Wunde, die ich dort schon lange habe, sie lockt immer mehr Tabaran an, jene schrecklichen Geister, die in Gestalt der bunten Schmeißfliegen herbeieilen, um meine Seele zu rauben."

So sprach traurig Vuvuru, der Paparatava-Mann.

Als sie bald darauf einen riesigen Stein am Wegesrand passiert hatten, so groß wie eine Hütte (Abb. 40), erklärte Vuvuru nach respektvoller Zeit leise, daß dies soeben ein Kaia gewesen sei. Die Kaia seien die dritte und höchste Stufe ihrer Geister, in denen alles nur denkbar Schöne vereint ist, noch schöner als bei den Tutanavurakit. Sie könnten verschieden auftreten, als Schlange, Schwein, Vogel, aber auch als (Gewitter)wolke oder wie hier als großer Stein.

Derartige Felsbrocken, die von dem einst tätigen Vulkan herausgeschleudert worden waren und als Gesteinsbomben die Gegend übersäten, lagen zahllos am Fuß und an den Hängen des Vunakokor herum. Viele von ihnen waren von den Bewohnern der Gegend zu einem Kaia erhoben worden.

Nach Ansicht der Tolai, zu denen auch die Dörfer um den Vunakokor herum gehörten, wurden die meisten Menschen nach ihrem Tod ein Tabaran, einige wurden ein Tutanavurakit, und nur ganz selten wurde jemand ein Kaia. Dies konnte eigentlich nur ein großer Big-Fellow-Man werden, der viel Tabu besaß.

Von den gegenwärtig lebenden Menschen, so der einheimische Führer, wird mit Sicherheit ihr alter Big-Fellow-Man To Urari in die Reihen dieser höchsten Wesen aufgenommen werden. To Urari stehe schon seit längerem in regem Kontakt mit dem Kaia Tabunum, der in den Wassern des Karavat-Flusses zu Hause ist. Dieser werde ihn, um seine Seele vor dem Zugriff der überall herumlungernden Tabaran zu schützen, eines Tages persönlich abholen, und zwar sei sein Erscheinen daran zu erkennen, daß ein schweres Gewitter vom Karavat heraufziehen wird.

(To Urari starb zwei Jahre später, tatsächlich während eines schweren Gewitters, das vom Karavat heraufgezogen war.)

Mit derlei Geistergesprächen verging die Zeit schnell. Bald erreichten die drei Reiter wieder den Hauptweg und nicht lange danach die Pflanzung Paparatava. Rudolph Wolff, der Besitzer, freute sich über den unerwarteten Besuch und begrüßte sie herzlich. Dr. Wendland kannte ihn schon seit Jahren, Karl Vieweg hatte ihn kürzlich in Kokopo kennengelernt. Er hieß allgemein nur der 'Gemüse-Wolff', weil er als erster in dieser Gegend Kartoffeln, Gemüse und Salat angepflanzt hatte, um diese Produkte dann in Herbertshöhe/Kokopo zu verkaufen.

Seine Pflanzung lag in dem freien Gelände zwischen den Landschaften Paparatava und Malakuna (Maleguna), im Niemandsland, dem sogenannten Kampfgelände. Er hatte das Land vor sechs Jahren ordnungsgemäß und mit Einwilligung der benachbarten Paparatava-Häuptlinge Tokilang und Tokitang erworben.

Kaum war das Land gekauft, da hatte es auch schon Streit gegeben; denn bei der genauen Abgrenzung stellte sich heraus, daß ein Maravot, ein dem Iniet-Geheimbund gewidmetes Stück Land, nun zu Wolffs Besitz gehörte. Der Weißenhasser Towakira, Big-Fellow-Man von Tamanairiki, nutzte die Gunst der Stunde und heizte die Stimmung auf.

Gouverneur Dr. Hahl riet Wolff, den Maravot unter allen Umständen sofort zurückzugeben, denn ein Maravot war den Leuten ein geheiligter Platz. Er selbst, Hahl, hatte mit dem Towakira auch schon Schwierigkeiten gehabt: Erst hatte Towakira einen Arbeiter, der für die Deutschen tätig war, zur Strafe aufgefressen. Dann hatte er dem Gouverneur eine Schnur mit neun Knoten geschickt, das bedeutete, daß er ihn in neun Tagen ebenfalls fressen wollte. Dr. Hahl ließ ihm daraufhin ausrichten, daß er pünktlich zur Stelle sein werde. Er kam mit seinen Polizeisoldaten natürlich schon früher, doch der schlaue Fuchs hatte Wind bekommen und war rechtzeitig aus dem Bau gefahren.

Nun drohte Gemüse-Wolff Gefahr. Trotz friedlicher Einigung zwischen ihm und den drei Häuptlingen beschlossen jene, ihn zu töten. Wolff erfuhr davon und hielt seine Gewehre parat. Seine junge Frau wollte mit ihrem sechs Monate alten Baby ebenfalls nicht fort – wo mein Mann ist, bleibe auch ich.

Erst Wochen nach der vermeintlichen Einigung zwischen den Häuptlingen und Rudolph Wolff, als sich alles wieder beruhigt hatte, schlugen sie zu. Nichtsahnend saß das junge Paar um 6 Uhr morgens auf der Veranda beim Tee, zusammen mit einer Freundin, Caroline Coe, einer Nichte der Queen Emma. Dann ritt Wolff zu den Arbeitern in die Plantage, auf einem anderen Weg als üblich. Kurz darauf erschienen mehrere Schwarze beim Haus, um Frau Wolff Eier zu verkaufen. Als die junge Frau sie zur Prüfung gegen das Licht hielt, schlug Tokilangs Sohn Manmaduk sie nieder, verstümmelte die Sterbende mit wütenden Schlägen und Schnitten, riß schließlich das Baby aus dem Körbchen und zerschmetterte es am Türpfosten.

Die herbeieilende Caroline Coe wurde von einem Keulenhieb getroffen und fiel bewußtlos zu Boden. Die Mörder glaubten, sie sei tot, eilten über sie hinweg und begannen, das Haus zu plündern. Caroline erwachte nach einiger Zeit, erhob sich taumelnd – ein erneuter Keulenschlag traf sie, und bewußtlos rollte sie die Treppe hinunter. Als sie danach aufwachte, konnte sie schließlich fliehen. Ihr dichtes Haar hatte ihr zum zweiten Mal das Leben gerettet. Unter unsäglichen Strapazen erreichte sie die rettende Missionsstation Takabur.

Wolff selbst war auf den Tumult hin nach Hause geritten, wurde sofort angegriffen und konnte nur mit knapper Not – mehrmals stürzte sein Pferd – den Speeren der Angreifer entkommen.

Als die Polizeitruppe eintraf, waren die Mörder erwartungsgemäß verschwunden. Bei den anschließenden Suchaktionen wurden von der Polizeitruppe und der Hilfstruppe eines Nachbarstammes zur Strafe viele Dörfer abgebrannt, Tiere abgeschlachtet, Frauen und Kinder und andere Unschuldige getötet, ab und zu auch ein Schuldiger. Nach zwei Wochen schließlich konnten die Mörder selbst gefaßt werden. Ein Teil von ihnen war allerdings schon in die Hände ihrer Todfeinde, der Taulil, gefallen und aufgegessen worden. Die abgenagten Knochen lagen noch herum.

Karl Vieweg und Dr. Wendland blieben auf der Pflanzung Paparatava eine gute Stunde. Die Teepause hatte sie erfrischt. Auf dem Ritt heute vormittag, bei der schönen Fernsicht nahe Toma und Bitakaur, hatte Dr. Wendland versucht, seine Eindrücke in einem Gedicht festzuhalten. Nun brachte er es zu Papier:

»Hier, wo die Tropensonne brennend glüht,
und die Liane sich von Baum zu Baume zieht,
wo bunte Papageien durch das Laubdach schwirren,
blaugraue Tauben lieblich zärtlich zirren,

wo glatte Schlangen sich von Ast zu Aste winden,
um ihres Giftzahns Beute schnell zu finden,
wo die Kanaker schwingen Pfeil und Bogen,
wo am Korallenufer branden hohe Südseewogen
– hier bin mit Zauberhand ich fest gebannt
an dieses schöne, fieberreiche Land.«

Als die Reiter aufbrachen, stand die Sonne schon bedenklich tief, und zwei Stunden später erreichten sie nach einem anstrengenden und erlebnisreichen Tag ihre heimatlichen Quartiere.

Allein im Busch bei Gire-gire und Tamanairiki

Zwei Wochen später. Karl Vieweg ritt wieder in Richtung Vunakokor, diesmal allein. Bei der kleinen Anhöhe Gire-gire ('schauen'), etwas nördlich des normalen Weges, legte er eine Rast ein. Von dieser Stelle hatte er schon mehrfach gehört und wollte sie auch einmal gesehen haben.

Die Anhöhe lag etwa 8 km von Herbertshöhe entfernt. Ihren Namen hatte sie unzweifelhaft wegen der wunderbaren Aussicht erhalten, die sich von dort aus bot. Merkmal dieser Stelle war ein großer alter Baum (Abb. 42). In seinem Schatten hatten bis vor einigen Jahren große Kaikais stattgefunden, als sich die Volksstämme noch nach Herzenslust bekämpfen konnten und kaum ein Europäer da war, der die Idylle störte. Da gab es Menschenfleisch in Hülle und Fülle. Was müssen das für herrliche Zeiten gewesen sein!

Die Dörfer führten gegeneinander Krieg, entweder um sich in Hungerzeiten mit Menschenfleisch zu versorgen oder, was weit häufiger geschah, um irgendeine Blutrache zu vollziehen, für die es immer genügend Gründe gab, denn nach Vollzug einer Rache war natürlich wieder die nächste fällig.

Glaubten etwa die Paparatava, für einen Kampf gegen die Vairiki nicht stark genug zu sein, so schickten sie einen Boten mit einer roten Drazäne zu einem befreundeten Nachbardorf. Wurde dort die Drazäne angenommen, so bedeutete das die Bereitschaft, gegen die Vairiki mitzumachen.

Die Tolai-Stämme dieser Gegend – und dazu gehörten die Paparatava und Vairiki – unterschieden zwischen Dörfern, mit denen sie ständig verfeindet waren und Dörfern, mit denen sie mal Freund und mal Feind waren.

Erstere waren die 'vaira', die ewigen Feinde; in diesen Dörfern wohnten auch keine Verwandten. Wer von den 'vaira' in einen Hinterhalt geriet und erwischt wurde, der wurde getötet und verspeist. Je mehr getötet wurden, desto besser.

Anders war es mit den zeitweiligen Feinden, den 'varbaianai', wie in diesem Fall das zu Hilfe gerufene Dorf, mit dem gerade Freundschaft bestand. Das waren vor allem die Dörfer, in denen Verwandte wohnten; denn geheiratet wurde und wird meist jemand aus einem anderen Dorf, seltener aus dem eigenen, weil hier höchstens zwei oder drei Sippen vertreten sind und eine Heirat innerhalb der Sippe nicht erlaubt ist. – Diese Kriege waren nur von beschränkter Dauer und weniger blutig. Jeder sah zu, nicht zu viele vom Gegner zu töten; dabei wurde geflissentlich darauf geachtet, daß die Zahl der Getöteten auf beiden Seiten die gleiche war. Hatte jede Partei einen Toten zu beklagen, so war das ausreichend, und es wurde schnell wieder Frieden gemacht, bevor ein Dritter getötet wurde, der wieder den Tod eines Vierten zur Folge haben mußte, damit der Friede auch wirklich gesichert war.

Dann dröhnte am Abend die Kriegstrommel, und am Morgen erschien der Kriegshaufen auf dem Kampffeld zwischen den beiden Dörfern, vorneweg der unerschrockene Zaubermeister. Dort auf dem Grasfeld wartete bereits der Gegner, denn auch er hatte die Trommel vernommen. Zunächst beschimpften sich beide Parteien kräftig und forderten sich gegenseitig zum Kampf heraus. Wenn die Vairiki feststellten, daß sie in der Minderzahl waren, gingen sie wieder nach Hause. Zu folgen wagte keiner, denn es könnte einen Hinterhalt geben.

Am nächsten Morgen trafen sich die beiden Gegner wieder. Nun hatten auch die Vairiki Verstärkung mitgebracht. Dann begann der Kampf, nicht in enger Schlachtordnung, sondern Mann gegen Mann. Der unerschrockene Zaubermeister hatte sich jetzt hinter die Kämpfer verzogen und feuerte sie an. Jeder nahm sich irgendeinen Gegner vor, warf den Speer oder floh, wenn es ihm notwendig erschien, oder gebrauchte die Schleuder, soweit es das mannshohe Gras zuließ. Trafen zufällig zwei Freunde oder Verwandte aufeinander, so bekämpften sie sich nicht. Sie tauschten zum Zeichen des Friedens untereinander Betel aus und kauten ein wenig zusammen, das war erlaubt. Danach suchte sich jeder einen anderen Gegner.

Entdeckte ein Kämpfer, daß der Freund oder Verwandte dort drüben einen Gegner übersah, der sich heimlich an ihn heranschlich, so durfte er ihn durch Zuruf warnen. Das war ebenfalls erlaubt und wurde nicht als Verrat an der eigenen Mannschaft angesehen. – Wenn schließlich der erste Vairiki getötet war, stieß der Sieger den Siegesruf 'tetetetete' aus, der von den Seinen sofort aufgenommen wurde. Das ganze Gefechtsfeld hallte von dem Ruf wider.

Der Gegner war entsetzt, wenn er das hörte, wußte, daß seine Schutzgeister, die großen Kaia, ihm diesmal keinen Beistand leisten wollten. Warum dann also weiterkämpfen – er floh. Auch die Paparatava-Leute kehrten mit

Abb. 42: Im Hintergrund der Gire-gire-Baum, eine Stätte übelster Menschenschlächtereien

Abb. 43: Landschaft bei Tamanairiki am Vunakokor

Abb. 44: Drei Generationen, Gazelle-Halbinsel

ihren Verbündeten in ihr Dorf zurück. Der Häuptling brach eine Rolle Schneckengeld auf und gab jedem der Krieger etwas Tabu. Derjenige, der den Gegner getötet hatte, erhielt als Belohnung zusätzlich 5 bis 10 Faden Tabu. Für einen Gefangenen gab es gewöhnlich 10 bis 20 Faden.

Die bei ähnlichen Kriegszügen benachbarter Stämme gemachten Gefangenen wurden hierher zum Gire-gire-Baum gebracht, unter diesem Baum gefoltert, getötet und schließlich dem Magen zugeführt. Geschichten dieser Art erfuhren die Weißen nur selten oder gar nicht von den Einheimischen, weil sich viele von ihnen noch selbst und ausgiebig als Kannibalen betätigt hatten. Da sie wußten, daß die weißen Herren diesen Brauch strikt ablehnten, sprachen sie auch höchst selten und ungern darüber.

Wie es damals gerade unter diesem Baum zugegangen war, das hatte einmal ein älterer Pferdejunge, Tovoati, seinem weißen Master in einer schwachen Stunde erzählt. Das sprach sich schnell herum:

Dem erbeuteten Gefangenen wurden zunächst die beiden Schienbeine mit der berüchtigten Steinkeule zerschmettert, damit er nicht weglaufen, aber mit ansehen konnte, wie das Feuer, in dem er nachher schmoren sollte, angefacht wurde. Waren alle Gäste anwesend und jeder so recht in Festes Stimmung – nicht gerechnet natürlich der arme Teufel –, dann wurden ihm auch die beiden Unterarme gebrochen. Anschließend warfen sie ihn mit Schwung ins Feuer. Schon vorher, als er gepackt wurde, schrie der Gemarterte natürlich gellend auf und versuchte dann, so gut es mit den zerbrochenen Gliedmaßen überhaupt ging, sich aus dem Feuer herauszuwälzen.

Das gelang in der Todesangst auch meist. Er wurde auch nicht daran gehindert. Es war ein Schauspiel für alle. Noch größer war die Freude für die Zuschauer, wenn er es geschafft hatte und sie ihn ein zweites Mal in die Glut werfen konnten. Dann sang und schrie alles noch lauter.

Das Spielchen wurde so lange erbarmungslos wiederholt, bis der Gefolterte sein armes Leben ausgehaucht hatte. Dann wurde er aufgeteilt. Die einzelnen Stücke fielen dem Ansehen der Männer entsprechend verschieden groß aus.

Nach der Art der Erzählung und der Begeisterung, in die sich Tovoati hineingeredet hatte – er lebte förmlich auf –, hatte er mit Sicherheit selbst an einer dieser schauerlichen Mahlzeiten teilgenommen.

> Die Melanesier behaupteten, daß das Fleisch durch Folterung zarter und schmackhafter würde – zu Recht, wie man heute weiß, und zwar als Folge der Milchsäureanreicherung in den Muskeln nach Angst und Anstrengung. Deshalb wurde lebenden Gefangenen der Leib angestochen und mit heißen Steinen gefüllt. Dann ließ man sie davonlaufen, bis sie zusammenbrachen (52). Oder man band den Gefangenen

zunächst an einen Baum. Wenn das Festmahl beginnen sollte, trat der Häuptling an den Gefangenen heran und zerschmetterte auf seinem Schädel ein Bambusrohr, so daß es splitterte und sich jeder von den dünnen, messerscharfen Bambusstreifen sein 'Bambusmesser' nehmen konnte. Dann machten sich die hungrigen Festteilnehmer über den Angebundenen her und schnitten sich nach Belieben Stücke von dem lebenden Mann ab. War jemand auf ein bestimmtes Stück erpicht, so beschmierte er es schnell mit seinem Kot. Dann war ihm traditionsgemäß dieses Stück sicher (29).

Herz, Lunge und das geronnene Blut in der Körperhöhle wurden, wie auch auf Neumecklenburg üblich (34), den Frauen überlassen. Eingeweide und Gehirn wurden nicht von allen Stämmen gegessen (63). Für die Baining waren das Gehirn sowie das Ungeborene aus dem Leib der Schwangeren Leckerbissen, Gedärm und Vagina warfen sie fort (11). Die Adzera im Markham-Tal Neuguineas bevorzugten Hände und Füße, die Keraki weiter im Süden dagegen Augäpfel (35). Die Witu-Insulaner aßen nur den Körper des Gefangenen, den Kopf trennten sie ab und schickten ihn den Angehörigen zurück, damit er dort sein Zuhause finde.

Der Gire-gire-Baum war kein Einzelfall. Vier Kilometer von Herbertshöhe entfernt, auf halbem Weg nach Takabur, stand der Rebarebe-Baum, ein genauso schreckliches Denkmal des Kannibalismus.

Karl Vieweg schauderte.

Nach der Rast bei Gire-gire ritt er weiter. Es ging nördlich des Vunakokor vorbei, bergab in die Landschaft Tamanairiki (Abb. 43). Der Weg war nicht ausgebaut, nur breiter getreten. Dörfer gab es hier nicht. Es waren auch keine alleinstehenden Hütten und keine Menschen zu sehen. Die Hütten, das wußte er von Dr. Wendland, lagen selten direkt am Weg. Bei genauerem Hinsehen entdeckte er zuweilen eine schmale Spur, die zur Seite weg in den Busch führte, kaum, daß er sie als Pfad erkennen konnte.

Als er wieder einen dieser Seitenpfade erblickte, lenkte er sein Pferd mutig da hinein, und Roß und Reiter verschwanden im Dickicht des Urwaldes. Aber er kam nicht weit. Schon nach wenigen Minuten sah er ein, wenn er hier weiter wollte, dann nur zu Fuß. So band er sein Pferd an einen Baumstamm und ging zu Fuß weiter.

Nach einer Senke mit Bambus marschierte er ein Stück in einem trockenen Wasserlauf . Dann lichtete sich der Wald. Der Pfad führte durch eine verlassene Pflanzung, die die Bewohner nach meist zweijähriger Nutzung wieder zu Urwald werden ließen, um an anderer Stelle ein neues Stück Land zu roden.

Karl Viewegs Sonntagsausflug war jetzt kaum noch ein Vergnügen. Die

Sonne stach, der Pfad war schmal, und ständig mußte er in dem mannshohen Alang-alang-Gras aufpassen, um nicht von den harten Blattspreiten verletzt zu werden, was erfahrungsgemäß üble Entzündungen zur Folge hatte. Brütende Hitze lag über allem und erschwerte jeden Schritt. Kein trockener Faden war mehr an seinem Leib.

Warum der Pfad nicht geradeaus führte, wenn sich die Möglichkeit dazu bot, sondern einmal nach rechts, dann wieder nach links, das blieb ihm ein Rätsel.

Nun aber sah er plötzlich eine urbar gemachte Fläche mit Feldfrüchten vor sich, an ihrem Rand zwei Hütten mit einem Mann davor, ein Hund und zwei Schweine daneben. Eine Frau und mehrere Kinder verschwanden beim Anblick des seltsamen Besuchers schleunigst in Richtung Wald.

Karl Vieweg winkte und ging mit allen Zeichen des Friedens zu den Hütten hinüber. Da kam noch ein zweiter Mann hervor. Der offensichtlich aus dem Schlaf geweckte Köter schlich knurrend zu der hinteren Hütte und fing dort mutig zu heulen an.

Die beiden Männer waren völlig nackt. Abwartend betrachteten sie den um einen halben Kopf größeren Europäer. Sie fragten sich, was will dieser Weiße hier, bei ihrer Hütte ist noch nie einer von diesen Fremden gewesen ... man sieht sie sonst nur bei Toma oder Paparatava mit ihrer seltsamen Bekleidung ... was will der hier ... was für ein Lebewesen ist das eigentlich, der Weiße?! ... Ein Kanaka – ? Nein, ein Kanaka ist das nicht ... ist das überhaupt ein Lebewesen?? Wahrscheinlich ist er ein Kaia-Geist, ein 'umana kaia pua – ein weißer Kaia', so wie die Großväter sie nannten, als damals ein riesengroßes Kanu vor der Warangoi-Mündung aufgetaucht war und mehrere der weißen Kaia an Land gegangen waren ... ja, der hier wird einer von diesen Kaia sein. Viel Wundersames hat man schon von ihnen gehört ... sie pflanzen viele Kokospalmen ... essen aber seltsamerweise nicht die Nüsse ... sie trocknen sie und schaffen sie mit ihren großen Kanus fort in ihr fernes Kaia-Reich ... dann machen sie daraus die vielen schönen Glasperlen und die harten Beile, die sie wieder mitbringen ...

> Der Glaube an die weißen Kaia-Geister geht auf den ersten Kontakt mit Europäern zurück; er war zu jener Zeit im Hinterland des Vunakokor noch sehr verbreitet. Damit in Verbindung steht noch heute die Auffassung vieler Papua-Neuguineer, daß ihre Ahnen einst als Weiße auferstehen werden!

Die beiden Buschbewohner und der Fremdling musterten sich eingehend. Keine der beiden Parteien verstand etwas von dem, was die andere ihr zu sagen hatte. Doch waren sich beide in der Auffassung einig, daß keiner mit dem anderen Streit haben wollte.

Die beiden Hütten waren nach Karl Viewegs Begriff kaum Hütten zu nennen. Verglich er sie mit denen unten an der Blanche-Bucht oder erst mit denen an der Astrolabe-Bai, so handelte es sich hier um armselige Primitivunterkünfte. Sie waren im besten Fall 1,30 m hoch. Man konnte darin also nur liegen oder hocken. Wie mochte es wohl da drinnen aussehen. Hineinkriechen? Nein, das wollte er nicht, das wäre hier unpassend gewesen. Ohne zu fragen, hätte er das natürlich auch nicht machen dürfen. Der Anblick des unsauberen Drumherum lud auch nicht zu vertiefenden Entdeckerstudien ein.

Der etwas dickliche Eigenheimbesitzer, der vor der Hütte gesessen hatte – wohl der ältere Bruder –, hatte einen Haarschopf, in dem die zahllosen Läuse ein ungezwungenes Dasein führten. Dicke Haarsträhnen hingen ihm weit ins Gesicht, was nicht gerade zur Verschönerung beitrug, besonders, wenn er seinen von rotem Betelsaft triefenden, breiten Mund öffnete, um eine neue Betelladung hineinzustopfen. Sein jüngerer Bruder mit dem struwwelpeterähnlichen Haar machte ein recht mürrisches Gesicht und sah keineswegs vertrauenerweckender aus.

Karl Viewegs neue Freunde strotzten vor Dreck und verbreiteten Wolken von süßlich-ranziger Würze – das Resultat eines akuten Wassermangels; denn auf dem durchlässigen, vulkanischen Boden gab es selten ein Gewässer. Die Frau mußte das Wasser in Bambusröhren, deren Trennwände bis auf die unterste aufgestoßen waren, von weither anschleppen. Es war wohl zu kostbar, um sich damit zu reinigen. Ob sich die Leute sonst öfter gewaschen hätten, darüber können nur die zuständigen Geister Auskunft geben!

Er war durstig geworden und hätte gern etwas getrunken. Seine eigene Wasserflasche war ja schon leer. Doch hätte er beim besten Willen nicht aus irgendeinem Gefäß dieser Herren trinken können. Die beiden merkten, was er wollte, hatten aber offensichtlich (oder glücklicherweise) wirklich nichts vorrätig. Wahrscheinlich holte die Frau erst am Nachmittag wieder Wasser für das Abendessen. Wenigstens konnte er das ihren Gesten entnehmen. Kokosnüsse gab es auch nicht.

So machte Karl Vieweg Anstalten, wieder zurückzugehen. Der Jüngere, der mit dem Haarschopf eines Struwwelpeters, wollte ihn unbedingt begleiten. Na schön.

Der ging also als Führer voraus. Dahinter der Weiße. Da machte sich auch der Zottelkopf auf und schloß sich an. Ein ungutes Gefühl überkam den jungen Mann in der Mitte, von den beiden Wildwüchsigen so hautnah eingerahmt zu sein. Besser wäre es, Zottelkopf ginge ebenfalls voraus. Der aber wollte nicht.

Struwwelpeter, der Mürrische da vorn, hatte ein kurzes Haumesser in der Hand, das Karl Vieweg am allerwenigsten gefiel. Es war der abgebrochene Restteil eines der langen Haumesser, die auf den Europäerplantagen verwendet wurden. Solche Fragmentmesser konnten von den Einheimischen billig gekauft und für ihre Zwecke verwendet werden. Es waren gesuchte Objekte, sie waren aus Eisen.

Das ungleiche Trio schritt zügig voran.

Karl Vieweg lugte mit einem Auge wie unbeabsichtigt öfter zur Seite und nach hinten, um zu sehen, ob sich bei seinem Gefolgsmann da nicht etwas zusammenbraute. Sein Revolver saß griffbereit im Gürtel, aber gegen einen kräftigen Schlag auf den Hinterkopf, so hatte er gehört, war noch niemand gefeit! Vielleicht hätte er doch vorsichtiger sein sollen. Hielt er einmal an, um Zottelkopf vorbeizulassen, dann hielt auch Zottelkopf an, wollte nicht vorbeigehen.

Der hatte seinen Betelbrei in der Backe verstaut und rief dem da vorn manchmal etwas zu, das Karl Vieweg natürlich nicht verstand. Jetzt, an der Bambussenke, kurz bevor sie sein Pferd erreichen mußten, machten sie halt und sahen ihn an.

Der Weiße hielt die Hand am Revolver. Nun wird es kritisch, sagte er sich, was haben die beiden vor?

Der Mürrische mit dem Haumesser deutete auf den dichten Bambusgürtel.

? ?

Dann ging er zielstrebig darauf zu, und mit zwei kurzen Hieben öffnete er einen der grünen, langen Triebe, aus dem sofort Wasser heraussprang.

Jetzt war alles klar!

Noch einen zweiten und dritten Trieb öffnete der Mann. Dann labten sich alle Drei an dem köstlichen Naß. Fast schämte sich Karl Vieweg, daß er den beiden so mißtraut hatte, aber im fremden Land mußte man eben auf der Hut sein. Schon manchem war der Kopf durch eine kleine Unachtsamkeit verloren gegangen.

Das Wasser aus dem Bambustrieb schmeckte etwas fade, löschte aber den Durst. Nicht immer war es in den bis zu 2 m langen Internodien so reichlich gespeichert, doch hier lief es nur so.

Dann war auch sein Pferd wieder zu sehen, das brav noch so dastand, wie er es verlassen hatte. Struwwelpeter und Zottelkopf erhielten jeder eine Stange Tabak. Jetzt endlich strahlten ihre dunklen Gesichter, und eilig verschwanden die beiden wieder im Busch.

Als er von diesem Reiterausflug nach Hause berichtete, war Mutter Julie keineswegs von Freudengefühlen durchströmt. Der Junge war ihr zu leichtsinnig. Sie war besorgt um ihn. Zufällig hatte sie in der Zeitung einen Artikel eines Kollegen von Karl Vieweg über die Blanche-Bucht gelesen. Nun schrieb sie an Karl:

> *»Er berichtet von den dortigen Verhältnissen, wie schön die herrlichen Mondnächte wären, die aufsteigenden Vulkane, das Meeresleuchten, die*

furchtbaren Gewitter. Bewaffnet müßten sie immer sein, man sollte dort nie alleine gehen, und Du, mein lieber Sohn, tust es doch, obwohl Du weißt, wie gefährlich es dort ist. ... Du müßtest doch aber vorsichtiger sein und nicht so einsame Wege allein machen und Dich nicht in die Mitte zwischen zwei Wilde nehmen lassen, wenn sie auch vielleicht im allgemeinen gutmüthige Menschen sind. Ach wage doch ja nicht zu viel. Denke daran, was Onkel Ernst wohl für ein Ende genommen hat.« (Ihr Bruder Ernst Müller war nach Australien ausgewandert und dort verschollen.)

Ein 60 km-Marsch

Für die Nachrichtenübermittlung zwischen Herbertshöhe und Simpson-Hafen – man meinte 'Rabaul', sprach aber gewohnheitsmäßig immer noch von 'Simpson-Hafen' – hatte die Neuguinea Compagnie schon seit Jahren einen Boten eingestellt. Jetzt gab es etwas Neues – das Telefon, von jedem bewundert. Da sich hiermit aber keine Briefe befördern ließen, wurde die bisherige und bewährte Einrichtung beibehalten. Für größere Sendungen bestand auch ein Ruderbootsverkehr. Der derzeitige Bote hieß Tobakit. Dies war ein Wort aus der Kuanua-Sprache der Tolai, das so viel bedeutete wie 'Stell dich in den Regenschatten'. Ein Tolai hatte nur ***einen*** Namen, Vor- und Nachnamen gab es nicht, eine Eigenart, die die Zusammengehörigkeit von Mitgliedern ein und derselben Familie nicht erkennen ließ.

Tobakits Aufgabe war es, bei Bedarf Nachrichten nach Simpson-Hafen, also Rabaul, zu überbringen oder von dort abzuholen, zum Beispiel dann, wenn der Postdampfer erwartet wurde. An solchen Tagen war Tobakit der meistgefragte Mann. Das aber trat nur alle vierzehn Tage ein, wenn die nagelneuen Postdampfer des Norddeutschen Lloyds, 'Prinz Sigismund' (3 300 BRT) und 'Prinz Waldemar' im Wechsel eintrafen. Diese beiden Dampfer verkehrten jetzt ständig auf der Strecke zwischen Japan und Sydney via Hongkong – Manila – Simpson-Hafen. Post nach Europa konnte so entweder über Sydney durch den Panamakanal oder über Hongkong durch den Suezkanal gelangen. Die Reisezeit blieb sich ziemlich gleich, 40 bis 42 Tage.

Tobakit benötigte für die Strecke von Kokopo bis zur neu erbauten großen Überseebrücke in Simpson-Hafen und wieder zurück etwa zweieinhalb Tage. Die Einzelstrecke betrug 30 km, also hin und zurück 60 km. Das waren viele Kilometer, aber auch sehr viele Stunden!

Wie das so war, beim abendlichen Bier im Hotel 'Deutscher Hof' kam man darauf zu sprechen. Einige meinten, daß sich der gute Tobakit ziemlich viel Zeit dafür nähme und daß die Strecke in Wirklichkeit viel schneller zurückzulegen wäre, schätzungsweise in zwei Tagen. Einen Tag hin, einen Tag zurück. Schließlich wollte doch jeder von ihnen seine Briefe so rasch wie möglich in Empfang nehmen und nicht warten, bis Meister Tobakit heranzubummeln geruhte.

Andere Kollegen meldeten Zweifel an. Natürlich würden sie sich genauso auf schnellere Post freuen, aber bei dem Klima und der Hitze und der Schwüle – ? Und dann den ganzen Tag über?

Und der ein wenig beleibte Herr Bezirksamtmann Full ergänzte klärend, schließlich wüßte doch jeder selbst zur Genüge, wie es ist, wenn er nur die acht oder neun Minuten nach Kenabot oder sonstwohin marschiere, die Leute einteile, bei der Arbeit kontrolliere und nachher zum Büro zu einer ersten Erfrischung ginge. Schon dann wäre man reif für eine Dusche!

Also sprach der Herr Bezirksamtmann.

Heda, Boy – wo bleibt das Bier!

Ein Bier folgte dem anderen, und die Diskussionen und Gemüter erhitzten sich immer mehr, bis schließlich Karl Vieweg eine Wette anbot:

Ich werde die Strecke in einem Tag zurücklegen!

Großes Hallo.

In einem Tag?? Ungläubiges Staunen, mitleidiges Lächeln, aber ein handfestes Angebot. Die Gruppe nahm gern an, denn die Wette war von ihnen so gut wie gewonnen. Mutig geworden, setzte Karl Vieweg den Termin gleich für den nächsten Sonntag fest, ein Tag, an dem auch Tobakit wegen der Ankunft des Postdampfers zu gehen hatte.

Sonntag, 15. März 1908. 5.50 Uhr. Kokopo. Die Bierrunde war vollständig zur Stelle. Karl Vieweg und Tobakit marschierten los. Die aufgehende Sonne sah sie Minuten später auf dem großen Hauptweg längs der Küste in Richtung Nordwest. Kokopo blieb schnell zurück.

Rechts lag Gunantambu, das prächtige Anwesen der Queen Emma mit den Bungalows ihrer zahlreichen Verwandten. Von der Veranda ihres Hauses – Karl Vieweg war mehrmals zu einem Empfang bei ihr gewesen – konnte man über gepflegte Rasenflächen direkt bis zum Meer hinuntergehen. – Nun bog links der Weg zum Vunakokor ab. Danach kam als letztes der Herbertshöher Schießplatz mit dem dazugehörigen Klubhaus, und dann begannen die endlosen Palmenhaine der Firma Forsayth & Frau Kolbe, besser bekannt unter dem Tolai-Namen Ralum-Pflanzung.

Eine Kokosreihe nach der anderen. Auf der rechten Seite das leise rauschende Meer vor dem Korallenriff.

In dem schmalen Streifen zwischen Meer und Plantagen war die ursprüngliche Vegetation noch gut erhalten. Sie bestand vor allem aus Kasuarinen, einer hier sehr häufig vorkommenden hohen Baumart mit ständig im Luftzug wehenden Zweigen von schachtelhalmartigem Aussehen, der typischen Strandvegetation dieser Inseln. Wie auch bei vielen anderen Pflanzen sind ihre Fruchtkörper so eingerichtet, daß sie weite Strecken auf dem Meer treibend überbrücken können, ohne dabei ihre Keimkraft zu verlieren. Das erklärt ihr Erscheinen auch auf Inseln, die erst vor kurzem aus dem Meer emporgestiegen waren.

Karl Vieweg hatte ein flottes Tempo angeschlagen, denn noch stand die Sonne niedrig. Er wollte die kühlen Stunden nutzen. Lange Abschnitte konnten die beiden sogar noch im Schatten der Bäume gehen. Nachher, wenn die Sonne erbarmungslos brennt, würden sie schon von allein langsamer werden.

Bald tauchten die Gebäude der Forsaythschen Pflanzung Tokuka auf, die von dem Pflanzer Horgreen verwaltet wurde, einem Schwager der Queen. Dort lag auch der kleine Europäerfriedhof der Firma Forsayth. Auf einem Grabstein stand zu lesen:

> *»Hier ruht in Gott unser lieber Kapitän Stalio, heimtückisch ermordet von Eingeborenen der Fead-Inseln am 10. 11. 1892. – Die Rache ist mein, spricht der Herr, ich will es vergelten.«*

Aber vermutlich war die Queen doch zu ungeduldig gewesen, um noch auf das Himmelsgericht zu warten, denn Monate später hatte sie die Sache selbst in die Hand genommen, wie man staunend auf dem nächsten Grabstein lesen konnte:

> *»Auf der Strafexpedition gegen die Mörder des Kapitän Stalio fielen im Dienst unserer Firma: Robert Anderson und Georg Müller am 6. 7. 1893.«*

Tobakit und der kühne Wetter marschierten jetzt dicht an der Küste entlang. Nach etwa 40 Minuten öffnete sich der Palmenwald zur Linken, und auf der großen Lichtung erschien ein auffallend schönes Haus mit einer gepflegten Parkanlage. Das war Maulapao, der Wohnsitz des bekannten deutschen Südseeforschers Richard Parkinson. Karl Vieweg hatte ihn im vergangenen Jahr kennengelernt. Parkinson lebte bereits seit vielen Jahren hier und hatte seine Kenntnisse über den Archipel in seinem gerade erschienenen neuen Buch 'Dreißig Jahre in der Südsee' niedergelegt. Seine Frau Phoebe war halbsamoanischer Abstammung, eine Schwester der Queen. Sie war eine Schönheit gewesen, man sah es heute noch.

In Maulapao gab es auch eine Privatschule für die weißen und die vielen Mischlingskinder der Firma Forsayth. Doch das interessierte Karl Vieweg im Augenblick herzlich wenig. Er hatte Durst bekommen und ließ sich eine Kokosnuß aufschlagen – das kühle Wasser war wunderbar erfrischend.

Unmittelbar hinter Maulapao kam das Ende der Ralum-Pflanzung. Nun folgten Grasflächen und Busch. Als Parkinson-Point auftauchte, war eine Stunde vergangen. Tobakit hielt tapfer mit. Doch der schnelle Schritt des Masters gefiel ihm gar nicht. Während sie anfangs nebeneinander marschiert waren, hatte er sich jetzt hinter dem Weißen eingeordnet.

Karl Vieweg schwitzte. Kein Wunder bei dem strammen Tempo und dem unpraktischen, aber vorgeschriebenen europäischen Anzug mit Jackett. Er lugte zurück zu seinem schwarzen Begleiter – bei dem gab es keine einzige Schweißperle zu sehen, weder auf der Stirn noch auf der Brust. Aber das war ja nichts Neues. Die Schwarzen waren dem Treibhausklima weitaus besser angepaßt, brauchten auch viel weniger zu trinken.

Ab Kuradui gab es häufiger menschliche Ansiedlungen. Hier wölbten sich uralte Brotfrucht- und Mangobäume weit über die Straße, auch gewaltige Bambusgruppen in der Form eines riesigen Blumenstraußes. Endlich wieder Schatten!

Ein paar Tolai-Frauen, die gerade Wasser aus einem Brunnenloch am schmalen Strand holten, sahen verwundert zu den beiden Gehern mit dem Geschwindschritt hinüber – sicher zwei Irre! Eine der Frauen hatte lustige Brüste. Sie erinnerten den jungen Mann an seinen Aufenthalt in Neapel – an die leeren Wasserschläuche auf einem Esel am Markt.

Viel Zeit zum Studium der Wasserbehälter blieb nicht. Das nächste Dorf hieß Raluana, dicht vor der Raluana-Spitze, die die innere Blanche-Bucht abschloß. Hier war auch der Hauptsitz der australisch-wesleyanischen Mission. Gerade war Gottesdienst, und der helle Gesang der Gemeinde klang aus der nahen Kirche herüber. Die Gemeinde bestand, wie eigentlich überall, vorwiegend aus Kindern. Die Kirche war grasgedeckt und an den Seiten offen. In ihrer Nähe standen mehrere Brennpalmen mit ihren dunklen, gezackten Wedeln.

Irgendwo längs der Straße hatten die beiden auch die schildkrötenartigen Hütten der Samoaner gesehen. Dort wohnten samoanische Häuptlinge, die wegen politischer Vergehen aus ihrer Heimat verbannt worden waren und sich hier angesiedelt hatten.

Hinter Raluana wurde die Strecke sehr holprig. Die Straße war noch im Bau, teils war es nur ein schmaler Weg, teils lose Erde und aufgehacktes Bimsgestein.

Von dieser Stelle, der Raluana-Spitze, bot sich eine wundervolle Aussicht auf die gesamte Blanche-Bucht mit ihren Kraterbergen. Diesen Platz hatte sich Auguste Hertzer als Wohnsitz ausgesucht, eine allen Europäern und vielen Tolai bekannte Krankenschwester. Oben am Hang wohnte sie, ganz allein in einem schmucken, kleinen Häuschen. Sie war viele Jahre in

Ostafrika tätig gewesen, hatte Emin Pascha gepflegt und lebte nun seit siebzehn Jahren in Neuguinea. Sie war alt geworden, wollte aber für immer in dem Land bleiben, das ihr so vertraut geworden war. Ihr helles Haus grüßte freundlich vom Hang herunter. (Sie verstarb dort hochbetagt im Jahr 1934).

Die Straße wandte sich nun nach Südwesten, immer eng an die Küste angelehnt, weil unmittelbar zur Linken die Berge anstiegen. Sie waren hier etwa 100 m hoch.

Lärmend flogen Schwärme von roten und grünen Papageien auf, die die morgendliche Störung nur zu deutlich mißbilligten. Ein herrlicher Anblick!

Abb. 45: Karl Vieweg und Tobakit beim 60 km-Marsch um die Blanche-Bucht

7.50 Uhr. Zwei Stunden waren vergangen, zwei Stunden anstrengenden Marsches. Die Sonne stach schon empfindlich. Es wurde Zeit für eine Rast. Das nächste Dorf, Tatawanna, tauchte auf, dahinter an den Ausläufern eines 250 m hohen Berges eine kleine Kokospflanzung, Hütten und ein schmales Häuschen. Eine Europäerpflanzung? Wohl kaum. Vielleicht ein Chinese.

Die beiden Marschierer steuerten auf das Dorf zu, ließen sich jeder eine Kokosnuß aufschlagen und machten erst einmal Pause.

Karl Vieweg lag ausgestreckt im Schatten eines Baumes und entspannte sich. Neugierig waren zwei Jungen herangekommen, um sich den sonderbaren Weißen anzusehen, der hier anscheinend schlafen wollte. Die beiden waren über und über mit Geschwüren bedeckt, der jüngere besonders schlimm. Sie litten wahrscheinlich an der Frambösie, einer syphilisähnlichen Krankheit, die in tropischen Regenwaldgebieten und vor allem bei einer Bevölkerung mit hygienisch schlechten Lebensbedingungen auftritt. Sie ist aber keine Geschlechtskrankheit und wird durch direkten Hautkontakt übertragen, möglicherweise auch durch Fliegen. Kinder mit Bagatellwunden infizieren sich besonders leicht.

So abstoßend die beiden Jungen aussahen, so unbekümmert kauten sie an der Saat des Ngallip-Baumes herum, die sie unter einem der großen Schlafbäume der Tauben aufgelesen hatten. Die Ngallip-Saat hat zwei Schalen, eine weiche äußere und eine harte innere. Wenn die Tauben die Frucht verschlucken, dann verdauen sie nur den äußeren weichen Teil, der innere Teil mit der Saat und der harten Schale drumherum geht durch den Darm ab und liegt am Morgen frühstücksgerecht unter dem Baum. Diese harte Schale brechen die Einheimischen dann nur noch auf und genießen anschließend eine schmackhafte Knabbermahlzeit.

Etwa 12 km waren bisher zurückgelegt. Zu lange wollte Karl Vieweg nicht mehr rasten, denn es würde noch heißer werden, und noch war die Hälfte des Weges nicht geschafft. Tobakit machte schon einen ziemlich mitgenommenen Eindruck. Er kannte zwar die Strecke genauso gut wie sein Lendentuch, das er zusammen mit einem deutschen Lederkoppel trug, aber dieses Tempo heute, nein, und ohne ein einziges Mal die geliebte Buai-Betelnuß kauen zu können. Schlimm!

Eine halbe Stunde war um. Karl Vieweg stand auf. Wo war Tobakit eigentlich – ? ?

Der stand drüben bei einer Gruppe von Männern, die aus respektvoller Entfernung neugierig herübersahen, und wollte mit ihnen eine Runde Betel kauen. Er wolle gleich hinterherkommen, rief er. Was das im Klartext hieß, konnte sich der junge Deutsche denken – den würde er heute nicht mehr wiedersehen!

8.20 Uhr. Ab jetzt allein weiter!

Die halbstündige Pause hatte zwar erfrischt, gleichzeitig aber auch schwerfällig gemacht. Er mußte erst wieder in Schwung kommen. Die Berge an der linken Seite traten jetzt mehr zurück. Nach zwei Kilometern passierte er das Dorf Dawaun mit der wesleyanischen Missionsstation, die etwas landeinwärts auf einem flachen Hügel lag. Ein reges Treiben war dort zu sehen. Wahrscheinlich war soeben der Gottesdienst zu Ende. Es hatte seinen guten Grund, weshalb sich die Missionare gerade bei diesem Dorf niedergelassen hatten: Anläßlich eines Friedensfestes hatten die Dawaun-Leute fünfzig ihrer Gäste heimtückisch erschlagen, sich an ihnen satt gegessen und den Rest an die umliegenden Dörfer verkauft. Dank der furchtlosen Gottesmänner war so etwas nie wieder vorgekommen.

In der Ebene vor den Bergen sah der flotte Allein-Marschierer jetzt wiederholt kleine Ansiedlungen, meist nicht größer als fünf oder sechs Hütten. Hinter einer Biegung eine Gruppe spielender Nackedeis, die erschrocken Reißaus nahm. Aus den schützenden Hütten lugten die Krausköpfchen neugierig wieder hervor.

In strammem Marsch folgte er weiter der Straße, die entlang der Küstenlinie nun langsam nach Norden bog. – Die weite Ebene lag längst hinter ihm, steil ansteigende Berge waren wieder bis an seinen Weg herangekommen. Das Panorama der inneren Blanche-Bucht wurde immer großartiger.

Schräg vor ihm lag die Vulkaninsel. Sie war noch gar nicht alt. Erst 1878 war sie plötzlich aufgetaucht, zum Schrecken aller. Das mußte die Tat des großen Kaia Ulavun sein, der im Matupi-Krater haust, verkündeten damals die Zaubermeister, denn zur gleichen Zeit fand dort ein Ausbruch statt. Auch im Kaia-Krater nebenan rauchte und polterte es gar schrecklich.

Und richtig, als sich alles wieder beruhigt hatte, wußten die örtlichen Zauberer, die bekanntlich mit den Geistern in direktem Kontakt standen, haargenau, was geschehen war:

To Ulavun, der mächtige Kaia, hatte alle Kaia der Umgebung zu einem Fest in seinen Krater Matupi eingeladen, darunter auch den Kaia To Mirmir aus Vairiki, den er bei dieser Gelegenheit töten wollte. To Mirmir war zwar gewarnt worden, er kam aber trotzdem, weil er an Verrat nicht glauben wollte. Zudem fühlte er sich stark genug. So stieg auch er in den Krater hinab zu dem Festplatz und setzte sich auf seine Kokosmatte. Da fielen seine freundlichen Gastgeber und dessen Helfershelfer plötzlich über ihn her, To Mirmir aber sprang wütend auf und schlug laut brüllend alle in die Flucht. Dann zerstörte er das Gehöft und warf alles und auch einen Teil der Erde durch die Öffnung des Kraters hoch hinaus in die Luft, so daß selbst in Vairiki (15 km entfernt) alle Pflanzen mit Asche bedeckt waren und eine Hungersnot ausbrach. Den restlichen Teil der Erde formte er zu einem neuen Gehöft zusammen und baute es nebenan auf. Das war sein jetztiges Haus, die neu entstandene Vulkaninsel.

Diese Geschichte fiel Karl Vieweg wieder ein, als er den drohenden Krater vor sich sah. – Man nannte die Insel einfach Vulkaninsel. Nun, nach 30 Jahren, 1908, hatte sie bereits einen dichten grünen Pelz mit hohen Bäumen bekommen, obwohl niemand etwas angepflanzt hatte.

> (Einen neuen, heftigen Ausbruch gab es auf der Vulkaninsel 29 Jahre später, im Jahr 1937. Rabaul wurde dabei fast völlig zerstört, und über 500 Menschen starben. Gleichzeitig wuchs der Vulkan auf 250 m Höhe an und breitete sich so aus, daß er nun Anschluß an die Küste der Bucht bekam. Er ist nun keine Insel mehr.)

Es war 10.30 Uhr. Eine Kokosnuß war wieder fällig. Die Sonne stand schon hoch und brannte unbarmherzig vom wolkenlosen Himmel. Brütende Hitze hatte sich über die Bucht gelegt. Kein Lüftchen regte sich. Der feine, schwarzgraue Lavastaub des Weges hatte sich überall am Körper festgesetzt. Er drang durch die Kleidung. Vom Kopf bis zum Fuß war er davon bedeckt.

Plötzlich torkelte er leicht – nanu! Kreislaufbeschwerden? Überhitzung? Das fehlte auch noch! Die Wette verloren? Das durfte nicht sein. Hatte er vielleicht zu wenig getrunken?

Wieder stolperte er. Verdammt!

Aber nein – es war ein leichtes Erdbeben, das ihn aus dem Schritt gebracht hatte. Die Zweige der Bäume bewegten sich noch, die Blätter raschelten. Gott sei Dank, also nichts Schlimmes!

Eine knappe Stunde war es wohl noch bis zur großen Überseebrücke. Das Blut in der Schläfe pochte, er fühlte es am Tropenhelmrand. Nur jetzt keine Pause machen. Durchhalten und dann lange Mittagspause machen, um die heißeste Zeit des Tages vorübergehen zu lassen. Rabaul mit den drei Markenzeichen der Bucht, den Vulkanen Nordtochter, Mutter und Südtochter, war schon in greifbare Nähe gerückt.

Das letzte Dorf, das er passierte, hieß Malangunan. Dann war es soweit: Um 11.30 Uhr war er in Höhe der Brücke und ging schnurstracks auf das Haus des Vermessungsingenieurs van der Laan zu, bei dem er sich unter die wohlverdiente Dusche stellte und Mittagsrast machte.

30 km hat er also in 5 Stunden und 40 Minuten zurückgelegt. Auf die reine Laufzeit von 5 Stunden und 10 Minuten berechnet, waren das 5,8 km pro Stunde! Also ein Tempo, das selbst im kühlen europäischen Klima alle Hochachtung verdient. Zu der Härte des Klimas kam noch die Unebenheit des Erdweges, die nicht zu vergleichen war mit der Ebenmäßigkeit einer erholsamen Asphaltstraße. Wie heiß es an jenem Tag war? Um die 29 – 30 Grad wird es gewesen sein, dazu die übliche hohe Luftfeuchtigkeit.

Von der Veranda des Hauses konnte Karl Vieweg die Bucht gut überblicken. An ihrem Ausgang im Süden lag halbverdeckt die Insel Matupi mit dem Matupi-Krater.

> (Letzter Ausbruch des Matupi-Kraters in 1943, stößt weiterhin Schwefeldämpfe aus. 1984 war es zu einem Beinahe-Ausbruch gekommen: Der Magmaspiegel im Vulkanschlot war von 6 000 m Tiefe bis auf 1 000 m angestiegen, so daß der abschließende Pfropfen unter sehr hohem Druck stand. Ein Ausbruch wie beim Krakatau wurde befürchtet. Rabaul war bereits vollständig geräumt. Dann sank der Magmaspiegel wieder.)

Drei Stunden rastete er, um die größte Hitze des Tages vorübergehen zu lassen. Aber selbst dann, als er um 14.30 Uhr wieder aufbrach, war es natürlich noch sehr heiß und drückend schwül.

Der Rückmarsch ging eigentlich leichter als angenommen, vielleicht weil es heimwärts ging und er wußte, daß er die Wette gewinnen würde. Ab und zu gab es jetzt Strecken, auf denen er längere Zeit im Schatten der Bäume laufen konnte – eine Wohltat!

Nach dreieinviertel Stunden, kurz vor Sonnenuntergang, erreichte er wieder Tatawanna und legte eine Pause ein. Männer aus dem Dorf standen herum. Ob sie Tobakit gesehen hätten? Der wäre bald nach dem Master abmarschiert. Karl Vieweg hatte aber auf der ganzen Strecke nichts mehr von Tobakit gesehen. Wahrscheinlich war er bei einem seiner Betelfreunde eingekehrt. – Gelbrot war die Sonne hinter den Bergen verschwunden. Es wurde angenehm kühl, und schnell brach die Nacht herein.

Eine dreiviertel Stunde hatte er ausgeruht. Nun brach er zur letzten Etappe auf. Das Kap bei Raluana war bald erreicht und umrundet. Ein erfrischender Wind wehte von den Bergen herunter. Die Nacht war silberhell, der Mond fast voll. Er fühlte keine Müdigkeit mehr. Ab und zu blinkte ein kleines Feuer bei einer Hütte. Zur Linken begleitete ihn das ewig rauschende Meer.

Manchmal raschelte es im Gebüsch am Wegesrand. Hatte sich da nicht eben etwas bewegt? Es knackte plötzlich, ein Tier huschte weg. Er war allein. Ein einsamer Wanderer in fremdem Land. Wie hatte seine Mutter noch in der letzten Woche geschrieben?: *»Thue mir aber nur den Gefallen und gehe nie allein weite Strecken. Ist es der Krokodile wegen gefahrvoller zu gehen oder zu reiten?«*

Richtig! An die Krokodile hatte er gar nicht mehr gedacht! Ein bißchen recht hatte die Mutter wohl schon. Aber da half nun alles nichts mehr. Bald mußte er in Kokopo sein.

Maulapao – Tokuka – – Gunantambu – – – dann war es soweit. 20.25 Uhr. Er trat auf die Veranda des Hotels – ein großes Hallo von allen Seiten! Das Ziel war erreicht, die Wette gewonnen!

Für den Rückweg hatte er die gleiche Zeit wie für den Hinweg benötigt: Nachmittags bis Tatawanna etwas langsamer, dafür am kühlen Abend um so schneller.

Aber wo war Tobakit eigentlich abgeblieben – ?

Der traf erst wie immer nach zweieinhalb Tagen ein. Das war zu viel für ihn gewesen. Er hatte von dem Marsch mit dem weißen Mann die Nase voll. Oder wie es Schwester Odilgard von der Missionsstation Vunapope treffend ausdrückte:

> *»Tobakit ist ein echter Neuguinea-Mann. Er nimmt alles nicht so tragisch ernst. Er macht lange Ruhepausen zwischendurch, unterhält sich hier und da in den Dörfern mit Freunden und genießt vor allem seinen Buai-Be-*

telbrei. Zeit spielt bei einem richtigen Neuguinea-Mann keine Rolle.«

Offen geblieben in Karl Viewegs Aufzeichnungen ist der Einsatz der Wette (es wird wohl die Zeche eines feuchtfröhlichen Abends gewesen sein). Die Reaktion auf diese sportliche Tat fiel unterschiedlich aus. Der Völkerkundler Dr. Thurnwald schrieb von den Salomonen:

»Meine Glückwünsche zu Ihrer Simpsonhafen-Wette.«

Sein Vater in Quedlinburg vermerkte konsterniert:

»Übrigens möchte ich Dich bitten, solche Gewaltmärsche zu unterlassen. Damit werden nur Unfälle und Krankheiten heraufbeschworen.«

Und die besorgte Mutter:

»Unternimm aber nur ja nicht wieder solche oder ähnliche Wetten, lieber Karl, da kannst Du Dich in der Hitze leicht überlaufen.«

Dr. Thurnwald und die Hausboyfrage

Karl Vieweg hatte während seiner Zeit in Herbertshöhe viele Menschen kennengelernt. Mit dem Ethnologen Dr. Thurnwald vom Berliner Völkerkundemuseum, von dem er viele Anregungen für seine eigenen Beobachtungen erhielt, war er oft zusammen. Dr. Thurnwald war einer der ersten Ethnologen, die hinausgesandt worden waren, nachdem das Deutsche Reich im Jahr 1899 die Verwaltung der Kolonie selbst in die Hand genommen hatte und damit auch deren Erforschung und wirtschaftliche Entwicklung.

Dr. Thurnwalds Arbeiten ließen die Fachwelt aufhorchen. Er gilt heute als der erste Vertreter der modernen Ethnologie. Bei seinen Forschungen stieß er mit seiner schwarzen Mannschaft bis zu den abgeschlossen gelegenen Bergdörfern im Innern der Inseln vor und hat dabei so manches Mal um sein Leben fürchten müssen. In einem Brief an Karl Vieweg schrieb er: *»Im übrigen geht es mir vorzüglich, wenn die Kanaker mich nicht erschlagen, wie sie neulich in einem Bergdorf nachts einen Versuch machten.«*

Daß Forscher auf ihren gewagten Expeditionen in unbekanntes Gebiet auch weiterhin gefährdet waren, zeigte das Unternehmen von Wilhelm Damköhler im Jahre darauf. Damköhler war ein im Buschleben erfahrener Mann, der nach einem Schiffsunglück ein Jahr lang von den Bewohnern der Insel Long-Island als Sklave gefangen gehalten war, bis ihm schließlich die Flucht mit einem Kanu gelang.

Nun stieß er am Huon Golf allein mit dem Deutschen Oldörp ins Innere vor. Da wurden sie eines Nachmittags von einer etwa dreißig Mann starken Horde überfallen. Sie schossen zurück, etwa zwanzig der Angreifer fielen, aber

»Damköhler war bespickt mit Pfeilen, 4 staken im Oberarm, 1 in der Brust, 1 im Unterleib, 3 im rechten Bein, 2 im linken. Herrn Oldörp saßen 3 Pfeile in der Brust, 1 Pfeil im rechten Ober- und 1 im linken Unterschenkel. Damköhlers Wunden waren tödlich, da die im Oberarm sitzenden, mit Widerhaken versehenen Pfeile die Schlagader zerrissen hatten« (8).

Er verblutete. Oldörp erreichte nach sechs Tagen das Ausgangslager an der Küste.

Die beiden jungen Deutschen halfen und unterstützten einander, soweit sie nur konnten. Ein besonderes Problem, nicht nur für die beiden, sondern für alle Europäer, war, einen Hausjungen zu bekommen, nicht einen besonders ausgesucht zuverlässigen, sondern überhaupt einen Hausboy zu bekommen. Junge Tolai-Burschen gab es genügend, doch die Zahl der Arbeitswilligen war sehr gering. Diese Tatsache war manchem schon von Friedrich-Wilhelmshafen und der Astrolabe-Bai her bekannt. Jeder suchte deshalb nicht nur in den nächsten Dörfern, sondern auch in weiter entfernten Gebieten. Karl Viewegs erster Hausboy Tarok war leider nicht mehr da. Er hatte seinen Dreijahresvertrag bei den Weißen abgeleistet und war mit vielen Gebrauchsgegenständen stolz in sein Heimatdorf zurückgekehrt.

Als Dr. Thurnwald zu den Salomonen reiste, um seine Untersuchungen dort fortzusetzen, bemühte er sich, auch Hausboys für sich, Karl Vieweg und einen Kollegen zu finden. Karl Vieweg wiederum sorgte in dieser Zeit für Dr. Thurnwalds dienstlichen und privaten Nachschub. In einem Brief von Dr. Thurnwald an Karl Vieweg wird die Problematik der Boybeschaffung sehr deutlich:

»Und nun die Jungenfrage. Ich bin hier in den Bergen sehr viel herumgestiefelt. ... ich habe aber noch in keinem Dorf recht Fuß gefaßt. Die Leute kennen mich noch nirgends genau. Daher konnte ich für Sie und Herrn Pieper noch keinen Jungen finden. ... Dagegen habe ich Hoffnnung, in Buin zwischen Molebeis Landsleuten welche zu finden. Einer hat sich (für mich allerdings) gemeldet. Ich zweifele aber nicht, daß ich dort auch für Sie und Herrn Pieper die Jungen bekomme. Man muß bei den Leuten eingeführt sein, sonst geht so etwas nicht. ... wenn ich aus Buin zurückkomme, hoffe ich bestimmt, Ihnen und Herrn Pieper die Jungen besorgt zu haben.

Ich bin mit allen meinen Jungen jetzt sehr zufrieden. Molebei excelliert

noch immer in den Dingen, die er nicht weiß, durch Ungeschicklichkeit, er gibt sich aber immer die größte Mühe, und was er weiß, das bleibt. Er ist vielleicht der Verläßlichste von allen, besonders aber auf den Märschen, die er am besten aushält, immer zur Stelle. Mamenga, der Seemann, versagt dabei am ehesten. Dafür ist er Taubenschütze geworden und schießt Fische mit Dynamit. Tomeawe ist 'brother belong Tomkia.' Tomeawe hat sich übrigens des etwas ungehobelten Toriprip angenommen. Tomkia kocht.« [12]

Dr. Thurnwald kam leider ohne die gewünschten Hausboys von den Salomonen zurück. Doch es fand sich eine andere Lösung. Da Dr. Thurnwald beabsichtigte, bald nach Deutschland zurückzukehren, überließ er Karl Vieweg seinen Boy Tomeawe. Der war sehr zuverlässig und stammte aus dem Dorf Raluana an der Blanche-Bucht. Tomeawe bewährte sich auch bei seinem neuen Master und wurde dessen 'enger Mitarbeiter', in Herbertshöhe wie auch später auf den Witu-Inseln. Sein besonderer Stolz war ein aus Bastfasern geflochtenes Armband, das er am linken Oberarm trug. Es war mit Muscheln und Hundezähnen verziert. Sein Vater hatte es ihm gleich nach der Beschneidung gegeben. Es war das Zeichen der Männlichkeit.

Bezirksamtmann Full

Der Nordwest-Monsun hatte in diesem Jahr später eingesetzt. Statt im November/Dezember kam er erst um die Jahreswende, dafür aber um so stärker. Die ausgedehnten Kokosplantagen wogten im Sturm wie Kornfelder hin und her. Der Regen stürzte herunter und mehrere Brücken zusammen. Überall waren Verbindungen unterbrochen. Allein in der ersten Januarwoche 1908 waren in Herbertshöhe/Kokopo 650 mm Regen gefallen, dies entsprach etwa dem Niederschlag eines ganzen Jahres in Deutschland. Bezirksamtmann Full und sein tatkräftiger Sekretär Gentner hatten alle Hände voll zu tun, um wieder Ordnung zu schaffen.

Jetzt saßen die beiden im größeren Kreis auf der Terrasse des Hotels 'Deutscher Hof', und Full erzählte nach dem vierten Glas auch von seinen anderen Kümmernissen:

---

12 Dem Namen einer männlichen Person wird häufig die Silbe 'To' vorangesetzt: To Meawe oder Tomeawe, Tomkia, Toriprip.

"Mir fehlen immer noch die drei Gewehre, die bei dem Mordanschlag auf den Witu-Inseln vor vier Jahren von den Schwarzen gestohlen worden sind. Ihr kennt ja die Geschichte – Pieter Hanson und Rauer konnten entkommen, Döll und Reinhard lagen tot am Boden.

Es heißt jetzt, die Dantawa- oder die Bangulu-Leute auf der Villaumez-Halbinsel hätten die Gewehre. So wenigstens hat der Eingeborene Mumpitz aus dem Dorf Ndolle ausgesagt. Ich muß der Sache noch einmal genau nachgehen. Wahrscheinlich liegen die Gewehre irgendwo versteckt, und irgendwann schießen uns die Kanaker damit ein Loch in den Bauch. Verdammt.

Werde mir ein paar kräftige Polizeisoldaten mitnehmen und nach dem Rechten sehen müssen. Der Mumpitz aus Ndolle kann uns dabei wieder Dolmetscherdienste leisten. Es fragt sich nur, wann der Dampfer zur Verfügung steht. Das kann wohl noch einige Zeit dauern.

Zur Strafe wäre es ganz gut, wenn mir die schuldigen Dörfer fünf oder besser zehn junge Burschen stellen müssen, die ich für die Polizeitruppe benötige. Ja – so werde ich es machen. Notfalls nehme ich die Leute zwangsweise mit."

(Die geplante Suchaktion nach den drei Gewehren fand erst im darauffolgenden Frühjahr 1909 statt. Gewehre wurden nicht gefunden, doch fünf junge Burschen mitgebracht, die nach drei Jahren als gediente Polizeisoldaten stolz in ihre Heimat zurückkehrten.)

Berechtigte Frage aus dem gespannt dasitzenden Zuhörerkreis: "Gibt es auf der Halbinsel eigentlich noch keinen 'luluai'?"

"Nein – aber der Gedanke ist gut!

Ich werde den Leuten in Aussicht stellen, daß, wenn künftig keine Schwierigkeiten mehr auftreten, der Gouverneur einen ihrer Häuptlinge, also einen sogenannten Big-Fellow- Man', zum 'luluai' ernennen wird. Der Luluai mit seiner chicen Dienstmütze, dem 'Marschall'-Stab in der Hand und dem Ausweis mit dem großen Stempel (– alles lachte –) ist für die Dorfbewohner immer eine respekteinflößende Erscheinung.

Dann wird es dort wohl auch keinen Krieg mehr geben. Nach meinen Erfahrungen wagt keiner mehr, ein Dorf zu überfallen, in dem ein Luluai eingesetzt ist. Mit solchen Sauhunden wie dem Häuptling Geges, der zwei Luluais auffressen und aus ihren Mützen seine Schweine füttern wollte, nur weil sie mit uns zusammenarbeiten, werden wir ja schnell fertig, wie Ihr wißt."

"Ich weiß von nichts", meldete sich schüchtern ein Neuer und blickte erwartungsvoll zum Bezirksamtmann. Der erläuterte mit einer Handbewegung kurz:

"Naja – Geges aus Buntur, der war kein Freund der Weißen. Er überfiel die Küstendörfer, die zu uns halten, und nahm stets reiche Beute an Menschenfleisch mit zurück in die Berge. Bei unserer Gegenaktion wurden er und acht seiner Leute erschossen. Wir selbst hatten keine Verluste. Wie wir dann hörten, hatte er die Leichen immer ausnehmen lassen und die Körperhöhle mit Bananen und Taro gefüllt, genauso wie bei uns zu Hause die Weihnachtsgänse gefüllt werden.

Hallo, da – noch ein Bier!

Ich wollte aber noch weiter über die Luluais sprechen. Bei den Kombe-Leuten weiter im Westen von Neupommern ist es ähnlich, da werde ich wohl auch einen Luluai ernennen müssen, weil den armen Kerlen von den benachbarten Talangoni ständig die Köpfe eingeschlagen werden. Ihre eigenen kampffähigen jungen Männer arbeiten ja alle bei uns auf den Plantagen.

Ganz abgesehen von dem Mord und Totschlag – die Luluais sollen ja nicht nur als mein verlängerter Arm Streitigkeiten im Dorf schlichten, sie sollen vor allem die gerade eingeführte Kopfsteuer von den Leuten einziehen! Ohne die Mithilfe der Luluais, glaube ich, werden wir wohl kaum einen Pfennig aus den Burschen herausholen. Deshalb hat der Gouverneur auch angeordnet, daß die Luluais 10% von der Steuer in die eigene Tasche stecken dürfen – – das nur unter uns."

Einige Tage später. Bezirksamtmann Full hütet das Bett. Karl Vieweg notiert:

> *»Gouvernementssekretär Gentner hat den Bezirksamtmann Full in Herbertshöhe zu vertreten, der mit dem Pferd gestürzt ist. Gentner kriegt Differenzen mit den Eingeborenen. Gouverneur Dr. Hahl macht ihm deshalb Vorhaltungen, u.a. 'Gestern abend noch um 1/2 9 Uhr kamen Eingeborene von X, um sich bei mir zu beschweren!'*
>
> *Und Gentner in seinem schwäbischen Dialekt erstaunt: 'Abends um 1/2 9 Uhr?? Ja, Exzellenz, warum haben Sie denn die Schweinehunde da nicht einfach rausgeschmissen?!'«*

Pflanzung Gunanur

Unvergeßlich blieben Karl Vieweg die schönen Stunden, die er bei Freunden in Herbertshöhe oder auf den Pflanzungen in der Nähe verbrachte. An einem Sonntag war er wieder einmal mit anderen jungen Leuten zu Herrn Goebel eingeladen, dem Verwalter der Compagnie-eigenen Plantage Gunanur.

Gunanur lag etwa 8 km südlich von Herbertshöhe. Diejenigen Europäer, die den üblichen Einspänner oder Einachser nicht besaßen, darunter Karl Vieweg, stiegen bei den anderen mit ein. So brauchte keiner zu reiten, was in dem strapaziösen Klima immer mit Schweißausbrüchen und jeder Menge Staub verbunden war und keine wahre Freude bereitete, zumal, wenn man eingeladen war.

Die Kutschfahrt dauerte etwas über eine Stunde. Die Straße – ein großes Wort bei dem Feldweg – war recht gut. Sie war vor einem Jahr auf Anordnung des Gouverneurs angelegt worden. Wie junge Leute nun sind – mal ging es im Trab, dann im Galopp um die Wette, obwohl an ein Überholen an den meisten Stellen überhaupt nicht zu denken war. Was für eine Fahrt!

Meist fuhren sie durch ausgedehnte Kokosplantagen. Oben in den Kronen der Palmen saßen dichtgedrängt die grünen und braungelben Nüsse. Jedes Reifestadium war vertreten. Die Fruchtbarkeit der vulkanischen Böden der Insel, verbunden mit den hohen Niederschlägen, schien unübertrefflich.

Kleine Bäche, die die Ausflügler auf Holzbrücken überquerten, kreuzten mehrmals den Weg. Die Wasserläufe hatten sich tief in den etwas hängigen Boden eingegraben und waren von einem dichten Vegetationsstreifen, darunter viele Caryota-Palmen, umgeben.

Herr Goebel war wie Karl Vieweg ein junger Mann von Anfang Zwanzig. Er hatte vor zwei Jahren die Pflanzung hier übernommen. Natürlich wollte jeder der Gäste erst sehen, wie die Kulturen draußen standen, und so fuhren sie mit ihren Einspännern zu den verschiedenen Arealen. Da waren auch Versuchsanpflanzungen mit Vanille und schwarzem Pfeffer zu sehen.

Besonders interessant für Karl Vieweg war das Gedeihen der jungen Kautschukplantage. Der Wuchs dieser Gummibäume war prächtig, und die Preise auf dem Weltmarkt waren noch prächtiger. Hier auf Gunanur ist in dem jungen Mann der Gedanke gereift, einmal selbst erfolgreicher Kautschukpflanzer zu werden. Kautschukanbau lohnte!

Am frühen Abend saßen sie noch auf der Veranda zusammen und labten sich am kühlen Bier. Üblich war, daß der Hausherr noch kurz ein paar Abschiedsworte sagte, bevor die Gäste gingen. Nun war aber den Besuchern aus Herbertshöhe das Bier längst zu Kopf gestiegen. Sie nahmen den von der Salomonen-Insel Buka stammenden neuen Boy von Herrn Goebel, der kaum Pidgin-Englisch verstand, beiseite und instruierten ihn:

»'Hör zu, wenn dein Master nachher ruft: 'Meine Herren!', so meint er dich damit, und du antwortest dann sofort.'

Das hatte der Junge schnell begriffen.

Die Uhr schlug Neun.

Es war Zeit zu gehen. Herr Goebel erhob sich: 'Meine Herren ...'

'Hier!', scholl es laut und dienstbeflissen von der Tür.

'Verdammter Kanaker!' – – Eine leere Bierflasche flog hinter dem Erschrockenen her.

Dröhnende Lachsalven – – in die der schnell aufgeklärte Junge lauthals mit einfiel.«

Man war hier also wirklich nicht im Mädchenpensionat!

Weitere Ausflüge – die Baining

Viel unternommen hatte Karl Vieweg in dem Jahr, in dem er an der Blanche-Bucht lebte. Er war häufig in dem Gebiet zwischen Herbertshöhe und dem Vunakokor unterwegs gewesen, meist waren es Einzeltouren, auf eigene Faust, manchmal auch mit einem Kollegen oder einem Tolai-Mann irgendwo im unwegsamen Urwald auf Entdeckung.

Mehrere Male hatte er mit Freunden Segelbootfahrten unternommen, die ihn zu den beiden Credener-Inseln (auch Tauben-Inseln genannt) draußen vor der Blanche-Bucht und zu den Inseln der Neulauenburg-Gruppe (u.a. nach Mioko) geführt hatten. Letztere lagen 30 – 40 km nordöstlich von Herbertshöhe, auf halbem Weg nach Neumecklenburg.

Die Inseln waren bei den Herbertshöhern ein beliebtes Ziel ausgedehnter Sonntagssegeltouren. Man mußte aber aufpassen. Wind und Wetter und Strömung waren nicht immer so, wie man es sich vorher gedacht hatte, und dann kamen die Herren statt am Sonntagabend erst am Montag zurück, einmal sogar erst am Dienstag. Eine Dreiergruppe kam überhaupt nicht mehr zurück. Man hat sie nie wieder gesehen.

Wer sich hier an unbekannter Küste Neumecklenburgs an Land retten konnte, wurde mit großer Wahrscheinlichkeit totgeschlagen. Die Chance, eine der beiden Missionsstationen lebend zu erreichen, war äußerst gering.

Im Februar 1908 fuhr Karl Vieweg mit einem Küstendampfer der Compagnie zu dem Land der Baining-Stämme westlich der Blanche-Bucht, auf der anderen Seite der Gazelle-Halbinsel. Nach siebzehn Stunden landeten sie in der einsamen Massawa-Bucht gegenüber der gleichnamigen Insel, die vor wenigen Jahren noch ein Zentrum allerübelster Menschenfresserei gewesen war. An der Bucht befand sich jetzt die katholische Missionsstation Vunamarita und seit kurzem auch eine 4 ha große Kakao-Versuchsplantage der Neuguinea Compagnie, das offizielle Reiseziel Karl Viewegs.

Die Baining-Stämme bewohnten etwa vier Fünftel der Gazelle-Halbinsel, und zwar fast ausschließlich nur das bergige und schwer zugängliche Inland, das von einem Labyrinth von Tälern und Schluchten durchzogen war. – Die Küstenbewohner an der Massawa-Bucht, die Livuan (Tolai), waren eingewanderte Melanesier, vor denen sich die Urbevölkerung der papuanischen Baining in das schützende Bergland zurückgezogen hatte.

Die Massawa-Melanesier unternahmen jedoch häufig Raubzüge ins Innere der Gazelle-Halbinsel, um sich mit Sklaven und Menschenfleisch zu versorgen. Die Opfer mußten zunächst Feldarbeiten übernehmen. Bei den zahlreichen Festen wurden sie dann geschlachtet und anschließend neue Bewohner im Inland geraubt. So waren die Baining, so schrecklich es in unseren Ohren auch klingen mag, eine stetig sprudelnde Frischfleisch-Quelle für die Massawa-Melanesier.

Wenn man in der Mission in Vunamarita hörte, daß wieder ein Beutezug mit gefangenen Baining-Leuten zur Insel hinübergebracht worden war, dann schickten die Missionare ein Boot, um wenigstens die gefangenen Kinder zu retten und freizukaufen. Diese galten wie Spanferkel als zarte Leckerbissen. Bei einer solcher Fahrt kehrte das Boot mit nur einem etwa vierjährigen Mädchen zurück. Die Massawa-Insulaner *»bedauerten, daß man nicht früher gekommen sei. Vor einem Monat hätten sie noch viele Kinder zu verkaufen gehabt. Da sie aber wegen der häufigen Stürme nicht fischen konnten, hätten sie die Kleinen aufgegessen. Für das nächste Mal wollten sie aber einige aufbewahren«* (28).

Zwischen Bischof Couppé von Vunapope, der sich zeitweilig auch auf Vunamarita aufhielt, und einem etwa sechsjährigen Massawa-Bürschchen, das bereits getauft worden war und auf den Namen Mateo (Matthäus) hörte, entspann sich einmal folgendes Gespräch (28):

»'To Mateo, hast du schon oft Menschenfleisch gegessen?'

'Nein, bloß dreimal.'

'Wann hast du das letzte Mal davon gegessen?'

'Gestern.'

Ich war verblüfft bei dieser unerwarteten Antwort, suchte aber mein Erstaunen zu verbergen, um ihn in seiner Erzählung nicht einzuschüchtern.

'So, gestern', bemerkte ich in gleichgültigem Tone. 'Wer hat es dir denn gegeben?'

'To Lapapar.' Das ist der Name des Häuptlings, bei dem das Kind lebt.

'Du lügst, mein Kind. To Lapapar ist nicht in Massawa, er ist vor mehreren Wochen mit seinem Boote nach Nakanai gefahren.'

'Ich sage die Wahrheit. To Lapapar ist gestern abend zurückgekommen

und hat in seinem Boote zwei Virua mitgebracht.'

'Virua' ist in der Sprache der Eingeborenen die Bezeichnung für den Leichnam eines Ermordeten, während man den Leichnam desjenigen, der eines natürlichen Todes gestorben ist, 'miat' nennt. Nur die 'virua' dienen den Zwecken des Kannibalismus. – Ich wußte noch nicht, daß To Lapapar zurückgekehrt war. Aber Bruder Karl bestätigte die Aussage des Knaben.

'Von welchem Teil des Körpers hast du gegessen?'

'Vom Schenkel.'

'Ißt du gern Virua?'

'Es ist sehr gut.'

'Wer waren denn diese zwei Virua?'

'Es waren zwei Baininger. Sie stiegen an das sumpfige Ufer, und To Lapapar tötete sie mit seiner Lanze.' ...

'Ist von dem Virua etwas übrig geblieben?'

'Ja, das wollen wir heute essen.'

'Ich habe noch niemals Fleisch von Virua gesehen. Willst du mir wohl etwas bringen?' ...

'Recht gerne, wenn To Lapapar mir etwas gibt.'

'Schon recht, gehe nur gleich und komme bald wieder.'«

Doch der Kleine kam nicht wieder. To Lapapar hatte den Braten gerochen!

Unter Dr. Hahl wurde dem scheußlichen Treiben der Massawa-Bewohner endlich ein Ende gesetzt. Er forderte die Livuan auf, ihre Sklaven frei zu lassen, und als sie dem nicht nachkamen und ihrerseits mit Mord und Totschlag drohten, ließ er ihnen ein beträchtliches Stück Land wegnehmen und befreite die noch überlebenden Sklaven.

Zwei von ihnen dankten es aber nicht. Ausgerechnet sie führten eine Gruppe an, die 1904 alle zehn Patres und Schwestern der in der Nähe liegenden Missionsstation St. Paul und einer benachbarten Station ermordeten. Zur Strafe wurde auch den Baining Land weggenommen, auf dem nun deutsche Bauernfamilien angesiedelt werden sollten. Vier Jahre später, 1908, lebten bereits mehrere Familien dort und hatten im Schutz einer Polizeistation mit der Urbarmachung begonnen. Die klimatischen Bedingungen in dieser Höhe (ca. 600 m) waren recht gut. – Genau diese Siedlung war das eigentliche, private Ziel von Karl Viewegs Reise gewesen, denn er trug sich ernstlich mit dem Gedanken, als Pflanzer in Neuguinea seßhaft zu werden.

Die gerade fertiggestellte Straße von der Massawa-Bucht bis zur Siedlung durchschnitt Urwaldstrecken, in denen mächtige Eukalypten standen. Ein Prachtexemplar von etwa 80 m Höhe und einem Durchmesser von 8 m am Boden war dabei, es konnte gar nicht gewaltiger sein (Abb. 46)!

Den Siedlern aus Deutschland waren auch Auflagen gemacht worden. Laut Gesetz mußte jeder 20 000,– RM Anfangskapital aufbringen. Das war für die damalige Zeit sehr viel und schreckte fast jeden ab. Deshalb ermöglichte der Gouverneur denjenigen, die sich bereits zwei Jahre im Land aufhielten, 100 ha für 1,– RM/ha ohne weitere Bedingungen zu kaufen. Von diesem Angebot würde auch Karl Vieweg in Kürze Gebrauch machen können, bald war er zwei Jahre im Land. Aber es waren ja auch noch die Löhne für die Rodungsarbeiten zu zahlen sowie die Mittel für das gesamte landwirtschaftliche Gerät und alles Drumherum aufzubringen, nicht zu vergessen die Kosten für ein kleines Haus.

Er rechnete sich aus: Um 1 ha Urwald zu roden, benötigte ein Arbeiter ein Jahr. Bei 8,– RM Lohn/Monat waren das rund 100,– RM Rodungskosten pro ha. Und 100 ha groß sollte eine Siedlerstelle schon sein. Insgesamt mußte er also ein paar tausend Mark zusammenhaben, um als Siedler beginnen zu können. Woher sollte er soviel Geld nehmen? Würde eine Bank ihm das leihen? Als Deckung Grund und Boden? Vielleicht könnte er von Tante Ida Mehns in Schadeleben eine Anleihe bekommen? Solcherlei Gedanken beschäftigten Karl Vieweg schon seit Monaten und insbesondere jetzt.

Die Baining, in deren Stammesgebiet er dann künftig leben würde, waren durch ihre Abgeschlossenheit im Inland noch weitaus rückständiger als die Küstenmelanesier. Ein nicht gerade als üppig zu bezeichnender Wohnkomfort kennzeichnete damals den bainingschen Eigenheimbesitz. Die Hütten waren primitiv und niedrig gebaut, so daß man in ihnen kaum aufrecht stehen konnte. Wenn es Nacht wurde, lagerte sich die Familie um das glimmende Feuer in der Mitte der Hütte, die Hunde auch.

Wenn möglich, rückte man etwas in die warme Asche, da war es in den kühlen Nächten doch angenehmer. Etwas später, wenn die Herrschaften eingeschlafen waren, legten sich auch die Schweine dazu. Hatte es nachts geregnet und standen auch innen Pfützen am Boden, so machte das dem schlafenden Baining nichts aus. Auch nicht, wenn sich die Schweine ein wenig entleerten. Er schlief.

Vielleicht wälzte er sich etwas hin und her und rutschte zu seinem Nachbarn, der neben der Pfütze lag. Am Morgen ließ sich dann kaum zwischen einem Baining und einem der Haustiere unterscheiden. Man sollte meinen, daß der Baining nach solchem Schlaferlebnis das Bedürfnis hatte, sich gründlich zu waschen. Aber so etwas tat er selten oder lieber gar nicht – er würde ja doch wieder schmutzig werden. Kein Wunder, wenn bei diesem ausgeprägten Sinn für Reinlichkeit nur etwa die Hälfte der Kinder das erste

Abb. 46: Im Land der Baining-Stämme: Ein mächtiger Eukalyptus. Links am Fuß des Baumes steht ein Mann!

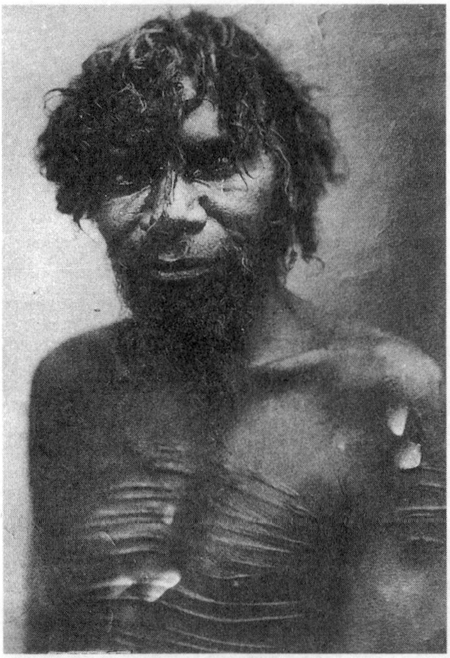

Abb. 47: Ein Baining-Mann mit Ziernarben am Körper, die mit dem Bambusmesser geschnitten wurden.

Abb. 48: Eine Baining-Frau holt Wasser in Bambusröhren

Jahr überlebte. Die armen Dingerchen lagen von Geburt an genauso wie die Alten auf dem nackten Boden bzw. in der Asche, wo sie sich leicht Brandwunden holten, die bei dem unbeschreiblichen Schmutz kaum heilten und schlimme Infektionen nach sich zogen.

Die Baining-Männer gingen völlig nackt – bis auf ein paar Fledermausknochen, mit denen sie die durchbohrten Nasenflügel und die Ohrläppchen verzierten. Ihre Frauen trugen vorn einen schmalen Schurz aus Pflanzenfasern, während hinten ein schwanzartiges Faserbündel anscheinend nutzlos herunterbaumelte. Daher auch das Gerücht unter den Tolai an der Blanche-Bucht, daß die Baining-Frauen Schwänze hätten! Beim Hinsetzen zogen sie jedoch den Schwanz mit einem schnellen Griff nach vorn durch, klemmten ihn zwischen den Beinen fest, und schon fühlten sie sich gesellschaftsfähig. Außer dem schmalen Schurz trugen sie in einem der durchbohrten und erweiterten Ohrläppchen ein Bambusröhrchen, das sie bei Bedarf als Zigarrenspitze benutzten. Auf Brust und Armen hatten viele Männer und Frauen Ziernarben, die durch Einstoßen mit einer Kokosblattrippe oder durch Schnitte mit dem Bambusmesser entstanden waren (Abb. 47).

Zum Gemüsegaren baut sich übrigens die Baining-Frau noch heute einen Herd, wie er nirgendwo sonst in der Welt bekannt ist: Eine Röhre aus Baumrinde von 40–50 cm Höhe und 20–30 cm Durchmesser wird in mehreren Schichten abwechselnd mit heißen Steinen und Gemüse gefüllt. Das Gemüse ist wie üblich mit einem Bananenblatt abgedeckt. Nach kurzer Zeit ist alles gar und kann serviert werden.

Trotz dieser Kochkünste werden die Baining von ihren so freundlichen Livuan-Nachbarn als *»kabar – wilde Tiere«* eingestuft, einmal, weil sie ihr Taro-Essen meist nur mit Wasser zubereiten (anstatt mit Kokosmilch), so daß es geschmacklos ist und eher Schweinefutter gleicht, zum anderen, weil sie selten ein richtiges Gehöft haben und mal hier und mal da im Walde wohnen. Einige der Küstenstämme verwenden deshalb für die Baining und Schweine den gleichen Begriff *»jau tavur – die ohne Auswahl alles fressen, was ihnen zwischen die Zähne kommt«* (29). Von den Nakanai und den Sulka werden sie *»baining – Buschgänger«* genannt (25). Belustigend sind auf jeden Fall ihre Namen, die dem täglichen Leben entnommen sind wie 'Er kratzt sich gerade' oder 'Er ißt gern einen Kopf' oder 'Er wischt sich den After'.

Ihre Toten, vor allem die Häuptlinge, räucherten sie noch in den ersten Jahren nach der Jahrhundertwende auf einem Gerüst im Freien und begruben den eingetrockneten Körper erst, wenn das Gerüst nicht mehr hielt. Im Einflußbereich der Europäer ging dieser Brauch jedoch immer mehr zurück. Statt dessen wurden nun die Toten unmittelbar vor dem Hütteneingang beerdigt. Miteingegrabene Hölzer über der Leiche verhinderten, daß

Wildschweine den Körper wieder herauswühlen konnten. War es eine einflußreiche Person gewesen, so nahmen sich die Angehörigen vor der Beerdigung noch schnell ein paar Knochen und legten sie in ihre Netzsäcke oder die Palmblattaschen. Dadurch waren sie des Schutzes des Verstorbenen sicher. Legten sie einen Knochen in das fast reife Taro-Feld, so waren sie gegen Diebstahl versichert – der Geist des Toten würde rechtzeitig warnen.

Wohl einmalig auf der Erde sind die großen Hareicha-Masken, die von den Baining bei bestimmten Tanzfesten auch heute noch getragen werden. Die Masken sind bis zu 40 m (vierzig!) hoch und müssen natürlich von allen Seiten gestützt werden. Das Maskengerüst wird mit Tapa-Matten bespannt, die aus der Rinde des Kabulucha-Baumes angefertigt sind und bemalt werden. Nur wenige der Tänzer tragen bei solchen Festen den Nashornvogelschmuck. Er wird aus den gebogenen, gelblichen Schnäbeln des Nashornvogels hergestellt, die auf einer Schnur aufgereiht und um die Stirn gebunden, dem Federschmuck der Indianer ähneln.

Professor Nevermann (42), der Jahre später Karl Viewegs ethnologische Sammlung in Berlin begutachtete, berichtete: In den Wochen vor einem derartigen Tanzfest

> *»müssen diejenigen Männer und Knaben, die noch nie als Tänzer aufgetreten sind und nun zum ersten Male mit dem Prunkspeer tanzen wollen, dazu vorbereitet werden. Zu beiden Seiten des Rückgrats packt ein Mann ihre Haut, zieht sie über dem Rückgrat hervor und sticht dann von der Seite aus mit einem zugespitzten Knochen oder mit einer Speerspitze durch die Hautfalte ... Damit die Wunde nicht zuwächst, wird ein Streifen Baststoff durch sie gezogen.«*

Vor dieser Prozedur nehmen die Aspiranten ein bis zwei Wochen lang keine Nahrung zu sich, damit die Haut an der zu durchstechenden Stelle möglichst schlaff ist und weniger schmerzt.

Beim eigentlichen Fest wird anstelle des Baststreifens ein Gürtel durch die Öffnung gezogen. Mit ihm wird der 6 bis 10 m lange Prunkspeer gehalten und fest an den Rücken des Tänzers gepreßt, so daß er bei dem ständigen Auf und Ab der Tanzsprünge nicht zu sehr hin und her schwankt (Abb. 49, 50). Von dem reich verzierten Speer steht unten ein Ast ab, den sich der Tänzer zwischen die Oberschenkel klemmt und der mit einer angebrachten Schale auch die Geschlechtsteile umfaßt. So ist alles gut verankert.

Natürlich schlägt der Speer trotzdem heftig hin und her, reißt die kaum verheilte Wunde wieder auf und bereitet dem mit dem Mut der Verzweiflung tanzenden Mann kaum vorstellbare Schmerzen. Wer aufgibt, ist kein Mann und wird ausgelacht. So hält jeder aus und tanzt mit zusammengebissenen Zähnen bis zum Ende weiter. Vorher aufzuhören ist nur erlaubt, wenn die Haut durchreißt.

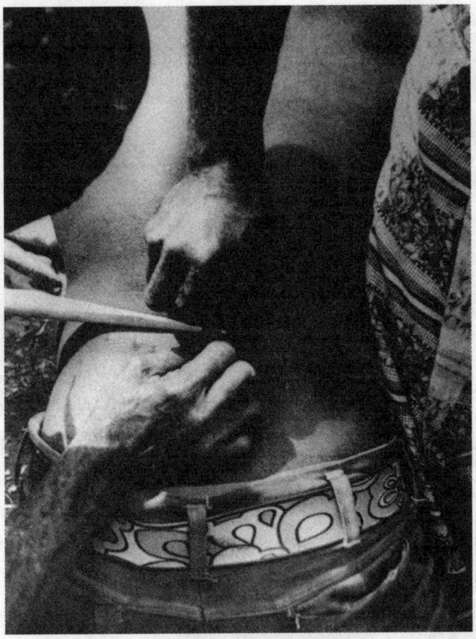

Abb. 49: Zur Befestigung des Prunkspeers wird die Rückenhaut des Baining-Tänzers durchstoßen

Abb. 50: Der Prunkspeer ist in der Rückenhaut des Tänzers befestigt

Abb. 51: Bildmitte: Tatanua-Totenmaske, Neumecklenburg (New Ireland). Darüber: 'Kabili'-Holzstab mit Rassel, ein Hilfsmittel für den Fischfang. Rechts oben: Brustschmuck mit Eberhauern (vgl. auch Abb.15)

Abb. 52: Turu-Tanzfries, Neumecklenburg (New Ireland); wird während des Tanzes in der Hand gehalten.

Karl Vieweg tauschte sich von den Baining eine Tapa-Matte, einen Nashornvogelschmuck und mehrere Steinkeulen ein. Der in mühseliger Arbeit durchbohrte Stein wurde auf den Holzstiel aufgetrieben und die Verbindungsstelle mit zerriebener Parinaria-Nuß verkittet. Zur Verzierung wurden Nassa-Schnecken in den noch weichen Kitt gedrückt. Dann sah die Keule freundlicher aus.

Der Malanggan-Totenkult

Prunkstücke der Karl Viewegschen ethnologischen Sammlung waren unzweifelhaft die prächtigen Schnitzereien des Malanggan-Totenkults, die er sich von einer Reise nach Neumecklenburg mitgebracht hatte. Es waren dies

3 Ahnenfiguren	(ohne Fuß ca 90 cm hoch)
1 Tatanua-Totenmaske	(Abb. 51)
1 Turu-Tanzfries (ca. 1.10 m breit)	(Abb. 52).

Als 'malanggan' werden im Norden Neumecklenburgs die für Trauerfeiern geschaffenen Kunstwerke bezeichnet. Sie sollen zeigen, daß der Verstorbene weiterhin in die Gemeinschaft der Lebenden mit einbezogen ist, sei es aus Furcht vor den zurückgebliebenen Geistern oder sei es aus wirklicher Liebe zu dem Verstorbenen. Die Schnitzwerke werden in einer mit einem strengen Tabu belegten Hütte angefertigt, die nur von bestimmten Personen betreten werden darf, von Frauen natürlich in keinem Fall.

Es war für Karl Vieweg keineswegs leicht gewesen, die Stücke einzutauschen. Sie mußten erst vom Magier 'entzaubert' werden. Auf weitere Erwerbungen mußte er verzichten, weil die Insulaner um keinen Preis bereit waren, diese zu verkaufen. Sie glaubten, daß die darin wohnenden Geister ihnen diesen Handel verübeln könnten und sich dafür mit Krankheit oder Tod rächen würden.

Die oben genannten Ahnenfiguren wurden aus einem Stück gefertigt. Der Künstler mußte zwar bestimmte Motive und Totemembleme der auftraggebenden Familie mit einbauen, hatte aber sonst genügend Handlungsfreiheit bei seiner Arbeit. Die Geschlechtsteile wurden überdimensional dargestellt. Die Überbetonung des Sexuellen findet sich auch in der europäischen Steinzeit sehr häufig und steht in enger Beziehung zur Fruchtbarkeit. Sie ist auch Sinnbild für die Fruchtbarkeit des Gesamtlebens überhaupt. – Für die Augen der Ahnenfiguren wurde der Verschlußdeckel der Turbo-Schnecke verwendet, der dem menschlichen Auge täuschend ähnlich ist.

Als Schmirgel zum Glätten der Figur nahmen sie Haifischhaut, zum Polieren bestimmte getrocknete Blätter.

Auch die anfangs erwähnte Tatanua-Totenmaske wurde in einer dieser Tabu-Hütten angefertigt. Typisch für sie ist das groteske Gesicht mit dem helmartigen Aufbau aus Kasuarfedern an den Seiten und der gelben Haarraupe auf dem Kamm. Gelb ist die charakteristische Haarfärbung der Trauernden; sie wird durch Beschmieren mit Korallenkalk und einem Naturfarbstoff hervorgerufen (in anderen Teilen Melanesiens ist Schwarz die Trauerfarbe).

Während der Festlichkeit setzt einer der Tänzer diese Maske auf und personifiziert sich dadurch mit dem Geist des Verstorbenen. Jeder der Anwesenden weiß jetzt, daß der Ahnengeist nun wieder unter ihnen weilt und somit aktiv am Dorfleben teilnehmen kann. Der Geist ist damit zufriedengestellt und wird also niemandem Böses antun.

Das von Karl Vieweg mitgebrachte Tanzfries war durchbrochen geschnitzt, etwa in der Art wie in Abb. 52 dargestellt. Es trug als Emblem der Familie, der der Tote angehörte, einen Nashornvogel. Häufige Totembleme sind außer Vögeln auch Schlangen und Fische. Oft wird auch der Verstorbene selbst abgebildet. Das Fries wird an einem Griff in der Mitte der Rückseite von dem Tänzer gehalten.

Beim Malanggan-Totenkult werden zwei Festlichkeiten unterschieden, das eigentliche Totenfest und die jährlich wiederkehrenden Erinnerungsfeiern. Die Kultfiguren werden dann öffentlich ausgestellt. Ist die Familie bestrebt, ihr Ansehen im eigenen und in den umliegenden Dörfern zu erhöhen, so muß sie sich die Feiern auch etwas kosten lassen!

Die Erinnerungsfeierlichkeiten finden gewöhnlich zwischen Mai und Juli statt und sind natürlich mit ausführlichen Eßgelagen verbunden, bei denen jeder so viel ißt, wie er nur kann.

Bei der eigentlichen Totenfeier wird der Verstorbene zunächst unter lautem Klagen auf einer Bahre aus Speeren durch das Dorf getragen und schließlich vor seiner Hütte auf ein Gerüst gelegt, das je nach Ansehen des Toten höher oder flacher errichtet ist. Ein männlicher Verwandter berührt den Kopf des Toten mit seinem Speer und stimmt einen Trauergesang an. Dann wird der Scheiterhaufen unter dem Gerüst entzündet. Auch ältere Malanggan-Schnitzfiguren dienen mit als Brennholz. Das Gerüst bricht bald zusammen, der Tote stürzt herunter, und der Verwandte mit dem Speer stößt der Leiche die Waffe in die Seite, schlitzt sie mit der messerscharfen Bambusspitze auf und holt die Leber heraus. Er verteilt sie unter der männlichen Verwandtschaft, zusammen mit etwas Ingwer.

Ingwer, gegessen oder auch nur lose in der Hand gehalten, hilft mit Sicherheit gegen hohes Fieber, bringt also eine bereits entwichene Seele wieder in den Körper zurück: Denn Fieber oder eine Krankheit wird bekanntlich dadurch erzeugt, daß die Seele den Körper verlassen hat. Auch bei Rheuma hilft Ingwer ganz erstaunlich: Der Zaubermeister kaut die Ingwerwurzel gut durch und spuckt sie auf den Leib des Patienten. Das genügt vollkommen. Hilft es nicht, so waren fremde Geister am Werke gewesen.

Doch zurück zur Totenfeier. Am nächsten Tag wird über der erkalteten Asche ein kleines Dach errichtet. Ein Festmahl beschließt die Trauerzeremonie. Ein zweites Festmahl ist Wochen später bei Abschluß der Trauerzeit fällig. Dann reiben sich die nächsten Angehörigen des Verstorbenen mit einem Gemisch aus Kokosmilch und der Asche des Verstorbenen ein.

Sorgen in der Heimat

Karl Viewegs Eltern in Quedlinburg waren über die Erlebnisse ihres Sohnes wenig erfreut. Waren sie doch schon ganz und gar nicht damit einverstanden gewesen, daß er nach Neuguinea ging. Er hatte als Kaufmann einen ehrbaren Beruf erlernt, und sie hatten erwartet, daß er, als er bei der Neuguinea Compagnie in Berlin eintrat, dort oder in Hamburg bei der Verwaltung bleiben würde. Und nun kamen aus dem fernen Land diese schrecklichen Briefe, die nur sorgenvoll stimmen konnten. So schrieb der Vater am 1. April 1908:

> *»Sag mir nur, was haben Deine tollen, waghalsigen Exkursionen für einen Zweck, mitten in der Wildnis unter den Kanakern, von denen Du selbst schreibst, daß sie neulich andere zum Schweineessen eingeladen haben und danach als Dessert die beiden Gäste noch gefressen haben.*
>
> *Laß Vunakokor-Berg Berg sein und setze nicht das Leben so voreilig aufs Spiel und zwar ganz zwecklos. Wenn Du in den trockenen Wasserläufen im Urwald umherkletterst, ohne die Gegend zu kennen, und es braucht Dir nur zu passieren, daß Du den Fuß verdrehst, so liegst Du hilflos da, gehst elend zugrunde. Kein Mensch weiß, wo Du geblieben bist; Du bist verschollen.*
>
> *Ich gehöre nicht zu den lamentierenden Angsthasen, aber was Du dort treibst, ist mehr als waghalsig, um so mehr, da der ganze Kram keinen rechten Sinn hat und Du hier im Lande einen besseren Platz ausfüllen könntest. Ich wollte, Neuguinea wäre nie entdeckt worden.«*

Der Vater hatte nicht ganz unrecht. Karl Vieweg war schließlich in ein Land gegangen, das in seinem Innern noch völlig unbekannt war, in dem es mit der Malaria und dem Schwarzwasserfieber schwere, oft tödliche Krankheiten gab, wo die Lebensbedingungen hart und unsicher waren und aus dem der teure Sohn auch noch von den wildesten Unternehmungen schrieb. Kein Wunder, daß sich die Eltern fortwährend sorgten und die Jahre und Monate zählten, bis Karl endlich seine Vertragszeit abgearbeitet haben würde. Mutter Julie am 19. Februar 1908 an Sohn Karl:

> *»Ich will mutig sein und nicht verzagen, so hoffe ich, wird uns der liebe Gott auch glücklich wieder zusammenführen.«*

Und was schrieb nun der liebe Karl in seinem letzten Brief nach Hause, allerdings in griechischen Buchstaben auf einem Extrablatt, das für seinen Bruder Hans (Johannes) bestimmt war, denn nur der konnte Griechisch lesen. Er hätte ein Angebot von dem Landmesser van der Laan, der eine neue Gesellschaft gründen wollte und dafür einen tüchtigen Mitarbeiter suchte! Sein neues Arbeitsfeld in etwa einem Jahr wäre dann irgendwo auf Neumecklenburg. Und Neumecklenburg war ausgerechnet die Insel, auf der dem Kannibalismus noch am meisten gefrönt wurde, das hatte er leichtsinnigerweise einmal nach Hause berichtet. Jetzt bereute er es.

Da bekam er mit der nächsten Post von Bruder Hans auch schon die Leviten gelesen:

> *»Ich bitte Dich und rate Dir, tu das auf keinen Fall. Was sollst Du da in dem abgelegenen, ungesunden und vom Staate am wenigsten beachteten Lande Deine schönsten Jahre zubringen. ... Nun scheinst Du Dich dort festsetzen zu wollen, eventuell eine Schwarze heiraten und andauernd Gummi pflanzen zu wollen.*
>
> *Ach Karl, pflanz doch keinen Gummi ... Was hast Du da viel Kaufmännisches zu tun, und wie gut paßt Du zu einem Kaufmann, der Du doch einen energischen Charakter und einen scharfen Sinn hast, einen scharfen Verstand, will ich sagen ... Also werde kein Pflanzer. Und hier in Deutschland, wo, wie ich zugeben muß, man nichts davon versteht, faßt man den Begriff Pflanzer ungefähr so auf wie 'Krauter'. ...*
>
> *Wenn ich Deiner Ehre manchmal zu nahe getreten sein sollte, dann verzeih mir, aber ich meine es gut, und ich habe Dir das alles nur in Deinem eigenen Interesse geschrieben ... Und nun noch eins: Bedenke, lieber Bruder, daß wir beide unser Mutter einziges Glück und einzige Freude sind. Was für ein Kummer es für unsere Mutter wäre, wenn Du nun nach den 3 Jahren nicht wiederkämst oder wenn Du wieder dorthin wolltest, das brauche ich Dir wohl nicht zu erzählen. ...*
>
> *Mama weiß weder von diesem Brief, noch von dem Inhalt Deiner griechischen Mitteilung. Sie fragte aber bei mir an, was das Griechische bedeute, doch überging ich das mit Stillschweigen.«*

Mutter Julie muß aber doch Wind von der Sache bekommen haben, denn mit der nächsten Post schrieb sie verzweifelt:

»Um Gottes Willen, geh keine neue Verpflichtung wieder ein, ... das wäre sonst eine schreckliche Strafe für mich. ... Das wirst Du doch Deiner Mutter nicht zuleide tun und Dich als Pflanzer dort festsetzen? Dann wärst Du für uns verloren, das könnte ich nicht überwinden, und der Tod wäre dann das Beste für mich.«

Und da Karl gerade vorher von einem Erdbeben berichtet hatte, fuhr sie fort:

»Ach Gott, mein liebes Kind, ich weiß ja gar nicht, ob Du noch am Leben bist. Mache doch nur ja, daß Du da fort kommst, denk doch an mich!«

III. INSEL GAROWE

Die Witu-Inseln

Im *Mai 1908* wurde Karl Vieweg auf die Insel Garowe versetzt, die zu den Witu-Inseln gehört. Dort waren zwei Stellen frei geworden. Der eine Europäer war wegen schwerer gesundheitlicher Schäden vorzeitig in die Heimat zurückgekehrt, der andere an Schwarzwasserfieber gestorben.

Die Witu-Inseln (witu = Stern in der Witu-Sprache) liegen auf halbem Weg zwischen Friedrich-Wilhelmshafen und Herbertshöhe. Zu ihnen gehören insgesamt acht Inseln:

Insel	km^2	Bewohner	
Garowe *)	53,1	711	
Unea **)	31,5	1070	
Mundua ***)	5,92	220	
Naraga	1,45	57	(heute unbewohnt)
Wambu	0,66	0	(bis 1910 bewohnt)
Ngoru ****)	0,49	94	
Silenge	0,13	42	
Undaga	0,06	0	(vermutlich ab 1897 unbewohnt)

Zensus 1913 (5)

*) *Früherer Name Deslacs. Die Garowe-Bewohner selbst hatten keinen Namen für ihre Insel. Die Bewohner von Mundua nannten den ihnen zugekehrten Teil jener Insel 'Garowe'. Auf der Villaumez-Halbinsel wurde sie mit Witu oder Bitu bezeichnet. 1913 wurde sie offiziell Witu benannt. Heute heißt sie wieder Garowe.*

**) *Früherer Name Meriete, heute auch Bali genannt.*

***) *Früherer Name Forestier, heute auch Ningau genannt.*

****) *Früherer Name Wingoru, heute auch Goru.*

Die größte Entfernung innerhalb der Inselgruppe beträgt etwa 40 km. Bis zur Villaumez-Halbinsel sind es etwa 70 km und bis Herbertshöhe bzw. Friedrich-Wilhelmshafen jeweils weit über 300 km.

Die Inseln sind vulkanischen Ursprungs. Größere Eruptionen sind in den letzten Jahrhunderten lediglich auf Garowe vorgekommen, dort jedoch mit so verheerenden Folgen, daß nach mündlicher Überlieferung die ansässige Bevölkerung ausgelöscht wurde (9).

Die Bewohner der Inselgruppe gehören ethnisch zu den Melanesiern. Sie sind nahe verwandt mit den Bewohnern der Villaumez-Halbinsel und des westlichen Neupommern, mit denen sie auch einen gewissen Verkehr unterhalten.

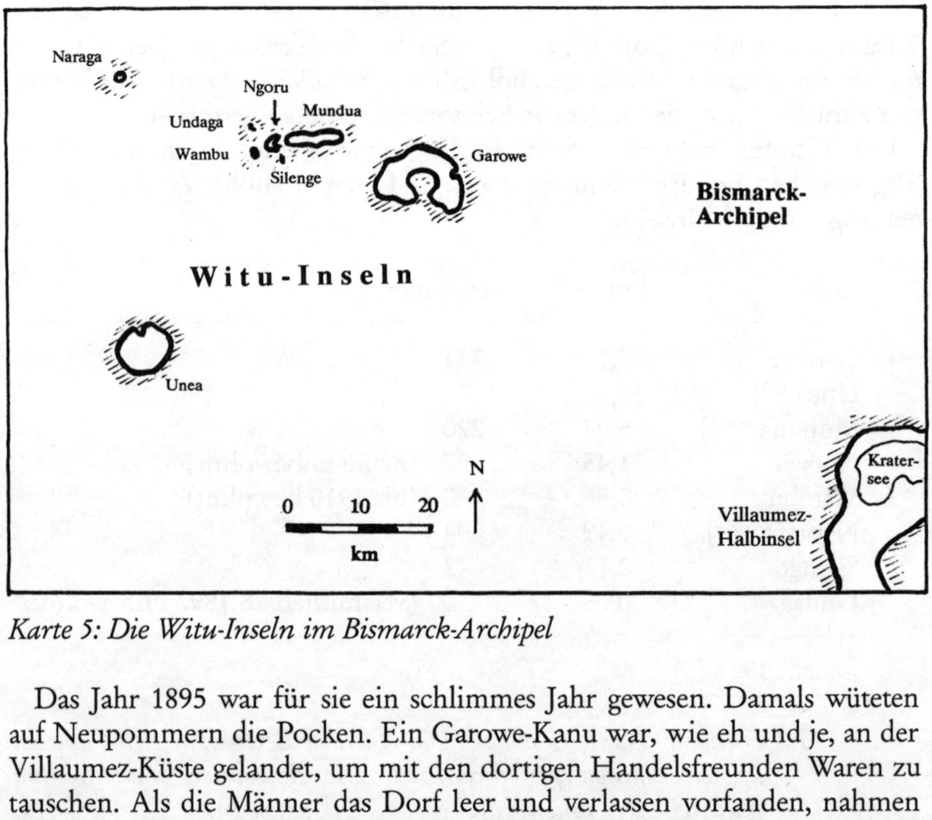

Karte 5: Die Witu-Inseln im Bismarck-Archipel

Das Jahr 1895 war für sie ein schlimmes Jahr gewesen. Damals wüteten auf Neupommern die Pocken. Ein Garowe-Kanu war, wie eh und je, an der Villaumez-Küste gelandet, um mit den dortigen Handelsfreunden Waren zu tauschen. Als die Männer das Dorf leer und verlassen vorfanden, nahmen sie alle nützlichen Dinge als willkommene Beute mit und damit auch die schreckliche Seuche. Nach vorsichtigen Schätzungen starben damals über 60% der Witu-Insulaner.

Im Jahr 1911 waren die Inseln dichter besiedelt als alle damals bekannten Gebiete von Deutsch-Neuguinea. Pro Quadratkilometer lebten auf den Witu-Inseln im Durchschnitt 23 Menschen. Wahrscheinlich war diese Zahl sogar noch höher, denn der Bezirksamtmann und seine melanesischen Polizeisoldaten stellten bei drei Volkszählungen, die für die künftige Entrichtung der Kopfsteuer durchgeführt wurden, jedes Mal eine größere Bevölkerungszahl fest.

Diese unterschiedlichen Ergebnisse beruhten nicht etwa auf einer besonders schnell wachsenden Bevölkerung, sondern zum einen darauf, daß in dem vielfach stark zerklüfteten Inselgelände gar nicht alle Hütten gefunden wurden, und zum anderen darauf, daß viele Kinder versteckt wurden, wenn die große Trommel meldete, daß gleich ein weißer Mann erscheint!

Einer der Gründe für das Verstecken war der Aberglaube, daß ein Kind sterben mußte, wenn es vom Blick eines Weißen getroffen wurde. Allerdings genügte dafür schon, nur den Namen des Kindes in Gegenwart des weißen Mannes zu nennen, wodurch der Zauber des Weißen von dem Kind Besitz ergriff.

Ein anderer Grund war die Angst der Älteren im Dorf vor der Anwerbung junger Leute für die Plantagen der Europäer, denn durch die Anwerbung fehlte es in den eigenen Dörfern an Arbeitskräften.

Die wirtschaftliche Bedeutung der Witu-Inseln hing ganz von der Aktivität der Neuguinea Compagnie ab. Nach Jahren der Konsolidierung begann sie nun, ihre Tätigkeiten auf den Inseln zu intensivieren. Die Compagnie hatte die Inselgruppe von Queen Emma günstig erworben, sie selbst hatte sie einmal für ganze 50 englische Pfund gekauft!

Insgesamt waren dort sechs Plantagen angelegt, vier auf Garowe und je eine auf Unea und Mundua. Außerdem hatte die Compagnie noch mehrere Handelsstationen eingerichtet, die von Chinesen geleitet wurden.

Die Inseln waren für die Neuguinea Compagnie in wirtschaftlicher Hinsicht mehr als nur ein Kleinod: 1905/06 kamen 30% ihrer Kopraexporte von dort. Im Jahr 1907 war auf den Inseln eine Fläche von 312 ha von der Compagnie bebaut, überwiegend mit Kokospalmen, in der jüngsten Zeit auch mit Kautschuk und Kakao. 1908 wurden bereits 340 t Kopra, 54 000 Kokospflanznüsse und 1,9 t Kakao von Peterhafen, dem Verladehafen der Inselgruppe, exportiert (38, 39). Im darauffolgenden Jahr konnten der erste Kautschuk gezapft und die Kakaoausfuhr vervielfacht werden.

Karl Viewegs neues Arbeitsfeld war die Pflanzung Meto auf Garowe, in unmittelbarer Nähe des kleinen Naturhafens Peterhafen, einem alten Kraterbecken (s. Abb. 54). In den Tagebuchaufzeichnungen wird deshalb die Pflanzung oft auch als 'Peterhafen' bezeichnet.

Meto umfaßte etwa 150 ha. Assistent Vieweg war für den Ablauf des Pflanzungsbetriebes zuständig. Das bedeutete neben der Führung der Bücher die Einteilung und Überwachung aller durchzuführenden Arbeiten mit den dazugehörigen Nebenpflichten. Eine dieser Nebenpflichten war das Versorgen der zahlreichen Verletzungen, besonders der häufigen Beinwunden, eine Aufgabe, der der dafür zuständige melanesische Krankenpfleger Reblala allein nicht gewachsen war.

Neben der Arbeit auf der Pflanzung war der neue Mann von der Blanche-Bucht auch mit anderen wichtigen Zuständigkeiten betraut. Er mußte für Ankauf und Anlieferung der Kopra von den anderen Inseln sorgen.

Der Verwaltungssitz der Neuguinea Compagnie für die Witu-Inseln war Peterhafen. Der Stellvertretende Administrator und Leiter der Inselgruppe, Herr L., hielt alle Fäden selbst in der Hand. Als Chef ließ er es sich nicht nehmen, gleichzeitig auch als Leiter der Pflanzung Meto zu fungieren. Nur in seiner Abwesenheit übernahm der eigentliche Verwalter, Herr Dahne, die Leitung von Meto. Herr Drewes von der Station Lama nahm dann die Funktion des Stellvertretenden Administrators wahr. Leiter der Station Bali auf der Insel Unea war Herr Prank.

Dann gab es noch den erfahrenen und tüchtigen Dänen Pieter Hanson, der für die Station Bodobodo-Ilia zuständig war, und den Händler Rauer. Hanson hatte mehrere dunkelhäutige Frauen, Rauer nur eine.

Insgesamt lebten also neben den über 2 000 Insulanern nur sieben Weiße auf den Witu-Inseln.

Nach den amtlichen Mitteilungen der Reichsregierung galt die Inselgruppe erst ab 1913, also ein paar Jahre nach Karl Viewegs Aufenthalt, als 'befriedet'. Schwierigkeiten bereiteten zur damaligen Zeit vor allem die Bewohner der Insel Unea, denn sie sind – so die Reichsregierung – *»sehr kriegerisch und huldigen, unter sich in Fehde lebend, bis in die jüngste Zeit dem Kannibalismus ... Den ihnen auferlegten öffentlichen Leistungen kommen sie nur in sehr mangelhafter Weise nach«* (5).

Fahrt zu den Inseln Mundua und Naraga

M*ittwoch, 24. Juni 1908.* Für den 24. und 25. Juni stand eine Fahrt zu der Insel Mundua auf dem Programm, um eine Ladung Kopra von der dortigen Station Ningau zu holen. Um 7.20 Uhr fuhr Karl Vieweg mit dem Kutter 'Unea' los. Besatzung: Tom (Kapitän), Sissia, Belone, Logan, Magei, Baramus und Losbut, dazu von der Station Lambe die Arbeiter Mundo und Regire, die nach Mundua versetzt worden waren.

Abgemacht war, daß die vollen Koprasäcke von der Insel Naraga bis heute nach Mundua gebracht sein sollten, vorausgesetzt, daß es höchstens zehn waren, denn mehr schaffte das kleine Boot von Mundua nicht. Dann konnten beide Ladungen von Mundua und Naraga zusammen von dem großen Kutter 'Unea' abgeholt werden.

Bis Mundua waren etwa 23 km zu fahren, also wohl fünf bis sechs Stunden. Die Pflanzung und Station der Neuguinea Compagnie, Ningau, befand sich auf der Nordseite der Insel. Einen Europäer hatte die Compagnie hier gegenwärtig nicht eingesetzt. Der letzte war vor einiger Zeit gestorben.

Chef vom Dienst war zur Zeit ein Sohn aus dem Reich der Mitte, To Ah Kun, mit einem respektablen Zopf, seinem Heiligsten, dessen Ende ihm bis in die Rocktasche reichte.

Abb. 53: To Ah Kun, Manager der Plantage Ningau

Die zu verladenden Säcke mit Kopra hatte er bereitliegen. Aber die Ladung von Naraga war ja nicht dabei! Tagebuch:

»To Ah Kun hatte gestern das Boot nach Naraga geschickt. Dasselbe kam aber wegen starker Gegenströmung unverrichteter Sache zurück. Deshalb, und da 49 Sack Kopra in Naraga liegen sollen, fahre ich morgen mit dem Kutter 'Unea', das Boot von Mundua im Schlepp, nach Naraga.«

Gut. Dann geht es also morgen nach Naraga.[13]

Mittags besuchte er den Deutschen Rauer. Rauer war ein versumpfter, doch gutmütiger Händler, wie es sie öfter gab (siehe Häuptling Jimmy auf Echaquier, S. 84). Er trug keinen Vollbart, war aber auch nicht rasiert und verschmähte offensichtlich jede zu häufige Gesichtskosmetik. Er war schon sechs oder sieben Jahre auf den Witu-Inseln und konnte von Glück reden, daß er noch am Leben war. Einmal schon hatten die Garowe-Leute versucht, ihn zu ermorden, angeblich, weil er eine ihrer Schönen zur Frau genommen hatte. Aber das war mit Sicherheit nur ein Vorwand gewesen. Ein andermal, das war vor vier Jahren, als die Deutschen Reinhard und Döll ermordet worden waren und Pieter Hanson mit knapper Not fliehen konnte, war auch er entkommen, jedoch mit einem Loch im Arm. Ein Speer hatte seinen Körper nur knapp verfehlt.

13 Welchen Einfluß Strömungen, gepaart mit schlechtem Wetter, haben können, erfuhr auch Missionar Hoffmann / Stephansort, als er sich mit dem Küstendampfer 'Johann-Albrecht' in Höhe der Witu-Inseln befand:"... und am nächsten Morgen merkten wir zu unserer Betrübnis, daß uns die heftige See weit zurückgeworfen hatte"(26).

Die Narbe war unübersehbar. "Eine mächtige Narbe", stellte Karl Vieweg fest, "hat die Wunde keiner behandelt, kein Medizinmann?"

"Ein Medizinmann? Ich war doch auf der Flucht, zehn Tage mit dem Kanu auf offener See! Zehn Tage mußte ich mit dem Arm noch paddeln, meine Frau und ich waren doch ganz allein! Später bin ich einmal beim Medizinmann in Behandlung gewesen, da war ich wirklich krank, und mein Kopf wollte fast bersten. Mein Boy rief den Medizinmann."

"Kam er?"

"Ja, er kam. Er hat mir mit einem Bündel Grünzeug auf den Kopf gehauen und etwas dazu gemurmelt."

"Hat es geholfen?"

"Es wurde noch schlimmer."

Viel interessanter für Karl Vieweg war, was sich vorgestern nacht bei Ehepaar Rauer ereignet hatte: *»Rauers Weib Maluke hat in der Nacht vom 21. zum 22. Juni wieder ein rosaweißes Mädchen gekriegt.«*

Sie bekam ihr Baby nach Art des Hauses – kniend nach vorn gebeugt, mit den Händen am Fußboden. Anschließend hatte Maluke ein Bad im Meer genommen, während die anwesenden Frauen das Kind übernahmen und ihm etwas Kokoswasser einflößten.

> Oft gebären die Frauen auch im Hocken. Bei anderen Stämmen erfolgt die Geburt im Stehen oder sogar im Gehen (50). – Daß das Neugeborene eine rosaweiße Hautfärbung besaß, wunderte Karl Vieweg trotz des weißen Vaters besonders. Er wußte damals noch nicht, daß bei den negriden Rassen den Neugeborenen die dunkle Hautfarbe fehlt. Lediglich Hodensack bzw. Schamlippen sind schon etwas pigmentiert.

In ein paar Wochen kann sich Kleinchen freuen, wenn neben der Muttermilch der erste vorgekaute Breikloß aus dem Mund der Mutter in den seinen hinüberbefördert wird. Im übrigen stopft das Kleine, wenn es das Krabbelalter erreicht hat, von dem Unrat am Boden in sich hinein, was Hund und Schwein nicht mehr mochten, und sorgt so beizeiten für Krankheiten und natürliche Auslese. Was der Unrat nicht schafft, das besorgt die Malaria. Weniger als die Hälfte der Kinder erreichte in jener Zeit das 7. Lebensjahr.

Noch aber lebte Kleinchen und wollte so groß werden wie Mama Maluke. Dafür jedoch war nicht allein gut essen und trinken erforderlich. Benötigt wurde der rechte Spruch, mit dem das Kind gleich nach der Geburt bedacht wurde. Nur er konnte alles Ungemach mit Sicherheit von ihm fernhalten. Wie der Spruch lautete, wissen wir nicht. Er ist im Tagebuch nur angedeutet. Er soll den Erfordernissen des Lebens entsprechend gewesen sein, ähnlich dem folgenden Spruch, der auch heute noch, 1990, von den Tolai auf der Gazelle-Halbinsel gebraucht wird:

> 'Werde groß und stark, damit du die Felder bestellen kannst!'

Bei einem Jungen sind Spruch und Handlung ein wenig robuster: Während die Mutter den kleinen Sprößling im Rauch über dem häuslichen Feuer hin und her schwenkt, singen die Frauen ihm – ebenfalls heute noch – vor, daß er vor allen Fremden, die sich dem Dorf nähern, auf der Hut sein soll:

> 'Vorsicht vor jedem Fremden! Knirsche vor ihm mit den Zähnen und leg deinen Eberzahnschmuck an. Halte Speer und Keule zum Kampf bereit.'

Maluke bereitete schnell ein Mittagessen für Karl Vieweg. Noch durfte sie es, aber bald, in den Tagen, wenn sie wieder ihre 'topotopo', ihre Regel, haben wird, darf sie es nicht, denn dann gilt sie als unrein und muß der Essenszubereitung fernbleiben. Nicht nur der Essenszubereitung, auch von den Feldern muß sie sich fernhalten, damit die sauberen Taro-Knollen in der Erde nicht durch Blutstropfen verunreinigt werden und dazu auch noch die Wildschweine anziehen! So will es das Gesetz ihres Volkes. In ihrem Heimatdorf Lama müßte sie sich sogar in die Menstruationshütte zurückziehen, der 'kapa ka lulu'. Aber das braucht sie hier nicht.

> (In Deutschland gilt in manchen Gegenden noch heute auf dem Lande, daß eine Frau während der Menstruation weder Obst noch Gemüse einkochen soll. Auch wird der Schlachtetag verschoben, wenn die Bäuerin gerade ihre Regel erwartet.)

Karl Vieweg dachte über die Gebräuche zu Hause in Deutschland und die der Insulaner nach. Ob sich wohl Rauer an ein anderes Stammesgesetz hält: Keinen Verkehr mit seiner Frau während der ersten beiden Jahre nach der Entbindung? Hält er sich nicht daran – Malukes Dorf wird es mit Sicherheit von ihr erfahren! Die Folgen sind nicht auszudenken. Wenn er jedoch in dieser Zeit – allerdings nur in dieser Zeit – manchmal eine Freundin besucht ... dagegen wird niemand etwas einwenden. (Zwei Jahre Enthaltsamkeit kommen mit der Stillperiode etwa überein.)

Den Nachmittag nutzte der Gast, um die Gegend kennenzulernen. Aus dem benachbarten Dorf Karamatta war ein Kanu mit dem Big-Fellow-Man Uleitis angekommen. Der hatte sich wegen des hohen Besuchers mit einem Lendentuch bekleidet, das sonst im Dunkeln seiner Hütte ruhte. Als Oberbekleidung trug er im Nacken einen Strauß duftender Kräuter – ganz apart. Nun fuhren beide zusammen nach Karamatta, das westlich von Ningau lag. Ein Dutzend Hütten waren es wohl, malerisch von Palmen umgeben.

Einer von Uleitis' Bootsleuten hatte vorhin zwar freundlich genickt, sagte aber sonst keinen Ton. Jetzt im Dorf gab ihm Uleitis mit den Händen mehrere Zeichen. Es war Malangu, ein taubstummer jüngerer Mann. Karl Vieweg sah ihn in den nächsten Monaten noch häufiger. Stets war er hilfreich und bemüht, den Wunsch der anderen schon vorab zu erkennen.

Ein bedauernswerter Mensch. Er wußte wohl durch Beobachtung, was mit ihm geschehen wäre, hätten seine Eltern die Behinderung frühzeitig erkannt. Dann wären sie mit ihm genauso umgegangen wie mit jedem anderen sichtbar geschädigten Kind nach der Geburt: Die Eltern geben ihm einfach nichts mehr zu essen, es verhungert, oder es wird in die nächste Grube geworfen, wo es sein kleines Leben aushaucht. Manche Mütter erdrücken das Kind auch oder halten es so lange in den Rauch über dem Feuer, bis es nicht mehr atmet. – Bei anderen Stämmen wurden Behinderte am Leben gelassen, einzig und allein deshalb, damit sie später als Zauberer fungieren könnten.

Die Tötung eines Kindes war auf den Witu-Inseln kein aufsehenerregendes Ereignis. Gewöhnlich wurden alle Erstgeborenen umgebracht – die taugten nichts! Von Zwillingen wurde ebenfalls einer getötet. – Auf der Gazelle-Halbinsel töteten Eltern ihr Neugeborenes häufig dann, wenn es ein Junge war, denn er würde Eltern und Verwandte später nur viel Tabu kosten, nämlich die hohen Aufnahmegebühren in die Dukduk- und Iniet-Geheimbünde. Auch war eines Tages der Kaufpreis für die Ehefrau aufzubringen. Dagegen war ein Mädchen nicht mit Kosten verbunden. Im Gegenteil, das Mädchen bedeutete eine gute Arbeitskraft und konnte zudem verkauft werden.

> Am Yuat-Fluß, einem Nebenfluß des Sepik, wickelten die Mundugumor ein unerwünschtes neugeborenes Kind einfach in ein Stück Baumrinde und ließen es den Fluß hinuntertreiben (36). So waren sie es los. – Bei dem kleinen Stamm der Eipo im zentralen Hochland Neuguineas ist die Kindestötung noch heute eine bewußte Maßnahme zur Regulierung der Bevölkerungszahl: Ein Drittel aller Neugeborenen, hier vor allem Mädchen, werden getötet (50).

Nach kurzem Aufenthalt verließ Karl Vieweg mit seiner Begleitung Karamatta und fuhr wieder nach Ningau zurück und weiter bis zu dem Dorf Kore, das 2 km weiter östlich an der Küste lag (s. Abb. 55). Dort sah es böse aus. Ein Sturm hatte vor kurzem alle Hütten zerstört, viele Palmen waren umgebrochen, und Baumstümpfe starrten trübselig gen Himmel. Auch die Bananenpflanzungen hatten schweren Schaden genommen. Nur sehr wenige von ihnen hatten die Bewohner wieder aufrichten können und an langen Bambusstangen festgebunden. Die Dorfgemeinschaft war gerade dabei, sich westlich des alten Dorfes neue Hütten zu errichten, denn auf der alten Stelle mußte ein böser Fluch liegen, das hatten die Ahnengeister mit der Zerstörung ihrer Hütten deutlich genug gezeigt.

Zwischen Ningau und Kore lag eine ausgedehnte Ebene, so konnte Karl Vieweg vorhin bei der Herfahrt feststellen. Sollte man hier nicht eine Kokosplantage anlegen? Er müßte sich das gelegentlich einmal näher ansehen.

Aber Uleitis warnte. Das aus der Entfernung so verführerisch einladend aussehende Gelände war ein Sumpf, der Ihmbe, in dem es sehr große Krokodile gab. Bis zu sieben Meter lang sollten sie sein. So mancher, der meinte, am Rand des Sumpfes nur einen morschen Baumstamm liegen zu sehen, hatte diesen verhängnisvollen Irrtum mit dem Leben bezahlt. Sie alle, so sagte Uleitis, mieden deshalb weitgehend dieses Gebiet.

Wenn aber doch einmal einer von den Dorfbewohnern von einem der Krokodile gepackt wird – meist eine unvorsichtige Frau oder ein unerfahrenes Kind –, dann versucht das Krokodil zunächst, sein Opfer unter Wasser zu ziehen und zu ertränken oder aber ihm durch äußerst schnelle Drehbewegungen um die eigene Längsachse ein Stück Fleisch aus dem Körper herauszudrehen, herauszureißen. Abbeißen kann ein Krokodil nicht. Noch nie, so sagte Uleitis, wäre jemand bei dieser Prozedur mit dem Leben davongekommen.

Dann aber machen sich alle Männer des Dorfes auf, um das Opfer zu rächen. Sie umstellen vorsichtig das nächstbeste Tier, das sich abseits von den anderen aufhält. Jeder hat vier oder fünf Speere in der Hand. Sind sie nahe genug an das Ungeheuer herangekommen, so stoßen sie ihre Speere in den Boden und bilden dadurch einen Sperrzaun, den sie rasch verengen. Das Tier kann nicht mehr entrinnen und endet unter Keulenhieben und gezielten Speerwürfen in die Weichteile. Allerdings ein gefährliches Spiel! Es gelingt nicht immer.

Bei einer anderen Fangmethode, so erzählte Uleitis weiter, lassen sie das Krokodil bei einem engen Durchlaß mit dem Kopf in eine Schlinge laufen. Dann werden ihm heiße Steine in den schnappenden Rachen geschoben, und alles wird zugebunden, bis das Tier endlich tot ist.

Ist das Krokodil nur verwundet, so stößt es schauerliche Laute aus, die dem klagenden Stöhnen eines Mannes sehr ähnlich sind. Ebenfalls verletzt am Boden können aber auch ein paar der Jäger liegen, mit üblen Reißwunden oder gebrochenen Knochen durch den gewaltigen Schlag des Schwanzes. Risikolos ist der Rachefeldzug jedenfalls nicht. – Das Fleisch des Schwanzes gilt im übrigen als Delikatesse.

Unter solchen Gesprächen fuhren die beiden wieder im Einbaum zurück. Uleitis erzählte auch viel von den Schwierigkeiten, die sein eigenes Dorf immer wieder mit den Leuten des Dorfes Kurawu auf der gegenüberliegenden Seite der Insel bekam. Da hatte es in der Vergangenheit schon mehrmals Tote gegeben. Kurawu war mit seinen zwei Dutzend Männern kaum größer als Karamatta oder Kore. Von Kurawu aus würde oft Zauber auf ihr Dorf gelenkt, so daß dieser oder jener von ihnen erkrankte oder sonst etwas im Dorf oder bei den Taro-Anpflanzungen verkehrt lief.

Am Abend notierte Karl Vieweg in seinem Tagebuch:

> *»Fight zwischen Kurawu und Karamatta scheint mir in nächster Zeit nicht ausgeschlossen.«*

Und am nächsten Tag ergänzte er:

> *»Die Eingeborenen von Karamatta beschweren sich über Zaubereien derer von Kurawu auf der anderen Seite der Insel.«*

Wann der Zwist mal wieder zum offenen Kampf ausbrechen würde, war nur noch eine Frage der Zeit.

Donnerstag, 25. Juni 1908. Heute stand die lange Fahrt zu der Insel Naraga an. Nur bei günstigem Wetter war das Programm zu schaffen. Als Karl Vieweg um 4.30 Uhr aufwachte, ließ er sogleich wecken. Daß die Überfahrt gelingen würde, wußte übrigens sein Bootsmann Sissia seit heute nacht ganz genau. Er verkündete es allen gleich nach dem Aufstehen.

Woher er das wußte?

Nun, er habe heute nacht den Ruf eines bestimmten Vogels gehört. Das bedeute immer, daß Wind und Strömung günstig seien, kein Unwetter würde sich ereignen.

Dann könnte heute also nichts schief gehen!

Um 5 Uhr legte der Kutter ab. Es war noch dunkel. Mehrere Mundua-Leute, die mitfahren wollten, erschienen nicht. Sie hatten das frühe Tanduk-Blasen verschlafen.

Die Bootsfahrer passierten die kleine Insel Ngoru und bald darauf auch Wambu und die Fischinsel Bonukanahiga, ein winziges Eiland. Die Strömung war tatsächlich günstiger als vorgestern.

Sie kamen zügig voran.

Kapitän Tom erzählte, so flott wie heute ginge das aber nicht immer. Eine Fahrt nach Naraga sei immer ein gewisses Risiko. Erst vor einigen Monaten wären wieder zwei Kanus auf dem Rückweg von einem großen Singsing auf Naraga verschollen, wahrscheinlich durch eine unerwartete Gegenströmung abgetrieben. Nur das dritte Kanu, das später losfuhr, kam heil nach Ningau zurück.

Er erzählte weiter: Die Leute auf Naraga hätten eine andere Sprache als sie, doch einige Wörter seien die gleichen. Dadurch könnten sie sich mit ihnen verständigen.

> (Auf Naraga lebten damals kaum mehr als 50 Insulaner, 1913 waren es 57. Heute ist die Insel schon seit vielen Jahren unbewohnt. Darüber ist

Abb. 54: Peterhafen, Witu-Inseln

Abb. 55: Küste der Witu-Insel Mundua

Abb. 56: Insel Naraga

Abb. 57: Blick auf Insel Mundua bei Sonnenuntergang, von Insel Garowe aus gesehen

die folgende Geschichte überliefert, die sich in den 30er Jahren ereignet hatte:

Der Kanufahrer Lingei von Naraga hatte sich nach einem Sturm an die gegenüberliegende Kombe-Küste von Neupommern retten können, wurde aber von dem Kombe-Mann Tanevogae entdeckt und getötet. Daraufhin kam es zum Krieg, in dessen Verlauf Tanevogae getötet und sein Kopf als Trophäe nach Naraga gebracht und dort in einem Baum aufgehängt wurde. Nun aber kamen die Kombe-Leute mit vielen Kanus und in Überzahl. Einige Naraganer fielen im Kampf, der Rest wurde gefangen. Die Kombe-Krieger erklärten den Verschreckten höhnisch, daß jeden Tag vier von ihnen getötet würden. Und so geschah es auch. Alle Gefangenen, Männer, Frauen wie auch Kinder, fanden den Tod, doch nicht ihr Grab; denn für sie hatten die Kombe-Kannibalen eine andere Verwendung ...)

Um 11.45 Uhr erreichte der Kutter die Insel Naraga (s. Abb. 56) mit der Handelsstation Wurewure. Die Fahrt war, wie vorhergesagt, gut verlaufen. Sissia hatte also recht. Er genoß es sichtlich. – Die beiden Chefchinesen von Wurewure hatten die erwarteten 49 Sack Kopra bereitliegen, 9 Sack hatte Ah Long von den Einheimischen aufgekauft und 40 Sack der Hu Ah Hoi. 30 leere Säcke nahmen beide wieder in Empfang, mehr hatte Karl Vieweg im Augenblick nicht zur Verfügung.

Eine Kokospalmenanpflanzung der Compagnie gab es auf der Insel nicht. Die vorhandenen Palmenbestände gehörten den Insulanern selbst. Die Bewohner waren schon recht geschickt in der Zubereitung der Kopra. Anfänglich ließ die Compagnie sie nur die vollen Kokosnüsse liefern, die dann in Peterhafen aufgebrochen und ausgeschält wurden. Das kostete teuren Handarbeitslohn. Jetzt ließ sie diese Arbeit und auch das Trocknen der Kopra die Insulaner selbst machen. Das brachte beiden Parteien einen Gewinn, wobei die Gesellschaft natürlich den größeren machte.

Hu Ah Hoi benötigte noch allerlei für seinen Unterhalt und auch zum Eintauschen mit den Insulanern und übergab eine längere Wunschliste für das Vorratslager in Peterhafen. Bei der nächsten Fahrt sollte mitgebracht werden:

»10 mittelbreite Armringe	*10 Päck. Streichhölzer*
5 Kanueisen	*1 tin Tee*
1 Haarschneidemaschine	*2 tin Butter*
1 Strohhut	*7 tin Schmalz*
1 Dutzend Taschentücher	*2 tin Fleisch*
2 blaue Schlafanzüge	*1 Flasche Petroleum*
5 diverse Singlets	*diverse Angelleinen*
5 Paar weiße Socken.«	

Nach dem Abkochen (damals gebräuchlicher Ausdruck für das Kochen der Mahlzeit im Freien) stand die Inselbesichtigung auf dem Programm. Das noch nicht einmal 1,5 km^2 große Inselchen war ein einsam aus dem Meer herausragender Vulkankegel, der eine Höhe von 286 m erreicht hatte. In Begleitung von Häuptling Katur ging es zu dem Dorf Kawu und von dort nach Wangullugullu zu dem Häuptling oder wie es landesüblich hieß, zu dem Big-Fellow-Man Tanelawine.

Es waren alles nur kleine Ansiedlungen von höchstens zehn, einmal auch zwanzig Personen. Die Hütten waren in zwei Reihen gegenüberliegend angeordnet und zu ebener Erde errichtet. Ob hier eine einheitliche Hüttenordnung bestand? Auf Garowe und Mundua gab es sie nicht: Mal standen die Hütten in Reihen, dann wieder um einen freien Platz herum oder auch unregelmäßig über ihn verstreut. Allen gemeinsam war, einschließlich der Hütten auf der Gazelle-Halbinsel, daß sie einen armseligen, unordentlichen Eindruck machten im Vergleich zu den prächtigen Bauten an der Astrolabe-Bai, insbesondere in den Dörfern Bogadjim, Siar, Beliao und Ragetta.

Karl Vieweg hatte sich auf dem Marsch zu den Dörfern umgesehen: Überall standen reichlich Palmen. Es gab also keinen Grund zur Ermahnung an die Häuptlinge, noch mehr anzupflanzen, denn laut Verordnung des Gouverneurs mußte jedes Dorf mindestens 500 Kokospalmen besitzen (damit der Kopraexport ausgeweitet werden konnte).

Von Wangullugullu aus fuhr Karl Vieweg zusammen mit Tom und Sissia im Kanu bis zum Ostende der Insel weiter, wo die Urgewalten der Natur auch heute noch ungestört schalten und walten. Er notierte: Ein kleiner Geysir spuckt, Dampf steigt an vielen Stellen aus dem Boden, und

> *»kleine Schlammkrater werfen unter Knattern beständig Schlamm 10 – 75 cm hoch hinaus. Das Wasser der Quellen ist selbst da, wo es sich in die Brandung des Meeres ergießt, noch so warm, daß unmöglich, Hand hineinzuhalten. Ca. 50 – 60 m landeinwärts entspringt Quelle aus großem, tiefen, steinernen Trichter, oben Durchmesser ca. 12 – 16 m. Ganz klar. Russisches Dampfbad. Schmeckt so ähnlich wie Seewasser, wenn kalt.«*

Es war beeindruckend.

Zwei Frauen kochten in dem brodelnden Wasser ihren Taro für die Abendmahlzeit. Mehr ängstlich als neugierig sahen sie zu dem weißen Fremdling herüber.

Jetzt aber war es höchste Zeit für die Rückfahrt. Fast sieben Stunden hatten sie für die Herfahrt gebraucht. Inzwischen war es 16 Uhr geworden. Vor 23 Uhr würden sie also nicht zurück sein, vielleicht auch erst um Mitternacht. Nach Sturm und Regen sah es nicht aus, Sissia hatte ja auch gutes Wetter garantiert. Also alle hinein ins Boot und ab.

Aber es kam anders.

Ihr Kutter bekam auf halbem Weg plötzlich Schwierigkeiten mit der Strömung und bewegte sich kaum von der Stelle. Eine der gefürchteten Gegenströmungen hatte eingesetzt. Stunde um Stunde verging. – Erstaunlich, daß es die Insulaner trotzdem immer wieder wagten, mit ihren Kanus und ohne Segel zwischen den Inseln zu verkehren.

Erst nach fünfzehn Stunden – am nächsten Morgen – traf der Kutter in Ningau ein. To Ah Kun, der Manager, hatte sich schon Sorgen gemacht und in der Nacht kaum geschlafen. Mehrmals war er aufgestanden, um nach dem Kutter Ausschau zu halten. Nun war alles wieder in bester Ordnung.

Am Strand wartete auch schon Uleitis mit drei jungen Burschen aus seinem Dorf. Das Trio wollte sich für die übliche Vertragszeit von drei Jahren von der Neuguinea Compagnie anwerben lassen. Es waren Parau, Tamone und Boalam. Karl Vieweg war einverstanden, Arbeit hatte er mehr als genug. Sie konnten für die Rückfahrt nach Peterhafen gleich beim Kutter bleiben und mit laden helfen.

Uleitis, in seiner Eigenschaft als Big-Fellow-Man, erhielt für die Vermittlung ein von der Compagnie vorgesehenes Anwerbegeschenk, in diesem Fall

»1 große Fischleine
1 kleine Fischleine
1 schmaler Armring
1 Fingerring
2 Taschentücher
2 Yards rotes Tuch.«

Bevor der Kutter wieder nach Garowe zurückging, wurde noch ein quiekendes Schwein an Bord gebracht, das To Ah Kun anläßlich eines Festes für 20,– RM aufgekauft hatte. Schweinefleisch aß jeder gern. Das Tier war an den Beinen gefesselt, damit es nicht über Bord hopsen konnte, und lag am Boden des Kutters. Bei ungeschickter Fesselung und langer Überfahrt passierte es schon mal, daß ein Tier die Prozedur nicht überlebte. Deshalb wendete Uleitis vor der Abfahrt – gewissenhaft wie er war – noch eine Vorsichtsmaßnahme an: Er bestrich den Vierbeiner dreimal mit Zaubersteinen, die er zuvor besprochen hatte – einmal – zweimal – dreimal, nun konnte ganz gewiß nichts mehr passieren.

Ohne die Anwesenheit des gestrengen Weißen hätten die Insulaner nicht so viel Federlesens mit dem Schwein gemacht: Da es nachher ohnehin geschlachtet werden soll, zerschlagen sie ihm in solch einem Fall mit der Keule die Beine. Ähnlich machen sie es auch mit Hühnern, und früher war es so mit den Gefangenen. Dann konnte keiner mehr weglaufen.

To Ah Kun wiederholte noch einmal sein Klagelied. Er *»fühlt sich dem Posten in Ningau nicht gewachsen. Er wäre zu klein. Auch Hu Ah Hoi möchte,* *daß wieder ein Europäer nach Ningau kommt.«*

Karl Vieweg riet dem To Ah Kun, dies doch bei nächster Gelegenheit Herrn L. eindringlich vorzutragen. – Für ihn selbst war das Klagen Musik in den Ohren. An einem Posten, auf dem er wirklich selbständig arbeiten konnte, war er schon lange interessiert. Er wußte natürlich auch, daß das, was ihm da To Ah Kun vorjammerte, nur die halbe Wahrheit war.

In Wirklichkeit hatte der Chinese Angst, daß es ihm eines Tages an den Kragen gehen könnte, ähnlich wie dem Pieter Hanson und Rauer vor vier Jahren auf Garowe. Wenn er, To Ah Kun, sich mit den Insulanern bisher auch immer gut stand, so war er sich bei dem ewigen Zwist zwischen Kurawu und den anderen Dörfern doch nicht sicher, ob er nicht plötzlich in eine Sache mit hineingezogen würde, ob er wollte oder nicht. Im übrigen – jeder wußte das, aber keiner sprach darüber – waren auf Station Ningau insgesamt schon sechs Europäer gewesen. Sie alle waren aus unbekannten Gründen verstorben. Es hieß, sie seien von Kurawu aus verzaubert worden. Und er, To Ah Kun, hatte keine Lust, als Nummer sieben zu folgen, auch wenn er nur ein 'halber Weißer' war. Sollte das gefälligst ein anderer sein, er nicht.

Auch Karl Vieweg wußte von der Geschichte. Was davon Wahrheit und was Dichtung war, konnte ihm keiner genau sagen. Wahrscheinlich waren die sechs Weißen an Malaria oder Schwarzwasserfieber zugrunde gegangen oder ein paar von ihnen. Tatsache blieb, sie waren tot ... er würde schon zurechtkommen ... das mit dem Verzaubern ist natürlich Unsinn! Wenn die Gelegenheit günstig ist, wollte er sich für den Posten bewerben – ja, so wollte er es machen.

Kapitän Tom mahnte zur baldigen Abfahrt. Sie sollten jetzt lossegeln, noch war die See ruhig. Wenn erst Wolken aufkommen und am Nachmittag eventuell ein Unwetter hereinbricht, sollten sie in Peterhafen sein.

Um 10.45 Uhr legte der Kutter endlich ab.

Von den drei jungen Burschen aus Karamatta, die nun mit im Kutter saßen, schien Tamone der intelligenteste zu sein. Er hatte sich vorhin beim Verladen sehr geschickt gezeigt. Wie alt mochte er wohl sein?

"Tamone, weißt du, wie alt du bist?"

"Ääh, Masta."

"Was denkst du, wie alt bist du?"

"Meine Mutter sagte, daß der Mond halb gefüllt war, als ich geboren wurde. Dort hinten hat er gestanden", und er zeigte in die entsprechende Richtung.

"Aber das sagt noch nicht, wie alt du bist."

"Ääh. Uleitis weiß auch, was der Mond gerade getan hat, als er geboren wurde."

"Ich nehme an, du wirst etwa 20 Jahre alt sein."

"Äääh, Masta."

"Wieviele Male hast du denn schon den großen 'havara' (Nordwest-Monsun) erlebt?"

"Viele, viele Male. Wenn Christmas der große Regen kommt, haben wir den 'kamo' (Taro) immer fertig gepflanzt. Ich weiß auch, daß ich so viele Male" – er markierte nach einigem Nachdenken zwei Zehen – "'kamo' gepflanzt habe. Als ich noch ein 'pikkinini' (Kind) war, legte ich den 'kamo' in die Löcher, die mein Vater vorher gemacht hatte. Später mußte ***ich*** die Löcher machen."

Da die Kinder gewöhnlich schon mit sechs oder sieben Jahren bei der Bestellung halfen, mußte Tamone also 18 bis 20 Jahre alt sein. – Karl Vieweg beschloß, ihn als Koch zu übernehmen.

Sie segelten nicht direkt nach Peterhafen, sondern erst noch zu der Station Witu, um auch die dort liegende Kopra mitzunehmen. Die Bezeichnung 'Station Witu' war an sich nicht korrekt. Das Dorf hieß Witu, und die Station der Neuguinea Compagnie daneben hieß Kangungu. Der Einfachheit halber sprach aber jeder nur von Station Witu. – Erster Mann am Platz dort war der Chinese Lam Ah Ken. Auch er hatte eine Wunschliste zusammengestellt und wollte möglichst bald folgendes aus Peterhafen bekommen:

››für sich selbst	*1 weiße Hose*
	1 Wecker (groß)
für den Laden	*3 blaue Hosen*
und für die	*10 Gürtel (Militärlack)*
Kopraankäufe	*30 Pfeifenspitzen für Tonpfeifen*
	10 Porzellanpfeifen mit Spitze
	20 Mark bar
	50 leere Säcke.‹‹

Wichtig wären vor allem die Pfeifen und Spitzen, bekräftigte Lam Ah Ken. Karl Vieweg wußte, Rauchen und Betelkauen ging den Insulanern über alles. – Kein Problem, Lam Ah Ken, das alles kann schon übermorgen gebracht werden.

Wie spät war es eigentlich? – – Schon 16.15 Uhr, noch knapp zwei Stunden bis Sonnenuntergang. Er überlegte. Wenn er nun zu Fuß nach Hause ging, anstatt mit dem Boot zu fahren ... zwar eine lange Strecke ... warum eigentlich nicht? Er hatte sich den ganzen Tag über noch nicht bewegt, nur still im Boot gesessen ... in der Nacht davor auch ... und gestern und vorgestern das gleiche untätige Herumsitzen ... er wurde ja richtig lahm. Der Kutter würde auch nicht eher dasein als er. Wie weit war das eigentlich bis Meto ... sicher so 16 oder 17 km ... erst bis zum Dorf Lambe, da war er auch noch nicht gewesen ... und dann die letzten Kilometer im Dunkeln bis Meto. Das mußte doch zu machen sein! Ein Pfad, so war ihm bekannt, war vorhanden. Jemand hatte ihm einmal gesagt, bei Sonnenuntergang (s. Abb. 57) hätte man von dem Pfad aus eine besonders schöne Sicht auf Mundua. Gut. Also los.

So gab er Tom Anweisung, mit den anderen allein weiterzufahren und ging *»zu Fuß über Lambe nach Meto. Ankunft 3/4 8 Uhr.«* (19.45 Uhr).

Er benötigte also für den unebenen und in der nachfolgenden Dunkelheit kaum sichtbaren Pfad dreieinhalb Stunden (4,6 km/h). – Hausboy Tomeawe in Meto schüttelte erschrocken den Kopf, als sein verschwitzter Master aus der verkehrten Richtung, nicht vom Hafen, sondern aus Richtung Lambe, herankam: "Masta, du kommst zu Fuß? Von Witu? Wie konntest du das tun! Die Waldgeister haben dich wieder einmal beschützt. Niemand geht diesen Pfad allein und niemals, nachdem die Dämmerung hereingebrochen ist. Bei Lambe liegt rechts am Weg ein gefährlicher Krokodilsee, schon viele sind dort verschwunden!"

Das hatte er allerdings nicht gewußt.

Die Tagesarbeit

Die Insel Garowe war ein versunkener Vulkan, bergig und zum Teil wild zerklüftet. Die Plantagen waren deshalb so weit wie möglich in die Ebene gelegt. Trotzdem lagen noch viele Anpflanzungen an Hängen, die Gummipflanzungen auf dem sogenannten 'Ficus-Berg'.

Donnerstag, 2. Juli 1908. 5.30 Uhr, ein langgezogener, dumpfer Ton mit der Triton-Schnecke – das bekannte Tanduk-Blasen zum Arbeitsbeginn –, und rund 140 verschlafene Arbeiter versammelten sich auf dem Appellplatz vor dem Stationsgebäude.

Assistent Vieweg teilte ein:

Zunächst die sechs Arbeitsgruppen, die bei verschiedenen, meist handwerklichen Arbeiten eingesetzt wurden:

»Aufseher	*Li Kau erhält*	*11*	*Arbeiter)*	
"	*Ah Him "*	*6*	*"*	*für Bootsreparatur, Bau von*
"	*Lom Tag "*	*8*	*"*	*Haus, Schweinestall und*
"	*Ah Sing "*	*7*	*"*	*Brücke; Feuerholz holen*
"	*Tscham Fat "*	*8*	*"*	*«*

Nun die Hauptmasse der Arbeiter:

»Zum Unkrauthacken	*37*	*Arbeiter*
in den Plantagen	*5*	*Weiber*

Gras im Kokosland mit Haumessern abschlagen	*6* *10*	*Arbeiter* *Weiber*
Kopra aus den Nüssen herausschälen	*10* *6*	*Arbeiter* *Weiber*
Dampfer 'Siar' entladen, dann Baumscheiben im Kakaoland reinigen	*11*	*Arbeiter*
Großes Boot zur Fahrt nach Lama; Wellblechplatten für Haus mitnehmen	*7*	*Arbeiter*
Mittagessen kochen	*5*	*Köche*
Gesamt	*137*	

krank	*Katambang* *Mariga* *Tomaing*	*F 1879* *F 1081* *F 14433*	
entlassen	*Marangas*	*wegen unheilbarer Krankheit in seine Heimat entlassen, wird von der 'Siar' mitgenommen, die seit gestern im Hafen liegt.*	
	Kaloga *Triwaro*	*Kontrakt beendet* *" "*	
gestorben	*Kasaik*	*F 2147, vermutlich an Blasenlähmung?*	
Urlaub	*Gau* *Wagalli*	*zum Totenfest nach Bururu* *" " " "*	
Sonstiges	*Nemi*	*F 12772*	*kam nicht zum Antreten; Lohn abziehen*
	Anjol *Mariga*	*F 1869* *F 1081*	*erhält neues Haumesser* *" " "*
	Iwalicki	*F 705*	*beschwert sich über Waringlei F 707, der ihn geschlagen hatte.«*

Für die einzelnen Arbeitskolonnen wurden immer Chinesen und Malaien als Aufseher eingesetzt. Sie waren in den Anfangsjahren der Kolonialzeit ins Land geholt worden, als unter der einheimischen Bevölkerung kaum brauchbare Kräfte zu finden waren, diese aber in fast unbeschränkter Zahl in China und Niederländisch-Indien zur Verfügung standen. Sie waren den Einheimischen in handwerklichem Können, Auffassungsgabe und Arbeitsmoral weit überlegen. Später wurden vereinzelt auch Melanesier als Unteraufseher eingesetzt.

Die Pflegearbeiten in den Anpflanzungen machten eigentlich immer den größten Teil aller Arbeiten aus. Unkraut hacken, Unkraut hacken und nochmals Unkraut hacken. Anders als etwa in Deutschland wuchs bei den hohen Temperaturen und hohen Niederschlägen alles viel schneller. Auch

Frauen wurden bei der Unkrautbekämpfung eingesetzt. Die Damen bewegten sich dabei in Hockstellung vorwärts und schafften erschreckend wenig. Böse Zungen behaupteten sogar, daß, während sie vor sich das Gras abschnitten, die nachsprießenden Spitzen ihnen schon wieder in den Allerwertesten piekten!

Die Ernte auf den Kokosplantagen stand nie unter Zeitdruck, weil die Kokosnüsse das ganze Jahr über geerntet werden konnten. Wenn die Nüsse reif waren, fielen sie von allein herunter und wurden nur alle vier Wochen aufgesammelt. Dann wurden sie auf einem kurzen Pfahl, der mit einer Eisenspitze versehen war, aufgeschlagen und auf einen Haufen geworfen. Manch einer hatte sich mit dieser Eisenspitze schon den Finger durchstochen oder sogar den Knochen zerschlagen. Eine nicht ungefährliche Arbeit.

Eine zweite Gruppe stülpte die halbierten Nüsse mit einem kräftigen Schlag auf einen Holzarm, auf dem ein eiserner Schaber saß. Damit wurde die Kopra herausgestoßen und herausgekratzt. Das war Männer- wie auch Frauenarbeit.

Anschließend wurden die Koprabruchstücke mehrere Tage in der Sonne oder an Regentagen über dem Feuer einer Trocknungsanlage, dem 'house smoke', getrocknet und schließlich in Säcken in die Bäuche der Schiffe verladen. Eines von ihnen war damals die 'Siar'.

Viel von dieser täglichen Arbeit wurde früher wie heute im Akkord erledigt, d.h. der Lohn richtet sich danach, wieviel Kopra der einzelne Arbeiter 'gemacht' hat oder wieviele Palmen von Unkraut befreit worden sind.

Freitag, 3. Juli 1908. Zahltag. 18 Uhr. Die Arbeiter warteten bereits auf die Auszahlung. Herr Dahne, der Verwalter, war ebenfalls anwesend, auch um sich vom Können seines neuen melanesischen Unteraufsehers zu überzeugen. Der war heute zum ersten Mal eingesetzt, war aber noch in der Plantage und zählte die freigehackten Kokospalmen, so daß die Leute entsprechend entlohnt werden konnten.

In der Zwischenzeit trat ein anderer Unteraufseher, der Malaie Sado, vor und meldete, er hätte in der Mittagspause gesehen, wie jemand Bananen gestohlen hätte.

Wer das gewesen wäre – ? Das wußte er nicht. Er hätte nur gesehen, daß es ein verdammter »*orang papuwah – ein Mann mit Kraushaar*« gewesen sei. Beim nächsten Mal also besser aufpassen!

Jetzt endlich kam im Eilschritt der neue Unteraufseher, der die Kokospalmen gezählt hatte.

"Na, wieviel Palmen waren es?"

"Masta, es waren 50 – und noch viel, viel mehr."

Verzweifeltes Kopfschütteln bei Herrn Dahne.

Mittwoch, 8. Juli 1908. Heftiger Malariaanfall. Fieber über 41 Grad.

Fahrt nach Balangori

Dienstag, 21. Juli 1908. Von der Station Balangori bei dem gleichnamigen Dorf kam kurz vor Sonnenuntergang ein Arbeiter mit dem Compagnie-eigenen Kanu herangepaddelt. Irgendetwas wird er wohl mitzuteilen haben.

Es war Gabille. Er brachte die Nachricht, daß etliche Säcke Kopra zum Abholen bereit lägen.

Wie viele?

Gabille hob erst die linke Hand und schloß sie, dann hob er die rechte Hand und schloß sie. Dann hielt er plötzlich mit einer unwirschen Bewegung inne und überlegte – er mußte sich wohl verrechnet haben.

Nun aber hob er den linken Fuß.

Aha. Also genug für eine Ladung.

Mittwoch, 22. Juli 1908. Um 8 Uhr fuhr Karl Vieweg mit dem neuen Boot und fünf Mann Besatzung ab, um die Kopra von Balangori zu holen, vorbei an der Landspitze Lama, der Einfahrt zum Johann-Albrecht-Hafen, und dann entlang der Küste Richtung Westen. Ankunft in der Bucht von Idenuoto bei Balangori um 11.45 Uhr. Die angekündigten 15 Sack Kopra lagen bereit. Die Männer machten sich an die Verladung. Im Austausch hatte das Boot 30 leere Säcke mitgebracht.

Balangori war nur eine kleine Station, besetzt mit einem Aufseher und den fünf Arbeitern Mara, Kaloha, Gaumi, Gabille und Bingone sowie zwei Frauen. Alle sieben stammten aus dem Nachbardorf Witu und waren auch dort angeworben worden.

Aus der Richtung des Dorfes Balangori wehten Geräuschfetzen herüber – – Trommeln waren zu hören. Auf Karl Viewegs fragenden Blick erläuterte Gabille, daß in Balangori gerade ein 'singsing' stattfände. Gut, das wollte er sich einmal ansehen, das Dorf kannte er auch noch nicht. Die Leute hier konnten inzwischen allein verladen, noch eine andere Aufgabe erledigen und dann Pause machen.

Gabille und Gaumi begleiteten ihn. Am westlichen Ende des großen Dorfes war der 'lutu', der Tanzplatz. Zur Begrüßung gab es auch hier die traditionelle Kulau-Kokosnuß. Seit dem frühen Morgen waren die Tänzer bereits auf dem Platz. In der Mitte standen die Trommler, und außen herum tanzten Männer und Frauen in bestimmten Rhythmen und Figuren. Die Männer hatten sich mit Eberhauern geschmückt, die um so wertvoller waren, je näher sie einem Vollkreis kamen. Die Frauen trugen Halskettchen, auf denen die Zähne des Opossums oder auch des Fliegenden Hundes aufgereiht waren. Eine der Frauen stillte während des Tanzens gerade ihr Jüngstes. Eine andere hatte ihre Tabakpfeife solange aus dem Mund genommen und zur sicheren Aufbewahrung in das durchlöcherte Ohrläppchen gesteckt.

Mehrere Frauen hielten die gelblich-rotgrünen Blattbüschel der Croton-Pflanze in der Hand und schwenkten sie im Takt. In ihrer Sprache nannten sie diese Pflanze 'pindi'. Wenn die Tänzerinnen stehen blieben, hoben sie abwechselnd die Fersen, so daß das Vorderteil des Fußes noch mit dem Boden Berührung hatte und nur das Knie etwas einknickte. Bei einigen Frauen hingen die Brüste bis unter den Gürtel. Vereinzelt gingen auch Kinder mit herum.

Dazwischen schwankten mit schwerem Schritt vier Tubuan-Tänzer unter einer mächtigen Blättermaskierung, aus der nur die nackten Füße herausschauten. Diese Vermummung erinnerte an die verkleideten Männer, die einst in den Dörfern der Gazelle-Halbinsel Kinder raubten und auffraßen. Selbst die eigenen Eltern wagten damals nicht, die vermummten Männer zu hindern, weil sie für Geister gehalten wurden und Gegenwehr noch größere Gefahren heraufbeschworen hätte.

Die Tubuan-Tänzer lösten sich wegen der schweren Last etwa jede Viertelstunde ab. Dies geschah hinter einer künstlichen Blätterwand, so daß niemand erkennen konnte, wer die geheimnisvollen Tänzer waren.

Die sanduhrförmigen Tanztrommeln, die die Männer in der Hand hielten, waren etwa 70 – 80 cm lang, wurden in Pidgin 'kudu' oder auch 'kundu' und in der Witu-Sprache 'kurä' genannt und waren aus einem Baumstamm herausgeschnitzt. Nur eine der beiden Öffnungen war mit der Haut eines Warans bespannt, die trocken aufgelegt und mit Baumharz und Rotang befestigt war. Die andere Seite blieb offen. Die Trommeln waren reich verziert und wurden mit der flachen Hand geschlagen.

Höchst interessant, wie jeder seine Trommel stimmte. Hierfür nahm sich der Trommler etwas Erde, die er mit Spucke befeuchtete, und drückte das Klümpchen von der Größe einer Fingerspitze auf das Trommelfell. Bei Friedrich-Wilhelmshafen hatte Karl Vieweg beobachtet, daß die cleveren Musiker statt Erde das Harz des Brotfruchtbaumes nahmen, daraus kleine Knöllchen von der Größe und Konsistenz eines Kaugummis formten und diese auf das Trommelfell drückten. Sie klebten fest. Je nach Menge und Anordnung ergab das einen unterschiedlichen Klang. Meist waren es drei bis fünf Knöllchen. Nach jedem Gesang wurde neu gestimmt.

Auf einem niedrigen Ast bei der Hütte weiter rechts war etwas anderes zu sehen. Da hockte ein Kakadu angebunden und sah traurig dem fröhlichen

Treiben zu. Es war ein Gelbhaubenkakadu, der im Gegensatz zum Schwarzen Kakadu häufig vorkam, manchmal gleich zu Hunderten. Jedem Europäer waren die Gelbhaubenkakadus ein Dorn im Auge. Sie wurden abgeschossen, wann immer sich die Gelegenheit dafür bot. Auch Karl Vieweg hatte bereits mehrere dieser 'malip' erlegt. Sie hackten die noch grünen Kokosnüsse an, um an den Kern heranzukommen. Dadurch starb die Frucht letztlich ab. Die Vögel hackten auch gern am Herz der Palme herum, dann ging er ganze Baum ein. Kein Wunder, daß die Tiere bei den Weißen verhaßt waren.

Abb. 58: Gefangener Gelbhaubenkakadu

Anders die Meinung der Insulaner. Sie freuten sich über jeden 'malip', nicht gerade aus Tierliebe, sondern weil er so schöne, gelbe Schmuckfedern am Kopf trug, die sie selbst viel besser als Tanzschmuck gebrauchen konnten. Neun bis zehn goldgelbe Federn waren es meistens, die sie von dem Tier pflücken konnten.

Also jagten auch sie, wann immer sie konnten, den schönen 'malip', und wenn es ihnen gelang, eines oder mehrere der Tiere lebend zu fangen, wie diesen armen Krummschnabel hier, dann besaßen sie eine Schmuckfederfabrik, die ihnen nach geraumer Zeit wieder neue Federn lieferte. Dafür mußte der Vogel den Rest seines Lebens – er kann theoretisch 100 Jahre alt werden – mit einem Bein in einem durchlöcherten Stück Kokosschale zubringen, das wie eine Manschette eng um das Bein lag und mit einer Liane irgendwo festgebunden war.

Die gefangenen Kakadus wurden, wie auch alle anderen Tiere, völlig gefühllos behandelt und mußen zusehen, wie sie irgendwie durchkamen. Meist verdursteten solche Tiere nach einiger Zeit. Das war dann auch egal.

Jetzt war ein Speertänzer auf dem Platz erschienen. Er hatte einen langen, überdimensionalen Speer mit einer Bambusspitze in der Hand, ein reiner

Zeremonialspeer. Schnell war der Mann wieder verschwunden. Was hatte das zu bedeuten? Er kam auch nicht mehr wieder.

Karl Vieweg fragte nach einer Weile zwei der Dorfbewohner, dann auch Gabille. Stets bekam er nur ein ausweichendes, gedehntes »ääääh« zu hören, auch mal verbunden mit einem nicht zu übersehenden Gähnen. Mit dem Speer mußte es irgendetwas auf sich haben. So etwas war schwierig oder überhaupt nicht herauszubekommen. Nicht all ihre Geheimnisse gaben die Insulaner den Weißen preis.

Er hatte schon gehört, daß ein Zeremonialspeer bei verschiedenen Gelegenheiten gebraucht wurde:

- In dem Dorf Kurawu auf Mundua spielt bei den Malanggan-Festlichkeiten der lange Bambusspeer eine wichtige Rolle,
- beim Beschneidungszeremoniell auf der Insel Unea wurde plötzlich ein Speer in alle vier Himmelsrichtungen geschleudert, und
- bei dem Hochzeitsfest eines Stammes östlich der Villaumez-Halbinsel brachte der vermummte Zaubermeister die jungen Tänzerinnen so in Erregung, daß die abschließende Berührung des Zeremonialspeers bei ihnen einen Orgasmus auslöste.

Letzteres war kaum zu glauben, wurde aber so berichtet (Missionare bestätigten dies Jahre später).

Aus dem Busch ertönte plötzlich lautes Gequieke. Ein jüngeres Schwein hatte eine halbe Kokosschale gefunden, in der noch etwas Kopra steckte, kam damit vorbeigerannt, hinterher ein größeres, das ihm den Schatz abjagen wollte. Quiek – quiek – quiiiiek – quer über den Tanzplatz sauste das Duo. Drüben im Busch verschwanden sie, noch einmal fürchterliches Gequieke, jetzt hatte das größere Schwein wohl gewonnen.

Der weiße Besucher hatte erst auf einer Kokosnuß Platz genommen, war dann aber auf ein Stück gerundeter Planke umgezogen, das ihm zwei Frauen gebracht hatten – der antike Rest eines ausgedienten Kanus. Sich auf den Boden oder ins Gras zu setzen, war nicht gerade empfehlenswert, denn überall klebte die rote Betel-Spucksoße. Zwei Kinder saßen in der Nähe und lausten sich.

Für die Größe des Dorfes waren auffallend wenig Menschen versammelt. "Wie kommt es", fragte Karl Vieweg seine beiden Begleiter, "daß hier so wenig Tänzer und Zuschauer anwesend sind?"

"Masta, es sind nur die Sippen 'boro' (Schwein) und 'kulu' (Brotfruchtbaum) hier. Sie feiern, weil bei einer der Töchter erstmalig die 'topotopo' (Menstruation) eingesetzt hat. Sie kann jetzt verheiratet werden. Das bedeutet für den Vater viel 'rea' (Muschelgeld). 10 bis 30 Rea-Ketten wird er sicher verlangen, das ist gewöhnlich der Preis, je nachdem, wie kräftig das Mädchen ist und wie gut es arbeiten kann."

"Eine teure Angelegenheit. Doch noch eine Frage, Gabille. Was ist mit den anderen Sippen, die heute hier nicht dabei sind?"

"Die anderen Sippen mit dem Totem 'andorra' (Opossum), 'rangalinga' (Kuskus, ein Greifbeutler) und 'kinata' sind zu Hause geblieben. Sie feiern, wenn bei ihnen ein Anlaß vorliegt, zum Beispiel letzte Woche das Erscheinen des ersten Zähnchens bei einem Baby.[14] Dort drüben steht übrigens ein 'rangalinga'-Mann. Du erkennst ihn daran, daß er den weißen Kalkstreifen quer über beide Wangen gezogen hat. Die 'boro'-Sippe hier vorn hat den Strich senkrecht auf der Nase bis hoch auf die Stirn."

"Zu welchem Totem gehört denn ihr beiden?"

"Ich gehöre zu dem Totem 'ngepe', das ist ein mächtiger Baum, der so dick ist, daß ich ihn nicht umfassen kann. In Pidgin wird der Baum 'aila' genannt. Er hat leckere Früchte. Auf dem Weg nach Dandaure siehst du mehrere von ihnen."

"Und zu welchem Totem gehörst du, Gaumi?"

"Ich bin ein 'wucha', ein Krokodil. Die meisten von uns wohnen in Wituhu (Witu, Widu, Witugu). Mein Totem-Tier ist auf dem Tanzschild aufgemalt. Wenn wir demnächst ein großes Singsing machen, wirst du es sehen."

> Der Totemismus ist auch heute noch im Bismarck-Archipel sehr verbreitet. Die damit verbundenen Bräuche sind auf den einzelnen Inselgruppen unterschiedlich. Übereinstimmend ist jedoch, daß innerhalb desselben Totems bei Todesstrafe nicht geheiratet werden darf. – Bei den Dörfern südöstlich von Namatanai/Neumecklenburg gibt es weit und breit praktisch nur zwei Totemtiere, den Seeadler und den Habicht. Da der Seeadler stärker ist als der Habicht und die Insulaner beobachtet haben, wie er dem Habicht Beute entreißt, trauen sie ihm auch mehr Macht über den Menschen zu. Alle Wünsche mit der Bitte um Erfüllung werden deshalb also an den Seeadler gerichtet und nicht an den Habicht. Ist nun jemand angeblich durch Zauberei gestorben, so singen die Angehörigen bei Nacht zu dem Seeadler und bitten ihn, dafür zu sorgen, daß der Tote gerächt wird. Diese Bitte kann aber nur durch jemanden aus den Reihen des Seeadler-Totems vorgebracht werden. Sind die Leidtragenden Habicht-Leute, so müssen sie sich an einen Seeadler-Bekannten wenden, der den Bittgesang gegen ein entsprechendes Geschenk für sie erledigt (45).

"Stimmt es, daß ihr sogar ein Singsing macht, wenn einem Kind zum ersten Mal die Haare geschnitten werden?"

"Ja, das ist so. Als meinem Cyril zum ersten Mal die Haare geschnitten

14 Die Bedeutung des Wortes 'kinata' ist nicht bekannt.

wurden, gab es ein Fest und viel Fleisch. Ich schickte die Nachricht mit der Einladung nach Unea, zu dem Dorf Manopo, dort wohnt die Familie meiner Frau. Und da kam ihr Bruder mit allen Verwandten, und dann schnitt er dem kleinen Cyril das Haar ab. Es war ein großes Fest!"

"Womit hat er es abgeschnitten?"

"Er hatte Glasscherben mitgebracht – Masta Prank hat viele leere Bierflaschen hinter seinem Haus! Cyril hat viel geheult."

"So?"

"Ja, das Glas schneidet natürlich auch mal in die Haut. Das läßt sich nicht vermeiden. Sieh hier, mein Kopf, auch ich habe da Narben." Und nachdenklich: "Eure Zauberscheren mit den beiden Messern machen keine Wunden. Seltsam!"

"Und wie lange habt ihr gefeiert?"

"Die Verwandten waren drei Tage hier. Wir hatten ein Schwein geschlachtet. Dann ist der Bruder meiner Schwester wieder in sein Kanu gestiegen und mit den übrigen Unea-Gästen zurückgefahren. Wir gaben ihnen eine Menge Fleisch und auch Taro mit. Das ist Tradition bei uns."

In einer Tanzpause wurde Karl Vieweg gebackener Taro gereicht, übergossen mit ausgepreßter Kokosmilch. Alles war sauber in Bananenblättern verpackt und nach dem 'mumu'-Verfahren zwischen heißen Steinen gegart.

Eine der Tänzerinnen schenkte ihm zum Abschied ihren kostbaren Halsschmuck: Auf einem Bastfaden aufgereihte Federkiele eines Kasuars, in der Anordnung immer unterbrochen von je einer Palina, also einer zu Schneckengeld verarbeiteten Nassa-Schnecke. Dieser Halsschmuck spielte auch als Währung eine Rolle und hatte den Gegenwert eines ausgewachsenen Schweines. Karl Vieweg bedankte sich mit dem begehrten Tabak-Gegengeschenk.

Zurück an der Anlegestelle hatten die Arbeiter inzwischen alles verladen und rösteten gerade eine Beutelratte, die in Kalogas Schlinge geraten war. Die Schlinge hatte er im Handumdrehen aus Lianenfasern gefertigt und mit einer heruntergebogenen Gerte verbunden. Wenn die Ratte nach dem Fruchtkörper greift, verheddert sie sich in der Schlinge, die Sicherung löst sich, und schon hängt sie wie ein Fisch zappelnd an der hochgeschnellten Gerte.

Um 14 Uhr stach das Boot wieder in See. Gabille kam mit. Als sie die Einfahrt zum Johann-Albrecht-Hafen passierten, meinte der Bootsführer, die Besatzung würde gern noch einen Abstecher zu der Insel Bonukanakare machen.

Bonukanakare? Wieso – warum?

Sie wüßten dort ein reiches Fischrevier. Große, fette Fische!

Alle Augen waren erwartungsvoll auf den weißen Master gerichtet. Der nickte. Und schon wendete der Bug eilig in die neue Richtung. – Nach einer guten halben Stunde war das Gebiet vor der Insel erreicht, und in dem klaren Wasser unter dem Boot waren Fischschwärme zu erkennen. Arbeiter Laglau warf die Dynamitpatrone – und Augenblicke später hatten sie alle reichlich Fisch für die Abendmahlzeit. Jeder war zufrieden. Jeder dachte an den Abend.

Der junge Deutsche notierte sich den Namen der Insel und die Ausbeute an Fischen.

"Gabille, was heißt eigentlich das Wort 'Bonukanakare'?"

Gabille, der sich längst nicht mehr wunderte, daß sich der Master alles Unsinnige aufschrieb, erläuterte: "Masta, 'Bonukanakare' bedeutet soviel wie 'Insel der Warane'. Dort fingen unsere Väter und auch wir viele dieser Echsen. Ihre Haut nehmen wir zum Bespannen unserer Trommeln. Seltsamerweise gibt es diese Tiere heute hier kaum noch."

Und dann ergänzte er schmunzelnd: "Eigentlich müßte man die Insel 'Insel der Ratten' nennen, denn seit einigen Jahren wimmelt es dort nur so von diesen gräßlichen Tieren."

Wahrscheinlich war das Eiland aus diesem Grund auch unbewohnt. Wer einmal kurz vor Sonnenuntergang dagewesen war – so machte später auch Karl Vieweg seine Erfahrung –, der konnte miterleben, wie es plötzlich hier und da im Gebüsch raschelte und etliche Ratten gleichzeitig auftauchten. Die Tiere ernährten sich von Kokosnüssen, die sie an der Stelle, an der der Keimling durchbricht, aufnagten. Warum die Rattenplage gerade hier so stark auftrat und nicht woanders, das wußte niemand zu sagen.

Bei der Weiterfahrt sahen sie in einiger Entfernung eine große Meeresschildkröte. Gabille hatte sie entdeckt. Sofort steuerten sie darauf zu. Alles war in heller Aufregung – da schwamm ein leckerer Braten, den gab es nicht jeden Tag, der durfte nicht entkommen, auch wenn sie für heute abend reichlich Fisch hatten.

Schon stand ein Mann mit dem Spezialspeer wurfbereit am Bug.

Vorsichtig kam das Boot näher. Jetzt hatte die Schildkröte das Fahrzeug entdeckt und tauchte weg – aber zu spät. Der Speer hatte ihren Panzer im Nacken durchbohrt und blieb dort hängen. Die Spitze mit dem Widerhaken und dem Bastseil daran war nur lose auf den Speer aufgesetzt. Nun hing das Tier am Seil und versuchte mit aller Kraft zu entkommen.

Die Männer zogen es an Bord, banden ihm die Flossen auf dem Rücken zusammen und drehten es vorsichtig mit der Bauchseite nach oben. Wer da nicht aufpaßte, dem konnte die Hand zwischen Schwanz und Panzer eingeklemmt oder, wie es unlängst passiert war, sogar gebrochen werden. Das wußte jeder und sah sich vor. Das Tier hatte eine Länge von etwa 70 cm und wog sicher an die 25 kg.

"Weshalb tötet ihr das Tier nicht. Es hat doch eine schwere Wunde und stirbt bald."

"Masta", so erklärte Gabille, "diese Tiere sind zäh, sie sterben nicht so schnell. Es stirbt morgen abend, wenn wir es aufhacken und mit heißen Steinen füllen. Töten wir es jetzt schon, dann ist das Fleisch morgen nicht mehr gut."

"Ja, das mag schon sein. Richtig ist das aber trotzdem nicht, wie ihr die Tiere behandelt. Ich habe in Witu gesehen, daß eine Schildkröte tagelang auf dem Rücken in der prallen Sonne lag, bevor sie endlich getötet wurde."

"Das machen wir genauso. Manchmal warten wir noch einen bestimmten Festtag ab, dann müssen die Tiere noch lange, lange so liegen."

"Was meinst du mit 'lange, lange'?"

Gabille überlegte. "Masta, die Tiere liegen dann so lange auf dem Rücken, daß sich der Mond inzwischen zweimal füllt und auch wieder leert. So war es gerade neulich gewesen."

"Sie bekommen nichts zu fressen oder zu trinken?"

"Nein – warum?"

"Das ist ja kaum zu glauben! Die Tiere können nicht so lange ohne Trinkwasser auskommen, sie verdursten."

"Doch, es ist wahr. Die Frauen haben den Schildkröten noch niemals Wasser gegeben."

(Die Tiere können tatsächlich sehr lange ohne Trinkwasser auskommen. Das nutzten früher die Segelschiff-Kapitäne aus, indem sie Schildkröten fingen und im Laderaum zur Frischfleischversorgung mitnahmen.)

Am Abend unter dem Moskitonetz. Karl Vieweg dachte über den Tag nach und ließ alles noch einmal an sich vorüberziehen. Er hatte viel gesehen und erlebt ... die Tänze ... andere Gebräuche ... den Kakadu ... Totemtiere, Totembäume ... die arme Schildkröte ... das Tagebuch füllte sich.

Er war ein Sprachen-Fan. Ihm war auf Garowe sehr bald aufgefallen, daß sich die Sprachen der einzelnen Dörfer nicht wesentlich voneinander unterschieden. Es waren nur Dialekte. Darum hatte er auch die Balangori-Leute einigermaßen verstehen können. Hier in Meto und auch in Lambe gebrauchten die Insulaner für das Wort 'Meer' das Wort 'tali', in Balangori und Lama dagegen 'tadi' und in dem Dorf Witu sagten sie 'tari' dazu. Ähnlich verhielt es sich mit der reifen Kokosnuß, die in Lama und Lambe 'lama' hieß, in Balangori dagegen 'rama'.

Auch die vier anderen, inneren Witu-Inseln hatten die gleiche Sprache. Lediglich die entfernter liegenden Inseln Naraga und Unea hatten eigenständige Sprachen.

Wenn er neue, ihm unbekannte Wörter hörte, mußte er sich immer selbst bemühen, hinter ihre Bedeutung zu kommen. Selten half ihm jemand von den Insulanern. In ihrer ständigen Furcht vor Zauberei waren sie ängstlich darauf bedacht, ihre Sprache nicht von den Weißen 'essen' zu lassen. So gebrauchten sie zeitweilig ungeniert Zeichensprachen, um sich in Gegenwart von Fremden etwas mitteilen zu können, ja – sie hatten sogar Geheimsprachen, mit denen sie im Wald die Geister täuschten, wenn sie erst nach Einbruch der Dunkelheit ins Dorf zurückkehrten!

Für die nächsten Tage stand für Karl Vieweg allerlei zu erledigen an. Besser, er notierte sich die einzelnen Merkposten. Gewissenhaft trug er mit Stahlfeder und Tinte – oder wie man statt Tinte in Pidgin kurz sagt »*black fellow something belong make him paper*« – folgendes in sein Notizbuch ein:

»*– Für Witu-Arbeiter 2 Sack Reis und 1 Kiste Tabak bereitstellen*

– Monatsbericht der Pflanzung und Monatsabschluß vom Kassenbuch fertig machen

– Bei der nächsten Fahrt nach Ningau muß Bambus zum Bau von Schweine- und Rinderställen mitgebracht werden

– Hanson will in den nächsten Tagen Kalk brennen

– Habe L. eine Wolldecke geliehen (Fieber)

– Tage im Arbeiterbuch vorschreiben

– Kurbel am Schleifstein reparieren

– Die Chinesen haben Dienstag, den 11. August, Feiertag, arbeiten nicht

– Akten einheften von Leuten, die Kontraktende haben

– 2 Männer von Ndolle beim Bananenstehlen ertappt. Strafe?

– Beantragte Vorschüsse der Arbeiter:

F 705 Iwalicki	*für Vorhängeschloß mit Krampe und Überfall*
F 1050 Manare	*" Schlüsselkette*
F 1859 Giramen	*" "*
F 684 Warpain	*" Lackkoppel*
F 1869 Anjol	*" "*
F 2141 Ugai	*" "*

– Am 20. 9. Geburtstag der Kronprinzessin Cecilie!«

Ein Geburtstag in der kaiserlichen Familie wurde in Deutschland wie auch in der fernen Südsee stets gefeiert. Und ein Lackkoppel trug jeder Arbeiter gern und stolz – das galt als chic.

Ein Singsing

Sonnabend, 22. August 1908. Für heute abend ist ein großes Tanzfest, ein Singsing, angesagt. Kleine Singsings, wie kürzlich in Balangori, finden öfter statt, denn Anlässe dafür gibt es in reichlicher Fülle: Der Beginn der Ernte von Yam oder Taro, das Ende einer Trauerzeit, die Fertigstellung einer Hütte, natürlich auch ein gelungener Überfall oder Friedensschluß. Oft sind auch kleinere Ereignisse Anlaß zu einem Singsing, wie beim Kleinkind das Durchbohren des Ohrläppchens oder das erste Haareschneiden. Selbst der erste Schmuck, den der junge Erdenbürger trägt, ist Anlaß genug. Die Beschneidung wiederum wird mit einem großen Singsing gefeiert, also mit einem 'big fellow singsing'. Die Palette der Anlässe ist fast unerschöpflich.

Vieles spricht dafür, daß für das heutige Singsing das Erscheinen eines bestimmten Sternbildes der Anlaß ist. Im Juni war es das Auftauchen des Siebengestirns am nördlichen Horizont, das betanzt wurde.

Karl Vieweg hat einem der aus Neupommern stammenden Arbeiter auf dessen Bitte die Neupommern-Tanzmaske ausgeliehen, die er in seinem Haus aufgehängt hat, ein Erinnerungsstück an die Zeit an der Blanche-Bucht. Eine solche Maske hätte mancher der Tänzer gern. Die meisten von ihnen sind Fremdarbeiter und hier nicht zu Hause. Sie haben natürlich all ihr Tanzzubehör in ihren Heimatdörfern zurückgelassen. Um so erstaunlicher ist, was sie sich doch alles in der Fremde an neuen Masken und anderen Dingen, wie Federschmuck, Trommeln und dergleichen, geschnitzt, geflochten, gebastelt haben. Und vieles noch dazu im Handumdrehen!

Gleich nach Sonnenuntergang beginnen die Festlichkeiten. Der Tanzplatz ist traditionsgemäß mit roten Drazänen abgesteckt. Etwa 200 Männer sind zusammengekommen, die eigenen Arbeiter wie auch Leute aus den umliegenden Dörfern. Dazu kommen noch viele Frauen und Kinder. Es ist ein sternenklarer Abend. Karl Vieweg hat sich, wie die beiden anderen Europäer Hanson und Dahne, seinen Liegestuhl zum großen Appellplatz – für heute der Festplatz – bringen lassen und sieht von hier aus dem großen Treiben zu. Herr L. muß zu Hause bleiben, er hat gerade einen Malariaanfall.

An der einen Seite des Platzes sind die Kochstellen eingerichtet: Das sind nach alter Sitte zwei lange Baumstämme, die etwa auf Fußbreite nebeneinander liegen. In dem Raum dazwischen haben die Arbeiter an die zwanzig Feuerstellen eingerichtet und die großen, eisernen Kochkessel der Neuguinea Compagnie darübergestellt. Drei Schweine und mehrere Hunde liegen mit zusammengebundenen Schnauzen bereit. Die Hunde knurren und geben undefinierbare Laute von sich, wahrscheinlich, weil ihnen die Schnauzen mit der üblichen Rohheit zu fest zugeschnürt sind. Was macht das schon, sagen sich die Männer, sie müssen doch gleich sterben. Außerdem sind es nur Tiere.

Ein Mann steht abwartend mit dem Speer daneben. Jetzt kommt ein anderer und berührt die Hunde und zwei von den Schweinen an der Stelle, unter der sich das Herz befindet. Er murmelt den dazugehörigen Zauberspruch, da das Fleisch sonst ungenießbar sein würde. So. Nun wird es munden.

Jetzt hebt der andere seinen Speer und sticht kurz zu. Kaum ein Quiek, dann ist es aus. Jeder Stich ist sofort tödlich.– Es war ein Fremdarbeiter, der zustach. Die Witu-Leute stechen nicht ab, sie erschlagen oder ersticken das Opfer, sie essen auch keine Hunde. Das überlassen sie den Fremdarbeitern. Sie haben sich das dritte, noch übriggebliebene Schwein reserviert.

Mit bewundernswerter Schnelligkeit geht die Zerteilung der Tiere vor sich, und schon nach kurzer Zeit ist alles in den brodelnden Kochtöpfen verschwunden.

Plötzlich dröhnt die große Signaltrommel. Dumpf hallen die Schläge. Keiner, der das nicht versteht: Das Fest ist eröffnet! Lautes Rufen, Singen setzt ein, Handtrommeln – – die Tänze beginnen.

Nur die Männer tanzen. Die Frauen stehen am Rand, sie bilden die begeisterte, anfeuernde Kulisse, die dafür sorgt, daß die Tänzer immer neuen Ehrgeiz bekommen und nicht müde werden. Die meisten der Frauen tragen braune Faser-Lendenschurze, die aus den Blättern der Sago-Palme angefertigt sind, oder dunkelrot gefärbte aus den zerschlitzten Blättern der Pandanus-Palme. Wiederum andere tragen Lendentücher vom Bast des Malo-Baumes.

Vortänzer und Tänzer treten vor. In Gruppen zu zwei, drei oder vier Reihen hintereinander bewegen sie sich vorwärts. Es sind nicht Tänze in der Art, wie wir sie kennen. Eine große Rolle spielt bei ihnen die Nachahmung von Geschehnissen des täglichen Lebens, und nur zu häufig haben Tanzstrophen und -bewegungen erotische Bedeutung. Andere Themen sind zum Beispiel die Heimkehr von der Schweinejagd, der Fischfang, das Zubereiten von Sago, der Untergang eines Kanus. Beim Untergang eines Kanus sind die Tänzer in zwei Reihen aufgestellt, einer längeren Reihe (das Kanu mit der Mannschaft) und einer kürzeren (der Ausleger). Da der Wind ungünstig weht, müssen die Männer ständig gegenankreuzen und auch rudern, was durch fortwährenden Richtungswechsel der beiden Reihen und durch die ausholenden Armbewegungen äußerst realistisch wiedergegeben wird und einen hinreißenden Anblick bietet.

Immer stärker wird der Orkan, immer bewegter die See – das Triton-Horn gibt den Takt an –, entsprechend biegen und beugen sich die

Tänzer in der Art einer Raupe, richten sich auf und ducken sich wieder. Das Heulen des Sturmes wird von den Männern imitiert. Dann ein besonders lautes Geschrei – der Ausleger ist abgerissen (die kürzere Reihe trennt sich von den anderen Tänzern), die Ruder-Armbewegungen der Mannschaften hören auf, die Männer springen wie wild hin und her (das Kanu tanzt in der wilden See) und um ein Kentern des Fahrzeuges zu verhindern, werfen sie sich nach rechts und werfen sich nach links. Doch vergebens. Jeder weiß, daß ein derart havariertes Kanu kentern muß. Also spart man sich den Untergang. Damit hört der Tanz auf.

Niemand darf den Tanz eines anderen oder einer anderen Gruppe unerlaubt nachvollziehen, das gilt bei den meisten Stämmen als Diebstahl und wird von ihnen schwer bestraft. Hat sich jemand einen neuen Tanz erdacht und findet er Anklang, so kann er ihn natürlich für gutes Schneckengeld verkaufen. Meist aber gibt er ihn nicht her. Er ist sein Markenzeichen bis zum Tod.

Wert gelegt wird bei allen Tänzen vor allem auf graziöse Körperbewegungen, geschmeidiges Beugen des Oberkörpers, Drehen des Kopfes und vorschriftsmäßiges Setzen der Füße. Je nach dem Schwierigkeitsgrad der einzelnen Tänze kann ihre Einübung bei mehrstündiger, täglicher Übung viele Monate dauern. Alle Vorgänge der Handlung sollen pantomimisch wiedergegeben werden. Wer also von den Zuschauern, besonders den Europäern, die zugrundeliegende Idee des betreffenden Tanzes nicht kennt, dem kann er trotz aller ausdrucksstarken Bewegungen monoton erscheinen, während es sich in Wirklichkeit um komplizierte Körperbewegungen handelt, genau abgemessen und nichts dem Zufall überlassen. Wer das nicht richtig kann, ist auch kein richtiger Mann und wird von der äußerst leicht bekleideten Damenwelt, die kritisch zuschaut, scheel angesehen.

> An der Nordküste Neuguineas gab es sogar Dorfgemeinschaften, die den Ruf von Tanzschulen hatten, und jeder heranwachsende Jungmann, der etwas auf sich hielt und es sich auch leisten konnte, zog für einige Zeit dort hin, um die Hohe Schule des Tanzens zu erlernen, anderenfalls es schwer sein könnte, die Blicke seiner Angebeteten auf sich zu lenken.

Alle Tänzer haben sich den Körper mit Kokosöl eingerieben, das die Frauen aus ausgepreßter Kokosmilch gewonnen haben. Eine der Gruppen hat sich mit roter, zu Pulver verarbeiteter Erde, die sie in der Hand mit etwas Kokosöl zu einer Paste verrührt hat, fleckig bemalt.

Jeder ist nach seines Stammes Art geschmückt. Manche tragen Masken. Auch die von Karl Vieweg ausgeliehene ist dabei. Viele haben sich die Gesichter mit allerlei Figuren oder die beiden Gesichtshälften unterschiedlich weiß und rot bemalt.

Abb. 59: Plantagenarbeiter

Abb. 60: Zum Tanz geschmückter Bukaua-Mann

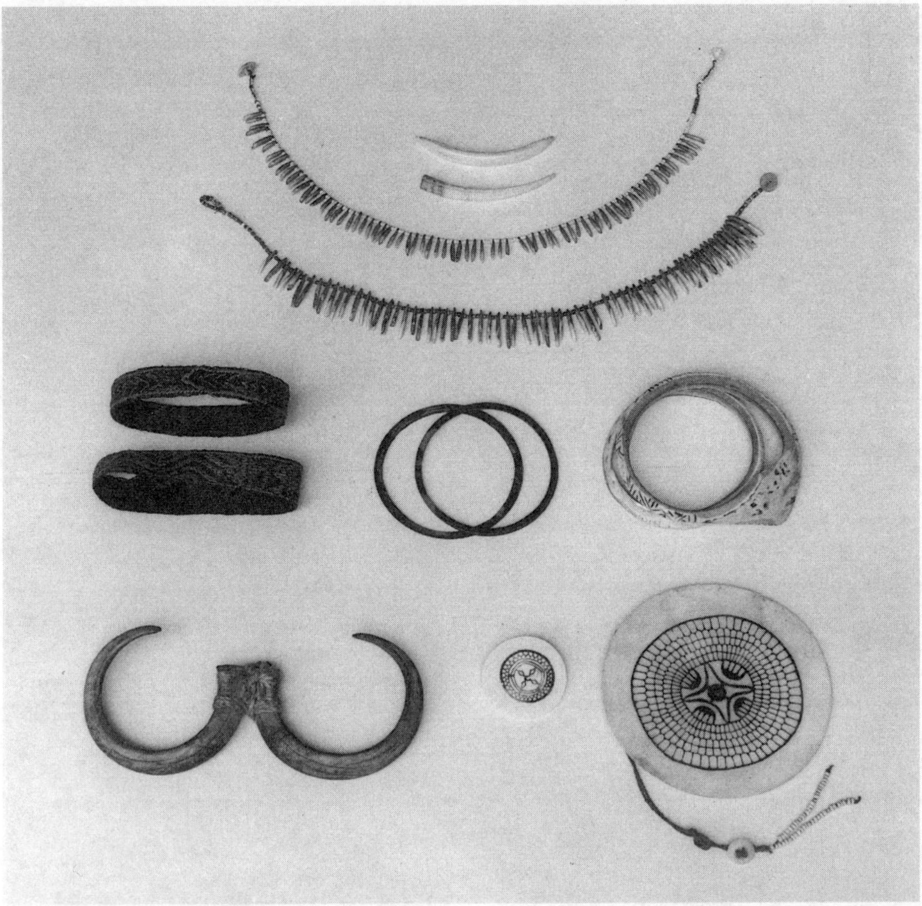

Abb. 61: Tanzschmuck: V.o.n.u. und lks.n.r.: Zwei Nasenstäbe aus einer Muschel bzw. Schnecke; zwei Halsketten aus Zähnen vom Fliegenden Hund bzw. Opossum; je zwei Armreifen aus Bast, Schildpatt und der Trochus- Schnecke; zwei Eberhauer, die im Mund getragen werden; ein kleines und ein großes Kapkap (Muschelscheibe mit filigranartig herausgearbeiteter Auflage aus Schildpatt)

Abb. 62: Tanzgruppe von der Astrolabe-Bai

Was jeder an Wertsachen besitzt, das hat er auch mitgebracht: Einige tragen auf der Brust die wertvollen Eberzähne. Andere lassen die Eberzähne aus dem Mund herausschauen oder haben einen einzelnen durch die Nase gezogen. Wieder andere, besonders die von den Witu-Inseln, verwenden als Nasenschmuck einen Federkiel von der Handschwinge des Kasuars oder einen Nasenstab aus der Tridacna-Muschel. Halsketten aus Hundezähnen und Oberarmschmuck aus der Trochus-Schnecke sind zu sehen, eine flache Scheibe aus der Tridacna-Muschel mit einer Schildpattverzierung als Kapkap auf der Brust, Gehänge mit leeren Palmnüssen, die bei jedem Schritt rasseln und vieles andere mehr. Manche halten in ihren Händen geschnitzte Tanzstäbchen. Eine Gruppe ist von oben bis unten auf das Greulichste bemalt, im Haarschopf Federn. 'Sie sehen zum Fürchten aus', raunen sich die drei Europäer zu.

Auf den Haarschmuck wird besonderer Wert gelegt. Nicht nur, daß das Haar bei einigen der Männer unterschiedlich bunt gefärbt ist – die linke Schopfhälfte rot (rötlicher Lehm), die rechte grün (durchgekauter Pflanzensaft) oder weiß (Korallenkalk) oder schwarz (Kokosöl mit Ruß) –, sondern daß auch ein prächtiger Federputz oder anderes Aufsehenerregendes dort prangt (die Punks von heute würden staunen!).

Mehrere der Tänzer haben um die Stirn einen Kopfschmuck aus den Schnäbeln des Nashornvogels gebunden, ähnlich dem Adlerfederschmuck der Indianer (von einem der Männer tauschte sich Karl Vieweg anschließend diesen Schmuck ein). In dem Gewirr der dichten Kraushaare stecken lange Kämme, Hölzer, Muscheln, Federn oder Gräser. Manche Männer haben sich auch nur mit einzelnen Federn geschmückt; für sie gilt immer noch: Für jeden Erschlagenen eine Feder ins Haar!

Weiter links tanzt ein Mann besonders dicht bei den Damen vorbei und führt stolz seinen Kopfputz vor, an dem er lange und im Geheimen gearbeitet hat. Bewundernde Blicke richten sich auf ihn und sein Kunstwerk, das neuste Modell einer Kopfbedeckung. Es ist eine auf einem Gestänge befestigte, mit bunten Federn geschmückte runde Holzscheibe von Sombrero-Größe, von deren Mittelpunkt zwei Stäbe ausgehen – es stellt ein überdimensioniertes Zifferblatt mit den beiden Zeigern dar! Das Möbel ist etwa einen halben Meter hoch. Der Mann muß es von der Taschenuhr seines Masters abgeluchst und mühsam nachgebaut haben.

Solch ein Schmuckstück erregt natürlich die Gemüter, und noch Tage werden die Damen von dieser imposanten Zierde sprechen. Für heute ist sicher: Bevor noch die Nacht vorbei ist, wird der Zifferblattbesitzer eine Liebste gefunden haben. Solch schönem Mann gibt man sich nur zu gern hin, oft schon unversehens bei einer kurzen Unterbrechung, wenn andere gerade tanzen oder anderweitig abgelenkt sind. Doch wehe, wenn das der eigene Ehemann bemerkt! Dann ist die Hölle los! Da ausnahmslos jeder den

Frauen nachstellt, ist auch jeder argwöhnisch und wittert bei der geringsten Gelegenheit den Hausfreund. Nicht selten enden die Tänze mit Totschlägereien.

Über dem Festplatz schwebt ein durchdringender, widerlich-süßlicher Geruch, der dem Betelgeruch ähnelt. Aber es ist kein Betel. Er kommt von den sorgfältig fermentierten Gräsern, die sich die Männer hinter den Oberarmring gesteckt haben. Zur Vorbereitung des Festes waren die Gräser schon vor Tagen bündelweise in abgeschlagene und seitlich aufgeschlitzte Bananenstämme gelegt worden, fest verpackt zum Fermentieren. Nun sind sie herausgeholt und umduften die schmucken Männer.

Wie sich jetzt die dunklen Gestalten beim flackernden Schein der Feuer erneut in mehrere Abteilungen zu formieren beginnen, erkennt auch der Außenstehende, daß es sich hierbei um Gruppen verschiedener Inseln handelt. Praktisch aus allen Gegenden des Bismarck-Archipels sind Leute anwesend.

Die Stimmung in Karl Viewegs Erzählung wird auch durch den Bericht des Kaiserlichen Richters Dr. Schnee (49) über ein derartiges Fest gut unterstrichen:

»Es war höchst interessant, ungefähr alle Arten von Eingeborenen, die es im Bismarck-Archipel gibt, hier ihre Tänze aufführen zu sehen. Hier die Neupommern von der Gazelle-Halbinsel, welche in zwei Reihen aufgestellt mit Gras oder Federbüscheln in den Händen unter eintönigem Gesang von einem Bein aufs andere hüpfen, dort die Neumecklenburger mit ihrem ähnlichen, aber etwas belebteren Tanz, weiterhin Bukas, welche mit rotbemalten Gesichtern, im Scheine des Feuers wie schwarze Teufel aussehend, auf einen Haufen geballt im Kreise herumgehen und auf Panflöten blasen. Sie machen dabei ein Geräusch, ähnlich dem Jahrmarktgetöse, wenn gleichzeitig verschiedene Drehorgeln und Musikbanden in Tätigkeit gesetzt sind.

Doch alle werden geschlagen durch die Manus [Admiralitäts-Inseln], welche um ein Feuer herum ihren wilden und grotesken Tanz aufführen. Sie sehen prachtvoll aus, diese schlank und doch kräftig gebauten Wilden mit lang herabfallendem Haar, wie sie gänzlich nackt, vorn die weißleuchtende Penismuschel, hinten am Nacken eine lange, in einem geschnitzten Kopf befestigte Adlerfeder, in der Hand den Obsidianspeer haltend, in stolzer Haltung einherschreiten. Je zu mehreren nebeneinander gehen diese kriegerischen Gestalten um das Feuer, unter kurz abgestoßenen, etwa wie 'ui' klingenden hellen Schreien ihren mit dem Speer bewaffneten Arm von sich stoßend. Dann bleibt der ganze Knäuel stehen, jeder Mann schüttelt bei ausgestrecktem Arm den Unterkörper, so daß die weiße Penismuschel hin und her fliegt, und stößt dabei eine Art dumpfes Gebrüll aus. Dann wiederholt sich der Vorgang, wobei die Schreie immer heftiger, die Bewegungen immer wilder werden.«

Plötzlich dröhnt wieder die mächtige Baumtrommel. Der schrille Gesang bricht ab – Essenspause!

Das Festmahl ist bereitet. Neben leckerem Fleisch gibt es als Gemüse die abgestreiften und gekochten Blätter vom Farn, der reichlich im Wald wächst, sowie Töpfe voll mit Yam und Taro, also genug, um alle Bäuche reichlich zu füllen. Als Teller dienen Bananenblätter. Eine Riesenschmauserei, kaum zu beschreiben, hat eingesetzt. Unüberhörbar die lauten Schmatzgeräusche. Getrunken wird Wasser oder Kokosnußwasser.

Nachdem alles restlos aufgegessen ist, geht das Tanzen, Springen, Singen, Trommeln und Musikmachen von neuem los. Einzelne Gruppen, die nicht abwarten können, bis sie an der Reihe sind, tanzen einfach neben den anderen mit, und jede Gruppe bemüht sich, die andere lautstark zu übertreffen. – Die Frauen klatschen in die Hände und zucken im Rhythmus der Trommeln, jeder sieht, am liebsten würden sie sich mit in das Getümmel stürzen. Für die Zuschauer mag es zeitweise wie ein heilloses Durcheinander erscheinen, doch stets lösen sich die verwickeltsten Figuren wieder zu richtiger Ordnung auf.

So vergehen Stunden. Mitternacht ist längst vorbei, oder ist es schon früher Morgen? Da stimmt eine der Gruppen ihr traditionelles Schlußlied an. Es sind die Arbeiter von Neumecklenburg. Nun hören auch die anderen mit Tanzen auf. Fast jede Stammesgruppe hat ihr eigenes Schlußlied. Jetzt aber singen nur die Neumecklenburger, und die anderen hören ihnen zu. Sie singen ein Lied, das aus alter Zeit überliefert worden ist, dessen Text ihnen selbst nicht mehr recht verständlich ist, geschweige denn den anderen.

Sinngemäß bedeutet das Lied – so der Anführer der Gruppe zu Karl Vieweg – daß sie genug getanzt hätten und aufhören wollten.

Alles geht jetzt auseinander, und kurze Zeit später befindet sich auch der letzte der Tänzer im großen Land der Träume.

Gerichtsbarkeit und Strafen

Mittwoch, 26. August 1908. Arbeiter Koki hatte wieder einmal Hiebe bekommen. Der Dummkopf besserte sich auch kein bißchen! Neulich zehn Hiebe mit dem Rotangstock und jetzt schon wieder. Da er wie alle anderen keine Hose, nur ein Lendentuch besaß, war die Wirkung der Stockschläge noch schlimmer.

Am Montag früh war er zur Arbeit einfach nicht erschienen. Statt dessen war er mit einem Kanu zur Insel Mundua gefahren, wo er eine Freundin wußte.

So etwas ging natürlich nicht und wurde bestraft. Das wußte Blaumacher Koki auch, nahm aber dennoch die zu erwartenden Hiebe in Kauf. Koki ('weißer Kakadu') wurde zurückgeholt, was freilich erst mit dem zweiten Versuch gelang. Dann erhielt er 14 Hiebe und wurde nun zur Station Ningau auf Mundua versetzt – also ausgerechnet auf die Insel seiner Angebeteten! Das ließ er sich nicht zweimal sagen, und das ließ auch seine Striemen sofort weniger schmerzen.

Sicherlich war er nicht wegen seiner Freundin dorthin versetzt worden, so gefühlvoll war der Stellvertretende Administrator L. keineswegs, aber für Koki wurde der Tag dadurch noch zu einem Freudenfest. – Im darauffolgenden Oktober war sein Dreijahresvertrag mit der Neuguinea Compagnie abgelaufen. Er fuhr jedoch nicht in die Heimat zurück. Er heiratete seine Liebste namens Matalei und verlängerte den Vertrag um weitere eineinhalb Jahre (die vielen Hiebe hatte er längst vergessen).

Hiebe mit dem Rotangstock war die überwiegende Strafmethode in Deutsch-Neuguinea, mit der irgendwelche Unrechtmäßgkeiten geahndet wurden. Als Höchstmaß waren von den Geheimräten in Berlin zehn Schläge vorgesehen, doch nicht mehr als 25 Schläge innerhalb von zwei Wochen. Was darüber hinausging, darüber sprach man nicht. Andere zugelassene Disziplinarmaßnahmen waren

– Kürzung der Lebensmittelration für eine Woche,
– keine Tabakausgabe,
– unbezahlte Mehrarbeit bis zu drei Stunden pro Tag an höchstens drei Tagen pro Woche,
– Haft bis zu drei Tagen,
– 20,– RM Strafe (also ein zweieinhalbfacher Monatslohn).

In besonders hartnäckigen Fällen durfte auch das gesamte Repertoire gleichzeitig verabfolgt werden.

Die 16 Arbeiter auf der Plantage Meto, die unlängst ihre zweistündige Mittagspause einfach um eine dreiviertel Stunde verlängert hatten, bekamen seltsamerweise keine Strafe und brauchten abends, als die anderen zu ihren Hütten gingen, nach minutiöser Angabe des Tagebuches statt der versäumten 45 Minuten sogar nur 35 Minuten länger zu arbeiten!

War ein Arbeiter faul gewesen und hatte er das vorgesehene Tagespensum nicht geschafft, beispielsweise in Akkordarbeit eine bestimmte Anzahl Kokospalmen von Unkraut frei zu hacken, so mußte er das entweder gleich nach Feierabend oder am Sonntag vormittag nacharbeiten – oder aber er bekam die bekannten Zehn!

Fühlte sich der Arbeiter ungerecht bestraft, so hatte er das Recht, sich beim Gouverneur in Herbertshöhe zu beschweren. Dann wurde die Angelegenheit nachgeprüft, und der zuständige Europäer mußte den Grund für die Bestrafung anführen. Deshalb ist in dem Tagebuch von Karl Vieweg stets genau angegeben, aus welchem Grund ein Mann bestraft wurde. Die Höhe der Strafe bestimmte der Stellvertretende Administrator, Herr L.

Bedauerlicherweise gab es in Deutsch-Neuguinea oft genug Fälle, in denen ungerecht bestraft wurde und häufig deshalb, weil einfach 'europäische' Rechtsverhältnisse zugrunde gelegt wurden, ohne die einheimischen, ungeschriebenen Gesetze in irgendeiner Weise zu berücksichtigen.

Ein typischer, immer wieder auftretender Fall ergab sich, wenn das zwischen zwei Dörfern liegende Niemandsland von der Neuguinea Compagnie angekauft wurde. Ein derartiges Gebiet wurde von den betroffenen Dörfern seit alters her nur an den beiden Grenzseiten durch Anbau von Feldfrüchten genutzt, die ganze Mitte, die nun der Neuguinea Compagnie gehörte, war seit eh und je 'Entspannungsgebiet' oder 'Kampfgelände', wo man sich besser nicht begegnete. In diesem bisher neutralen Gebiet wuchsen aber stets ein paar Fruchtbäume, Kokos- oder Sago-Palmen, die nach althergebrachtem Recht jeweils Eigentum eines bestimmten Dorfbewohners waren und das auch nach Verkauf des Landes blieben. Kam nun zur Reifezeit der eigentliche Besitzer aus dem Dorf, um die Früchte seines Baumes zu ernten und wurde er dabei erwischt, so wurde er wegen schweren Felddiebstahls vor Gericht gestellt. Er leugnete die Tat auch nicht im geringsten, denn nach seiner Auffassung befand er sich im guten Recht. Dafür bekam er dann mehrere Monate Zwangsarbeit.

Ein anderes Beispiel zeigt die verschiedenartige Rechtsauffassung von Schwarz und Weiß: Für ein bevorstehendes Fest kaufte ein Dorf von einem anderen ein Schwein, das aber kurz vor dem Schlachten – aus welchem Grund auch immer – verendete. Das betreffende Dorf lieferte anstandslos ein neues Schwein, denn schließlich hat das Schwein ja nicht den Zweck erfüllt, für den es gekauft wurde. Ging aber ein schwarzer Mann in den Laden eines weißen Händlers und erstand ein Messer, das ihm wegen der schlechten Qualität noch am selben Tag zerbrach, und wollte er dieses Messer etwa gegen ein neues zurückgeben, so erhielt der 'unverschämte Kerl' einen Fußtritt und flog im hohen Bogen zur Tür hinaus (41).

Im allgemeinen wurden Strafen von den Delinquenten ohne Widerspruch akzeptiert, denn jedem von ihnen war klar, daß viele Strafen in Wirklichkeit Mildtätigkeiten waren im Vergleich zu ihren eigenen, ungeschriebenen Gesetzen im Heimatdorf:

Bei Ehebruch war es in manchen Gegenden üblich, dem Übeltäter den kostbarsten Teil seines Körpers einfach abzuschneiden, um Wiederholungen mit absoluter Sicherheit vorzubeugen. War die Frau die Abtrünnige, so wurde sie vom liebevollen Gatten in den Oberschenkel gespeert. War die Wunde endlich verheilt und fürchtete er, daß sie sich erneut mit dem Hausfreund einläßt, so erhielt sie vorsorglich einen zweiten Stich. Das war immer noch besser als bei den Baining, bei denen eheliche Untreue mit dem Tod bestraft wurde.

Ein Dieb spielte grundsätzlich mit seinem Leben: Auf Diebstahl einer einzigen Kokosnuß stand verschiedentlich die Todesstrafe (28). Dagegen gab es unter der Regie von Herrn L. für ein paar gestohlene Kokosnüsse als Gegengabe 'nur' zehn Hiebe mit dem schnellen Stock, wie man im Tagebuch nachlesen kann:

»17.9.1908. Unter Mittag Kokosnüsse gestohlen:

Arbeiter	*Sauga*	*F 2529*	*10 Hiebe*
	Massori	*F 2546*	*10 Hiebe*
	Deumo	*F 2914*	*10 Hiebe*
	Ate	*F 2910*	*10 Hiebe.«*

In der heutigen Zeit klingt das hart. Der Dieb aber wußte, was ihn zu Hause erwartet hätte.

Die zehn Hiebe bedeuteten nun keineswegs, daß Herr L. ein milder Richter war. Er war das ganze Gegenteil. Er war der erbarmungslose weiße Mann, der den 'verdammten Kanaken' schon beibringen würde, was Zucht und Ordnung ist. Ein Administrator der Neuguinea Compagnie, wenn auch nur ein Stellvertretender, wußte schließlich, wie man mit diesen Nichtsnutzen umzugehen hatte. Das wäre doch gelacht. 10 Hiebe! Oder auch 20! Das war die beste Medizin!

Auch die Arbeiter hatten das richtige Gefühl für ihn. Er war für sie »tumbu lahata« – ein schlechter Herr. Die Gruppe von den Admiralitäts-Inseln nannte ihn »a monö karagsat«, was keineswegs etwas Edles bedeutete. Das sagten die Leute natürlich nur unter sich, und doch wußten es alle Weißen. Herr L. war hart, und es bereitete ihm ein geradezu sadistisches Vergnügen, nicht nur Strafen zu verhängen, sondern sich auch an deren Vollstreckung ausgiebig zu beteiligen.

Die nachfolgenden Tagebuchaufzeichnungen geben hierüber einen bösen Einblick. Am 28. September 1908 traf mit dem Anwerbedampfer 'Siar' der Arbeiter Namala ein, der von Stephansort überwiesen worden war. Zwei Tage später schon hatte er sich 13 Hiebe eingehandelt. Grund unbekannt. Dann wurde er nach Lama versetzt. Was oder ob dort Strafbares vorgefallen war, ist nicht bekannt. Jedenfalls erschien Namala nach drei Wochen plötzlich wieder in Meto, war auf eigene Faust von Lama nach Meto gewechselt:

»26.10.1908. Namala von Lama kommt hier zum Antreten, da in Lama keine Landsleute gefunden: Ca. 35 Hiebe im ganzen (!), erst vom Aufse-

her Baneriu, dann vom Stellvertretenden Administrator L. eigenhändig. Dann Handschellen angelegt, obwohl sich der Namala kaum rühren konnte, und eingesperrt. – Herr L. fährt am Vormittag im Boot nach Lama, nimmt aber den Namala nicht mit. Beim Abendessen erinnert sich L. des eingesperrten Namala, der natürlich weder Essen noch Trinken gekriegt hat.

27.10.1908. Namala aus Gefängnis entlassen und nach Lama zurückgeschickt.«

Das war Herr L., also ein Mann, der seine Arbeiter nur so mit Fürsorge überhäufte.

Schon am nächsten Tag produzierte er sich erneut in ähnlich grausamer Weise:

»28.10.1908. Kalanit, der bei dem Chinesen Tscham Fat arbeitet und gestern beim Antreten fehlte, läuft, als er Prügel haben soll, weg; wird wieder eingefangen und kriegt vom Aufseher Baneriu im ganzen 20 Hiebe. Herr L. hat sich auf Kalanits Schultern gekniet, als er zappelt, und hält seinen Kopf fest.«

Rund 90 Arbeiter stehen dabei, sehen zu, hören die klatschenden Hiebe ... nur zwei Weiße sind gerade hier ... der L. und der Vieweg da hinten ... 90 gegen 2 ... ist das keine Gelegenheit, um den verhaßten L. zu erschlagen? Karl Vieweg blickt zu den Arbeitern hinüber ... aber er sieht nur gleichgültige Gesichter – was geht sie der Kalanit an.

Herr L. trug, um seinen Rang zu demonstrieren, stets einen Spazierstock, der wie die üblichen Spazierstöcke ebenfalls aus Rotang gefertigt war, und mit dem er gelegentlich, wenn es ihm paßte, auch Hiebe verteilte. Gewiß ein passender Gehstock für Herrn L.

Solche Typen wie L. waren nicht gerade geeignet, das Vertrauen der Einheimischen in die deutsche Kolonialherrschaft zu stärken. Auch seine weißen Mitarbeiter bekamen häufig Schwierigkeiten mit ihm. Jeder sah ihn lieber gehen als kommen. Er mochte es auch nicht, daß seine Leute wußten, wo er sich gerade befand. Am liebsten würde er auf den vier Plantagen gleichzeitig in Erscheinung und den Arbeitern sonstwohin treten.

Karl Vieweg aber wollte lieber frei und selbständig arbeiten, als Assistent auf den Plantagen hatte er nun genügend Erfahrungen gesammelt. Er schrieb deshalb ein Gesuch an den Administrator Müller in Herbertshöhe, ihn nach der Insel Mundua zu versetzen und ihm die Leitung der dortigen Station Ningau zu übertragen. In Ningau saß der Chinese To Ah Kun, der die Station seit dem Tod des letzten Weißen mehr schlecht als recht über Wasser hielt. Das war die Gelegenheit!

Koprap rämie

F*reitag, 28. August 1908.* To Ah Kun auf Station Ningau war früher besser gewesen. Doch seitdem ihm Karl Vieweg vor ein paar Wochen einen der rauchstarken M 71-Karabiner zur Verfügung gestellt hatte, um die Taro-Anpflanzungen gegen Wildschweine zu schützen, war ihm dies zu Kopf gestiegen. Schließlich war er jetzt Gewehrbesitzer (!), also fast ein Weißer!

To Ah Kuns Aufgabe als Leiter der Station Ningau war, neben der Zuständigkeit für die dortige Kakao- und Kokosplantage, Kokosnüsse oder Kopra von den Insulanern aufzukaufen und nach Peterhafen zu bringen. Je mehr er lieferte, desto höher war auch seine Koprap rämie. Viel lieferten die Dörfer nun gerade nicht, sagte sich To Ah Kun. Sollte er dem nicht etwas nachhelfen?! Die Burschen hatten um ihre Siedlungen so viele Kokospalmen, daß sie sie gar nicht alle verwerten konnten. Lieber ließen sie die heruntergefallenen Nüsse vergammeln. Die Leute, sagte er sich, waren einfach zu phlegmatisch, mehr zu ernten und zu verkaufen, als sie unbedingt zu ihrem Primitivleben benötigten.

Und er bekam nur deshalb so wenig Koprap rämie, weil die Leute auf der faulen Haut lagen?! Das fehlte noch. Das mußte anders werden. Karamatta war das nächstgelegene Dorf. Da wollte er anfangen. Denen wollte er eine Lektion erteilen. Dieses Mal hatte er ein Gewehr bei sich, mal sehen, ob das nicht mehr Eindruck machte!

Am Nachmittag erschien er in Karamatta.

Die Dorfbewohner hatten wieder nur ein paar Säcke Kopra für To Ah Kun bereit liegen, viel zu wenig! Der Chinese hatte nichts anderes erwartet. Ihm reichte es jetzt. Er sparte sich die vielen Worte, die bisher auch nichts genützt hatten. Er nahm einfach sein Gewehr, legte an und schoß eines von den Schweinen der Karamatta-Leute tot. Wenn sie beim nächsten Mal nicht doppelt so viel Kopra bereit hätten, drohte er, würde er das andere Schwein, das daneben, ebenfalls totschießen. Kongkong sprachs und ließ die verschüchterten Männer stehen. Mit seinem Begleiter fuhr er nach Ningau zurück.

Tage später wiederholte sich die haarsträubende Geschichte, es war sogar noch ärger. Tamone, der in Ningau gewesen war, hatte es dort von Mariselau gehört:

> *»To Ah Kun hätte mit dem Karabiner 1 Schwein und 1 Hund totgeschossen und die Zucker- und Taro-Anpflanzungen der Leute von Karamatta beschädigt.«*

Das war ein starkes Stück!

Tamone stammte aus Karamatta, also war sein Bericht mit Vorsicht zu genießen. Karl Vieweg ließ To Ah Kun kommen und auch den Big-Fellow-Man von Karamatta, Uleitis, und beide mußten berichten. Tatsächlich, das mit der Schießerei stimmte!

Unglaublich! To Ah Kun wollte hier offensichtlich Wildwestmanieren einführen.

Uleitis war aber gegen eine Bestrafung des Chinesen. Er wollte mit seinen Nachbarn in Frieden leben. So mußte To Ah Kun nur den schönen Karabiner wieder abliefern und natürlich den Schaden ersetzen. Das kam ihn schon teuer genug zu stehen.

Auffallend schweigsam fuhren beide – vor allem der Kongkong – nach Mundua zurück.

Daß die Insulaner nur wenig Kopra lieferten, war bekannt und nur zu verständlich, denn die Neuguinea Compagnie, oder wie die Leute hier sagten, die 'kumbani', zahlte herzlich wenig, nur 50,– RM pro t. Die Compagnie besaß auf den Witu-Inseln das Monopol und konnte die Preise diktieren, während sie auf der Gazelle-Halbinsel, auf der es Konkurrenz durch weiße Händler gab, 200,– RM pro t zahlen mußte. Das wußten auch die Dörfer. Aber was sollten sie machen! Mit dem Händler Rauer auf der Insel Mundua hatte der Stellvertretende Administrator L. den Preis abgesprochen.

Überfall auf Kurawu

S*onntag, 30.August 1908.* Gestern und vorgestern hatte Karl Vieweg einen heftigen Malariaanfall. So etwas ließ sich trotz regelmäßiger Prophylaxe nicht immer verhindern. Wegen der Fülle der anliegenden Arbeiten hatte er sich diesmal nicht ins Bett gelegt. Nur wer einen solchen Anfall am eigenen Körper erlebt hat, kann ermessen, welch ungeheure Willenskraft es erfordert, weiterhin aktiv zu bleiben. – Heute war er noch etwas wacklig auf den Beinen.

Zwischen den Dörfern Karamatta und Kurawu auf Mundua gärte es mal wieder. Seit einigen Tagen wurden zwischen ihnen keine Betelnüsse mehr getauscht, wurde kein Betel mehr gekaut – das untrügliche Zeichen eines ernsten Zwistes. Erfahrungsgemäß stand dann ein Überfall oder irgendeine andere Totschlägerei unmittelbar bevor. Schon als der junge Assistent am 24. Juni auf der Insel gewesen war, um Kopra zu holen, war die Spannung zum Zerreißen gewesen. Damals war in Karamatta plötzlich ein Junge gestorben, und niemand hatte gewußt, woran. So etwas konnte nicht mit rechten Dingen zugehen. Da mußte ein Zauberer seine Hand mit im Spiel gehabt haben. Aber wer? Und aus welchem Dorf? Von Kore? Wohl kaum. Mit denen standen sie sich doch immer gut. Von Rangu? Von Kurawu? Mit Kurawu hatte es schon wiederholt Schwierigkeiten gegeben.

Die Antwort fand der eigene Zauberer bald. Nach einer umständlichen Einleitung befragte er das Orakel, und er erfuhr ganz richtig: Es war mal wieder der niederträchtige, alte Mann in Kurawu, der den Jungen hat sterben lassen! Dieser Schurke.

Doch für den Außenstehenden völlig unerwartet, legte sich die Aufregung in den nächsten Tagen wieder. Der sogenannte Handelsfreund in Karamatta, der an Tauschartikeln und nicht an Streit interessiert war, hatte wohl vermittelt und da der Tote inzwischen auch begraben war, hatte sich alles wieder beruhigt.

> Der 'Handelsfreund' war bei der großen Sprachenvielfalt im Bismarck-Archipel und auf Neuguinea ein wichtiger Dolmetscher, Vermittler, Friedensstifter und Verräter. Die Dörfer tauschten untereinander einzelne Kinder im frühen Jugendalter aus. Das betreffende Kind, sieben oder acht Jahre alt, wurde in der anderen Familie wie das eigene Kind aufgenommen, wuchs heran und erlernte die Sprache, Sitten, Gebräuche und Gewohnheiten des anderen Dorfes. Erst nach etwa einem Jahrzehnt kehrte es in sein Heimatdorf zurück – als der künftige Handelsfreund. Er war jetzt das verbindende Glied, und da er zu seinen Adoptiveltern auch weiterhin Kontakt hielt, verriet er, wenn er konnte, geplante Überfälle. Eine etwas zweischneidige Angelegenheit.

Nun aber, Ende August, gab es neue Aufregung, alles fing wieder von vorn an! Als gestern unerwartet gleich zwei Leute am selben Tag starben, war die Erregung im Dorf groß. Uleitis ließ sich sofort zu Karl Vieweg hinüberfahren, der sich die Sache anhörte und kurz notierte:

> *»Uleitis: Leute von Kurawu zaubern, wieder 2 Mann von Karamatta gestorben. Will sich beim Gouverneur beschweren!«*

Er berichtete das Vorgefallene dem Stellvertretenden Administrator L., der daraufhin anordnete, *»daß die Leute von Karamatta den Zauberer Tanegumberuei von Kurawu fangen und mit nächster Gelegenheit nach Peterhafen bringen sollen!«*

Herr L. schloß sich also ohne große Überlegung der Aussage von Uleitis an. Daß die Geschichte bald in einen Überfall – Fangen ohne Überfall ging wohl kaum – ausarten würde, höchstwahrscheinlich verbunden mit Mord und Totschlag und den üblichen Nachwehen, darüber hatte er wohl nicht nachgedacht. Vielleicht wollte er das auch nicht. Zum einen war Kurawu nicht der beste Kopra-Lieferant für die Compagnie und verdiente deshalb schon lange einen Denkzettel. Zum anderen konnte es durchaus der Fall sein, daß Tanegumberuei wirklich Leute aus Karamatta verzaubert hatte. Auch hier wäre es angebracht, für alle Zukunft einen Riegel vorzuschieben.

In der heutigen, aufgeklärten Zeit ist man leicht geneigt, alle Zaubereien ins Reich der Magie zu verweisen. Meist mag es auch berechtigt sein. Es gibt jedoch genügend belegte Fälle, für die man bis heute keine ausreichende Erklärung hat (24), bei denen nämlich der Zauberer einen Mann verzaubert – 'tau-taua' mit ihm macht –, derjenige selbst davon aber nicht die geringste Ahnung hat, sich jedoch mit einem Mal nicht mehr wohl fühlt, seelisch dahinsiecht und eines Tages stirbt.

So etwas könnte auch in Karamatta durchaus der Fall gewesen sein, und deshalb die Vorbeugungsmaßnahme von L. gegen den Zauberer.

Als Uleitis am nächsten Tag wieder nach Karamatta zurückkam und seinem Dorf berichtete, bedurfte es nicht mehr des eigenen Zauberers, um die Stimmung anzuheizen. Wie die folgenden Stunden abliefen, läßt sich nur vermuten:

Den Zauberer fangen und nach Peterhafen bringen? Niemals! Tod dem Zauberer in Kurawu! Er muß nun endlich unschädlich gemacht werden. Jeder kennt Tanegumberuei, den Mann mit den völlig ölverfilzten Haarzotteln.

Sie befragen den eigenen Zauberer. Der wiegt bedächtig sein Haupt, begibt sich gemessenen Schrittes in seine Hütte und spricht dort das Orakel an – ein schwarzer Schweineschädel mit allerlei Drumherum. Man hört von draußen den Magier, er brummt, murmelt, spricht Unverständliches. Nachdem er noch weitere wichtige Worte gesprochen hat, gibt er nach einiger Zeit bekannt, daß er soeben die Antwort erhalten hätte. Der Spruch sei ganz im Sinne der Männer!

Gut!

Noch heute nacht soll es geschehen. Alles läuft auseinander, um die nötigen Vorbereitungen zu treffen.

Doch halt!

Was dann, wenn die Kurawu-Leute vorbereitet sind?! Man muß damit rechnen. Auch sie haben ihren Zauberer, diesen Kerl, der schon soviel Unheil angerichtet hat. Es könnte Verluste geben. Die anderen haben genauso viel Leute. Man müßte sicher sein, daß alles gut geht. Sollten sie selbst, wie schon so oft, das Dorf Kore als Bundesgenossen um Unterstützung bitten? Kurawu wird sich vielleicht auch der Hilfe von Ngoru versichern.

Also wird das Orakel ein zweites Mal befragt. Und wieder fällt der Spruch günstig aus: Sie brauchen keine Hilfe, der Gegner ahnt nichts, ist sorglos. Das ist gut so. In den frühen Morgenstunden wird es also losgehen! Eine klare Sache.

Es gab und gibt in der Inselwelt Neuguineas vielerlei Methoden, um herauszufinden, ob ein Überfall gelingen wird oder nicht. Häufig wird die Zwiebel einer bestimmten Pflanze genommen und zunächst besprochen, dann mit Blättern umwickelt und im Tontopf gekocht. Die beiden Seiten des Topfes entsprechen den beiden Dörfern. Die Seite, an der der Schaum zuerst überkocht, würde Sieger sein. Wallt der Schaum beim Gegner zuerst über, bleibt man lieber zu Hause.

Die Männer bereiten sich auf den Überfall vor. Die Speere aus dem Stamm der Betelnuß-Palme werden sorgfältig kontrolliert, die Widerhaken nachgesehen. Das Holz ist gut gefettet, um die Elastizität zu erhalten. Tastend gleitet die Hand am Speer entlang, keine Unebenheit ist zu spüren.

Auch der Zauberer trägt sein Scherflein bei. Da er natürlich voraussah, daß es demnächst einen Kampf geben wird, hat er schon vor Wochen einen Zaubertrank in einem eigens hierfür von ihm angefertigten Holztopf angesetzt, der zufällig gerade jetzt zur richtigen Reife gelangt ist. Der Zaubermeister läßt jeden der Krieger einen kräftigen Schluck davon trinken, so daß sie in der Stunde der Gefahr für den Gegner unsichtbar sein werden.

Das Unsichtbar- und Unverwundbarmachen spielte in Neuguinea schon immer eine wichtige Rolle. Als bei dem Aufstand an der Blanche-Bucht im Jahr 1893 die Weißen aus dem Land gejagt werden sollten, hatten sich die 300 schwarzen Tolai-Krieger gegen die Feuerwaffen der Weißen mit 'kugelsicherer Salbe' eingerieben. Wurde trotzdem jemand getroffen, so war die Salbe nicht genügend dick aufgetragen gewesen. Der Zauberer To Taulavai aus dem Dorf Viviren, der die Mixtur geliefert hatte, verlangte und erhielt hierfür 1 000 Faden Tabu (!). Der Aufstand brach nach drei Monaten zusammen.

Auch im Zweiten Weltkrieg bei den Kämpfen der Amerikaner gegen die Japaner auf Neuguinea wurde gezaubert: Die schwarzen Frauen holten die amerikanischen Verwundeten aus dem Kampf, nachdem sie vorher von ihrem Zaubermeister für den Feind unsichtbar gemacht worden waren.

Bei den Baining auf der Gazelle-Halbinsel wird noch heute 'unsichtbar' gemacht: Von einem Arm- oder Beinknochen eines verstorbenen Freundes wird mit einem scharfen Bambusmesser Knochenmasse abgeschabt, mit dem Kalk, der zum Betelnußkauen bestimmt ist, vermischt und auf dem Körper verrieben. Gleichzeitig wird der Verstorbene angerufen und der passende Zauberspruch gemurmelt. Nur wenige Alte beherrschen noch diese Kunst.

Zur Stärkung der Kampfesmoral bemalen sich die knapp zwei Dutzend Karamatta-Krieger (Karamatta = Kampfschild) und behängen sich mit

Amuletten gegen böse Geister. Wer hat, legt noch einen Brustschmuck mit Eberzähnen an, er dient gleichzeitig als Brustpanzer. Die meisten von ihnen tragen Halsketten aus Hundezähnen. Mancher zieht auch noch einen kräftigen Eberhauer durch die Nasenscheidewand. Bis spät in die Nacht halten sie sich mit mutigen Reden bei Kampfeslaune und die Waldgeister fern.

Dann geht es los.

Mit ihren Kanus umfahren sie die Insel bis in die Nähe von Kurawu. Einer von ihnen weiß hier einen schmalen, kaum erkennbaren Pfad, der bei Kurawu endet. Die nackten Krieger tragen fast alle einen der gefürchteten, über 3 m langen Speere, die mit zwei Reihen scheußlicher Widerhaken besetzt sind. Dahinter am Schaft ist das dämonenhafte Gesicht des Speergeistes 'malulu' eingeschnitzt, der den Speer zielsicher in das Herz des Feindes lenken wird. Noch ein paar Zentimeter weiter zurück am Speer folgt ein kugelförmiges Bastgeflecht, nämlich das Haus, in dem Malulu wohnt, wenn er gerade nichts zu tun hat. Jeder der Männer hat seinem Malulu ein individuelles Aussehen gegeben, auch ein individuelles Haus geflochten. So kann jeder nach dem siegreichen Kampf seinen Speer und seinen Gegner wiederfinden – falls es ihm noch möglich ist.

In der Linken halten die Männer Keulen. Ist erst der Speer geworfen, so kommt die Keule an die Reihe. Und falls sie im Getümmel zu unhandlich werden sollte: Den linken Oberarm schmückt ein schwarz-rot-gelb geflochtenes Armband, in dem bei einem der Männer ein langer Knochendolch sitzt, gefertigt aus dem Oberschenkelknochen eines Kasuars, bei anderen billige, aber richtige Stahlmesser. Als Fernwaffe hinter dem fliehenden Feind her dient die Schleuder. Ihr Geschoßlager besteht aus dem sorgsam zusammengefalteten faserigen Gewebe, das einst die Basis eines Kokosblattes umhüllt hatte. Die Steine selbst haben sie auf der Villaumez-Halbinsel teuer eingekauft und jeden einzelnen wie beim Speer in mühseliger Gravierarbeit mit dem Gesicht des Steingeistes versehen. Nur so kann der Schädel des Gegners wirksam getroffen werden.

Fast lautlos kommt die Gruppe voran. In der Nähe des Kurawu-Berges gibt es das erste Mißgeschick: Einer der Männer ist der Verteidigungsanlage des Gegners zum Opfer gefallen; die Kurawu-Leute hatten wohl doch Böses geahnt – oder waren sie etwa durch den Handelsfreund gewarnt worden? Sie hatten an mehreren Stellen des Pfades vorsorglich ein paar Dutzend kurzer, spitzer Stöckchen so in den Boden eingegraben, daß sie gerade noch ein oder zwei Zentimeter herausschauen – man weiß ja schließlich, daß die anderen nur während der Dunkelheit kommen würden. – Das hatte nun eine schlimme Fußverletzung gegeben.

Doch der Schurke von Zauberer hat noch mehr Überraschungen in petto. An Stellen, an denen der Pfad besonders schmal ist und man sich dicht zwischen den Bäumen hindurchzwängen muß, sind in der Rinde scharfe

Obsidiansplitter befestigt. Eine teuflische Sache. Einer der Krieger hat in der Dunkelheit einen dieser Bäume gestreift und sich dabei eine tiefe Schnittwunde an der Schulter zugezogen. Doch er kann weiter mitgehen. Sie wird sich erst, wenn sie zurück sind, entzünden.

Auf dem schmalen Schleichpfad erreicht die Gruppe schließlich den Berg, auf dem das Dorf liegt. Sie ersteigen ihn vorsichtig, kein Stein darf fallen oder zu hören sein, kein Aststück brechen. Langsam geht es voran.

Noch bei Dunkelheit haben die Krieger ihr Ziel erreicht, das Dorf liegt vor ihnen. Sie ducken sich nieder und warten.

Alles im Dorf schläft. Kein Laut ist zu hören. Auch die Natur schläft noch. Da ertönt plötzlich ein Ruf – jeder zuckt unwillkürlich zusammen –, kiak – kiak. Es ist Kau, der Morgenvogel, auch Weckvogel genannt, weil er als erster den neuen Tag ankündigt.

Im Osten zeigt sich ein erster, leiser Schimmer. Alles wartet gespannt. Ein zweiter Vogel erwacht.

Nun gibt es kein Halten mehr! Mit riesigem Geschrei beginnt der Angriff. Die Hunde heulen zu spät. Auch der Gegner ist überrascht und stürzt schlaftrunken aus den Hütten. Speere fliegen. Schleudersteine sausen. Die Überraschung gelingt. Wer nicht rechtzeitig auf und davon ist, kriegt noch flugs die Keule über den Krauskopf.

Wo ist das Haus des elenden Zauberers – ?

Dort ist es!

Rache für die beiden Toten!

Doch der Fuchs hat rechtzeitig seinen Bau verlassen und ist mit dem Rest der Leute im dunklen Busch verschwunden. Verdammt! Von dort fliegen jetzt vereinzelt Speere und Schleudersteine zurück. Es wird gefährlich. Die Geflohenen haben sich gesammelt. Also zurück. Der Zauberer, dem die ganze Aktion gegolten hat, ist ja ohnehin entkommen.

In Karamatta ist die Sonne längst aufgegangen, als die Alten, Frauen und Kinder die Einbäume mit ihren Männern zurückkommen sehen. Siegesgesang ist zu hören. Sehr gut. Dann haben sie also den Tanegumberuei erwischt! Ein schriller Jauchzer in dem Gesang. Nur *ein* Jauchzer? – – – Ja, nur einer. Dann haben sie also nur *einen* Gegner getötet oder gefangen. Mehr als den Zauberer wollten sie ja auch nicht haben.

Als sie jetzt hören, daß ausgerechnet der Zauberer noch lebt und entkommen ist, ist die Enttäuschung groß. Lang werden die Gesichter.

Hatte nicht der eigene Zauberer gesagt, daß alles gelingen wird? Wo ist er? Der sieht mürrische Blicke auf sich gerichtet, weiß aber geschickt, alles zum Guten zu wenden. Bald wird nur noch laut und erregt über den tollen Kampf geprahlt. Alles war doch ein ganz großer Erfolg. Verluste hat es – Geistern sei Dank – nicht gegeben. Die schlimmen Fuß- und Schulterwunden werden auch wieder heilen. Bei der Obsidianwunde wird es allerdings länger dauern (Obsidianwunden heilen schwer, weil feiner Steinstaub in der Wunde zurückbleibt).

Doch nun gilt es, vorsichtig zu sein. Irgendwann in den nächsten Tagen werden die Kurawu-Leute einen Rachezug unternehmen. Schließlich haben sie einen Toten gehabt.

Und eines Tages kommt dann auch der erwartete Überfall. – So geht das eine Weile hin und her, Blutrache hin, Blutrache her, bis sie schließlich des vielen Totschlagens überdrüssig sind und dahinterkommen, daß alles nichts einbringt. Sie verständigen sich vorsichtig über den Handelsfreund und siehe da: Bald darauf sind alle friedlich zusammengekommen, keiner grollt mehr, ein Singsing wird veranstaltet, buntfarbene Croton-Sträucher werden ausgetauscht und Geschenke überreicht, ein Schwein wird geschlachtet, es wird kräftig Betel gekaut, und alles ist wieder in bester Stimmung.[15]

Schlägereien – Schiff in Sicht

Wieder einmal Zank und Streit. Der mit dem Kutter von Mundua zurückkehrende Arbeiter Ugai (von der Materialausgabe in Meto) meldete Karl Vieweg, daß er auf der Station Ningau in eine Schlägerei verwickelt war.

Ugai wollte ein Schwein von Mariselau kaufen. Zu diesem Zweck hatte er Magai mit allerlei Tauschartikeln und Geld zu Mariselau geschickt, weil er mit ihm selbst nichts zu tun haben wollte. Hiervon hatte sich Mariselau einen Weiberlendenschurz, fünf Stangen Tabak und zwei Zweimarkstücke geben lassen und war verschwunden, ohne das Schwein herauszurücken. Er, Ugai, wäre natürlich mächtig erbost gewesen, als Magai ihm das ausgerichtet hätte. Er wäre spornstreichs selbst zu ihm gegangen – Marieslau war wieder da –, und schon hätten sich beide in der Wolle gelegen. – Wer von ihnen beiden angefangen hätte? Der Mariselau natürlich.

Am übernächsten Tag wurde die Angelegenheit verhandelt. Mariselau sagte aus, er sei in dem Glauben gewesen, der Lendenschurz, auch der Tabak und natürlich auch die vier Mark hätten dem Leisa gehört, der nämlich ihm, Mariselau, noch sehr viel schuldete. Ja, so wäre das gewesen! – Leisa wiederum sagte zu allem Amen, was die anderen ihm in den Mund legten. Es schien, als hätte er Angst vor Strafe, vor allem vor Mariselau, so wurde gemunkelt, der ihm für unbequeme Antworten reichlich Prügel versprochen hätte. – Auch Ugai begann, sich mehr und mehr zu verheddern.

---

15 Die Mundua-Insulaner gaben dem Verf. gegenüber an, daß die Feindseligkeiten zwischen Kurawu und Ngoru einerseits und Karamatta und Kore andererseits bis etwa 1936 anhielten.

So ging es nicht weiter, mindestens einer log hier wie gedruckt.

Schließlich mußte Mariselau das Schwein herausrücken, Leisa konnte von dannen ziehen, und Ugai war auf einmal heilfroh, daß er wegen der Prügelei, die er gemeldet hatte, nicht noch selbst Prügel verordnet bekam (Aufseher und Prügelmeister Baneriu, dem besondere Sachkunde zugesprochen werden mußte, hätte sie ihm gern gegeben, er war in Übung); denn daß er Ugai, angefangen hatte und nicht der andere, das war inzwischen sonnenklar.

Wer genau hinsah, wußte, was hier gespielt wurde. Ugai war ein Neumecklenburger, Mariselau aber von der Nakanai-Küste, südwestlich der Gazelle-Halbinsel. Die Bewohner der Nakanai-Küste waren von den Neumecklenburgern noch bis vor kurzem häufig bei Sklavenjagden heimgesucht worden. Endlich hatte sich für Mariselau die Gelegenheit geboten, einem der verhaßten Neumecklenburger, mit denen sie leider in Burgfrieden leben mußten, eins auszuwischen.

Sonntag, 6. September 1908. Die wohlverdiente Sonntagsruhe fiel wieder einmal aus, der Ärger begann gleich nach Mitternacht:

»Um 0.07 Uhr bringen drei Chinesen (Tschan Jung Sam, Wong Aschu Tsching, Tai Seng) den Ah On, der auf der Station Ilia arbeitet, mit zwei schweren Kopfwunden auf die Veranda meines Hauses. Li Wing hat ihm diese im Hause des Tschan Jung Sam mit einem Hammer beigebracht, den er sich extra dazu vorher in den Gürtel gesteckt hatte.«

Also vorsätzlich!

Karl Vieweg ließ den Schwerverletzten sofort ins nahe Arbeiterhospital bringen, wo er vom Krankenpfleger Reblala verbunden wurde und zwei Kampferspritzen und eine Morphiumspritze erhielt.

Als Karl Vieweg endlich wieder Ruhe hatte, war vom Rest der Nacht nicht mehr viel übrig geblieben. Kurz nach Sonnenaufgang wurde er durch Schritte und wiederholtes Räuspern auf der Veranda aus bleiernem Schlaf gerissen. Jetzt »kommt Li Wing mit einer blutenden Wunde an. Wird verbunden. Um 1/2 9 Uhr bringt Wong Aschu Tsching den Hammer. Li Wing leugnet anfangs, daß er der seine wäre. Ohrfeige. Geständig.«

(So einfach kam man damals zu einem Geständnis!)

Am späten Nachmittag. Karl Vieweg war von weiteren Sonntagseinlagen der Chinesen – gottlob – verschont geblieben. Er sah zum Meer hinüber. Unten lag der idyllische, kreisrunde Peterhafen, ein Märchenhafen, mit seinem glasklaren, stillen Wasser und den steilen, bewaldeten Berghängen, geradezu eine Einladung zum Schwimmen. Schwimmen! Ja, natürlich. Haie – ? – – Nein, sie waren heute nicht zu sehen. Und Minuten später war er unten und sprang von der Landungsbrücke kopfüber ins Wasser.

Was für eine wohltuende Erfrischung! Nur – bei einer seitlichen Bewegung schmerzte plötzlich wieder das rechte Knie, das er sich vor zwei Wochen auf dem Ficus-Berg verknackst hatte. Also doch lieber aufhören. Schonen ist die bessere Medizin. Er hatte schon genug mit seinem Leistenbruch zu tun, der sich am Sonnabend vor einer Woche erstmalig bemerkbar gemacht hatte.

Noch war er nicht aus dem Wasser, da erscholl von den Bergen herunter wie ein Lauffeuer der Ruf:

»Seeeeloo – Schiff in Sicht!«

Jeder suchte spontan die weite Fläche des Ozeans ab, und tatsächlich, in großer Entfernung zeigte sich deutlich ein Segelschiff. Mehr war zu diesem Zeitpunkt nicht zu erkennen.

Ein Schiff war etwas nicht Alltägliches. Im Juli waren es drei Dampfschiffe gewesen, die sie gesehen hatten, darunter zweimal die 'Siar', die auch angelegt hatte, und im August zwei Dampfschiffe, die aber vorbeigefahren waren. Segelschiffe außer den eigenen Kuttern und den kleineren Booten gab es hier kaum.

Die Schoner der Neuguinea Compagnie, der Queen Emma und der anderen Handelsgesellschaften waren in den Monaten, seit Karl Vieweg hier war, noch nie aufgetaucht. Wer also konnte das sein? Vielleicht eines der großen, zweimastigen Eingeborenenkanus, die im Sturm von irgendwoher verschlagen worden waren? Solche Seefahrer waren nur zu oft Todeskandidaten: Entweder sie kamen auf See um, oder sie wurden, wenn sie endlich das rettende Land erreicht hatten, aufgefressen.

Der Chinese Li Kau meinte, es könnte auch eines der Doppelsegelkanus sein, die – ohne Ausleger (!) – von den 200 km entfernten Siassi-Inseln herauf bis zur Villaumez-Küste kommen, um ihre Waren einzutauschen, darunter die beliebten hölzernen Gefäße, in denen Taro und geraspelter Kokos miteinander angemengt werden. Vielleicht, so ergänzte er, sind es auch Leute von der gegenüberliegenden Kombe-Küste, oder es sind Kilenge-Fahrer, die ganz an der Westspitze von Neupommern wohnen.

"Kanus ohne Ausleger?" fragte Karl Vieweg zweifelnd. "Wie können sich diese Fahrzeuge auf See halten, ohne umzuschlagen?"

"Doch, sie können es", erklärte Li Kau. "Wir nennen diese Art Kanus 'mon', sie sind aus besonders starken Bäumen gefertigt und haben einen gleichzeitig mit herausgearbeiteten Kiel. Das genügt. – Wie ich schon sagte, das Fahrzeug da draußen könnte auch ein Kanu der Kombe-Kanaka sein. Eine ihrer Spezialitäten ist es, Paddel anzufertigen, besonders schön verzierte, mit eingebrannten Mustern. – Ich kann diese Burschen nicht leiden, weil sie unsere Leute immer übers Ohr hauen. Die hiesigen Dörfer, insbesondere Ndolle und Balangori, fühlen sich ihnen unterlegen und akzeptieren fast alles, was die verlangen."

"Warum fühlen sich unsere Ndolle-Leute unterlegen?"

"Weil die Kombe-Kanaka so schöne Segelkanus haben und damit auch umzugehen wissen. Offensichtlich haben sie auch größere handwerkliche Fähigkeiten, wenn ich nur an die eben erwähnten Gefäße und Paddel und andere Gebrauchsgegenstände denke."

"Und wogegen werden die Paddel eingetauscht, gegen Muschelgeld?"

"Nein, gegen Schweine und vor allem Hunde. Hier auf Garowe gibt es viele Hunde, weil sie von niemandem gegessen werden."

"Wollen die Kombe-Leute die Hunde zum Essen haben?"

"Nein, zum Jagen. Zum Essen hinterher. Ich wünschte, sie würden alle daran sterben. – Vielleicht kommt das Kanu da draußen auch von viel weiter her. Ich weiß, daß früher immer ein Kanu von den Tami-Inseln kam, um Tontöpfe zu verkaufen. – Ja, das könnte das Tami-Kanu sein.[16] Im letzten Jahr war es nicht hier bei uns, ich weiß aber, daß damals mehrere Tami-Kanus an der Villaumez-Küste gewesen waren. Möglicherweise machen sie dort bessere Geschäfte."

"So. Die Tontöpfe kommen also von den Tami-Insulanern. Ich habe aber hier noch keine Tontöpfe gesehen, nur die eisernen Kessel der 'kumbani'!"

"Das stimmt. Es gibt hier nur wenige Tontöpfe. Dafür wirst du aber in den Dörfern noch vereinzelt sehen, daß die Weiber wie früher allerlei Dinge in grünen Kokosschalen kochen. Das geht natürlich nur einmal, dann ist der Kochtopf verbrannt. Aber es gibt ja genügend."

Sie sahen wieder auf die See hinaus. Wo war noch das Segel – ? – – ! Richtig, ganz weit draußen, da war es zu sehen.

Dann ging die Sonne unter. Bei flauem Wind könnte das Fahrzeug morgen früh noch in der Nähe der Insel oder hier gelandet sein. Es blieb nichts weiter übrig, als die Nacht abzuwarten.

Montag, 7. September 1908. Der Morgen kam. Das Tagebuch hält fest: *»Das gestrige Segelschiff war ein großer Baum.«*

Aber auch ausnahmslos jeder hatte sich getäuscht! Es war nichts Neues, daß Bäume oft weit draußen im Meer trieben und zunächst als Segelschiffe angesehen wurden. Wenn bei einem Unwetter irgendwo in den Bergen Neupommerns oder Neuguineas längs der Flüsse Urwaldriesen losgerissen worden waren und flußabwärts trieben, dann konnten sie sich noch wochenlang in der See halten. Die mächtige Krone mit dem Blätterdach konnte auf große Entfernung nur zu leicht mit einem Segel verwechselt werden.
Der Streit der Chinesen vom Wochenende, bei dem der eine dem anderen mit dem Hammer fast den Schädel eingeschlagen hatte, war noch nicht

16 Die Tami-Inseln liegen 300 km südwestlich der Witu-Inseln.

vergessen, da gab es schon wieder eine Schlägerei. In der Mittagspause *»kommt der Malaie, der beim Bau des Koprahauses in Lambe beschäftigt ist, auf die Veranda. Er hätte den Chinesen Ah Sing, der ihn geärgert und 'Buschkanaka' geschimpft hätte, mit dem Hammer in die Rippen geschlagen.«*

Wo der Ah Sing sei?

»Ah Sing käme im Boot gefahren.«

Eine Stunde später kam auch das Boot mit Ah Sing. Er konnte laufen, ging aber gebückt und hielt sich schmerzhaft die Seite. Natürlich gab er dem Malaien die Schuld, der ja schließlich zugeschlagen hatte. – Bei der genauen Untersuchung des Vorfalls und Vernehmung der Zeugen ergab sich jedoch:

»Ah Sing hat gestern den Malaien zuerst mit dem Hammer schlagen wollen. Da hat ihm der Malaie den Hammer weggenommen und dem Ah Sing eine Rippe eingeschlagen.«

Natürlich war die Drohung kein Grund, dem anderen gleich eine Rippe einzuschlagen. Die beiden Streithähne wurden ernstlich verwarnt. Stockhiebe waren nach Berliner Vorschrift bei Chinesen und Malaien verboten.

Schlägereien kamen leider öfter vor. Meist waren das Auseinandersetzungen unter den Fremdarbeitern, aber auch schon mal zwischen ihnen und den Einheimischen. Da kam es schnell zu Handgreiflichkeiten, zumal sich die Leute wegen ihrer verschiedenen Sprachen nicht richtig verständigen konnten. Das verbindende Pidgin-Englisch lernten sie ja erst bei der Arbeit auf den Europäerplantagen.

Anlaß zu Schlägereien waren so gut wie immer Frauen. Die Fremdarbeiter ärgerten sich über die einheimischen Männer, weil die auf ihre Frauen höllisch aufpaßten, und die Einheimischen ärgerten sich über die Fremdarbeiter, weil die nur vereinzelt Frauen mitgebracht hatten. Zu Messerstechereien kam es dabei aber nie, denn jeder wußte, daß dies schwer bestraft wurde. Um so kräftiger schlugen sie dann mit den Fäusten aufeinander ein, bis einer genug hatte.

Einmal kam Karl Vieweg gerade hinzu, als sich zwei Arbeiter heftig stritten und einander mit den Fäusten traktierten. Der eine war bereits übel mitgenommen und blutete aus zahlreichen Wunden. Als die beiden jetzt erzwungenermaßen von einander ablassen mußten, kam bei dem 'Stärkeren' ein spitzer Schlagring aus Schildpatt zum Vorschein, was natürlich ebenfalls schwer verboten war. Seinem Gegner hatte er bereits tiefe Fleischwunden beigebracht.

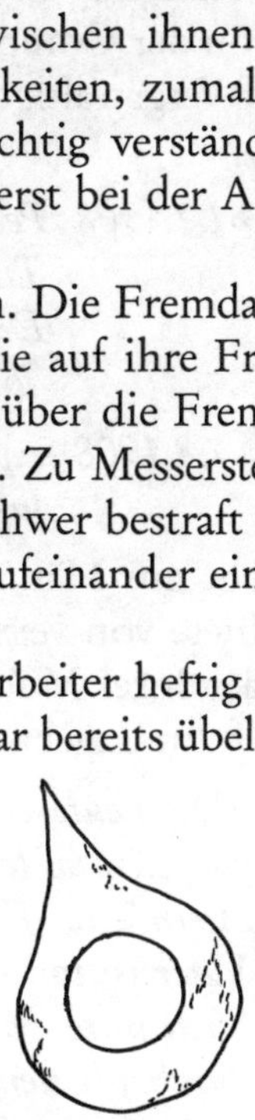

Der eine Bursche war reif für den Kadi, der andere fürs Hospital.

Sexualleben

Für die Streitigkeiten, die am *15. September 1908* entstanden, war wiederum eine Frau der Anlaß, denn *»Arbeiter Eilaben beschwert sich über Kauri, angeblich Notzuchtversuch mit Eilabens Weib Haling.«*

Inwieweit wirklich der Versuch einer Vergewaltigung vorlag, ließ sich nicht einwandfrei klären, da der betrogene Ehegatte in erster Linie seinem Nebenbuhler eines auswischen wollte und deshalb seine eigene Frau zunächst in Schutz nahm, die später unter vier Augen erfahrungsgemäß mindestens eine Tracht Prügel erhielt.

Wie dem auch sei, dem Kauri war es jedenfalls zu riskant, sich ein zweites Mal von Eilaben erwischen zu lassen. So nahm er eben mit seinem noch recht jugendlichen Arbeitskollegen Areihi vorlieb, worauf Karl Vieweg am *22. September* trocken vermerkte: *»Heute Kauri Päderastie mit Areihi.«*

Doch Kauri war keine Ausnahme. Im Ergebnis gleichlautende Aufzeichnungen finden sich wiederholt in den Tagebüchern. Die sexuellen Probleme der Fremdarbeiter waren nicht zu übersehen. Immer wieder kam es zu Vergewaltigungen. Abhilfe hätte sicher eine Freudenhütte gebracht, aber das war von der Compagnie nicht vorgesehen.

Auf Vergewaltigung stand Prügel, und entsprechend lauten die Eintragungen:

»1.7.1908	*Peisau*	)	
	Tanu	)	*10 Hiebe wegen Notzucht des*
	Dameri	)	*Weibes Newandewa*
	Tolall	)	
7.8.1908	*Apoi*	)	*10 Hiebe wegen Notzucht*
	Jakum	)	*" «*

Nicht nur Männer, auch Frauen hatten ihre Probleme. Missionar Keysser berichtete von verwitweten Frauen, die zehnjährige Jungen verführten (27). Auf der Insel Mundua war es der Junge Kabulão, dem ebenfalls Mißliches widerfuhr. Tagebuch:

> *»Die Leute von Kurawu erzählen, Kabulão, ein Manki [Junge] von Rangu, wäre in letzter Nacht zu ihnen geflüchtet, da er fortgesetzt von seiner Stiefmutter Kumui zur geschlechtlichen Betätigung herangezogen würde. Vater ist tot. – Häuptling Koroi von Rangu kommt abends und sagt, die Stiefmutter wäre nach Päko gegangen; er hätte sich nicht getraut, sie durchzuhauen, da er sich vor mir gefürchtet hätte. Ich sage, daß 'kalabus,' wenn ich an 'kiap' schreibe [ich sage, daß sie ins Gefängnis kommt, wenn ich dies dem Bezirksamtmann schreibe]. Koroi soll sie nicht etwa töten.«*

Die Gefühle der nicht mehr ganz jungen Witwe äußerten sich doch recht eigenwillig. Der Hinweis, sie nicht zu töten, kam nicht von ungefähr. Blutschande wurde und wird vielfach auch heute noch von den einheimischen Stämmen schwer bestraft, in den meisten Fällen mit dem Tod. Bei den Tolai auf der Gazelle-Halbinsel sah das wie folgt aus (28):

> »*Ein Mann aus Livuan hatte Blutschande begangen. Man faßte ihn und machte Steine glühend heiß. Alsdann öffnete man ihm eine Hand, legte einen heißen Stein hinein und band dieselbe fest zu. Dann wurde ein Arm gebogen, ein Stein in das Gelenk gelegt und festgebunden. Dann legte man einen glühenden Stein in die Achselhöhle und band den Arm an den Leib fest. Das gleiche tat man mit dem anderen Arm, dann mit den Beinen, in alle Gelenke wurden heiße Steine gebunden. Endlich legte man ihm ein heißes Steinchen in den Mund und zwang den Unglücklichen, es zu schlucken. Das Steinchen verbrannte ihm den Magen, und er schrie sehr viel und starb.*«

Bei anderen Tolai-Dörfern stießen die Männer dem Sünder einen Speer tief in den After, drehten ihm den Kopf so weit wie möglich nach hinten und überließen den Sterbenden seinem Schicksal.

Bestrafung wegen Blutschande gilt auch heute nicht nur für Geschwister oder Eltern mit ihren Kindern, sondern grundsätzlich innerhalb der eigenen Sippe, also zwischen denen, die das gleiche Totem besitzen. Nur sie gelten miteinander verwandt, obwohl sie es blutsmäßig nicht zu sein brauchen. Einander heiraten darf nur, wer von einem anderen Totem abstammt.

Setzte bei einem jungen Mädchen die Menstruation ein, galt es als heiratsfähig. Verschiedentlich wurden diese jungen Mädchen dann von älteren Frauen über die Freuden des Lebens aufgeklärt. Auf den Tami-Inseln führten die Mütter ihnen zu diesem Zweck »*irgendeinen Gegenstand von der Form des männlichen Gliedes in die Scheide ein*« (41).

Das hieß aber nicht, daß die Mädchen deshalb schon früher Kinder kriegen sollten. Im Gegenteil. Erst einmal sollten sie tüchtig arbeiten lernen. Der Kindersegen mochte später kommen. Deshalb erhielten die Mädchen verschiedentlich Verhütungsmittel zu essen, zum Beispiel bei den Bukaua am Huon-Golf eine besondere Zwiebel oder ein Gemisch bestimmter Nüsse zusammen mit der Asuka-Baumrinde (34). Auf den Witu-Inseln, so berichtete Karl Vieweg, wurde aus der Rinde der an einem Bach oder an einer feuchteren Stelle wachsenden Yara-Pflanze ein Tee gebrüht. Nahm das Mädchen zu viel oder ließ es den Tee zu lange ziehen, so konnte es unfruchtbar werden. Neben der Yara-Rinde verwendeten die Witu-Frauen auch die Wurzeln bestimmter Pflanzen – mehr allerdings erfährt der Fremdling nicht, Name und Vorkommen werden dem Weißen gegenüber geheim gehalten.

Hatten all diese Mittel zum Leidwesen der nun Mutterfreuden Entgegensehenden nichts genützt, so begab sie sich auf Insel Garowe mit einem Geschenk auf dem Arm zum Zaubermeister. Der bestrich den Unterkörper der Schwangeren mit Kalk, murmelte bedeutende Worte und zerrieb auf ihrem Leib unter kräftigem Drücken die Blätter eines Hartlaubgewächses.

War das Geschenk zu klein und der gewünschte Erfolg also nicht eingetreten, so hofften manche der bangenden Mädchen noch auf die scharf schmeckenden Wurzeln eines Grases. Welchen Grases? Auch das erfährt der Außenstehende nicht.

Dagegen machte ein Kai-Mädchen keine so großen Umstände. Es rief einfach die Geisterfrauen Bombong und Soiga an und bat sie, die ausgebliebene Regel wieder herbeizuführen.

Waren jene schlecht gelaunt und reagierten nicht, so mußten schwerere Geschütze aufgefahren werden, wollte das Mädchen nicht Schande und Strafe auf sich nehmen. Es suchte deshalb einen faustgroßen Stein und schlug damit wiederholt gegen seinen Unterleib. Oder noch ärger: Zwei erfahrene Frauen, die in die Sache eingeweiht wurden, zogen das Mädchen, das sich bereits im 6. oder 7. Monat befand, zwischen zwei eng nebeneinander stehenden Bäumen hindurch (!).

Hatte auch diese Radikalkur nicht die gewünschte Wirkung erzielt, so ging das Mädchen, wenn seine Zeit gekommen war, in den Wald, gebar dort und vergrub das Kind. Damit war die Sache abgetan.

Wollte jemand die Gunst einer Frau erringen und hatte er es mit Blicken oder extravaganten Tanzbewegungen bisher nicht erreichen können, so wurde häufig mit einem Liebeszauber nachgeholfen, der die heftigen Bemühungen des Sehnsüchtigen zu einem redlich verdienten Höhepunkt zu bringen versprach. Es gab unzählige dieser Zaubermittel in der Inselwelt Neuguineas, und wenn die eine Methode nicht geholfen hatte, dann tat es bestimmt eine andere. Und wenn beide nicht geholfen hatten, dann war eben der bekannte Gegenzauber mit im Spiel gewesen. Mit dieser Logik fand der Einheimische grundsätzlich für jeden erfolglosen Zauber eine plausible Erklärung.

Auf den Witu-Inseln war es der 'malira'-Zauber, der das heimliche Glück brachte: Der Verliebte ließ sich vom Zauberer ein paar Kalkkrümelchen besprechen und legte diese heimlich bei der Behausung seiner Angebeteten nieder, entweder an den Eingang der Hütte oder unter ihre Schlafmatte – falls sie einen solchen Wertgegenstand besaß – oder unter die Kopfstütze, je näher an sie heran, desto wirkungsvoller. Am besten, man mischte die Medizin unter den Tabak, den sie immer rauchte. Doch das gelang nicht immer.

Garantiert sicher sollte folgender Liebeszauber sein: Der Mann fängt eine bestimmte, dunkelfarbige Eidechse, rollt die Schwanzspitze in eine Zigarette mit hinein und läßt diese unerkannt der Frau zukommen, die er zu erobern sich vorgenommen hat. Sobald die Auserkorene von dem Teufelskraut geraucht hat, will sie angeblich von ihrem Ehemann nichts mehr wissen und wird dem Verführer gegenüber willenlos. Die Willenlosigkeit ist natürlich immer eine ausgezeichnete Entschuldigung für die Frau, falls der betrogene Gatte dahinterkommen sollte!

So wie bei uns Sexfotos oder -filme für Jung und Alt eine ermunternde Rolle im Leben spielen, so ist auch bei den Melanesiern Gleiches festzustellen, nur mit dem Unterschied, daß jene sich in Ermangelung fortschrittlicher Techniken mit bescheideneren Hilfsmitteln zufrieden geben müssen. In der Gegend von Toma auf der Gazelle-Halbinsel, in der Karl Viewegs Freund Hörstmann wohnte, zeichneten die Männer mit Muschelkalk erotische Muster auf ihre Schilde, die sie dann in der Nähe ihrer ehelichen Lagerstatt gut sichtbar an die Decke hängten. Ein kurzer Blick auf den Schild – und schon war ein stimmungsvoller Abend gewährleistet ...

Eines dieser Muster, das eine auf dem Erdboden hockende Frau darstellt, ist in Abb. 63 wiedergegeben. Unten am Schildrand erscheinen der After (rechts) und die Schamlippen (links). Das so zu deuten, verlangt natürlich eine gehörige Portion Fantasie!

Abb. 63: Als sexuelles Stimulans in der heimischen Hütte aufgehängt: Schild mit erotisch dargestellter Frau: Oben die Augen, unten rechts der Anus, links Vagina mit Schamlippen.

Der Zusammenhang zwischen Geschlechtsverkehr und Kinderkriegen war um die Jahrhundertwende noch nicht allen Stämmen klar. So dachten manche, daß der Mann mit dem Kind im Leib der Mutter wohl wenig gemein hat und lediglich beim Koitus das vorgefertigte Kind losreißt, ansonsten aber nichts mit der Sache zu tun hat. Auf dieser Auffassung beruht teilweise der Gedanke der in Melanesien weit verbreiteten matrilinearen Gesellschaften, oft auch als 'Mutterrecht' bezeichnet: Die Mutter ist dem Kind näher verwandt als der Vater; somit steht auch der Bruder der Mutter rechtlich über dem Vater!

Anders die Auffassung in abgelegenen Siedlungen im Innern des Landes. Der Baruya-Stamm im Hochland Neuguineas ist noch heute der Auffassung, daß das Kind im Mutterleib allein durch das Sperma des Mannes und nicht durch Sperma plus Ei gezeugt wird. Die Frau ist lediglich der notwendige Behälter! Nach der Zeugung ist also ständig weiterer Verkehr notwendig, um den heranwachsenden Embryo reichlich mit Sperma zu versorgen. Nur so kann er wachsen. Auch der Milchfluß hängt völlig von der Menge des Spermas ab, weshalb stillende Mütter ständig das Sperma des Mannes trinken müssen (19).

Da die kleineren Kinder in derselben Hütte wie die Eltern schliefen und Vorhänge zwischen den Nachtlagern unbekannt waren, bekamen sie schon frühzeitig ein plastisches Bild vom Liebesleben der Erwachsenen. So wurde bei ihren Spielen tagsüber im Freien auch gern 'Familie' gespielt: Die Kleine legte sich auf den Rücken und zog die Beine an, während der andere Nackedei sich davor hockte und kräftig übte. Die übrigen Kinder jubelten. Einer protestierte, da er es anders kannte.

Daß die Europäer unter dem Einfluß eines so heftigen Reizklimas völlig abstinent ihre Abende fristeten, kann nicht garantiert werden. Ein in die Heimat zurückgekehrter Beamter erhob zwar beschwörend seine Stimme, daß in Deutsch-Neuguinea alles sittsam und mit rechten Dingen zuginge (*»Ein Verkehr der Europäer mit Papua-Frauen war völlig ausgeschlossen und hätte die schwersten Konflikte gehabt«* (59)), doch wird man eines Besseren belehrt, liest man die lakonische Bleistiftnotiz von Karl Vieweg im Hotel 'Deutscher Hof': *»Herr L. und W. knobeln um Liligas ...«*[17]

Ein ereignisreicher Sonntag

Sonntag, 27. September 1908. Den unternehmungslustigen jungen Vieweg interessierte seit langem das Gelände oberhalb von Meto, hangaufwärts, zum Kraterrand hin, wo sonst kein Europäer hinkam. Dort war dichter Urwald, durchzogen von wenigen Pfaden, kaum begangen und kaum zu erkennen. Heute wollte er diese Gegend erkunden. Zu viel Zeit stand allerdings nicht zur Verfügung; am Mittag mußte er wieder zurück sein, denn Pieter Hanson wollte am Nachmittag vorbeikommen, bevor er am Abend nach Herbertshöhe segelte. Ihm wollte er Briefe für Deutschland mitgeben.

Er marschierte los.

Etwa eineinhalb Stunden war er schweißtriefend bis zur Höhe unterwegs, keine lange Strecke (Luftlinie 2,5 km), aber ständig bergauf und im schwülen Urwald. Oben angekommen, wurde er mit einem einmaligen Blick belohnt. Tief unter ihm – 250 m – lag das weite Kraterbecken, eine blaue

17 Der Verf. fand die über 90jährige Liligas auf einer kleinen Insel in der Provinz West New Britain.

Wasserfläche. Steil fielen die Wände ab. Ein Kanu war zu sehen. Es gehörte wohl zu dem kleinen Dörfchen an der schmalen Durchfahrt zum Meer. Dort stieg aus einer kochenden Quelle Dampf auf, von den Insulanern *»heißer Atem der Erde«* genannt.

Zwölf Jahre waren es erst her, nachdem 1896 ein Schiff des weißen Mannes erstmalig in den Kratersee eingefahren war. Es war der kleine deutsche Dampfer 'Johann Albrecht' gewesen, und nach ihm war auch die Idylle mit der spiegelglatten Wasserfläche und den grünen Steilhängen benannt worden.

Blickte Karl Vieweg über die Insel hinweg, so konnte er aus dieser Vogelperspektive die anderen Inseln und Inselchen sehen. Gerade die Inselchen hoben sich als grüne Farbtupfer mit dem weißen Brandungsring besonders wohltuend aus der unermeßlichen Wasserfläche hervor. Südseezauber! Am südöstlichen Horizont, in etwa 70 km Entfernung, sah er die Berge von Neupommern.

Als er so dasaß und die Natur beobachtete, fiel ihm ein, was Herr Fröhlich einmal gesagt und wovor er ihn gewarnt hatte: Vorsicht in den Bergen in größerer Höhe, da wimmelt es von Blutegeln. Wenn man dort im Regenwald Rast macht, kriechen die widerlichen Blutsauger gleich zu Dutzenden heran! – Karl Vieweg sah sich um und suchte den Boden ab. Nein, hier waren sie nicht vertreten. Dazu waren die Berge wohl nicht hoch genug, es war zu heiß und gegenwärtig auch nicht feucht genug.

Für den Rückweg nahm er einen anderen Pfad. Er wollte noch zu dem Berg Wuä. Dort waren seit einer Woche Rodungsarbeiten im Gang. Der Marsch ging jetzt größtenteils bergab, doch war alles noch viel schwieriger als auf dem Hinweg, und wiederholt mußte er sich den Weg durch dichtesten Urwald bahnen.

In einem Talkessel unter ihm – einem der zahlreichen alten Nebenkrater – schwebten viele bunte Papageien. Große Grüne, rot unter den Flügeln, das waren die Männchen, die überwiegend Roten waren die Weibchen. An der Blanche-Bucht nannte man sie 'kalangar' auch 'kalagar', hier hießen sie 'alange' und waren heiß begehrte Federschmucklieferanten für Tanzveranstaltungen.

Zuweilen sah er an den Baumstämmen unmittelbar ansitzende, pfirsichgroße Geschwülste, wahrscheinlich Wucherungen von irgendeiner Schmarotzerpflanze? Er hielt neugierig an und schnitt eine von ihnen der Länge nach auf. Im Nu quollen Ameisen heraus, die das Zellgewebe zu ihrem Heim umfunktioniert hatten und nun ihr Gift gegen den Störenfried verspritzten. Der gesamte Bau war von Gängen durchzogen. So etwas hatte er in Deutschland noch nicht gesehen. Den Insulanern, so hörte er später, waren diese Wucherungen bekannt. Sie nannten sie 'bichu' oder auch 'bithu'.

(Es handelte sich um die epiphytische Ameisenpflanze *Hydnophytum*. Durch die Ausscheidungen der Ameisen wird die Pflanze mit Stickstoff zum Aufbau von Eiweiß versorgt. Eine echte Symbiose zwischen Ameisen und Pflanze besteht jedoch nicht.)

Er hatte auch vorher schon unliebsame Erfahrungen mit Ameisen gemacht: Als er am Fuß eines Urwaldriesen von gut 6 m Durchmesser gestanden und spaßeshalber an einer herunterhängenden Liane leicht gezogen hatte, regnete es kurz darauf Ameisen, die ihn sofort angriffen und sich festbissen. Nicht viel anders war es, wenn er sich einen Weg bahnen mußte oder nur einen Zweig leicht berührte. Dann ließen sich plötzlich Ameisen herunterfallen, die in Massen auf der Unterseite der Blätter gesessen hatten. Die angriffslustigen Tierchen sahen anders aus als die üblichen, die er kannte. Bedeutend heller und schlanker waren sie.

Zerstochen und verschwitzt wie er war, bekam er einen Vorgeschmack davon, was es hieß, als Pionier durch den Urwald zu dringen.

Jetzt hatte er wieder das Pflanzungsgelände mit *»dem Hügel Wuä erreicht, wo bis 1904 ein Eingeborenendorf war.«*

Das Dorf hatte wegen der ständigen Überfälle oben auf der schmalen Kuppe des Berges gelegen. Als die Neuguinea Compagnie 1903/04 auch das Land mit dem Hügel Wuä kaufen wollte und den Dorfbewohnern dafür wertvolle Eisengeräte – Hacken, Beile, Messer – bot, griffen sie zu und überließen das Gelände den Weißen. Nun entstand hier eine Kokosplantage.

Von den alten Hütten war nichts mehr zu sehen, alles war wieder zu Wald geworden. An einer Stelle am Boden wurde Karl Viewegs Blick auf einen etwas andersfarbigen Stein gelenkt. Er trat unwillkürlich näher und hob ihn auf. Jetzt erkannte er, was er in der Hand hielt: Eine kleine Steinbeilklinge, sauber abgearbeitet und äußerst fein zugeschliffen (s. Abb. 65). Das mußte eine wochenlange Arbeit gewesen sein. Er steckte sie in die Tasche, ein Dokument der versinkenden Steinzeit.

Mittags war er wieder zurück in Meto. Gerade hatte der Hausboy den Duscheimer über ihm geleert, da erscholl der Ruf 'Feuer'! Dicke Rauchwolken stiegen aus Richtung Kap Reinhard auf, einen knappen Kilometer entfernt. Sofort war er wieder in der Hose, sammelte rasch alle Männer, die gerade in der Nähe waren, und lief im Eiltempo dorthin.

Das Feuer war am Rand der neuen Kokosplantage entstanden und breitete sich rasch aus. Wer konnte das getan haben? Eine Unvorsichtigkeit? Ein Racheakt? Wie dem auch sein mag ... hol ihn der Teufel!

Jeder der Arbeiter hatte sich schnell mit ein oder zwei Palmwedeln bewaffnet, mit denen die Leute nun auf die Flammen einschlugen.

Sie schlugen wie wild.

Aber der Erfolg blieb aus, die Flammen waren zu hoch, der Wind trieb das Feuer weiter. Glücklicherweise war ein Teil der Plantage mit frischgehackten Baumscheiben rund um die einzelnen Palmen versehen, so konnten die Flammen nur wenig Schaden anrichten.

Karl Vieweg zog die Mannschaft zurück und legte ein Gegenfeuer an. Dadurch sollte der noch ungereinigte Teil der Plantage, der noch nicht mit Baumscheiben versehen, sondern von hohem, trockenem Gras umgeben war, geschützt werden. Es war die letzte Möglichkeit, diesen Teil der Plantage zu retten.

Der rechtzeitige Entschluß war gut gewesen. Feuer und Gegenfeuer liefen sich gegenseitig tot, die Anpflanzung war gerettet! Schweißgebadet und verdreckt zogen alle heimwärts.

Die Leute hatten ihre Sache gut gemacht. Jeder erhielt zur Belohnung eine Stange Tabak. Es waren 24 Mann: Eilaben, Ornong, Bahoei, Dole, Ate, Meriabu, Wonsemin, Periawari, Huwa, Mantu, Tagauanai, Makoru, Mandikoboi, Ivakum, Solong, Farrifarri, Gaberi, Dawasari, Arre, Sauabang und noch vier weitere.

Die Sonne sank. An der Landungsbrücke lag abfahrtsbereit der Kutter 'Unea'. Da endlich erschien der längst erwartete Pieter Hanson von der Doppelplantage Bodobodo-Ilia. Er wollte mit dem Kutter nach Herbertshöhe. Für die 350 km lange Fahrt dorthin benötigte er etwa sieben Tage. Frühstens in zwei Wochen konnte er also zurück sein, immer abhängend von Wind und Wetter.

Eine solche Gelegenheit nutzte jeder gern, um Briefe für die Heimat mitzugeben. Das ging schneller, als auf den nächsten Postdampfer zu warten. Chronist Vieweg war ein fleißiger Schreiber, von ihm allein waren in dem Postpacken fünf Briefe und zwölf Postkarten. Außerdem hatte er Pieter Hanson noch *»30 Mark für Bareinkäufe im Store«* mitgegeben, (die dieser auftragsgemäß in *»2 Flaschen Math. Müller und 5 Flaschen selbstabgezogenen Weißwein«* verwandeln wird).

Außer Pieter Hanson und der sechsköpfigen Besatzung war auch Tomeawe auf dem Boot, um in Herbertshöhe einen Schießjungen anzuwerben. Den erforderlichen Anwerbeschein hatte er bei sich.

Da kletterte noch ein anderer Passagier an Bord.

Nanu, wer war das – ?

Er war aus der Entfernung schwer zu erkennen . Nun blickte er herüber. Es war der Kanubauer Wolem aus dem Dorf Kurawu von der Insel Mundua. Was wollte der denn an Bord des Kutters?

Tamone wußte es: "Masta, er fährt mit, um sich beim Gouverneur zu beschweren."

"Beschweren? Worüber?"

"Masta, das wollte mir Wolem nicht sagen, ich fragte ihn vorhin. Auch

Tomeawe weiß es nicht. Wir nehmen an, daß sie mehr Geld für ihre Kopra haben wollen. So etwas hörte ich gestern."

Dann stach der Kutter in See.

Arbeiteranwerbung

M*ontag, 28. September 1908.* Die Sonne war noch nicht aufgegangen, da ertönte wieder einmal der Ruf vom Berg herunter: »*Seeelooo.*« Es war die 'Siar', eines der Anwerbeschiffe der Neuguinea Compagnie, mit 325 ton Wasserverdrängung in den Augen der Insulaner ein 'big tima'.

(Da die Insulaner neben dem 'f' auch kein 's' sprechen konnten, war das sich nähernde Schiff also kein 'steamer', sondern ein 'tima'!)

Um 6 Uhr früh bereits legte sie an der Brücke in Peterhafen an. Für alle war das immer ein großer Tag, besonders für die Europäer, die nicht abwarten konnten, bis endlich der Postsack geöffnet wurde, den die 'Siar' ebenfalls mitbrachte.

Einer der ersten Passagiere, die von Bord gingen, war der Chinese Wong Tsching, der unterwegs erkrankt war und sofort ins Hospital gebracht wurde. Er »*stirbt fünf Tage später an Herzschwäche (Malaria).*«

Mit der 'Siar' waren auch 20 neue Arbeiter gekommen, darunter Namala, von dem bereits berichtet wurde. Die 'Siar' (38 m lang, 3 m Tiefgang) war das größte der Anwerbeschiffe. Die meisten anderen waren Motorschoner, beispielsweise die 70 ton große 'Senta'. Mit ihnen wurden Arbeiter gebracht und nach Ablauf ihres Vertrages wieder in die Heimat zurückbefördert. Das ging leider nicht immer gut (20): »*Als der Schoner 'Senta' sieben Arbeiter auf der kleinen Insel Kung im Norden von Neuhannover abgesetzt hatte, da ihr Kontrakt als Plantagenarbeiter abgelaufen war und sie in ihre Heimat zurückkehren konnten, wurden sie von den Bewohnern dieser Insel ihrer Habe beraubt, erschlagen und verzehrt!*« Solche Schreckensmeldungen offenbarten immer wieder, in welch fremder Welt die Menschen lebten.

Abb. 64: Anwerbeschiff, gezeichnet von einem Admiralitäts-Insulaner

Ein Mangel an Arbeitskräften bestand fast überall in Deutsch-Neuguinea. In den Anfangsjahren der Kolonie hatte die deutsche Verwaltung bekanntlich Chinesen und Malaien hierher geholt, weil die Einheimischen kaum zur Arbeit zu bewegen waren. Aber die weiten Seewege und die erheblichen Lohnforderungen machten die Anwerbung der Asiaten immer unwirtschaftlicher. Hinzu kam, daß Chinesen wie Malaien den schwierigen klimatischen Bedingungen weniger gewachsen waren. Der Ausfall durch Krankheiten, insbesondere Malaria, war erschreckend hoch. Allein beim Bau der 7 km langen Ochsen-Feldbahn von Friedrich-Wilhelmshafen nach Jomba sollen 300 Chinesen gestorben sein. So war die Neuguinea Compagnie nach wiederholten Versuchen doch dazu übergegangen, die ansässige Bevölkerung für die Arbeit auf den neu entstandenen Plantagen zu gewinnen.

Bei der Anwerbung durfte keinerlei Zwang ausgeübt werden, alles war gesetzlich geregelt. Jugendliche unter 14 Jahren durften nur für leichtere Arbeiten herangezogen werden. Auch mußte jeder Arbeiter vor und auch nach Ablauf seines Vertrages ärztlich untersucht werden, schon allein deshalb, um nicht ansteckende Krankheiten zu verbreiten.

Je mehr Arbeiter für die neu entstehenden Plantagen benötigt wurden, desto häufiger mußten auch neue Gebiete für die Anwerbung gefunden werden, denn um Hungersnöte zu vermeiden, war es notwendig, daß genügend junge Leute zur Verrichtung der Feldarbeiten in den Dörfern zurückblieben. Deshalb wurden die weißen wie die schwarzen Anwerber von den Älteren in den Dörfern gar nicht so gern gesehen.

Die Jüngeren selbst hatten meistens nichts dagegen, freuten sich, wenn die Anwerbeschiffe der 'kumbani' auftauchten und Leute an Land kamen, um Arbeitskräfte anzuwerben. Im Gegenteil, für sie war es etwas Interessantes, aus dem Dorfumkreis herauszukommen und eine neue Welt und andere Inseln kennenzulernen, denn sie hatten schon ganz Erstaunliches vom weißen Mann gehört. *»Sie werden jedoch«*, so berichtete der Bezirksamtmann über seine Eindrücke auf den Witu-Inseln (5), *»von den alten Leuten zurückgehalten, so daß die meisten erst im letzten Augenblick ins Boot [der Anwerber] sprangen.«*

Ein anderes Mal stellte der Bezirksamtmann auf einer Anwerbefahrt ernüchtert fest, daß er Mühe hatte, *»die vor zwei Wochen abgesetzten Anwerber zusammenzutreiben. Angeworben haben die Leute ... niemand. Im Gegenteil scheinen sie alle Lust zu haben, nicht nach Rabaul zurückzukehren«* (3). Trotzdem kam der Amtmann mit einer vollen Schiffsladung zurück: 59 Angeworbene von Neuguinea, 20 von den Witu-Inseln und 31 von Neupommern, darunter sogar ein Big-Fellow-Man, dessen Sippe dafür ein Schwein erhielt.

Die ablehnende Haltung der Älteren den Anwerbern gegenüber war meist nicht böser Wille, sondern wegen der notwendigen Feldarbeit nur zu verständlich. Ein häufiges Argument war aber auch, daß sie sich bei Überfällen ohne die jungen Leute nicht mehr richtig verteidigen könnten. 'Davor ist man selbst im eigenen Dorf nicht sicher', hörten die Werber oft, wenn von der anderen Sippe gerade niemand zuhörte. Die Sippen innerhalb eines Dorfes achteten argwöhnisch darauf, daß ja nicht etwa eine der anderen die Vorherrschaft gewann. Notfalls trugen sie Meinungsverschiedenheiten mit der Keule aus. Deshalb *»wollen sich die Leute nicht anwerben lassen, da sich keine Partei schwächen will«* (2). Ein krasses Beispiel dafür war der Sippenkampf in Bogadjim, der auf Seite 52 beschrieben wurde.

Ein weiteres Argument gegen die Anwerbung war die ungeliebte Kopfsteuer, die auf der Gazelle-Halbinsel bereits eingeführt worden war, auf den Witu-Inseln noch nicht. Die Alten klagten, daß sie ihre jungen Leute benötigten, um die ihnen auferlegten Steuern erbringen zu können. Laut Arbeiterverordnung durften nicht mehr als 10% der jungen Männer eines Dorfes rekrutiert werden. Meist waren es aber mehr. Als Kopfsteuer wurden auf der Gazelle-Halbinsel von jedem arbeitsfähigen Mann 10,– RM pro Jahr erhoben, in anderen Gegenden waren es nur 5,–RM. Entweder zahlten die Leute diesen Betrag durch Verkauf von Kopra von ihren eigenen Pflanzungen, oder sie leisteten statt dessen den schon früher erwähnten einmonatigen Arbeitsdienst, etwa beim Wegebau. Zwar mußte auf Anordnung des Gouverneurs jedes Dorf eine bestimmte Anzahl Kokospalmen besitzen und, wenn zu wenig festgestellt wurde, entsprechend nachpflanzen, doch war mit Erträgen aus diesen Nachpflanzungen natürlich erst in einigen Jahren zu rechnen.

Selbstverständlich wurde von den Gewitzten unter ihnen versucht, der Steuer zu entgehen. So geschah es immer wieder, daß bei der Zählung einer Hüttengemeinschaft offensichtlich ein oder zwei Leute fehlten. Wenn sich dann die Polizeisoldaten im nahen Busch umsahen, fanden sie meist die Gesuchten, die ihr Fernbleiben damit entschuldigten, daß sie nicht im Besitz

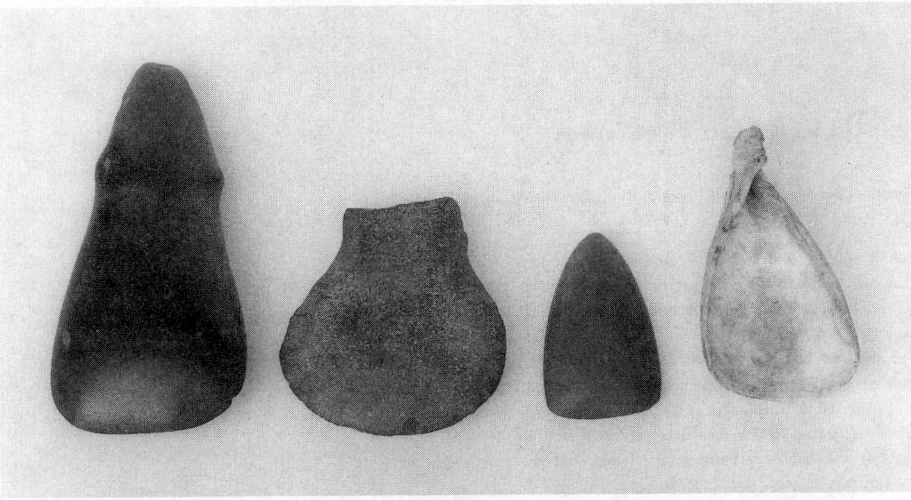

Abb. 65: Drei Steinbeile und ein Muschelbeil von den Witu-Inseln. Herkunft (v.l.n.r): Insel Garowe; Insel Mundua (von einer unbekannten Vorbevölkerung); Hügel Wuä, Insel Garowe; Insel Naraga

Abb. 66: Arbeiter von der Astrolabe-Bai

Verhandelt .... den .... 18..

Vor dem Unterzeichneten erschien(en) heute ....

....

Derselbe (Dieselben) erklärte(n), daß es seine (ihre) Absicht sei, als Arbeiter für .... (oder) das Depôt der Neu Guinea Compagnie und zu weiterer Verwendung von dort innerhalb des Schutzgebietes sich anwerben zu lassen.

Es wurde ihm (ihnen) darauf bekannt gemacht, daß das Dienstverhältniß auf die Dauer von .... Jahren geschlossen werde; daß diese Zeit mit dem Tage der Ankunft am Bestimmungsorte zu laufen beginne und mit dem Tage der Einschiffung behufs der Rückbeförderung abschließe;

daß die Arbeitsstunden nach Sonnenaufgang beginnen und mit Sonnenuntergang endigen, von einer zweistündigen Pause für die Mittagsmahlzeit und Erholung unterbrochen werden, und die Arbeitsdauer im Ganzen zehn Stunden am Tage beträgt;

daß an Sonntagen nicht gearbeitet wird, es sei denn, daß Sonntagsarbeit im Wege der Disciplinarstrafe verhängt werde;

daß er (sie) von dem Tage der Anwerbung an ein Monatslohn in Höhe von .... in baarem Gelde ....
in Handelswaaren zu den an dem Bestimmungsorte üblichen Ladenpreisen*) erhalten werde(n), und daß zwei Drittel dieses Lohnes nach Ablauf der Dienstzeit unter Aufsicht der Ortsbehörde oder des deutschen Consulates ausgezahlt werden;

daß ihm (ihnen) die nöthige Behausung, Kost und ärztliche Pflege einschließlich der Arznei frei geliefert werde(n) in Gemäßheit der an Ort und Stelle geltenden behördlichen oder consularischen Festsetzungen;

daß, wo solche Bestimmungen fehlen, sowie im Schutzgebiet der Neu Guinea Compagnie dafür die für die Arbeiter-Depôts festgesetzten Bestimmungen gelten;

daß er (sie) mit Beendigung des Dienstverhältnisses frei nach der Heimath zurückbefördert werde(n), daß er (sie) jedoch nicht das Recht habe(n), die rechtzeitige Heimbeförderung zurückzuweisen.

Der (Die) sub 1 .... aufgeführte(n) Arbeiter erklärte(n) hierauf:

Ich bin (Wir sind) mit den mir (uns) soeben bekannt gegebenen Bedingungen einverstanden und verpflichte(n) mich (uns) während der Dauer von Jahren zur Arbeit nach der oben angegebenen Bestimmung

....

Verhandelt wie oben (Name des Anwerbenden.)	(Handzeichen des Angeworbenen.)

Bescheinigung:

Wir bekunden hierdurch, daß vorstehende Verhandlung mit der (den) in derselben genannten Person(en) in der Weise, wie sie niedergeschrieben stattgefunden hat, und daß d Comparent(en) erstere zum Zeichen der Genehmigung eigenhändig vollzogen hat (haben).

(Datum und Unterschriften.)

*) Findet eine der beiden Zahlungsarten nicht Anwendung, so sind die betreffenden Worte „in baarem Gelde“ ... oder „in Handelswaaren rc.“ zu streichen.

Abb. 67: Muster eines Arbeitsvertrages der Neuguinea Compagnie mit Angeworbenen

eines Lendentuchs wären, und ohne ein solches dürften sie doch laut Anordnung nicht vor dem Bezirksamtmann oder seinen Leuten erscheinen!

Bevorzugte Anwerbegebiete waren der Huon Golf, Neumecklenburg und die Gegend um Berlin-Hafen (Aitape) nahe der Grenze zu Niederländisch-Neuguinea. Ein exklusives Anwerbegebiet waren die Salomonen mit der Insel Buka. Von dort kamen auch die meisten der Polizeitruppe.

War die Anwerbung in einem Dorf erfolgreich, so zahlte der Werber ein Handgeld in Form von Beilen, Buschmessern, bunten Lappen oder Tabak an die Familie oder den Big-Fellow-Man des Dorfes. Alle aus Eisen hergestellten Geräte, insbesondere natürlich Beile, waren für die Menschen, die noch am Ende der Steinzeit standen, besonders wertvoll und begehrenswert. Den Angeworbenen wurde später am Bestimmungsort ein Vertragstext vorgelesen (laut Berliner Vorschrift in Gegenwart von *»zwei Zeugen, die fließend deutsch und englisch«* sprechen (17)). In der Praxis sah das so aus: Dem Neuangeworbenen wurde das Wichtigste durch einen Dolmetscher in seiner Stammessprache mehr schlecht als recht erklärt. Anschließend unterzeichnete der Aspirant das Dokument: Der Beamte malte mit dem Federhalter drei Kreuze unter den Text, während der danebenstehende, frischgebackene Gastarbeiter ängstlich, aber voller Erwartung, den seltsamen Stift berührte.

Die darauffolgende Routineimpfung gegen Pocken ließ der Angeworbene bereits stolz über sich ergehen, weil er die spätere Narbe als eine Spezialtätowierung ansah, ein Markenzeichen für 'zu-den-Weißen-gehörig'.

Bezeichnend war, daß sich die Angeworbenen in Pidgin-Englisch als 'boy' betitulierten, während sie ihre in der Heimat zurückgebliebenen Angehörigen als 'kanaka' einstuften oder auch als 'kanaka belong bush'! Sie waren jetzt eben eine Stufe höher gerutscht.

Im allgemeinen wurden die jungen Leute auf drei Jahre verpflichtet, was oft zu Mißverständnissen führte, besonders wenn es sich um eine Gegend handelte, in der vorher noch nie angeworben worden war. Der Anwerber hielt als Erklärung für die Vertragsdauer drei Finger in die Luft. Aha, drei Monde also. Ein Jahr – drei Jahre gar – war ihnen überhaupt kein Begriff! Die zurückgebliebene Dorfbevölkerung glaubte also, daß ihre Söhne in ein paar Wochen nach einer Taro-Bestellung wieder zurücksein würden. Groß war dann die Enttäuschung und die Erregung, wenn sie nach der erwarteten Zeit nicht erschienen. Kam ein Anwerber nach Monaten wieder in dieselbe Gegend, war er in höchster Gefahr. Dann konnte es passieren, daß die Männer des Dorfes ihn erschlugen, weil er, wie sie meinten, wieder einmal junge Leute für einen Festschmaus entführen wollte.

Aufgrund dieser Erfahrungen ließ die Neuguinea Compagnie die Erstangeworbenen aus einer Gegend nur mehrere Monate auf den Plantagen arbeiten und brachte sie danach reichlich mit Waren entlohnt in die Heimat zurück, woraufhin sofort andere bereit waren, sich ebenfalls anwerben zu lassen.

Auch die Arbeiter selbst hatten natürlich keinen Begriff davon, was drei Jahre bedeuteten. Deshalb wurde in manchen Gegenden den Leuten ihre Vertragsdauer auf folgende Weise plausibel gemacht: Wenn ihr Christmas dreimal hier gewesen seid, dann kommt bald der Big-Tima und bringt euch wieder nach Hause. Das leuchtete den meisten ein.

Wie bitte – ? Ob wir Schwarzen denn keine Zeitrechnung hätten?? Eine dumme Frage von dem Weißgesicht vorhin. Ist der eine Tag vorbei, bricht doch der andere von selbst an. An jedem Tag geht die Sonne dort drüben auf, morgen genauso wie heute. Und in der Nacht füllt sich der Mond, wird wieder mager, verschwindet und kommt wieder, wenn er sich ausgeruht hat. Das geschieht bis zur nächsten Taro-Ernte viele, viele Male. Alles hat seine Richtigkeit und läuft ständig so ab. Was brauche ich also eine Zeitrechnung, wenn ein Tag doch genauso ist wie jeder andere?!

Der 'Obmann' wußte es genauer. Für jede Arbeitergruppe, die von einer der Inseln kam, war ein Obmann zuständig, ein etwas aufgeweckterer Arbeiter, der zum Vertrauensmann bestimmt worden war. Dieser Obmann wußte genau, was eine Zeitrechnung war und wann die drei Jahre seiner Gruppe vorüber sein würden. Er besaß einen langen Stock, und jedes Mal, wenn Neumond vorüber war und die schmale Sichel des Mondes erschien, schnitzte er eine große Kerbe hinein. Wenn er 13 Kerben geschnitzt hatte – in der melanesischen Mathematik also '3 Zehen' –, fing er mit einer neuen Reihe an, und wenn drei Reihen voll waren, wußte jeder, jetzt gibt es bald das große Geld!

> Auch an Keulenstielen hatte Karl Vieweg Kerben gesehen. Er fragte daraufhin einen der Besitzer. Der erläuterte bereitwillig:
>
> "Masta, es ist Tradition bei uns, schöne Dinge in Form einer Kerbe festzuhalten. Das machen wir schon immer so – eine Kerbe für jeden verspeisten Feind!"
>
> Karl Vieweg hatte so etwas erwartet. Er kannte eine Felsplatte auf der benachbarten Insel Unea, in die viele Kerben eingehauen waren: Nach jeder Menschenfleisch-Freßorgie wurde eine neue Kerbe hinzugefügt.

Natürlich kamen bei der Anwerbung trotz aller Vorschriften immer wieder unsaubere Geschäfte und Übergriffe vor, denn der Richter war weit und die Südsee groß! So hatte doch einmal der Steuermann eines Anwerbeschiffes dem Big-Fellow-Man eines Dorfes die Vorderzähne ausgeschlagen aus Ärger darüber, daß sich aus jenem Dorf niemand anwerben ließ (61).

Nicht vergessen waren die Walfänger, die in den Jahren zwischen 1830 und 1860 zur Trinkwasseraufnahme im Bismarck-Archipel erschienen, und an die sich übelste Erinnerungen knüpften. Auf sie wird die Syphilis zurückgeführt, die bei Inbesitznahme des Archipels durch die Deutschen auf einigen Inseln vorgefunden und von manchem Europäer wieder mit in die Heimat gebracht wurde, als Souvenir an die schöne Südseezeit.

Besonders schlimm mit der Anwerbung hatten es lange vor der deutschen Kolonialzeit die Anwerber getrieben, die für die Salpeterfelder in Südamerika Arbeiter beschafften, oder auch die englisch-australischen Schiffskapitäne, die mit Gewalt junge Leute für die Zuckerplantagen in Queensland entführten (und dafür hohe Prämien erhielten). Die wenigen Überlebenden wurden erst nach fünf Jahren zurückgebracht. Das sprach sich natürlich herum und hatte noch lange negativen Einfluß auf die Anwerbewilligkeit der Insulaner.

Dieses Mißtrauen stellte zu Beginn der deutschen Kolonialzeit auch Dr. Finsch fest, als er 1884 mit der 'Samoa' die Witu-Insel Mundua anlief und näheren Kontakt mit den Bewohnern aufnehmen wollte. Es gelang ihm nicht. Die dargebotenen Tauschwaren nahmen die mißtrauischen Insulaner nur an langen Bambusstangen entgegen.

Bei der Anwerbung wurde den Dorfbewohnern zuweilen auch etwas vorgegaukelt, um sie zur Anwerbung zu überreden. Solches hat auch Karl Vieweg festgestellt und notiert:

> Da den Insulanern allgemein bekannt war, daß im Dienst der deutschen Regierung oder der Neuguinea Compagnie bessere Arbeitsbedingungen herrschten als bei den Händlern oder anderen Privatpersonen, hatten Anwerber auf Garowe im Auftrag eines Europäers aus Neupommern – *»Herr Keese aus Kambeira«* – fünf Männer aus dem Dorf Lambe angeworben unter der Vortäuschung, daß sie jetzt von der Regierung angestellt wären. Die wenig schmeichelhafte Geschichte kam durch die Aussage des Arbeiters Geou, der in Lambe beheimatet war, ans Tageslicht.

Eine recht anschauliche Schilderung einer Anwerbung gibt der Arzt Dr. Wendland (59), der einmal an einer Anwerbefahrt nach Long-Island, einer Insel vor der Küste von Kaiser-Wilhelmsland, teilgenommen hatte:

> *»Während wir mit dem ersten Boot in der Nähe eines großen Baumes landeten, blieb das zweite Boot 20 – 30 m vom Strand entfernt, um bei einem etwaigen Angriff unseren Rückzug zu decken. Neugierig hatte sich eine Anzahl bewaffneter Insulaner in einiger Entfernung vom Strand versammelt, um argwöhnisch abzuwarten, was wir zu tun beabsichtigen. Frauen und Kinder ließen sich nicht blicken. Da ihre Sprache uns unverständlich blieb, konnten wir nur durch Gebärden und Zeichen, indem wir rasch gepflückte grüne Zweige schwangen, unsere friedliche Gesinnung zum Ausdruck bringen.*

... Scheu und vorsichtig kamen die Leute allmählich näher. ... Wir zeigten ihnen die mitgebrachten Tauschwaren, unter denen sie Messer, Hobeleisen, Beile und Tabak bevorzugten. Höchst überrascht zeigten sie sich über einen ihnen vorgehaltenen Spiegel. ... Die Eingeborenen waren nach und nach zutraulicher geworden, und durch Geschenke an die Dorfältesten gelang es, ihre Einwilligung zur Anwerbung von drei jungen Burschen zu erhalten, die bereit waren, auf das Schiff mitzukommen. Sie wurden gleich der Besatzung des zweiten Bootes übergeben.

Nun hätten wir noch gern das Dorf kennengelernt, um dort vielleicht noch mehr Leute zur Anwerbung zu bewegen. Als wir aber einen Fußpfad einschlagen wollten, der augenscheinlich zu einer größeren Siedlung führte, traten uns die Eingeborenen sofort mit drohenden Gebärden ihre Speere schwingend entgegen und redeten erregt in ihrer uns unverständlichen Sprache auf uns ein.

Da wir am Strand eben noch ganz freundschaftlich miteinander verkehrt hatten, konnten wir uns ihre plötzliche feindliche Haltung gar nicht erklären und versuchten, weiterzugehen. Doch schon kamen aus dem Busch Pfeile geflogen, die zwar keinen verletzten, uns aber bewogen umzukehren.«

In eben diesem Dorf war der Deutsche Wilhelm Damköhler gefangen, der dann natürlich befreit worden wäre, wie die Insulaner mit Recht befürchteten. Damköhler hatte sich nach einem Schiffbruch auf die Insel retten können und immerhin das Glück gehabt, nicht gleich getötet, sondern zunächst als Sklave gehalten zu werden. Später konnte er fliehen. (Vgl. auch Anm. S. 57).

Hatten nun die Neuangeworbenen an ihrem Bestimmungsort die Arbeit aufgenommen – im Zehnstundentag, 60 Stunden in der Woche, sonntags frei – so konnten sie nach einiger Zeit auch mal ein paar Tage unbezahlten Urlaub nehmen. Davon machten vor allem die in der Nähe wohnenden Arbeiter Gebrauch, wenn irgendein Anlaß vorlag:

»19.9.1908 3 Mann Urlaub zum Totenfest in Boruru
7.10.1908 2 Mann Urlaub zum Singsing in Ndolle; 2 Tage
6.10.1908 4 Mann Urlaub zum Singsing in Lambe; 2 Tage.«

Auch konnte ein Arbeiter vorzeitig von seinem Vertrag entbunden werden, wenn es begründet erschien. Da war im Juni der Arbeiter Parau aus dem Dorf Karamatta/Insel Mundua angeworben worden. Sein Big-Fellow-Man Uleitis hatte wie üblich Geschenke dafür erhalten. Bald aber stellte sich heraus, daß gerade Parau für die Geschicke des Dorfes unabkömmlich war. Dann gab die Neuguinea Compagnie lieber nach, und Karl Vieweg konnte den Mann wieder nach Hause schicken:

»31.8.1908. Parau auf Wunsch von Uleitis von Kontrakt entbunden und wieder nach Karamatta zurückgeschickt. Montag früh reichlich ausgezahlt.«

Die Arbeiter auf Garowe erhielten bei freier Verpflegung 5,– bis 8,– RM im Monat. Dazu gab es pro Woche 18 g Tabak (1 Stange Rollentabak), eine Tonpfeife und 25 g Seife sowie jeden Monat ein neues Lendentuch. Außerdem erhielt jeder Arbeiter eine Decke und eine Eßschüssel. Etwa ein Drittel des Lohns wurde monatlich ausgezahlt, der Rest nach Ablauf des Vertrages. Rechnete man hierzu alle weiteren Kosten wie Verpflegung und Anwerbefahrten – der Dampfer 'Siar' war ständig für das Holen und Zurückbringen von Arbeitern eingesetzt –, so konnten die Unkosten für einen Arbeiter mit etwa 30,– RM pro Monat veranschlagt werden (60).

Grundnahrungsmittel waren Knollenfrüchte, vor allem Taro. Um die Speisekarte abwechslungsreicher zu gestalten, so schrieb Karl Vieweg, war angeordnet, *»den Leuten nicht nur Feldfrüchte, sondern zu einer Mahlzeit Feldfrüchte und zur anderen Reis«* zu geben. Wurde nur Reis verabreicht (0,5 kg pro Tag), dann ergab das 20 Pf täglich für Grundnahrungsmittel. Feldfrüchte waren natürlich weit billiger als der importierte Reis.

Außerdem sollten die Arbeiter zweimal wöchentlich Fleisch erhalten. In der Praxis bedeutete das Schweine- oder Rindfleisch, häufig auch Fisch. Wenn die beiden zum Fischfang abgestellten Männer mal mit einem Hai oder einem Sägefisch zurückkamen, gab es stets ein freudiges Hallo. Das war doch etwas ganz anderes als der aus Hongkong importierte Salzhering in Fässern, der eigentlich nur als Eiserne Reserve vorgesehen war.

In späteren Jahren strebte der Gouverneur eine Erhöhung der Lebensmittelrationen auf 750 g Reis pro Tag und 750 g Fleisch pro Woche an. Die Durchsetzung des Vorhabens scheiterte jedoch an dem Argument seiner Gegner, daß sich in Deutschland kaum ein Arbeiter 750 g Fleisch in der Woche leisten könne (17).

Spätestens am Ende ihrer Vertragszeit kauften sich die Arbeiter all die schönen Dinge, die der freundliche Verkäufer im Laden der Compagnie bei Peterhafen für sie gern bereit hielt – zu stark überhöhten Preisen, versteht sich. Davon wußte Arbeiter Abara, der am 20. September 1908 entlassen wurde, natürlich nichts. Er starrte nur auf die langersehnten und begehrten Dinge in den Regalen und kaufte ein. Eisenbeile, Hacken, Hohlbeile zum Kanubauen, einen Taschenspiegel, in dem er sich selbst sehen konnte, noch so einen lustigen Spiegel, Messer, große, kleine, viele Meter rotes Baumwolltuch, bunte Glasperlen, die man so schön aufreihen konnte, einen Hut, wie ihn sein Masta immer trug, und vielen anderen Krimskram.

Es war der schönste Tag in seinem Leben! All die vielen Hiebe, die er in den vergangenen drei Jahren bekommen hatte, waren vergessen. Er fand, die

Kumbani war doch gar nicht so schlecht, wie manche behaupteten. Sie schenkte ihm heute am letzten Tag sogar einen großen Holzkoffer zur Aufbewahrung der gekauften Dinge. Die vor ihm liegenden märchenhaften Schätze, von denen er immer geträumt hatte, gehörten ihm jetzt, er konnte sie hineintun in jene polierte Holzkiste, die beim Öffnen des Schlosses zu seinem Entzücken ein Glöckchen erklingen ließ. Immer wieder schloß und öffnete er den Zauberdeckel. Unfaßbar!

Die Kiste war noch nicht voll. Und so legte er noch ein paar leere Bierflaschen mit hinein. Die konnte er zu Hause an der Nakanai–Küste gut gebrauchen. Die Splitter eigneten sich vorzüglich als Messer zum Schneiden und zum Rasieren, viel besser als der schwarze Obsidian, den der Vater in wochenlanger Fahrt von den Admiralitäts-Inseln oder manchmal von der Villaumez-Halbinsel holen mußte.

Kam er nun in sein Heimatdorf zurück, als stolzer Weltreisender zwar noch ohne Hose, doch immerhin mit Lendenschurz, Spazierstock und Hut, dann wartete schon die ganze Sippe auf ihn und auf das, was er in seiner Kiste mitgebracht hatte. Die Rückkehr wurde für ihn zu einem einzigen Fest. Bis spät in die Nacht wurde alles bestaunt, geprüft und bewundert.

Wenn dann der nächste Tag anbrach, war der weitgereiste Herr, der sich drei Jahre lang redlich abgemüht hatte, wieder so arm wie damals, als er nackt ins Anwerberboot sprang, denn alles, was er mitgebracht hatte, gehörte nun nicht mehr ihm, sondern der Großfamilie, der Sippe, dem Dorf. – Vielleicht war ihm noch der Hut geblieben.

Doch zurück zu der 'Siar', die immer noch an der Pier lag und Kopra lud. Mit dem Schiff war auch der Anwerber Mandabau aus dem Dorf Koffe zurückgekommen, der seit dem 28. Juli unterwegs gewesen war. Er hatte viele Leute angeworben und wurde nun als Vorarbeiter zur Station Lama versetzt. Für die nächste Anwerbetour ging an seiner Stelle jetzt Diperau, ebenfalls aus Koffe, an Bord.

Außerdem an Bord ging auch der Arbeiter Tomazi, allerdings als blinder Passagier und ohne, daß irgend jemand etwas merkte. Jeder fragte sich, wie er das bei den strengen Kontrollen und den wenigen Möglichkeiten zum Verstecken auf dem kleinen Schiff fertiggebracht hatte. Seine Abwesenheit fiel erst am nächsten Tag auf, als er zum Morgenappell nicht erschien. Wahrscheinlich hatte er Heimweh gehabt, was unter den Arbeitern gar nicht so selten vorkam. Er war ein guter Arbeiter gewesen. Sein geringer Nachlaß wurde versteigert.

Vor Sonnenuntergang verließ Kapitän Voogdt mit seiner 'Siar' die Landungsbrücke und ankerte bis zum nächsten Morgen in der äußeren Hafeneinfahrt noch innerhalb des Riffs. Von Karl Vieweg hatte er einen 50,–RM-Schein in die Hand gedrückt bekommen, ob er ihm dafür in Sydney einen gußeisernen Herd kaufen könnte, für *»ungefähr 45,– RM«*? Er wollte es versuchen. Der alte Herd vom Vorgänger hatte seinen Geist eigentlich schon aufgegeben, rauchte und stank vor sich hin und hielt nur noch dank Tamones Zaubersprüchen!

Die Sonne war untergegangen.

Die Arbeiter hatten die Felder verlassen, Handhacken und anderes Gerät im Lagerschuppen abgeliefert und eilten zu ihren Unterkünften, wo die Köche bereits am Werk waren. Das war die güldene Zeit für Herrn Dahne und Karl Vieweg, nochmals an Bord der 'Siar' zu gehen und für ein paar Stunden europäische Luft zu atmen, gepflegt zu essen und richtig gekühlte Getränke zu genießen.

Sie saßen im gemütlich eingerichteten Salon der 'Siar'. Natürlich mußten bei einem so kleinen Schiff Komfortabstriche mit in Kauf genommen werden. Doch was machte das schon, es war ein Stück Heimat. Man rückte eben zusammen – der Salon maß ganze 7,5 Quadratmeter! Schließlich war die 'Siar' in Bremen-Vegesack als Frachtschiff und nicht als Luxus-Liner für die Neuguinea Compagnie gebaut. Ihre Laderäume konnten je nach Bedarf zum Transport von Arbeitern oder Kopra genutzt werden. Im Achterschiff befanden sich Kabinen für vier Passagiere sowie der bewußte 'Salon'.

Dieses Mal waren zwei Passagiere an Bord, zwei alte Bekannte, Herr Bröker, der als Anwerber unterwegs war, und der Bezirksrichter von Herbertshöhe, Dr. Scholz.

Da gab es viel zu erzählen.

Neues aus Herbertshöhe? Von der Blanche-Bucht??

Und ob!

Am Tag nach Karl Viewegs Abfahrt von Herbertshöhe war der Dampfer 'Seestern' von einer Strafexpedition zu den Admiralitäts-Inseln zurückgekehrt. Es war das Gesprächsthema der Woche gewesen. Im Januar hatten dort die Bewohner der Usiai-Dörfer das kleine Schiff 'Waikatu' der Firma Hernsheim & Co. überfallen, geentert, die Besatzung gespeert oder erschlagen und aufgegessen.

Die darauf erfolgte Strafexpedition verfehlte leider ihr Ziel: Als die Insulaner die Polizeitruppe an Land gehen sahen, zogen sie sich in den Busch zurück. Sie ließen nur die leeren Hütten zurück, die natürlich abgebrannt wurden. – Genauso war es bei der Strafexpedition im Oktober letzten Jahres aus ähnlichem Anlaß gewesen. Der zweimalige Mißerfolg war sehr ärgerlich.

Und Herbertshöhe selbst? Wie sieht es dort aus?

Da gibt es jetzt ein Auto! Die Schwarzen nennen es den 'Buschdampfer', es ist der Wagen des Gouverneurs. Für die 30 km nach Rabaul benötigt er nur eine Stunde!

Unglaublich. – Und wie war das mit der Insel Nissan gewesen?? Hier auf den Witu-Inseln haben wir nur Ungenaues gehört, die Geschichte ist ja kaum zu glauben!

Und Dr. Scholz erzählte (14):

> Er war mit seinen Polizeisoldaten und zusammen mit dem Ethnologen Dr. Thurnwald zu der Insel Nissan östlich der Gazelle-Halbinsel gefahren. Dort war die Buka-Frau Karas von den Häuptlingen Mogas und Salin getötet und an den Häuptling Somson geliefert worden. Der zahlte dafür
>
> *»ein Schwein, zwei Bogen, zwanzig Pfeile, ein Messer und fünf Armringe. Die Leiche des Weibes wurde ... nach der Art, wie es mit den Schweinen geschieht, unausgenommen gebraten und in einzelne Stücke zerteilt. Einen Teil des Fleisches behielt Somson für sich, das übrige verteilte er an andere Eingeborene. Als Gegenleistung erhielt er von einem Eingeborenen einen Armring, von einem anderen zwei Bündel Pfeile. Die übrigen versprachen, ihm gelegentlich Menschenfleisch ablassen zu wollen.*
>
> *... Am Abend machte uns der Eingeborene Kohan ... wichtige Angaben. ... Danach hatte der Häuptling Salin die Karas während der Ermordung festgehalten, Mogan sie getötet. ... Kohan ließ sich des weiteren darüber aus, daß ähnliche Schlachtungen öfters vorkämen. Wenn es sich um Feinde handle, töte man unter Martern, indem man zuvor die einzelnen Gliedmaßen abhacke und das Opfer bei lebendigem Leibe aufschlitze.*
>
> *Zwei von den Leuten ... erboten sich gegen das Versprechen von Tabak, Salin zur Stelle zu schaffen. ... Am Nachmittag wurde Mogan eingeliefert. Die Mörder waren nun sämtlich gefangen. ... Im Dorf Siar ... konnte ich das Haus des Tohalian, der einzelne Körperteile der Karas erhalten hatte, feststellen. Das Haus wurde verbrannt. ... Nasiad, der den Rücken der Karas bekommen hatte, war entflohen. Auch sein Haus wurde verbrannt. Darauf brach ich nach dem benachbarten Pipissu auf. Dort wohnte Bartele, der die linke Lende der Karas erhalten hatte ...*
>
> *Der Weg führte weiter nach Kulo, dem Platz des Hebi, dem der rechte Oberschenkel zugefallen war. Wir verschonten sein Haus, weil sich sein einziger Sohn Rossi zur Anwerbung bereitfinden ließ.«*

Viel zu schnell verging der Abend und das Wiedersehen auf der 'Siar'. Karl Viewegs abschließende Notiz *»Alle Mahlzeiten auf der Siar' eingenommen, früh um 1/4 3 Uhr wieder an Land gefahren«* drückte mit wenigen Worten aus, was der Aufenthalt auf dem Schiff für den Europäer bedeutete. Es war die Entspannung vom entbehrungsreichen Inselleben.

Am frühen Vormittag lichtete die 'Siar' die Anker. Doch *»Ah King, der Koch von Dr. Scholz, bleibt hier wegen einer Chinesenklagesache.«*

Anschließend war Versteigerung. Wieder einmal war ein Kollege während eines heftigen Malariaanfalls gestorben. Es war Herr Aulmann, der gerade erst von Friedrich-Wilhelmshafen auf die Witu-Inseln versetzt worden war. Damals auf der Pflanzung Jomba hatte er dem Neuling Vieweg noch eindringlich geraten, immer konsequent Chinin zu schlucken, die Gefahr sei doch zu groß, und nun hatte es ihn selbst erwischt.

Sein karger Besitz wurde versteigert, und Karl Vieweg erhielt »*2 Gläser, 1 Salzfaß, 1 Terrine und 6 Teller für 3,– RM.*«

Tabakausgabe und Verarztung

Sonntag, 10. Oktober 1908. Die Feldarbeiten wurden heute eine halbe Stunde früher beendet, weil noch Appell mit Koprasäcken angesetzt war. Ein Teil der Säcke sah schon ziemlich zerlöchert aus und mußte ausgewechselt werden. Anschließend war, wie an jedem Sonnabend, Tabakausgabe. Der Sonnabend hieß deshalb auch »*a bung na tapeka – der Tag des Tabaks*«, ein Ausdruck, der schon fast zum Pidgin avanciert war. ***Eine*** Stange Tabak gab es umsonst, die gehörte zum Lohn (auf der Gazelle-Halbinsel waren es zwei Stangen). Eine zweite oder sogar eine dritte kauften sich fast alle der 140 Arbeiter. Heute kauften jedoch nur 89 Mann. Vermutlich hatte es sich schon herumgesprochen, daß im Lager der Compagnie gestern eine neue Sendung erlesener Erzeugnisse westlicher Kultur – Glasperlen, bunte Tücher und ähnliches mehr – ausgepackt worden war, worauf viele Arbeiter erpicht waren und dafür den Tabakempfang zurückstellten. Eine Stange Tabak kostete etwa 11 Pf, das entsprach dem halben Tageslohn.

Bei dem Tabak handelte es sich um den billigen amerikanischen Handelstabak, ein stark gebeiztes, entsetzlich scharfes Zeug. Die Leute drehten sich daraus zigarettenähnliche Würste, die oft den Umfang einer Zigarre erreichten. Als Deckblatt nahmen sie das Blatt einer bestimmten Pflanze. Stand diese nicht zur Verfügung, so tat es auch ein Bananenblatt.

Es war selten, daß ein Mann seine Zigarette allein rauchte. Gewöhnlich wanderte sie nach zwei, drei Zügen weiter, so daß auch der Nebenmann und die anderen die Möglichkeit hatten, in den Genuß der sich immer weiter verbreitenden Syphilis zu kommen. Schlimm. – Noch stärkere Raucher als die Männer waren seltsamerweise die Frauen, die dafür aber nicht so viel Betel kauten.

Karl Vieweg fragte sich, wer denn eigentlich nicht rauchte. Selbst Kinder rauchten, gleichgültig, ob sie zehn Jahre, acht oder noch jünger waren. Stolz hatte jedes von ihnen eine rote, schwarze oder weiße, auf jeden Fall aber schmutzige Tonpfeife im Mund hängen. Und wenn der Säugling schrie und sich die Mutter keinen Rat mehr wußte, dann steckte sie ihm tatsächlich die brennende Pfeife in den Mund, und schon war der Kleine zufrieden.

Im Anschluß an die Tabakausgabe ging Karl Vieweg zum Arbeiterhospital gleich nebenan, wo all die Arbeiter warteten, die sich tagsüber Verletzungen zugezogen hatten. Einen Arzt gab es auf der Insel nicht. Der nächste saß ein paar hundert Kilometer entfernt in Herbertshöhe bzw. Friedrich-Wilhelmshafen. Seine Aufgaben hatte sehr unvollkommen, aber guten Willens, der schwarze Krankenpfleger Reblala übernommen. Er war in einem Schnellkursus an der Blanche-Bucht zum Pfleger ausgebildet worden und erledigte die täglichen Routinearbeiten wie Wunden versorgen oder Medizin verabreichen. Ohne die Oberaufsicht und Mithilfe des Weißen funktionierte das allerdings nicht sonderlich gut.

Die Wunden wurden zunächst mit Kupfersulfat gereinigt und anschließend mit Borsalbe weiterbehandelt. Diese Methode wirkte Wunder. Verordnete Karl Vieweg Medizinen, so mußten sie schlecht schmecken oder einen durchschlagenden Erfolg zeigen. Gut schmeckende oder langsam wirkende Medizinen wurden von den Arbeitern für unwirksam gehalten. Deshalb erfreuten sich zum Beispiel Glaubersalz und Rizinusöl erstaunlicher Beliebtheit. Deshalb war aber auch die erfolgreiche Behandlung der Syphilis so schwierig, denn wenn Karl Vieweg anordnete, den Patienten Abend für Abend mit einem Quecksilberpräparat intensiv einzureiben – heute den linken Unterarm, morgen den linken Oberarm, übermorgen und überübermorgen das gleiche mit dem rechten Arm und danach auch mit den Beinen und den Brusthälften und dann wieder von vorn beginnen (es war dies die Standardmethode zur Behandlung der Syphilis vom Mittelalter bis ins 20. Jahrhundert) –, dann wurde das zwar durchgeführt, aber weil der Kranke nach ein paar Tagen immer noch keinen Erfolg sah, kam er einfach nicht mehr zur Behandlung. Einer der Arbeiter, Solong, war allerdings aufgeschlossener. Deshalb hatte ihm Reblala die Salbe auf Treu und Glauben überlassen. Der massierte sie auch ein, wie ihm geheißen. Reblala war stolz auf seinen Erfolg. Drei Tage später hatte Solong die Zaubercreme in den Busch geworfen.

Besonders häufig und übel waren die Beinwunden. Meist waren sie schon Wochen alt, tief eingefressen, voller Fliegen, verdreckt und stanken.

Bei Kreislaufschwäche trat die Kampferspritze in Aktion. Der stumpfe Stich der oft gebrauchten Nadel war für den Patienten geradezu lieblich, wenn er dabei an die empfindlichen Pfeilschüsse aus seinem Nachbardorf dachte.

Die wirklich schweren Fälle wurden mit dem Schiff nach Friedrich-Wilhelmshafen gebracht. Die Wartezeit konnte drei Wochen dauern, je nachdem, wann das nächste Schiff eintraf und hoffentlich auch in die gewünschte Richtung fuhr.

Wenn der Patient bis dahin noch nicht im Jenseits angekommen war, wurde er in Friedrich-Wilhelmshafen dank ärztlicher Kunst und wohlgesinnter Geister noch einmal der Neuguinea Compagnie erhalten und nach der Genesung wieder in Richtung Witu-Inseln in Marsch gesetzt. Dort kam er meist so schnell nicht an, weil er unter den Arbeitern in Friedrich-Wilhelmshafen Freunde aus seiner Heimat gefunden hatte, die Gunst der Stunde nutzte und erst den übernächsten Dampfer nahm, ohne daran zu denken, daß dies doch herauskommen würde. Damit hatte er sich gleich wieder eine Strafe, zumindest einen Lohnausfall, eingehandelt.

Innere Erkrankungen, so sagten die Insulaner, wurden immer durch einen bösen Geist verursacht. War ein Kranker durch die Hilfe des weißen Mannes gesund geworden, dann war eben die Medizin des weißen Mannes dieses Mal stärker als der Geist gewesen.

War ein Arbeiter augenscheinlich unheilbar erkrankt, so wurde er so bald wie möglich in seine Heimat zurückgebracht. Das war im Juli der Fall mit den Arbeitern Marangas, Tomazang und Schuwab, im August mit Davoi. Sie wurden jeweils von der 'Siar' mitgenommen.

Natürlich kam es auch vor, daß ein Arbeiter starb. Doch hat es den Anschein, daß die Mortalität der Arbeiter im Vergleich zu anderen Gegenden der Kolonie gering war, auch wenn der Vergleich wegen des unterschiedlichen Zeitraumes hinkt:

Im Mittel der Jahre 1887 – 1903 starben von den Compagnie-Arbeitern während ihrer Vertragszeit auf

– der Gazelle-Halbinsel	etwa 13%
– dem westl. Kaiser-Wilhelmsland und der Astrolabe-Bai	etwa 40% (17).

Dagegen starben auf Garowe in den sieben Monaten, in denen sich der junge Quedlinburger dort aufhielt, von rund 400 Arbeitern nur drei, einer davon an Blasenlähmung und die beiden anderen an unbekannter Ursache, also eine Mortalität unter 4%, berechnet auf die dreijährige Vertragszeit.[18]

Im Jahr vor Karl Viewegs Ankunft auf der Gazelle-Halbinsel war es dort hinsichtlich der Sterbefälle besonders schlimm gewesen: Von den 120 Fremdarbeitern, die auf der St. Matthias-Insel angeworben waren, starb fast ein Drittel (15). Noch katastrophaler war es mit dem darauffolgenden Transport, von dem über 50% starben (4). Der Hauptgrund dafür lag an dem hohen Malaria-Vorkommen im Vergleich zu ihrer Heimat. Dazu kam noch die von den Europäern eingeschleppte Grippe.

---

18 Die Zahl der Arbeiter auf Garowe ist dem Verf. nicht bekannt. Auf Station Meto waren es etwa 140, auf Lama 142. Außerdem waren Arbeiter auf Witu, Lambe, Balangori und Bodobodo-Ilia stationiert.

Trotz der erfolgreichen medizinischen Behandlungen, die die Südseeinsulaner durch den weißen Mann erfuhren, wurde der eigene Medizinmann natürlich weiter konsultiert, waren die eigenen, überlieferten Heilmethoden weiterhin im Gebrauch und sind es größtenteils auch heute, 1990, noch:

- In den Dörfern auf Garowe kennt man zur Heilung von chronischen, inneren Erkrankungen eine ganz ausgezeichnete Methode: Die Verwandten des Kranken kommen zusammen und vollführen eine bestimmte Art Singsing, wobei der Kranke selbst gar nicht anwesend zu sein braucht. Sie unterrichten ihn im Nachhinein darüber.

  In dieser Behandlungsmethode liegt ein wahrer Kern. Der Kranke merkt, daß sich die anderen um ihn sorgen. Es wird ihm das tröstliche Gefühl gegeben, daß die Dorfbewohner alles in ihrer Macht Stehende tun, um ihm gegen die schrecklichen Geister zu helfen. Damit wird ihm die Angst genommen, das Abwehrsystem des Körpers wird aktiviert – ein wichtiger Schritt zur Genesung!

- Ein wenig handfester ging es bei der Zauberdoktorin in dem Dorf Witu auf Garowe zu: Sie hatte ein unfehlbares Heilmittel gegen vielerlei Ungemach. Von einer heißen Quelle auf der 70 km entfernten Villaumez-Halbinsel holte sie ein rotbraunes Pulver (Lehm?), rieb es sorgsam mit der Wurzel der Ingwerpflanze auf einem Stück menschlichen Unterarmknochens, nahm das auf diese Weise vorbehandelte Pulver in den Mund, kaute darauf herum und spuckte es dann dem Kranken auf den Leib. Das abschließende Murmeln eines Zauberspruches garantierte die Heilung des Patienten. Eine Gebühr wurde nicht erhoben, ein Geschenk war selbstverständlich.

- In dem Dorf Kore auf der Insel Mundua schwören die Bewohner noch heute auf die folgenden Heilmethoden:
  - Der Zauberdoktor nimmt Mangoschalen und Blätter einer bestimmten Pflanze aus dem Busch und mischt dies mit Seewasser. Dann ruft er die Namen vieler Verstorbener an. Wenn der Zweig, den er in der Hand hält, zittert, hat er Kontakt mit demjenigen, den er gerade genannt hat, und die Heilung durch den Geist des Verstorbenen kann beginnen: Hierzu bestreicht der Zauberdoktor den ganzen Körper des Kranken mit Kalk, der dadurch gelb wird. Dieses Mittel hilft bei Kindern auch gegen Diarrhoe und weißen Zungenbelag.
  - Gegen Malaria: Er nimmt wieder bestimmte Blätter aus dem Busch, schreitet um den Kranken herum, murmelt die vom verstorbenen Zaubermeister verordneten Worte, nennt wieder die

Namen Verstorbener, wieder zittert der Zweig. Dann streicht der Meister das Blatt zusammen mit Kalk über das Gesicht des Kranken.

- Bei Speer- und Pfeilwunden: Zwei Kokoshälften werden gekocht, ausgekratzt und über der Wunde im Kokosbastsieb ausgepreßt.

– Sehr verbreitet waren und sind noch immer Erkältungskrankheiten. Kein Wunder, da sich die Leute nachts ohne Decke in ihren Hütten um das glimmende Feuer legen, die eine Seite brät, die andere friert, und von unten zieht der kühle Nachtwind durch die zahlreichen Ritzen des hochliegenden Fußbodens. – Besonders schlecht waren früher die Kranken dran, die auch bei hohem Fieber gänzlich unbedeckt ohne Matte oder Decke auf dem harten Boden lagen. Eine Krankenpflege in unserem Sinn kannte man nicht. Sie wäre auch sinnlos gewesen; denn solange es nicht gelang, die Macht des Geistes oder des Zaubers zu brechen, der die Krankheit verursacht hatte – die Unterschiede zwischen beiden sah keiner so genau –, so lange nützte auch die beste Pflege nichts.

– Bei vielen Heilverfahren der Melanesier spielte der Aderlaß eine wesentliche Rolle. Manche Stämme glaubten, daß der Krankheitsstoff im Blut enthalten wäre und deshalb abfließen müßte. Nur schlechtes Blut floß ab, das gute blieb von allein zurück. Damit das schlechte nun wirklich abfließen konnte, wurde bei weniger blutenden Verletzungen noch etwas nachgeholfen. Ansonsten wurden Einschnitte an Körperstellen gemacht, an denen der Schmerz auftrat. Bei Kopfschmerzen erfolgten die Einschnitte über den Augenbrauen. Bei stärkeren Schmerzen halfen nur viele Einschnitte. Geschnitten wurde mit dem Obsidian oder dem Bambusmesser, neuerdings mit Glasscherben. Kleinere Schnittwunden und Kratzer verschmierte man einfach mit Erde. Wer gewissenhafter war, zerrieb ein Philodendronblatt und strich es auf die Wunde, ein beliebtes und tatsächlich wirksames Desinfektionsmittel.

– Um Blutungen zu stillen, half auf der Gazelle-Halbinsel das Einreiben mit Korallenkalk. – Die Witu-Leute waren da weniger zimperlich und drückten einfach ein glimmendes Stück Holzkohle in die Wunde.

– Eine wohl einmalig dastehende Methode gegen Kopfschmerzen praktizierten die Mütter in der Gegend um das südliche Neumecklenburg herum. Meist schon im frühen Kindesalter vorbeugend, wurde dem Kind zunächst die Stirnhaut aufgeschlitzt. Zwei andere

Mütter hockten rechts und links und zogen die Haut zur Seite, so daß der Knochen darunter frei lag. Nun schabte die Mutter ihrem schreienden Kind mit einer scharfen Muschelkante so lange auf dem Knochen herum, bis eine schmale Rille entstanden war. Anschließend wurden die Hautlappen wieder zusammengeschoben und alles mit einem Bastwickel verbunden. Die ganze Prozedur geschah natürlich bei vollem Bewußtsein des kleinen Patienten.

Wollte die Mutter ganz sicher gehen, so wurde die Tortur nach einigen Wochen dicht neben der alten Wunde wiederholt. Der Junge in Abb. 68 hatte bereits mehrere dieser sonderbaren Heilpraktiken über sich ergehen lassen müssen.

– Unzweifelhaft höchste Anerkennung verdienen jedoch die Medizinmänner auf der Gazelle-Halbinsel und auf den vorgelagerten Neulauenburg-Inseln, die unter primitivsten Verhältnissen kritische Schädeloperationen durchführten, ähnlich den Schädeltrepanationen südamerikanischer Indianer:

Schon in Herbertshöhe war Karl Vieweg aufgefallen, daß es Arbeiter gab, die eine flache Delle am Schädel hatten. Wie sich auf Befragen herausstellte, waren das Treffer von tückischen Schleudersteinen gewesen. Ein derartig Verwundeter wurde zum Heilkundigen des Dorfes geschleppt, der sich den Schaden zunächst sorgsam ansah. War die Schläfe getroffen, so galt der Patient von vornherein als verloren. Sie ließen ihn liegen. War jedoch das Stirnbein eingedrückt, so schritt der Meister zur Operation:

Zunächst wusch er sich die Hände mit Kokoswasser. Dann nahm er einen Obsidian, einen Haifischzahn oder auch eine geschärfte Muschel und schnitt die Kopfhaut auf. Zwei Gehilfen hatten vorher ein paar Rotang-Bastfäden an den Kraushaaren des Schwerverletzten verknotet und zogen damit den Skalp nach rechts und links etwas auseinander. Der Schädelknochen lag jetzt offen da. Der Meister entschied: War die Schädeldecke eingedrückt und hingen die Knochenstücke noch gut zusammen, so unterblieb die gewagte Operation, und alles wurde wieder zugemacht.

Anders, wenn der Knochen bös gesplittert war. Dann entfernte der Urwald-Doktor die einzelnen Knochenreste mit dem geschärften Splitter einer Kokosschale. Schienen ihm noch einige Splitter zu fehlen, so hob er vorsichtig die Gehirnlappen an (!) und suchte nach ihnen. Fand er sie, dann war es gut, aber noch nicht zu Ende mit der Müh. Erst mußten noch die scharfen Knochenränder der Einschlagstelle mit einer Muschel sorgfältig abgeschliffen werden. – All dies merkt der Mann unter der entsetzlich schabenden Muschel nicht, versicherten die von dem Forscher Parkinson befragten Operateure. Der Patient wäre seit dem Volltreffer stets ohne Bewußtsein, und wenn er zwischendurch wirklich aufwachte, fiele er sofort wieder in tiefe Ohnmacht (vor Schmerzen?).

So konnte der Operateur ungestört fortfahren. Er achtete sorgfältig darauf, daß kein Knochenmehl in die Wunde fiel und wusch sicherheitshalber mit dem (sterilen) Kokoswasser vorsichtig nach. Mit einem sauberen Stück Bast oder dem Herzblatt der Banane – vorher einen Augenblick über das Feuer gehalten – schloß er das Loch, legte die Hautlappen darüber, nähte sie mit Rotangzwirn zusammen und entfernte jetzt die Haare um die Wunde herum. Vorsichtig wusch er abschließend die Wundnaht mit Kokoswasser nach. Dann wurde der Schädel zum Schutz mit einem eng anliegenden, weitmaschigen Rotanggeflecht überzogen. – Der Künstler hatte sein Werk beendet.

Dies war der technische Teil. Er mußte aber ganz sicher sein, daß die Operation erfolgreich sein würde. Deshalb nahm der Meister zwei Zaubermittel in die Hand und blies sie über dem Operierten in die Luft.

So. Nun würde alles gut werden – es sei denn, es war wieder einmal der berühmte Gegenzauber mit im Spiel.

Parkinson erzählte diese Geschichte im Hotel 'Deutscher Hof'. Kaum jemand, der nicht stille Bewunderung für die schwarzen Medizinmänner empfand. Parkinson erzählte weiter, daß ihm einer der schwarzen Operateure 31 Schädeloperationen vorgerechnet habe, die er durchgeführt hatte. Von den Operierten hätten 23 überlebt, einige allerdings mit Lähmungserscheinungen, wobei offen blieb, ob Lähmung oder Tod nicht ohnehin eingetreten wären.

Es war dies eine ganz erstaunliche Erfolgsquote unter den urweltlichen Steinzeitumständen. Abb. 69 zeigt operierte Schädel von Männern, die Gefecht und Eingriff noch Jahre überlebt hatten. Gut zu erkennen ist am linken Schädel die mit Muscheln abgeschabte Bruchkante.

Gangos Mutter vergiftet – ein Totenfest

D*ienstag, 13. Oktober 1908.* Der am 27. September mit Pieter Hanson nach Herbertshöhe abgefahrene *»Kutter 'Unea' kommt um 8 Uhr morgens von Herbertshöhe zurück. Ist dort in der Nacht vom 4. zum 5. Oktober angekommen und am Abend des 6. Oktober wieder weggefahren.«*

Der Kutter war also 14 Tage unterwegs gewesen, obwohl die Strecke nur zweimal 350 km betrug. Er hatte demnach pro Tag gerade 50 km zurückgelegt. Durch Kreuzen und ungünstige Strömungen ging viel Zeit verloren. Jeder war froh, daß Kutter und Besatzung heil zurück waren. Mit ihnen kehrte auch Karl Viewegs rechte Hand Tomeawe wieder zurück. Er war mit einem Anwerbeschein in der Tasche mitgefahren, um einen Schießjungen anzuwerben. Aber er hatte in der kurzen Zeit in Herbertshöhe keinen finden können. So würde Tomeawe auch diese Arbeit weiterhin machen müssen, obwohl ihn seine Pflichten als 'Butler' und Hausjunge schon mehr als genug in Anspruch nahmen.

Mit der Ankunft der 'Unea' tauchte aber noch ein anderer Passagier auf. Der war auf der Hinfahrt nicht dabei gewesen. Es war *»Gango, der Hausjunge von Medizinalrat Dr. Wendland in Herbertshöhe. Seine Mutter ist hier angeblich vergiftet worden. Er fährt mit dem Kanu nach Ndolle rüber.«*

Ndolle lag auf der anderen Seite vom Peterhafen. Gango war dort zu Hause. In Dr. Wendlands Diensten stand er schon seit Jahren. – Die Mutter sollte vergiftet worden sein?

Das war durchaus möglich. Die Insulaner kannten verschiedene Gifte, die sie bei Bedarf den Speisen unliebsamer Personen beimengten, Gifte aus Pflanzen, aber auch von Tieren, so der Magensaft eines bestimmten Seesterns oder die Gallenflüssigkeit des Igelfisches.

Da sich nicht jeder dieser Auserwählten gern zum Essen einladen ließ, mischten sie das Gift auch dem Kalk bei, der dem Gast gelegentlich zum Betelkauen gereicht wurde. Etwas Kalk, mein Freund? Nein danke, heute nicht. Dabei konnte es schon vorkommen, daß der Hausherr selbst starb, weil sein mißtrauischer Gast in einem unbewachten Augenblick die beiden Kalkpäckchen vertauscht hatte.

Mitunter setzten sie dem Essen auch die stacheligen, feinen Härchen junger Bambusschößlinge zu, die sich mit einer Muschel leicht vom Bambus abschaben ließen. Im Essen konnte man sie nicht sehen und nicht schmecken. Die Härchen drangen in die Magenwand ein und führten nach schmerzhaftem Siechtum fast immer zum Tod.

Auf welche Weise nun Gangos Mutter ums Leben gekommen war, würde wohl niemand genau erfahren. Ob es so oder so gewesen war, nur der Zau-

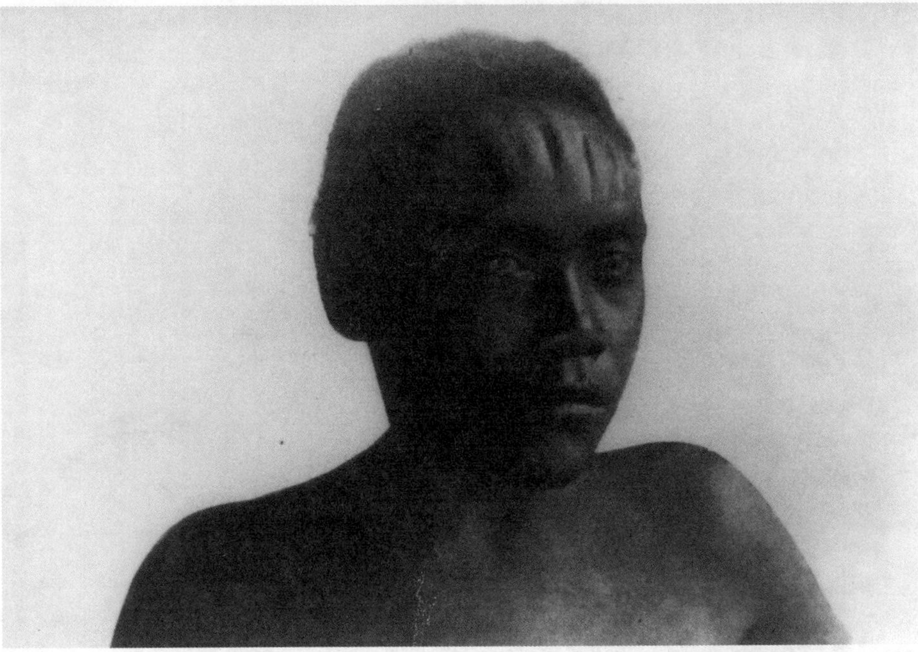

Abb. 68: Ein angeblich gegen Kopfschmerzen vorbeugendes Mittel: Dem Kind wurden mit einer Muschel Rillen in den Stirnknochen geschabt

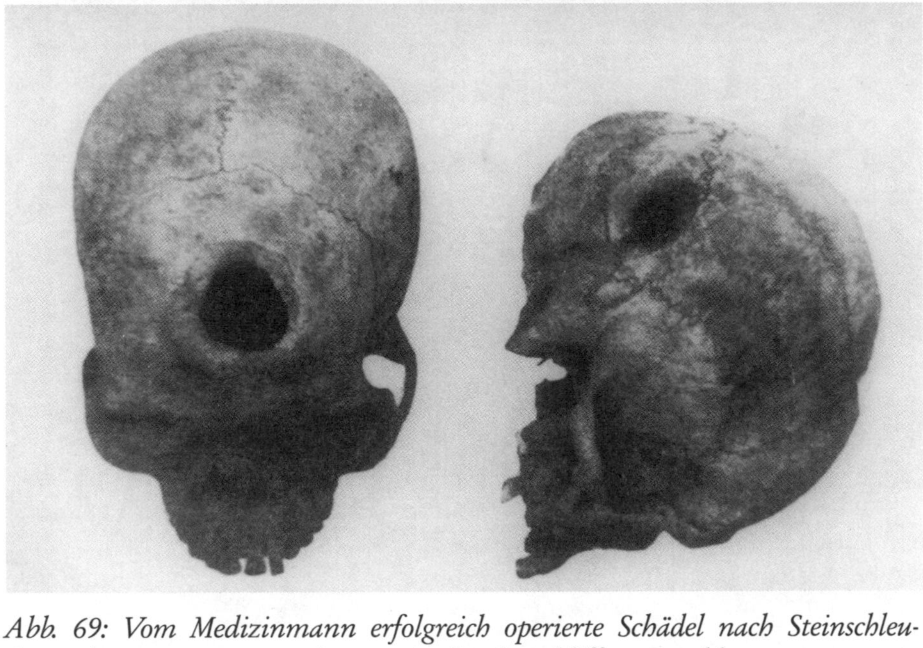

Abb. 69: Vom Medizinmann erfolgreich operierte Schädel nach Steinschleuder-Verletzungen; gut zu erkennen ist die abgeschliffene Bruchkante

Abb. 70: Witwe mit dem Schädel ihres verstorbenen Mannes

Abb. 71: Gespenstschrecken; lks. Weibchen, r. Männchen

berer vermochte, es herauszufinden. Sein Spruch galt.

War Gangos Mutter eigentlich schon länger krank gewesen? Niemand wußte es so genau. Es fiel erst vor drei Wochen auf, als sie schon schwer erkrankt war. Da bespuckte ihr Bruder sie mit scharfen Pflanzensäften, um den Krankheitsstoff zu vertreiben, wegzujagen. Vergeblich.

Auf die Nachricht ihrer schweren Erkrankung hin waren sogleich viele ihrer Angehörigen herbeigeeilt. Allein deren Gegenwart (nämlich die Gegenwart ihrer Geister) würde genügen, so glaubten sie, um nicht wohlgesinnte, fremde Geister zu verscheuchen und die Kranke wieder gesunden zu lassen. Je mehr Verwandte erschienen, desto größer natürlich die Heilungschancen!

Auch hatten die Dorfbewohner Gangos Mutter ausgiebig befragt, um eine Diagnose stellen zu können. Hatte sie in ihrem Kot Würmer gesehen? Hatte es darin von Würmern gewimmelt? Wenn es so war, dann mußte sie einen fremden Geist in ihrem Körper haben. Sie wußte es nicht.

Wenn man wenigstens eine Andeutung gehabt hätte, welcher Zauberer sie in seinem Bann hatte. Dann wäre man zu ihm gegangen und hätte versucht, ihn gegen ein entsprechendes Entgelt zur Herausgabe des Zaubermittels zu bewegen. Vielleicht hatte der unbekannte Zauberer ein Haar von ihr erwischt oder einen Fingernagel oder einen Rest vom Essen, den sie achtlos beiseite geworfen hatte. Das wäre sehr leichtsinnig von ihr gewesen. Das hatte er nun möglicherweise verzaubert.

Einer aus dem Dorf wußte zu berichten, sie hätte ihr Amulett mit dem Zauberschutz nicht immer bei sich getragen. Kein Wunder also, wenn sie verzaubert wurde.

Man überlegte weiter: Wenn sie also einen Essensrest weggeworfen hatte – wo kann das gewesen sein. Doch wahrscheinlich nur hier in der Nähe. Und wer kann da vorbeigegangen sein und das heimlich mitgenommen haben – ? Oder war sie in der letzten Zeit in einem der Nachbardörfer gewesen?

In den Tagen vor ihrem Tod soll Gangos Mutter auch viel und laut geträumt haben. Aha – sie sprach also mit ihrem verstorbenen Vater. Der hatte sicher ihre Seele eingeladen, ihn doch einmal im Totenreich zu besuchen. Das aber konnte gefährlich werden! Wenn eine Seele nachts allein unterwegs war, konnte sie nur zu leicht auf ein Rudel herumlungernder 'hanitu'-Geister, niederer Geister, stoßen, die sich sofort der leichten Beute bemächtigten und sie für immer in ihr Totenreich entführten. Ja, so könnte es gewesen sein! Der zurückgebliebene, seelenlose Körper würde nur noch Unverständliches brabbeln und nach einigen Tagen sterben. Ja, so wird es gewesen sein. (Die an der Astrolabe-Bai herrschende Auffassung, Frauen hätten keine Seele – vgl. S. 52 –, galt auf den Witu-Inseln nicht.)

In dieser Weise überlegten die Dorfbewohner hin und her. Selbst dem

Zauberer des Dorfes gelang es nicht, die Person zu ermitteln, von der das Gift stammte oder die hier gezaubert hatte. Denn daß Zauberei mit im Spiel war, das war sonnenklar: Jede Krankheit, auch Vergiftungen (wie schon erwähnt: Die Unterschiede sah man nicht so genau) wurden auf Zauberei zurückgeführt. Von allein bekam niemand Kopfschmerzen, Durchfall, Magenschmerzen ...

Es gab Hexenmeister, die erkannten anhand der Darmwindungen einer geöffneten Ratte, wer der Mörder war. Doch diese Gabe besaß der Ndolle-Zauberer nicht.

Weil nun alle Bemühungen nichts halfen, griffen die Dorfbewohner zur Selbsthilfe. Sie versuchten, die Frau zum Erbrechen zu bringen, so wie es bei einer Vergiftung üblich war. Sie kochten Menschenkot in Wasser und gaben ihr die Kraftbrühe zu trinken. Vergeblich.

Schließlich ließ ihr Mann verlauten, *»sie nimmt keinen Taro mehr zu sich«*. Dies war die Umschreibung dafür, daß die Frau stirbt. Jetzt redete er, zusammen mit den beiden Töchtern, noch schnell auf die Sterbende ein und machte ihr in letzter Minute alle möglichen Versprechungen, damit ihr Geist nach ihrem Tod auch die vielen Wünsche der Hinterbliebenen erfülle – Wünsche nach einem Hut, einem Sonnenschirm, einer weißen Hose und vielen bunten Glasperlen.

Sie konnte nichts mehr versprechen. Sie starb. Oder wie es Karl Vieweg in Pidgin-Englisch berichtet wurde: *»He die finish.«*

Nun beginnt im Dorf ein großes Wehklagen. Der unglückliche Ehemann gebärdet sich wie wahnsinnig vor Schmerz, wirft sich neben die Leiche und faßt laut weinend nach der Hand der Verstorbenen. Die Frauen beginnen ein gellendes Wehgeschrei. Herzzerreißend das Schluchzen der alten Mutter, das Kreischen einer Tante. Eine rauft sich büschelweise die Haare aus, eine andere füllt sich den Mund mit Erde und Unrat.

Die Trommel dröhnt und verkündet die traurige Nachricht und ruft auch die letzten Verwandten und Freunde aus den nächsten Dörfern. Die Kinder heulen, alles heult. Ein einziges Gejammer und Wehklagen. Die Verstorbene wird angerufen, ihr Hinscheiden bedauert, und ihre Eigenschaften werden in allen Tonarten lobend besungen.

Die armen Hinterbliebenen.

Doch nicht alles, was glänzt, ist Gold. Die meisten dieser Trauerausbrüche sind geheuchelt. Sie werden nach dem Tod in Szene gesetzt, aus Furcht vor dem Geist der Verstorbenen, der noch in der Nähe der Toten umherschleicht und jedes Wort, das gesprochen wird, mithört und sich genau merkt. Er muß zufriedengestellt werden und soll erkennen, daß keiner der Anwesenden am Tod der Frau schuld ist. Wer nicht ausreichend klagt, macht sich verdächtig!

So werden fleißig weiter Krokodilstränen vergossen, und wer es am ärgsten treibt, weiß auch, daß er beim Verteilen der wenigen Habseligkeiten der Verstorbenen und des vorhandenen Muschelgeldes gut abschneiden wird, denn der Witwer belohnt den vor allem, der den Geist der Toten am besten besänftigen kann. So heult alles, ist untröstlich und wartet mit Ungeduld auf die Verteilung. Bei einem Reichen sind Schmerz und Trauer natürlich größer. Im Weinen Ungeübte verziehen mühsam das Gesicht, bringen aber keine Träne zustande.

Bald können sie nicht mehr länger heulen und das Gesicht entstellen. So wird eine Pause eingelegt und sich zusammengesetzt. Es wird geraucht und Betel gekaut.

Ein Alter im Hintergrund, der keine Zähne mehr hat, würde auch gern mal wieder Betel kauen, aber ohne Zähne kann er die harten Nüsse nicht zerkleinern und zu dem geliebten Betelkloß verarbeiten. Sein Nebenmann hat Mitleid mit ihm, spuckt seinen eigenen Betelbrei in die hohle Hand und reicht das Gemansche dem Nachbarn. Der greift freudig zu und mümmelt daran weiter.

Die Verwandtschaft aus den Dörfern trifft nach und nach noch am selben Tag ein. Jedes Mal, wenn ein Grüppchen auftaucht, beginnt auf den Wink einer älteren Tante der Klagechor mit neuem Eifer, unterstützt von den Ankommenden, vor dem Dorf schon, am Dorfeingang stärker und lautstark bei der Leiche selbst. Jeder ist äußerlich von Trauer und innerlich von Freude erfüllt: Denn nach der Muschelgeldverteilung steht noch ein Festessen in Aussicht!

Auch Mumpitz, einer von Karl Viewegs Arbeitern, ist unter den soeben Eingetroffenen. Er ist in Ndolle zu Hause und hat sich deshalb für heute einen Tag Urlaub genommen. Er ist im Dorf ein angesehener Mann, weil er von den Weißen schon öfter als Dolmetscher herangezogen worden ist. Sein größter Tag war vor vier Jahren, als er nach dem Mordanschlag auf Pieter Hanson die Polizeitruppe bei der Verfolgung der Mörder der vielen Getöteten begleitet hatte. Er heißt eigentlich nicht Mumpitz, sondern Onesom. Aber nachdem er vor Jahren einmal bei seinem Master gewaltigen Unsinn gemacht hatte, war dieses Wort hängen geblieben. Auf diesen neuen Namen legt er besonderen Wert.

Jetzt sind so gut wie alle da, die erwartet werden. Keiner darf fehlen, sonst könnte auf ihn der böse Verdacht fallen, daß er die Tote verzaubert habe! Das vermeidet jeder geflissentlich und heult und stöhnt so gut er kann. Einer ihrer Brüder nimmt sich ein Beil und hackt eine Palme um. Sie hat der Toten gehört und soll nun deren Geist beschwichtigen, der natürlich mächtig erzürnt ist, weil er seinen Körper verloren hat. Jeder Mensch lebt im Jenseits mit all seinen Eigenschaften und seinem Besitz als Geist weiter, muß also auch seine Palme oder Palmen bei sich haben. Keiner der Dorfbewohner hackt gern eine Palme um, von der er selbst viele Nüsse ernten könnte – doch er fürchtet den Geist, der ohne seine Palme unzufrieden wäre und Unheil über das Dorf bringen könnte.

Die einzigen, die wirklich trauern, sind der Ehemann und die Kinder, denn sie müssen das meiste des sorgsam gehüteten Muschelgeldes an die Trauergemeinde verteilen. Muschelgeld, das nicht verteilt worden ist, kann auch nicht die Seele der Verstorbenen ins Jenseits begleiten. Dort aber, am Eingangstor, wird ihr knallhart die Frage gestellt 'Wieviel Muschelgeld hast du mitgebracht?', und wer dann eine unbefriedigende Antwort gibt, für den wird das Totenreich kein Vergnügungsort. Er wird kein 'vule', kein großer Geist, werden. Ihm wird ein niederer Platz zugewiesen, er wird ein Geist zweiter Güte, nur ein 'tabudari'. Das ist weniger schön.

Und wer überhaupt kein Muschelgeld vorweisen kann, der wird gar nicht erst hereingelassen. Er muß umkehren und wird ein Geist dritter Güte, ein 'hanitu' (vergleichbar den Tabaran-Geistern auf der Gazelle-Halbinsel). Er muß sein jämmerliches Dasein im Wald in der Nähe seines Dorfes fristen. Man hört diese armen Geister des Nachts, wenn es stürmt, wie sie ächzen und stöhnen.

Die Trauernden unterhalten sich jetzt und tauschen Neuigkeiten untereinander aus. Jemand hat in der vergangenen Nacht einen Hund ganz eigenartig heulen gehört – ein sicheres Zeichen, daß der Geist der Verstorbenen noch in der Nähe ist, der Hund hat ihn erblickt! Ein anderer bestätigt, er habe es im Gebüsch vorhin rascheln gehört, ein Blatt, ein Zweig habe sich bewegt.

Zwei Frauen hocken ständig bei der Leiche und jagen mit Palmwedeln die Schmeißfliegen weg, die nichts anderes als Hanitu-Geister sind, die sich der Leiche bemächtigen wollen. Erst wenn auch die letzten Verwandten und Freunde eingetroffen sind und ihr Beileidsprogramm abgeheult haben, sind sie alle vor der Rache des Geistes sicher, der sonst alles mögliche anrichten kann. Trifft jemand erst nach der Beerdigung ein, so macht er der Familie erwartungsgemäß sofort heftige Vorwürfe, weshalb denn die Tote schon begraben sei. Er weist damit für jeden laut und deutlich vernehmbar den Verdacht von sich, am Tod der Frau schuldig zu sein; denn das weiß jeder: Der Geist der toten Frau sitzt immer noch hier irgendwo im Gebüsch versteckt und registriert jedes Wort!

Doch wehe, wenn ein älterer Mensch im Dorf todkrank ist und noch nicht sterben kann. Dann kommt es vor – so wie beim alten Samotte im vergangenen Monat –, daß der Kranke mitansehen muß, wie sein Muschelgeld und andere Habseligkeiten vor der Hütte zur Verteilung bereit gelegt werden, daß Freunde und Verwandte, die von seinem nahen Ende gehört haben, herbeikommen und schließlich mit Ungeduld auf seinen Tod warten. Sie wollen am Abend wieder nach Hause.

Die Sonne sinkt.

Das Festessen ist fertig. Es wird Zeit!

Doch der Alte will und will nicht sterben. Er röchelt zwar, ist auch zeitweise nicht mehr bei Bewußtsein, stirbt aber nicht. Die Anwesenden sind hungrig – sollen sie noch länger warten?! Da helfen die Leidtragenden ein wenig nach. Einer hält dem Alten die Füße fest, ein zweiter faßt den Kopf, plötzlich eine kurze, scharfe Bewegung – und schon ist alles vorüber.

Es ist dies nichts Ungewöhnliches und wird von niemandem als Mord angesehen. Auch an der Nakanai-Küste (56) und an der Blanche-Bucht verfährt man so (28): *»Sie ziehen ihn an den Beinen in die Höhe, schütteln ihn ein paarmal kräftig oder halten ihm die Kehle zu, bis er erstickt ist.«* Manchmal legen sie dem Todkranken auch eine Bambusstange quer über den Hals und stellen sich auf die Enden, bis der Arme erstickt ist. – Die Baining im Hinterland sind da etwas milder: Sie legen die sterbende Person derart neben das bereits geschaufelte Grab, daß die Beine in der Grube baumeln, den Körper bedecken sie mit Laub, und ein Verwandter wacht daneben, bis das erlösende Ende da ist.

Auf den Witu-Inseln kommt es gar nicht so selten vor, daß ein alter oder kranker Mensch zu langsam stirbt. Dann wird entweder so verfahren, wie oben angegeben mit dem alten Samotte. Oder er wird einfach in seine Palmblattmatte eingerollt und das noch lebende Paket zugeschnürt, zunächst zur Seite gelegt und nachher begraben. Der Sterbende ist zwar noch nicht ganz tot, er ist aber, wie es in der Witu-Sprache schlicht heißt, 'ti mati' – tot genug, um begraben zu werden.

So kann doch noch vor Sonnenuntergang das Festessen stattfinden.

Das Beerdigen eines Sterbenden ist auch des Rätsels Lösung, weshalb die Insulaner auffallend häufig mit Bestimmtheit vorhersagen können, daß der und der Schwerkranke zum Beispiel noch vor dem Abend sterben wird.

Es dürfte interessant sein, in diesem Zusammenhang auch auf den Brauch der Witwenerdrosselung einzugehen. Witwenerdrosselungen wurden zu Karl Viewegs Zeit auf den Witu-Inseln nicht mehr öffentlich bekannt, weil sie von der deutschen Behörde streng verboten waren und niemand mehr zu den Europäern darüber sprach. An der gegenüberliegenden Küste von Neupommern, bei dem Kombe-Stamm, wo kein Europäer störte, richtete sich keiner nach dem Verbot. Die Sitte war dort weit verbreitet. Auch auf dem Festland Neuguinea wurde sie praktiziert.

Die Witwe ließ sich erdrosseln, wenn ihr Ehemann gestorben war. Das geschah allerdings nur auf ihren eigenen Wunsch hin. Die Verwandtschaft war daran nicht im geringsten interessiert, denn das Dorf verlor dadurch eine wertvolle Arbeitskraft. Man erfüllte der Frau den Wunsch aus Angst vor dem Geist des Toten, der dem Dorf sonst Schaden zufügen könnte.

Die Witwe ließ sich nach ihrem Entschluß rasieren und legte allen Schmuck an, den sie besaß. Jetzt wurde ihr ein Baststreifen um den Hals gelegt und von den Männern gehalten, die etwas höher auf der Hüttenveranda standen. *»Dann fassen einige Leute den Körper und ziehen kräftig nach unten. Ein Ruck – und die tote Frau wird neben die Leiche ihres Mannes gelegt«* (41).

Witwenerdrosselungen kamen bei guten Ehen vor, bei denen der Mann nicht nur für sich, sondern auch für seine Frau gut sorgte. Nicht aus Liebe zu ihm ließ sie sich erdrosseln, sondern weil sie es weiterhin gut haben wollte. Denn sie war sicher, daß ihr Mann im Jenseits weiterhin auf die Jagd gehen und ihr reichlich abgeben wird. Im Totenreich, das weiß jeder, ist alles wie im Leben zuvor: Es gibt Taro, Schweine, man kann jagen, fischen, Dörfer überfallen und vieles Schöne mehr, nur mit dem Unterschied, daß alles eben noch viel großartiger ist.

Nun wird die Leiche oder der Beinahe-Tote begraben.

Die Bestattungsgebräuche in Neuguinea und im Bismarck-Archipel waren sehr verschieden. Von den Witu-Inseln sind folgende drei Methoden bekannt:

- Am verbreitetsten war ein flaches, nur 0,5 bis 1,0 m tiefes Grab, das meist neben der Hütte angelegt wurde.
- Bei anderen Toten, das scheinen die Wohlhabenderen gewesen zu sein, wurde ein Schacht mit einer seitlich angebrachten Nische gegraben. In diese wurde der Tote geschoben, so daß er für einen Zauberer oder einen Feind, der versuchen könnte, ihm durch den Erdboden hindurch mit einem Speer einen Fleischfetzen zu entreißen, schwer zu erreichen war. Über dem Grab wurde eine Primitivhütte errichtet, und Nahrungsmittel wurden auf das Grab gelegt, meist geröstete Taro-Knollen, um den noch umherirrenden Geist zufriedenzustellen. Da der Geist nur die Seele des Taro zu sich nahm, war es völlig normal, wenn am nächsten Morgen die Knollen noch unberührt dalagen. Der Trauernde hatte seine Schuldigkeit getan und konnte nun die seelenlosen Speisen mit gutem Appetit selbst essen.
- In einem der Dörfer auf Garowe versenkten die Bewohner ihre Toten früher in einem Wasserstrudel an der Küste, weil für sie das Totenreich im Wasser lag; denn die Sternschnuppen – sie waren nichts anderes als die Seelen der Toten – tauchten schließlich

auch ins Wasser ein. Der tote Ahn im Meer konnte zu gegebener Zeit hilfreich sein und die Wogen glätten, wenn ein Kanu im Sturm zu kentern drohte. – Die Bestattung im Meer war vor der Jahrhundertwende noch weiter verbreitet, auch auf Insel Mundua üblich.

Auf dem Festland Neuguinea wurden bei einigen Stämmen die Knochen nach mehreren Wochen wieder ausgegraben, die Schädel aufbewahrt, eventuell modelliert oder einzelne Knochen für Zauberzwecke zurückbehalten.

In Arup bei Sissanu, nördlich des Sepik-Flusses, wurde ein angesehener Toter oder auch das eigene Kind in Matten gewickelt und unter der Decke der eigenen Hütte aufgehängt. Ein glimmendes Feuer unter ihm am Boden ließ den bestialischen Gestank nach oben abziehen. Durch ein Bambusrohr floß das Leichenwasser ab. Die Angehörigen fingen es auf, mischten es mit Sagobrei und aßen es, weil es ihnen die Kraft und die Geschicklichkeit des Verstorbenen gab (41).

Auch die Nakanai-Leute auf Neupommern fingen das Leichenwasser auf, nachdem sie vorher die Leiche wie üblich auf einem Gerüst zur Verwesung aufbewahrt und an verschiedenen Körperstellen Einschnitte gemacht hatten (11). Nicht viel anders bei den Baining: Unter der Bahre des Toten wurden Taro-Knollen aufgehäuft, so daß sie sich mit dem herabtropfenden Leichenwasser vollsaugen konnten. Dann gab es für alle eine wohlschmeckende Taromahlzeit. – Und in dem Dorf Belik auf Neumecklenburg wurde ein beerdigter Leichnam nach Tagen, wenn die Verwesung genügend weit fortgeschritten war, wieder herausgeholt und das Leichenwasser getrunken (28).

Gangos Mutter ist nun endlich begraben, und alle lachen und scherzen wieder. Die 'Leidtragenden' sind für ihr Kommen außer mit Muschelgeld noch reichlich mit Feldfrüchten belohnt worden und ziehen zufrieden nach Hause.

Etwa einen Monat lang wird ein naher Verwandter, der Ehemann oder der Bruder, auf dem Grab schlafen, um des Nachts die Wildschweine von der Leiche fernzuhalten. Er kann auch statt dessen ein kleines Feuer auf dem Grab unterhalten.

Die nächsten Angehörigen müssen nun eine Trauerzeit von mehreren Monaten oder gar einem Jahr einhalten, bis alles wieder normal verläuft. In dieser Zeit müssen bestimmte Gelübde erfüllt, dürfen bestimmte Dinge nicht gegessen werden.

Die Länge der Trauerzeit hängt mit davon ab, wieviel Schweine die oder der Verstorbene besessen hat. Waren es viele, so läßt sich eines davon natürlich leicht für ein Totenfest am Ende der Trauerzeit abzweigen; dann ist die Trauerzeit auch nur kurz. War der Tote aber arm wie Gangos Mutter und besaß er nur wenige Schweine, die auch alle schon für bestimmte Festlichkeiten reserviert waren, so müssen seine Angehörigen erst ein neues Schwein aufziehen, und die Trauerzeit dauert entsprechend länger.

Einige Wochen nach der Beerdigung wird der Schädel wieder ausgegraben, manchmal auch nur der Oberkiefer, und nach ein paar Monaten oder auch erst nach einem Jahr wird er endgültig begraben.

Ist der Verstorbene ein Big-Fellow-Man gewesen, also ein Häuptling, so dauert die Trauerzeit auf den Inseln Garowe und Mundua vier, fünf oder sogar sechs Jahre. Das abschließende Totenfest mit vielen Taro-, Yam-, Bananen- und Schweinefleisch-Schmausereien zieht sich dann ein wenig länger hin als nur ein oder zwei Tage – es wird bis zu zwei Monaten gefeiert!

Der Beginn dieses Festes – Karl Vieweg gebraucht das Witu-Wort 'barakoa' (Fest) – wird vom neuen Big-Fellow-Man nicht allein, sondern in Absprache mit den Dorfoberhäuptern der benachbarten Siedlungen festgelegt. Der bekannte Handelsfreund hat das vorbereitende Gespräch vermittelt. Die im Männerhaus des Gastgebers zusammengekommene Runde – Speer und Keule muß jeder aus gutem Grund zu Hause lassen – bestimmt zunächst den Termin eines kleinen Vorfestes, eines 'Pilotprogramms', würde man heute sagen. Die Garowe-Leute selbst nennen das Vorfest ein 'lima' (lima = die Hand; die Hand hat fünf Finger, das Vorfest dauert also fünf Tage).

Da der Ablauf des Vorfestes erwartungsgemäß ihren Vorstellungen noch nicht so richtig entspricht, folgt ein zweites Vorfest, ein drittes sogleich hinterher, vielleicht ein viertes, damit alles wirklich stimmt, und zu guter Letzt folgt auch noch die Generalprobe. Dann, nach Wochen, ist jeder so richtig in Schwung, die Frauen haben reichlich Essensvorräte zusammengeschleppt, es kann losgehen.

Das Tanzen, Trommeln und Essen beginnt erneut, riesige Mengen werden vertilgt – man ist ja eingeladen. Alles läuft jetzt unter der Überschrift des 'barakoa', des Hauptfestes, unterscheidet sich sonst aber kaum von den Vorfesten.

Die Männer zeigen besonders gern den 'bulu'-Tanz und den 'assia'-Tanz. Es sind gewissermaßen ihre Höhepunkte. Andere Männertänze – so Karl Viewegs Tagebuch – heißen *»'sia', 'hulu', 'leleki', 'ngaroo' und 'kakaparaha'.«* Es gibt reichlich Auswahl. Jeder Tanz hat seine besonderen Eigenarten.

Wenn die Frauen an der Reihe sind, führen sie den 'mahu'-Tanz vor. Ein einziger Tanz für die Frauen, das reicht, schließlich ist Tanzen ein Privileg der Männer! Dafür dürfen die Frauen das Essen vorbereiten, erhalten aber nur die Reste, die von den Herren eventuell übrig gelassen werden. Irgendwelche kleinen Überreste, abgeknabberte Knochen oder Krümel, werden sorgfältig beseitigt und so, daß der da drüben vom Nachbardorf nicht sieht, wohin er es getan hat, sonst könnte der bekannte Schurke die Reste wieder ausscharren und den anderen später, nach Abschluß der Festlichkeiten, mit einem Zauber belegen. Da muß jeder auf der Hut sein!

Die Angst, verzaubert zu werden, steckt in jedem. In diesem Zusammenhang stellt sich auch nach der Beerdigung eines jeden Toten, genauso wie schon bei Gangos Mutter, immer wieder die Frage, wer hat die verstorbene Person verzaubert, wer war an ihrem Tod schuld? Der Tod muß unbedingt gerächt werden. Nur ein alter Mensch stirbt von selbst. Von den Verwandten und Freunden war es keiner, sie waren vollständig versammelt gewesen und hatten auch mächtig Anteilnahme bewiesen. So versucht der Zauberer nochmals, den Mörder ausfindig zu machen.

Dafür gibt es die verschiedensten Methoden. Im Prinzip ist es so, daß er die Namen der Zauberer aus den Nachbardörfern, oder wenn diese nicht bekannt sind, zumindest die Dörfer selbst aufzählt.

Zur gleichen Zeit wird mit einem bestimmten Holz ein glimmendes Feuer entfacht. Der, bei dessen Namen nun die Flamme auflodert, ist der Gesuchte. Die Seele des Toten hat auf den Mörder hingewiesen. Daß der Betreffende von der ihm zur Last gelegten Tat nicht die geringste Ahnung hat, ändert nichts an der Sache. Die Seele selbst hat es gesagt. – Es sind die gleichen Methoden, die in Deutschland noch im 17. Jahrhundert angewandt wurden.

Wer im Nachbardorf im Ruf eines Zauberers steht, dem werden rasch alle möglichen Todesfälle zur Last gelegt. Aus diesem Grund schwebt ein Zauberer ständig in Lebensgefahr. Das weiß er auch und wechselt daher häufig sein Nachtquartier. Bekommt er von einem Mordanschlag rechtzeitig durch einen seiner heimlichen Mittelsmänner Kunde, so gelingt es ihm oft, die anderen durch ein Geschenk – einen Eberzahn, eine Hundezahnkette – zu besänftigen, es sei denn, jene stehen im Sold noch anderer, einflußreicherer Personen, die noch mehr zahlen und den Zauberer unbedingt beseitigt haben wollen. Hört er davon, so verschwindet er und baut sich eine versteckte Hütte tief im Wald und wohnt dort, bis sich alles wieder beruhigt hat. Früher oder später ereilt ihn aber doch einmal sein Schicksal.

Rinder- und Schweinehaltung

Erfreulich war, daß es auf Garowe sogar Milch und Frischfleisch gab. Die Verwaltung der Compagnie hatte schon vor längerer Zeit eine kleine Rinderherde angeschafft, einmal als Testherde, um festzustellen, ob sich die Rinder unter diesen Bedingungen überhaupt hielten, und zum anderen natürlich, um die Europäer mit Milch und Fleisch zu versorgen.

Die Insulaner hatten noch nie eine Kuh gesehen und waren genauso erschrocken wie damals, als die ersten Pferde ('die großen Hunde') ausgeladen worden waren.

Tagsüber wurde die Herde von dem Viehwächter Habrang betreut. Die Tiere weideten zwischen den Kokospalmen, damit sie gleichzeitig auch das mühselige Unkrauthacken verminderten. Voraussetzung allerdings war, daß die Herde dicht beieinander blieb und die Beweidung systematisch durchgeführt wurde. Doch Habrang wußte Bescheid. Nur wenn jene Palmenanpflanzung an der Reihe war, die in verführerischer Nähe der Feldfrüchte lag, waren die Tiere nicht mehr zu halten. Sie wußten genau, daß es nebenan viel, viel besser schmeckte. Dann kamen zwei Mann zu Hilfe, Mandabara und Ragum, zwei zuverlässige Leute.

Über Nacht war die Herde in einem Bambusstall, nicht der gefährlichen Raubtiere wegen, die es nur in den atemberaubenden Erlebnisberichten einiger Reisender gibt, sondern um Mist für die Saatbeete zu produzieren und um die Kühe morgens und abends melken zu können.

Heute wurde der Bulle geschlachtet. Er hatte offensichtlich keine Lust mehr. Vielleicht war es ihm zu heiß gewesen. Ein neuer war bereits auf dem Weg hierher.

Glücklicherweise war die Inselgruppe frei von den in Afrika so verbreiteten Zecken, die verschiedene Krankheiten übertragen können. Auf dem Festland Neuguinea kamen die Zecken zwar an einigen Stellen vor, waren jedoch nicht mit Krankheitserregern infiziert. Lediglich bei Finschhafen gab es das durch einen Viehtransport eingeschleppte Texasfieber. Die Gefahr einer Verbreitung war natürlich gegeben.

Die Schweinehaltung hatte sich wie schon auf der Gazelle-Halbinsel gut bewährt. Allerdings wußten die Europäer in Neuguinea von vornherein, daß Schwierigkeiten mit den Schweinen kaum zu erwarten waren, denn die grauschwarzen Vierbeiner waren schon lange vor ihnen hier zu Hause gewesen. Wahrscheinlich waren sie vor Zeiten vom malaiischen Archipel eingeführt worden.

Auf der Pflanzung Meto war der Schweinebestand nicht groß. Vier Säue und ein Eber stellten den Grundstock dieses Betriebszweiges dar. Im September 1908 waren es dann acht Säue und zwei Eber.

Schweinemeister vom Amt war Uligeo. Er hatte bemerkenswerte Ohren und wunderschöne Zähne. Sie (die Zähne) waren schwarz wie die Nacht – nicht durch Zahnfäule, sondern für die Schönheit so gefärbt. Wie alles in der Welt, so hatte auch das seinen Preis:

Uligeo vermischte zunächst eine dafür geeignete Erde mit einem bestimmten Pflanzensaft zu einem schwarzen Brei und trug diese Schönheitscreme auf einen Streifen Bananenblatt auf, den er gegen die Zähne legte. Da das Farbpflaster einige Tage einwirken mußte, durfte der Patient in dieser Zeit seinen Mund nicht öffnen, d.h. er durfte weder essen noch schwatzen. Letzteres fiel besonders schwer. Die notwendige Flüssigkeit nahm er durch einen Grashalm oder einen Papaya-Stiel auf. – Als Uligeo nach geraumer Zeit seinen Mund wieder öffnete, sah die Damenwelt bewundernd zu ihm auf.

Im Stall nebenan liefen einige Ferkel herum, deren Zahl naturgemäß durch Fortpflanzungs- und Käuferfreudigkeit bedingt war. Als praktischer Futtertrog dienten die großen Halbschalen der Tridacna-Muschel. Ein drei Monate altes Schwein, das gerade an den Chinesen Lam Ah Ken in Witu verkauft worden war, kostete den Betreffenden 25,– RM.[19]

Bei den oft so geheimnisvollen Riten der Insulaner spielt das Schwein damals wie heute eine wichtige Rolle. Es ist der verlockende Mittelpunkt (sprich: Braten), um den sich alles drängelt, bei Geburt, Initiation, Brautkauf, Beschwichtigung der Geister, Tod oder anderen wichtigen Begebenheiten. Gleichzeitig ist es auch ein Prestige-Objekt, denn je mehr Schweine jemand besitzt, desto größer sein Ansehen. Es ist auch, das sollte man nicht übersehen, ein mythologisch bedeutendes Tier, ein unabdingbarer Bestandteil im zeremoniellen Austausch zwischen Verwandtengruppen, Sippen, Dörfern. Es ist das Bindemittel, das die sozialen Beziehungen einigermaßen aufrecht hält dank der Grundregel, daß ein Schwein zum Schlachten möglichst immer von einer anderen Gruppe gekauft werden soll.

Aber von einer richtigen Schweinehaltung in unserem Sinn konnte bei den Melanesiern nicht die Rede sein. Die Tiere waren sich mehr oder weniger selbst überlassen. Manche Dorfschaften hatten ihre Felder zum Schutz gegen die Dorf- und Wildschweine eingezäunt. Andere, bei denen die Gefahr durch Wildschweine geringer war, zäunten nur das Dorf ein, so daß die Schweine nicht hinaus konnten. Da die Tiere in der Regel nicht gefüttert wurden, sahen sie jammervoll dünn aus.

Nicht nur mit dem Futter war es schlecht bestellt, auch mit dem Trinkwasser, dessen Bereitstellung meist dem Zufall und dem Regen überlassen blieb. Kaum jemand, der sich darum kümmerte. Entsprechend litten die Tiere und konnten sich nur mangelhaft entwickeln. Völlig im Gegensatz dazu war das Verhalten vieler Frauen zu den kleinen Ferkelchen. Es ist kaum zu glauben, aber denen gaben sie sogar die Brust oder kauten ihnen wie den eigenen Babys das Essen vor!

Dagegen galt für das ausgewachsene Schwein: Erst wenn ein Festschmaus

---

19 Das war relativ gesehen erheblich teurer als ein gleichaltriges Schwein heute in der Bundesrepublik Deutschland.

anstand, wurde das ausgewählte Tier einigermaßen gefüttert. Sonst aber suchte das arme Borstentier überall nach dem wenigen Futter, fand hier eine Bananenschale, dort ein Stück Wurzel und stocherte mit seiner langen Schnauze im Boden herum, wo vor ihm schon viele andere gestochert hatten. Wühlte es etwa auch in den Taro-Anpflanzungen herum, dann wurde ihm einfach der Rüssel aufgeschnitten, so daß das Tier wegen der Schmerzen nicht mehr wühlen konnte!

Die einzig frohe Stunde der Dorfschweine schien die Morgenstunde zu sein, wenn die Schwarzen zum Strand hinuntergingen und ihre Notdurft verrichteten. Dann lockte der wohlige Duft die hungrigen Schweine an, und sie verschlangen all die Leckerbissen – die einzige warme Mahlzeit am Tage ...

Um solche Schweinereien bei der Neuguinea Compagnie auszuschließen, hatte Schweinemeister Uligeo strikte Anweisung, die Tiere im Bambusstall zu halten. Dort waren sie auch.

Doch nicht immer. Dann und wann fanden sie eine schwache Stelle im Gestänge, schoben sich wie ein Keil hindurch und waren in Wald und Feld verschwunden. Uligeo mußte dann schleunigst seine ihm Anvertrauten suchen und auch finden, da sonst wegen Schlamperei wieder eine Tracht Prügel fällig sein könnte. Bereits am 16. Juli hatte er wegen *»Ungehorsam 10 Stockhiebe«* eingestrichen.

Manchmal kam der erfolgreiche Freiheitsdrang einer solchen Schweinedame erst nach vier Monaten ans Tageslicht, wenn ihre Kinderchen offenbarten, daß der stolze Vater ein Wildeber war, der die Gunst der Stunde genutzt hatte, während die Bemühungen des Hausherrn dann natürlich fruchtlos blieben.

Einmal hatte Uligeo das Ausbüchsen einer Sau zu spät bemerkt und sie vergeblich im Wald gesucht. Karl Vieweg:

> *»Eingeborene melden morgens, daß ein der Neuguinea Compagnie gehöriges Schwein tot ... am Strande liegt. Okularinspektion. Hochträchtig. Hat sich vermutlich vor dem Gebären baden wollen und ist ersoffen. Stinkt schon etwas. Begraben lassen.«*

Wie Uligeo die Angelegenheit überstand, steht nicht geschrieben.

Am nächsten Morgen wurde Karl Vieweg gemeldet, daß das Schwein über Nacht wieder ausgegraben sei und Teile davon fehlten. Wer Leichenwasser verträgt, der verträgt auch derartige Kost, sagte sich Karl Vieweg, ließ aber das Loch und Schwein wieder zuschütten.

Niemand war in den nächsten Tagen krank oder starb.

Im neuen Haus – Pieter Hanson zu Besuch

Karl Vieweg ist umgezogen. Herr Dahne – Verwalter der Plantage Meto – bekam ein neues Haus zugewiesen, und Karl Vieweg zog vom Wohnhaus Meto in das jetzt freigewordene Haus am Appellplatz, von dem aus er einen wunderbaren Blick auf den Traumhafen hatte. Der neue Wohnsitz war geräumiger und durch die Meeresnähe vor allem luftiger – in dem schwülen Klima von großem Vorteil. Jeder von den 15 Leuten, die seine Sachen zum Haus hinuntergetragen hatten, erhielt wahlweise eine Porzellanpfeife oder zwei Stangen Tabak. Immerhin war der Umzugstag ein Sonntag und damit arbeitsfrei. Die beiden Stangen entsprachen etwa 21 Pf = einem Tageslohn oder 12 kg Taro oder 8 Eiern oder 4 Essensrationen. Also eine reichliche Entlohnung.

Bei dieser Gelegenheit baute sich Karl Vieweg aus ein paar Planken – ein kostbares Gut – ein neues Bettgestell. Das klapprige alte hatte den Umzug nicht mehr überstanden. Ebenfalls nicht heil geblieben war an diesem Wochenende eine japanische Vase und ein Glas Bittersalz, allerdings ganz unabhängig vom Umzug: Ein Huhn wollte sich im Haus einen geeigneten Nestplatz suchen. Die Jagd nach dem gackernden Schreier hatten die beiden Schmuckstücke nicht überlebt.

In den Tagen nach dem Umzug bekam er Halsschmerzen. Nicht vom Durchzug, der nur angenehm war, sondern durch den Geruch des Carbolineums, mit dem er die Akazienpfosten unter seinem neuen Haus und auch den Fußboden hatte streichen lassen. Das scharfe Mittel hielt leider nicht lange vor, das Behandeln des Holzes mußte mehrmals im Jahr wiederholt werden, sonst zogen unweigerlich Ameisen oder Termiten ein.

Ameisen waren besonders hartnäckige Burschen, die sich auch vom Carbolineum-Geruch nicht immer abhalten ließen und mit einem Mal im Haus erschienen. Deshalb standen Bett und Tisch und Schrank und Kommode mit ihren vier Beinen immer in alten Konservendosen, die mit Petroleum angefüllt waren. Das war eine bewährte Sperre, die keiner der Plagegeister überwand.

Seine kleinen Hausgenossen, die er von der alten Wohnung her kannte, die Geckos, gab es hier natürlich auch. Sie waren etwa von Eidechsengröße, hatten kugelrunde, liebe Augen und schmatzten gern und hörbar vor sich hin. Sie saßen an den Wänden oder an der Zimmerdecke und fingen die vielen kleinen Insekten weg, zu denen vor allem die Moskitos zählten. Und wenn sie einmal gar zu flink jagten, dann fielen sie auch mal – platsch – mitten auf den Tisch, an dem der Hausherr gerade beim Schein der Petroleumlampe saß und schrieb. Nie würde es deswegen jemandem einfallen, einen Gecko aus dem Zimmer zu jagen.

Das Briefeschreiben am Abend konnte schon zur Plage werden, nicht wegen der platschigen Geckos, sondern wegen der Insekten, die ständig um die Lampe sausten und schließlich auf dem mit Tinte frisch beschriebenen Blatt landeten und dann auch noch weiterkurvten! Das Licht der Petroleumlampe – im Sprachgebrauch der Insulaner *»die immer scheinende Sonne«* – war nun mal für die Insektenwelt ein besonderer Anziehungspunkt.

An manchen Abenden wimmelte es nur so um die Tischlampe. Nachtfalter, Käfer und viele andere Insekten waren da versammelt – die wunderbarsten Formen gab es zu sehen. Stets ein Festabend für die geduldig wartenden Geckos! Karl Vieweg hatte sich schon in Herbertshöhe einen flachen Kasten mit einer Glasscheibe auf der Oberseite zugelegt, in dem er die ihm am wichtigsten erscheinenden und schönsten Exemplare aufpiekste, die er an der Lampe oder tagsüber im Freien gefangen hatte. Das erste Aufgepiekste war eine über daumenbreite Blattwanze. – Besonders schöne Formen gab es unter den Schrecken: Da war die große Gruppe der Gottesanbeterinnen. Diese Räuber hielten ihre Fangarme wie zum Gebet aufgerichtet, um dann blitzschnell nach dem Beutetier zu greifen. Einige der Gottesanbeterinnen sahen aus wie ein Blatt, andere wie ein Grashalm und wieder andere wie ein Aststück. Einer dieser lebenden Grashalme, den er fing, war 20 cm lang, mit Fühlern 30 cm!

Hinter der Glasscheibe saßen außerdem zwei vorsintflutlich aussehende Stabheuschrecken, auch Gespenstschrecken genannt, vor denen man sich wirklich erschrecken konnte (s. Abb. 71). Sie waren braun, gepanzert und mit Stacheln besetzt und hatten sich zu Lebzeiten an den Blättern des Brotfruchtbaumes erfreut. Das weibliche Tier maß ohne Fühler 16 cm. Das männliche war etwas kleiner, besaß dafür aber an den hinteren Oberschenkeln einen gewaltigen Dornzapfen. Den hatte es seinem interessierten Fänger erbarmungslos in den Finger gebohrt.

(Das Institut für Entomologie in Berlin identifizierte 1909 die gesammelten Insekten und stellte *»seltene und sehr interessante Stücke«* fest.)

An vielen Abenden schrieb Karl Vieweg Briefe. Er war ein fleißiger Schreiber, und es gab kein Schiff, das nicht mehrere Postsachen von ihm mit auf die lange Reise nahm. Während der sieben Monate auf Garowe schrieb er 27 Briefe und 74 Postkarten.

Am Abend des ***17. Oktober 1908*** aber schrieb er keinen Brief. An diesem Abend besuchte ihn sein Kollege Pieter Hanson. Pieter war Leiter der Doppelplantage Bodobodo-Ilia, gut 2 km von Meto entfernt. Er war mit Korinombo, einer Polynesierin mit schönem, langem Haar, verheiratet.

Vier Kinder hatte sie ihm geschenkt. Mindestens sechs weitere hatte 'masta Pieta' von seinen acht (!) Witu-Frauen, die er teils gekauft, teils von Dörfern für tatkräftige Unterstützung bei kriegerischen Auseinandersetzungen geschenkt bekommen hatte.

Vor Jahren war er mit dem bekannten Forscher Dr. Finsch zur Erkundung der Küsten Neuguineas auf der 'Samoa' gefahren. Dann hatte er auf den Witu-Inseln das riskante Leben eines Händlers geführt, bei dem man nie wußte, wie er erzählte, ob man nicht morgen von der einen oder übermorgen von der anderen Kanakerpartei erschlagen wird. Er wollte nicht so enden wie die 14 Händler von Kambeira auf der Gazelle-Halbinsel, die im Laufe der vergangenen 15 Jahre einer nach dem anderen von ihren schwarzen Kunden erschlagen oder erstochen worden waren. Deshalb versuchte er, möglichst neutral zu bleiben, merkte aber bald, daß er sich mal mit diesem und mal mit jenem verbünden mußte, um zu überleben. Einmal hatte er die Balangori-Leute bei einem Kriegszug gegen die Lama-Leute unterstützen müssen. Dabei gelang es ihm, einen weithin bekannten Speerwerfer der Lama zu töten. Als der Kampf vorüber war, schnitt er dem toten Krieger nach alter Tradition den Arm ab und gab ihn den Balangori-Leuten, so daß sie ihn braten und die Wurfkraft in sich aufnehmen konnten.

Schon am nächsten Tag war wieder tiefster Friede zwischen den beiden Dörfern. Es wurde Betel gekaut, und Masta Pieta erhielt von den Balangori als Dank für seine Hilfe die Frau Golulu geschenkt. Damit war er allerdings nicht ganz zufrieden und stellte eine Nachforderung über zwei weitere Frauen, denn Golulu war ihm nicht jung genug. Ältere Frauen, das weiß jeder, zählen nicht viel. Junge Frauen, das weiß ebenfalls jeder, sind unersetzlich, denn zu ihren vielen Aufgaben gehört es auch heute auf den Witu-Inseln, auf die Palmen zu klettern und Kokosnüsse zum Trinken herunterzuholen. Eine solche Arbeit ist dort unter der Würde des Mannes.

Auch von den Lama-Leuten erhielt Masta Pieta ein Freundschafts- und Friedensgeschenk für seinen Harem, nämlich Maluke, die junge Witwe des am Tag zuvor von ihm getöteten Speerwerfers! Er gab sie an den Händler Rauer auf der Insel Mundua weiter, dessen Frau sie wurde (vgl. S. 178).

Die Getränke an diesem Abend kühlte Karl Vieweg in der üblichen Weise in Strohhülsen, über die ständig ein wenig Wasser tropfte. Im Hotel 'Deutscher Hof' und an anderen, einigermaßen zivilisierten Orten nahm man dafür eine 5%ige Salpeterlösung. Damit gelang es, die Flaschen um 5 bis 6 Grad herunterzukühlen.

Der heutige Abend wurde länger als gewöhnlich. Pieter Hanson, der sonst so Schweigsame, erzählte aus seinem Leben, der Alkohol hatte ihm die Zunge gelöst. Er sprach auch von den tragischen Ereignissen im November 1903: [20]

20 In Australien wird gegenwärtig ein Film über Pieter Hanson vorbereitet.

Er hatte schon fast ein Jahrzehnt an der hiesigen Bucht gelebt, die früher 'witu', 'bitu', 'betu' = Meto hieß, dann aber von jedem nur noch 'Peterhafen' genannt wurde. Da gab es im Spätsommer 1903 plötzlich Schwierigkeiten. Wahrscheinlich fühlten sich die Insulaner durch die jetzt erschienenen Landmesser der Regierung benachteiligt und trachteten allen Weißen einschließlich Pieter Hanson nach dem Leben. Der geplante Mordanschlag, der von dem Dorf Ndolle ausging, wurde zwar von Gango, dem Hausjungen von Dr. Wendland, der auf Garowe zu Hause war, verraten, doch konnte nichts Handfestes gegen die Verschwörer gefunden werden. Aber Wochen später, am 11. November 1903, schlugen sie zu. Zwei Deutsche, Reinhard und Döll, zwei Chinesen und deren zehn schwarze Arbeiter wurden ermordet. Pieter Hanson konnte sich im letzten Augenblick auf sein Pferd werfen und entkommen. In einem ihm freundlich gesinnten Dorf erhielt er ein Kanu und flüchtete damit in Richtung Westen zu der Insel Mundua.

Bei dem Überfall ebenfalls anwesend war der Händler Rauer von Mundua. Er wurde – wie schon berichtet – durch einen Speerwurf verwundet, konnte aber mit knapper Not aus dem Getümmel fliehen und mit Hilfe seiner schwarzen Frau Maluke in einem Kanu entkommen – dieser Flüchtling jetzt in Richtung Osten. Er erreichte schließlich nach einer entbehrungsreichen und riskanten Fahrt über das offene Meer das 350 km entfernte Herbertshöhe und alarmierte die deutschen Behörden.

Die Bestrafung der meisten Täter erfolgte überraschend schnell. Sie waren mitsamt ihrem schlechten Gewissen noch rechtzeitig vor dem Eintreffen der gefürchteten Polizeitruppe zu ihren Brüdern auf der Villaumez-Halbinsel geflohen. Hier wurden die Neubürger freudig willkommen geheißen und fast alle verspeist. Nur wenige entkamen, darunter die beiden Rädelsführer Gegilo aus Lambe und Baleki aus Ndolle. Beide wurden später gefaßt und öffentlich gehenkt.

Pieter Hanson war damals mit dem Leben davongekommen. Um so mehr bedrückte ihn noch heute der Tod seiner Kameraden.

Karl Vieweg und Pieter Hanson haben in jener Nacht nicht wenig getrunken. Es waren

»3 Flaschen Sekt
4 Flaschen Weißwein
2 Flaschen Bier
Kognak
Benediktiner

13 Flaschen Soda
dazu ein Schuß Angostura.«

Erst um 4.30 Uhr morgens machten sie Schluß. Da es inzwischen Sonntag geworden war, konnte jeder ausschlafen. Das tat Karl Vieweg auch bis 10.30 Uhr, aß und trank etwas und schlief weiter bis 16 Uhr. Dann ging er zur Nachlese zu Pieter Hanson hinüber.

Sturmfahrt nach Mundua

M*ontag, 23. November 1908.* Karl Viewegs Gesuch um Versetzung und Übernahme der Station Ningau auf der Insel Mundua ist genehmigt! Für heute ist der Umzug vorgesehen.

Mundua liegt nicht weit entfernt. An der engsten Stelle zwischen den beiden Inseln sind es nur 8 km, und von Peterhafen bis Ningau sind es Luftlinie 21 km, über See vielleicht 23 km. Im Juni hatte er für die Strecke vier Stunden benötigt. Das Wetter ist gut, am frühen Nachmittag wird er dort sein. Proviant für die ersten Wochen hat er heute früh noch reichlich im Warenhaus eingekauft. Baumaterial und das Gepäck sind schon auf dem Kutter 'Unea' verladen.

Alles fertig?

Zwei Frauen schleppen an einer Stange noch eine weitere Kiste zum Boot. Tamone hängt ohne viel Umstände einen Sack mit Trinknüssen dazu und geht unbeschwert hinterher.

Um 9.30 Uhr stößt der Kutter in Peterhafen ab. Der Wind ist zwar etwas flau, aber draußen, wenn sie erst aus dem Windschatten der Insel heraus sind, wird es schon besser werden. An Bord sind außer dem Masta noch zehn Mann: Die sechsköpfige Besatzung mit Kaisa, dem Kapitän, Lawisso, Topadion, Baramus, Leisbut und Magei. Ferner als Passagiere Tomeawe, Tamone, Hein Gummi, Monna-Vanna, mehrere Pickinini (Kinder) sowie sein Hund Wuppdich. Hausmädchen Nemi ist krank und kommt später nach.

Kaum sind die Segel gesetzt, bleibt der Wind völlig aus. Vier Mann greifen zu den Rudern und pullen den Kutter aus dem Hafenbecken hinaus in Richtung Nordost auf das nahe Kap Reinhard zu. Die See liegt bleiern da. Weiter draußen kräuselt sich das Wasser, dort weht ein leichter Wind aus Südost. Den gilt es zu erreichen. Das ist leichter gesagt als getan, denn eine Strömung drückt sie gleichzeitig nach Süden weg. Ab und zu gibt es ein laues Lüftchen, auch einen Windstoß, aber meist aus der verkehrten Richtung. Das ist alles.

Die Sonne steigt höher.

Nun steht die Sonne im Zenit, und noch immer rudern die Männer, um in den Wind zu kommen. Es wird Nachmittag, sie rudern immer noch, lösen sich immer wieder ab. Endlich sind sie weit genug draußen, fünfeinhalb Stunden haben sie hart gepullt! In diesen fünfeinhalb Stunden haben sie lächerliche 3 km geschafft. Jetzt aber springt der Wind hin und her. Tagebuch:

> *»Wind konträr. Umgedreht, um um die Südwestseite von Garowe zu fahren. Kurs 3/4 5 Uhr nachmittags NNO-SSW.«*

Jetzt versuchen sie also, um die Südseite der Insel herumzukommen, vorbei an Station und Kap Lama (vgl. Karte 7). – Der Wind ist günstig, sie haben keine Schwierigkeiten. Zügig geht es voran.

Sie passieren den vertrauten Johann-Albrecht-Hafen, das große Kraterbecken, um das die Insel wie ein Kragen herumgreift. Die bereits tiefliegende Sonne blendet. Nicht mehr lange, und es wird Nacht werden. Zwar würden sie Ningau auch im Dunkeln finden, aber besser ist schon bei Helligkeit, zumal auf halbem Weg die gefürchteten Witu-Riffe liegen, die in weitem Bogen umfahren werden müssen, nicht zu vergessen die Riffbarriere vor Ningau selbst, die nur wenige Durchlässe bietet.

Guten Mutes segelt die Gruppe weiter.

Da wechselt plötzlich der Wind. Er dreht auf Nord-Nord-West. Die Mannschaft springt an die Segel. Der Kutter muß jetzt gegen den Wind ankreuzen. Nun kommt er nur noch langsam vorwärts. Die Zeit vergeht.

Es wird Nacht.

Rechts muß die Küste mit der Station Balangori liegen. Nichts ist zu sehen.

Der Wind steigert sich zum Sturm.

Das Kreuzen wird immer schwieriger. Die See ist jetzt mächtig aufgewühlt, eine Welle folgt der anderen. Glücklicherweise sehen sie in der Dunkelheit die Wasserberge nicht, die sich da heranwälzen. Sie spüren sie nur, wenn der Kutter plötzlich um zwei, drei Meter gehoben wird. Jeder weiß jetzt, nach Ningau kommen wir heute nicht mehr.

Der Druck auf die Segel wird immer stärker, der Kutter liegt tief auf der Seite, die Seile sind zum Bersten gespannt. Der Druck wird einfach zu stark. Die Segel müssen gerefft werden, sonst kentert das Boot.

Ein Wendemanöver.

Da – ein Knall – – das Großsegel ist geplatzt! Bevor das Boot wieder richtig lag, hatte eine Böe es voll gepackt. Wild flattert und peitscht das Segel im Sturm, alles duckt sich unter die Bordwand, um nicht die Fetzen um die Ohren zu bekommen.

Sie haben jetzt nur noch die beiden kleinen Segel, die Fock und das

Toppsegel. Sicherheitshalber holen sie auch noch das Toppsegel ein, fahren nur noch mit der Fock.

Die Wellen sind inzwischen bedenklich hoch. Es wird kritisch. Die Kinder weinen. Keiner kann den anderen in der stockdunklen Nacht erkennen. Jeder weiß, der andere hat genauso Angst wie ich.

Besonders schlimm ist es, wenn es von einem hohen Wellenrücken in den bodenlosen Abgrund geht. Ein einziges Schreien jedes Mal. Kaisa brüllt zu den Leuten hinüber, Baramus solle versuchen, den Wind zu beruhigen, bevor sie alle ersaufen.

Es wird auch höchste Zeit. Der Sturm tost nicht weniger, wird eher noch stärker.

Baramus, der sogenannte Windbeherrscher, hockt am Boden und hält sich wie alle anderen krampfhaft fest, um nicht bei nächster Gelegenheit über Bord zu gehen. Doch Baramus weiß, was er kann. Er richtet sich vorsichtig auf, klettert und kriecht zur Reling – – jetzt spuckt er mehrmals gegen den Wind in die aufgewühlte See – hebt die Hand – – murmelt dazu den passenden Zauberspruch.

Er wartet. Hat er Erfolg – – – ?

Tatsächlich läßt der Sturm nach einiger Zeit etwas nach. Baramus hat es geschafft! Jeder atmet auf.

Heftiger Regen setzt ein. Weiterhin kreuzen und immer wieder kreuzen. Aber vorwärts geht es trotzdem nicht.

Oder doch?

Keiner weiß es so richtig.

Ständiger Regen. Einmal ist in der Entfernung schemenhaft Land zu erkennen. Mundua – ?

Nein. Sicherlich nicht. Immer noch vor der Garowe-Küste.

Es geht auf Mitternacht zu. Alles ist übermüdet und durchnäßt. Die Kinder weinen. Der Regen prasselt wie aus Eimern geschüttet.

So kann es nicht weitergehen. Es wäre besser, die Nacht an der Küste zu verbringen. Aber wo eine Stelle finden, an der man ankern kann? Überall vor der Insel zieht sich das breite Band des Riffs hin, das nur wenige und schmale Durchlässe hat, die selbst am Tage nicht gut zu erkennen sind. Wer auf das Riff geschlagen wird, ist verloren. Und weiter draußen in sicherer Entfernung findet der Anker keinen Grund mehr. Da ist es gleich 100, 200 oder 300 m tief.

Die Männer rufen sich etwas zu. Sie wissen eine Bucht bei Widsrä an der Südwestecke der Insel, nur – wo sie sich selbst gerade befinden, das weiß eigentlich niemand. – Sie kreuzen, so gut es geht.

Sie kreuzen immer wieder. Stunde um Stunde vergeht.

Sie sind plötzlich wieder in der Nähe des Riffs. Das dunkle Land dahinter läßt nicht erkennen, um welche Gegend es sich handelt. Das kann Boot und Leben kosten! Und schon wendet der Kutter wieder in die offene See.

Die Nähe des Riffs zu erkennen, scheint für den Laien sehr einfach zu sein. Schließlich müßte doch die Brandung mit der hohen Gischt zu sehen sein, selbst in dunkler Nacht. Auch dürfte das Brausen nicht zu überhören sein. So aber kann es nur ein am Strand stehender Beobachter erleben. Vom Boot aus ist nur die Rückseite der Welle zu sehen und keine Gischt. Und das Brausen geht im Heulen des Windes unter.

Wieder einmal sind sie in der Nähe des Riffs. Im Abdrehen hat ein Mann die Gegend erkannt. Sie befinden sich unmittelbar vor der gesuchten Bucht!

Das muß sofort genutzt werden!

Unter allen möglichen Vorsichtsmaßregeln, die bei diesem Wetter überhaupt möglich sind, nähert sich der Kutter jetzt der Küste und der Riffbrandung. Langsam, möglichst langsam. Alle Augen starren gebannt nach vorn in die Dunkelheit, um den Durchlaß zu erkennen, bereit, jeden Augenblick wieder abzudrehen. Ist jetzt Flut? Das wäre gut. – Jeden Augenblick kann ein Stoß gegen das Riff erfolgen ... man darf gar nicht daran denken ... das Boot würde zerschmettert ... Wasser quillt herein ... dann ist alles aus ... gar nicht daran denken.

Da ist das Riff!

Der Mann am Bug hat es erkannt. Alle halten den Atem an ... hier etwa muß die Stelle sein ... bei Tage gut zu sehen, jetzt ein riskantes Spiel – – – Haben sie das Riff hinter sich – ? Ja, sie haben es! Ein Jubeljauchzer, eher ein Jubelstöhnen aus allen Kehlen! Dann *»laufen wir gegen 1/2 4 Uhr morgens bei Regen und Dunkelheit in die Bucht von Widsrä zwischen Idenuoto und Witu. 3/4 4 Uhr Anker geworfen. Bis 3/4 6 Uhr geschlafen. Alles durchnäßt.«*

Bei Sonnenaufgang sind sie wieder auf den Beinen und versuchen, sich die Glieder warm zu machen. Keiner hat richtig geschlafen. Es waren zwei scheußliche Stunden. Die jammernden Kinder, die harten Bänke, kein richtiger Platz zum Ausstrecken, das ständig schaukelnde Boot, die Nässe, durchgefroren ...

Jeder ist froh, daß die Sonne wieder da ist. Doch die alte Kraterbucht bleibt leider im Schatten der steil ansteigenden Kraterwand.

Leisbut und Hein Gummi machen schnell ein Feuer auf dem Kutter: Hein Gummi drückt einen schmalen Hartholzstab, kaum dicker als ein Bleistift, gegen ein dickeres Holz und bewegt es schnell hin und her. Nach 30, 40 Stößen steigt Rauch auf, Leisbut schiebt trockenen Bast hinzu – trockenen Bast? Trockenes Holz? Ja, zum Teufel, wo hat er das denn her!? Dann bläst Leisbut vorsichtig, und schon züngelt das erste Flämmchen. Kaum zu glauben!

Sie hocken um das kleine Feuer herum. Seine Wärme läßt die Lebensgeister schnell wieder erwachen. Tamone übernimmt jetzt das Wichtigste, er näht das Großsegel. Topadion, Lawisso und Monna-Vanna helfen ihm dabei.

War heute nacht nicht Neumond? Ob das etwas mit dem Sturm zu tun hatte? Zu Hause in Quedlinburg sagen sie immer, daß beim Mondwechsel auch das Wetter wechselt. Ob es stimmt – er weiß es nicht. Es wird wohl Zufall sein.

Zwei Fremde, die hier in der Nähe wohnen und bei der Erledigung ihrer Morgentoilette am Strand den ankernden Segler entdecken, kommen mit einem Kanu heran. Sie entpuppen sich als zwei alte Bekannte: Gabille und Gaumi, die früher in Balangori gearbeitet haben. Sie bringen zur Begrüßung frische Kokosnüsse mit. Nun kommen auch noch andere Insulaner und klettern an Bord.

Tamone und seine Nähtruppe kommen mit der Arbeit gut voran. – Karl Vieweg kommt es nach einiger Zeit so vor, als ob sich die vielen Leute auf dem Kutter gar nicht so schnatternd unterhalten wie sonst. Fast gedämpft sogar.

Er wird aufmerksam. Was hat das auf sich?

Mehrmals sehen einige verstohlen zu ihm hinüber. Blitzartig durchzuckt ihn ein Gedanke ... er ist gar nicht so absurd ... man schiebt ihn immer leichtgläubig zur Seite ... ein Mordanschlag? ... Die vielen 'Gäste' an Bord ... er ganz allein ... aber das kann ja nicht sein ...

Das mit den vielen 'Gästen' ging schon manchem Überfall voraus, vorher sieht alles immer harmlos aus. – Er fragt mit äußerlich sicherer Stimme Tamone, was hier los sei. Tamone kniet vor ihm am Segel, blickt nicht auf (aha!), näht weiter und verweist auf Topadion. Der druckst herum, will nichts sagen.

Was ist, Topadion!?

Nun muß er es notgedrungen sagen: Sie alle hätten heute nacht erlebt, wie Baramus die Windgeister bezwungen hätte, davon seien sie alle beeindruckt. – So sagt er stotternd und blickt zu Boden.

Sollte das der Grund des Flüsterns sein?

Topadion erzählt weiter. Sie hätten erneut die Gewißheit bekommen, daß sie in Baramus' Beisein immer sicher wären. Ohne ihn wollten sie nie wieder fahren, er hätte sie alle gerettet, und deshalb wollten sie, der Masta müßte doch bei künftigen Fahrten immer den Baramus mit dabei haben.

Das also war des Pudels Kern!

Er ist sichtlich erleichtert. Er hört sich mit ernstem Gesicht die tiefschürfenden Worte an, nickt zustimmend und lobt die Fähigkeiten des erfolgreichen Himmelbeschwörers. Zu gern hätte er dessen Zauberspruch gewußt, nicht zum Ausprobieren, sondern für sein Tagebuch.

Er fragt danach. Doch der Windbeherrscher winkt ab und schüttelt bedeutsam den Kopf. Der Sturm heute Nacht, das wäre das Werk der bösen

Windgeister gewesen. Keiner dürfe den Spruch erfahren, sonst würde er unwirksam werden, und die Geister würden beim nächsten Mal noch stärker wüten. Auch keiner von den anderen im Kutter kenne den Spruch. Sein Vater hätte kurz vor seinem Tod nur ihm die Fähigkeit und den Spruch weitergegeben. Und er bekräftigt: *»Me sabe talk talk long kanu – ich weiß, wie man die Wellen beruhigt.«*

So bleibt es dabei.

Tamone hat nach zweistündiger, harter Arbeit das Segel fertig genäht. Es sieht gut aus. Trotzdem werden sie heute etwas vorsichtiger segeln müssen.

Einen ganzen Tag sind sie jetzt unterwegs. Der Regen ist vorbei, der Himmel fast wolkenlos. Der heutige Tag dürfte wohl keine Schwierigkeiten mehr bereiten. In zwei, drei Stunden sollten sie in Ningau sein. Jetzt ist allerdings der Beginn der Regenzeit. Da kann sich das Wetter schnell ändern. Dann springt der Wind häufig um, so wie gestern. Aber so wechselhaft wie gestern kann es nicht jeden Tag sein. Der schwarze Kapitän und Masta Vieweg sind sich einig, sie sollten jetzt losfahren.

Um 8.45 Uhr wird der Anker gelichtet. Der Kutter erreicht wieder die offene See. In der letzten Nacht kam der Wind aus Nord-Nord-West. Jetzt hat er gedreht und kommt aus West-Süd-West, das ist besser. Mundua mit seinen über 100 m hohen Bergen liegt zum Greifen nah. Ein paar Wolkenfetzen hängen am höchsten Gipfel.

Der Wind dreht erneut, kommt von vorn. Es muß unentwegt gekreuzt werden. Außerdem müssen sie ständig aufpassen, daß das Segel nicht noch einmal reißt. Sie können kein Risiko eingehen. So kommen sie nur langsam voran. Gegen Mittag erst passieren sie die gefährlichen Witu-Riffe. Der Wind bläst stärker, kommt auch nicht immer aus der gleichen Richtung. Es wird zeitweise diesig.

Nach einiger Zeit sichten sie Steuerbord voraus wiederum Riffe.

Was sind das für Riffe – ? ?

Es sind immer noch die Witu-Riffe, der Kutter war also ein Stück zurückgefallen. Mühsam geht es so weiter. Mundua mit seinen sieben Bergen kommt kaum näher.

Dort hat der Wachtposten auf dem Signalberg längst den Kutter entdeckt und sein 'Seelooh' zur Station ins Tal gerufen. Daraufhin laufen mehrere Männer zum Strand und beobachten den schwer arbeitenden Kutter. Der aber kommt gegen die immer heftiger werdenden Böen kaum an. Den ganzen Tag über kämpft er sich an die Insel heran, wird immer wieder zurückgeworfen. Vor Sonnenuntergang endlich hat er sein Ziel fast erreicht und befindet sich unter ständigem Kreuzen bereits kurz vor der Passage zwischen Mundua und der vorgelagerten kleinen Insel Silenge. Am nahen Mundua-Strand sehen die Bootsfahrer Menschen stehen, die die Bewegungen des Kutters verfolgen.

Nun geht es überhaupt nicht mehr weiter. Der Wind hat sich zum Sturm gesteigert. Oft liegt das Fahrzeug schwer auf der Seite. Hält das Segel? Eine bange Frage, die jeden beschäftigt. Noch hält es, aber es geht nicht mehr vorwärts. Es scheint, der Kutter treibt mehr zurück, als daß er gewinnt. – Gerade noch vor Einbruch der Dunkelheit können sie einwandfrei erkennen – sie treiben zurück!

Die Enttäuschung ist groß. So dicht vor dem Ziel waren sie schon, fast unter Land. Wer weiß, was die Nacht bringen wird, die zweite Nacht auf dem Meer.

Vielleicht hört der Sturm auch auf – ?

... Sturm! ... ein Gedanke ... ? ! – ! !

Wir haben ja Baramus an Bord! Keiner hat bisher daran gedacht. Baramus muß uns wieder helfen. Baramus, der Retter, der muß den Sturm besänftigen. Welch ein Glück, daß er an Bord ist. Er wird es tun, er muß es tun. Noch heute abend werden wir in Ningau sein und uns am Feuer wärmen, heißen Taro essen, richtig heißen Taro!

Alles blickt zu Baramus – wo ist er – – dort. Ja, er will es wieder tun, jetzt gleich. Viel Zeit ist auch nicht mehr zu verlieren, sonst reißt vielleicht das Segel erneut.

Baramus bereitet sich vor, konzentriert sich. Nun klettert er zur Reling, waltet seines Amtes. Er tut es gewichtig. Jetzt spuckt er. Alle Augen starren zu ihm hinüber – nun hebt er den Arm – wieder spuckt er – murmelt – – ? – – Keine Wirkung – – – ? Nein, bisher noch nicht.

Er wartet ab. Spuckt nach einer Weile noch ein paarmal. Sein Arm ist hochgereckt – – – –

– – – Der Sturm aber bleibt.

Nanu!

Ob ihm bei seiner Beschwörungsformel ein kleiner Versprecher unterlaufen war? Vielleicht eine Wortendung verschluckt? Den Arm nicht deutlich genug gereckt?

Er versucht es noch ein drittes Mal.

Doch es bleibt, wie es ist. Nein, der Sturm wird sogar noch ärger. Da muß ein Gegenzauber im Spiel sein, läßt er verkünden. Das leuchtet ein. Jeder akzeptiert es.

Da meldet sich Lawisso, sagt, daß auch er ein Mittel weiß, um Wind und Wellen zu besänftigen. Bei solchen Inselfahrten wie heute habe er das Mittel immer bei sich. Und schon wickelt er aus einem Basttuch, das er in seiner Palmblattasche verborgen hat, eine etwas lädierte, wohl 60 cm lange Pflanze, die Ähnlichkeit mit einer Canna hat. Er pflückt einzelne der breiten Blätter ab und fängt an, sie zu knoten, spricht dabei, murmelt, knotet Wind und Zauberworte mit hinein, knotet fest, damit sie nicht entweichen können, knotet ein weiteres Blatt darüber und noch eines. So. Nun ist es gut.

Der Wind ist gefangen.

Bei eintretender Windstille will er sein Päckchen wieder öffnen, wird wieder 'tau-taua'-Worte sprechen, so daß der Wind entweichen und erneut blasen kann.

Aber noch bläst der Sturm und bläst auch weiter und will auch trotz 'tau-taua' nicht aufhören. – Nun wissen alle, es wird eine schlimme Nacht werden. Und Karl Vieweg notiert am nächsten Morgen: *»Starke Böen treiben uns in der Nacht zurück bis in Höhe zwischen Ilia und Koprahaus Kumbao.«*

Die Nacht war wirklich schlimm gewesen. Gegen Mitternacht war neben ihnen wieder die Küste von Garowe aufgetaucht, dieses Mal die andere Seite. Das war mehr als deprimierend. Der Kutter hatte sich, so gut es ging, in ausreichender Entfernung vom gefährlichen Riff gehalten. Dunkel die Insel. Kein Lichtschein. Woher auch.

Sie hatten überlegt, ob sie am besten nach Peterhafen, ihrem Ausgangspunkt, zurückkehren und dort die zweite Nacht verbringen sollten. Hier bei Ilia im Dunkeln an Land zu gehen, war völlig ausgeschlossen. Aber auch bei Peterhafen ist es bei dem Wetter und der Dunkelheit fast unmöglich. Die Einfahrt durch das Riff ist nicht sehr breit. – So waren sie draußen auf See geblieben, hatten weiter gegen den Sturm gekreuzt, dabei aber nur ständig an Boden verloren.

Endlich hatte der Morgen gegraut, der dritte Tag auf See. Am Montag früh waren sie losgesegelt, wollten in vier oder fünf Stunden in Ningau sein. Nun war es Mittwoch. Alle dämmerten todmüde vor sich hin. Naß, durchfroren, übernächtigt, die Kinder weinten nicht mehr, einige wimmerten leise. Diese zweite Nacht war noch ärger gewesen als die erste.

5.30 Uhr morgens. Es wird hell.

Die Sonne geht gleich auf. *»Masta Piewek, other fellow wind come up!«* Masta Piewek hatte vor sich hingedämmert. Tatsächlich, der Wind hatte nachgelassen, hatte gedreht und kommt jetzt als leichte Brise aus Ost-Süd-Ost. Das muß ausgenutzt werden!

Jeder ist sofort wieder hellwach. Der Kutter befindet sich weiterhin auf der Nordseite von Garowe. Tagebuch: *»Wir segeln wieder auf Mundua los.«* Sie segeln wieder, ganz normal, ohne zu kreuzen. Kaum glaublich, fast schon ein Wunder.

Karl Vieweg fragt Lawisso, weshalb er denn vorgestern bei der Flaute, als sie über fünf Stunden rudern mußten, keinen Wind gemacht hätte?! Da hätte er der Mannschaft gut helfen können! Aber Masta, da hatte ich doch noch keinen Wind gefangen und eingeknotet, den ich hätte freilassen können! – Ach so.

Freudige Stimmung an Bord. Alle genießen die belebende Wärme der aufgehenden Sonne. Kokosnüsse zum Trinken sind glücklicherweise reichlich vorhanden. Nur mit dem Essen ist es inzwischen mager bestellt. Der mitgenommene, in Bananenblättern verpackte und gebackene Taro ist seit gestern abend aufgegessen.

Mitten in der freudigen Stimmung bleibt plötzlich der Wind weg. Es ist kurz vor 7 Uhr. Kein einziges Lüftchen regt sich mehr.

Windstille.

Was nun? Ist Mundua denn wirklich unerreichbar? Doch lieber die Windstille als die elenden Sturmfahrten.

Halt – Lawisso!!

Wo ist dein Päckchen mit dem Wind, Lawisso! Her damit. Aufmachen! Mach den Wind, Lawisso!

Erwartungsvoll sehen alle zu ihm hinüber. Lawisso ist sofort dabei, sucht sein Päckchen, hatte selbst nicht mehr daran gedacht, greift in die Palmblattasche, sucht, kann es nicht finden, sucht vergebens. Es muß heute nacht bei dem Durcheinander verloren gegangen sein. Es ist nicht mehr da. Es hilft alles nichts. Es ist nicht da.

Also Ruder ins Wasser und gepullt! Da stellt sich heraus, *»eine Ruderpinne ist nachts über Bord gegangen.«* Auch das noch! Dann muß es auch so gehen. Mit drei Rudern pullen die Männer nun mit aller Kraft. Es geht langsam aber stetig vorwärts. Halbstündig wechseln sie sich ab. Mundua kommt deutlich näher.

Um 9.45 Uhr kommt Wind auf. Ruder rein und Segel hoch! Leider kommt der Wind schräg von vorn. Aber besser so als keiner. Wieder geht das Kreuzen los. Doch es geht vorwärts. Regen setzt ein.

Stunden vergehen.

Gefährlich ist es jetzt nicht mehr, es ist nur Wind, kein Sturm. Gleichmäßig kreuzt der Kutter gegen den Nordwest an. Voraus taucht das kleine Segelboot auf, das in Ningau stationiert ist. Es kommt entgegen und will nach Peterhafen, sieht, daß der Kutter immer noch nach Ningau will und kommt längsseits. *»Tamone geht an Bord des Ningau-Bootes. Kutter und Boot fahren resp. kreuzen an der Südseite der Insel Mundua entlang.«*

Hier waren sie gestern schon einmal gewesen. Jetzt aber sind sie endgültig aus dem Gröbsten heraus. Jetzt dürfte nichts mehr schief gehen.

Als sie die Westspitze von Mundua erreichen, segelt das kleine Boot mit Tamone in dem flachen Wasser zwischen Mundua und der Insel Ngoru hindurch nach Norden, während der große Kutter weiter kreuzen muß, bis er um Ngoru herum ist. Dann ist mit einem Male alles geschafft, und mit Einbruch der Dunkelheit fällt um 18.30 Uhr vor Station Ningau der Anker!

IV. INSEL MUNDUA

Die erste Woche

Der bisherige Manager der Station Ningau, der Chinese To Ah Kun, brachte wiederholt seine Freude über Karl Viewegs Ankunft zum Ausdruck. Nun wäre er nicht mehr verantwortlich, welche Erleichterung, so beteuerte er. Arbeit und Organisation wären ihm über den Kopf gewachsen.

Der Platz, an dem sich Karl Viewegs Haus und die Station Ningau befanden, wurde von den Insulanern von alters her 'bulu' genannt (nach dem häufigen Vorkommen der riesigen Tridacna- oder Mördermuschel draußen am Riff). Über die erste Woche auf Mundua berichtet das Tagebuch:

*»**Donnerstag, 26. November 1908.** Kutter gelöscht und alle Leute losgeschickt zum Morota (Atap) holen für Meto. Ferner gehen per Kutter: 35 Sack Kopra sowie Bestellung für:*

a) Arbeiter:

54	*Lendentücher*	)	
9	*Sack Reis*	)	*Vorschuß, Deputat und*
9	*Pfd. Tabak*	)	*Verpflegung für 3 Monate*
110	*Tonpfeifen*	)	
	Geld für 3 Leute	)	
			(12.12.08 erhalt.)

b) Hu Ah Hoi auf Naraga:

2	*Päck. dunkelbl. Perlen*	*4*	*Weiberlendentücher*
10	*Fischleinen*	*2*	*Rollen Zwirn*
10	*Päck. Streichhölzer*	*1*	*tin Nadeln*
5	*Stück Seife*	*10*	*Armringe, ca. 2,5 cm breit*
2	*kg. Salz*	*1*	*Paar rotbraune Schuhe*
1	*Kst. Tabak*	*20*	*Dynamitpatronen*
2	*Sack Reis*	*1*	*Docht*
10	*Kopramesser*	*1*	*Zylinder*

Kutter abgefertigt (Ladung Atap und Kopra), soll in der Nacht zurückgehen nach Peterhafen. – Meine Sachen ausgepackt.

***Freitag, 27. November 1908.** Regen. Kutter fährt erst gegen 1/2 8 Uhr morgens. Unkraut beim Hause weggeschlagen. Wasserrinne beim Haus zum Ablaufen des Wassers und 2 kleine Zementdämme an* Veranda gegen

Wasser gemacht, Betelnußplanken holen lassen. Von Weib 12588 Sorres junge Hündin gekauft für Tomeawe (für 7 Stangen Tabak, 1 Weiberlawalawa u. 2 Schachteln Streichhölzer). 1/4 gr. Chinin genommen.

Sonnabend, 28. November 1908. *Regen. Bordbretter im Zimmer angebracht. Dem Chinesen Hu Ah Hoi 40 Stangen Tabak geliehen, da sein Tabak alle. Leute erhalten Tabak und Pfeifen.*

Sonntag, 29. November 1908. Regen. *1/4 gr. Chinin.*

Montag, 30. November 1908. *Morgens Regen. Leute von Karamatta und Kurawu kommen. 1/4 gr. Chinin.*

Dienstag, 1. Dezember 1908. *Weg zum Kakao aufgeräumt. Gegen 1/2 5 Uhr nachmittags fährt der Kutter 'Unea' auf der Südseite der Insel vorbei, wahrscheinlich nach Unea. 2/4 gr. Chinin.*

Mittwoch, 2. Dezember 1908. *Regen. Oelpalmen, Feigen, Bougainvillia etc. gepflanzt. Nachmittags zu Fuß nach Karamatta. Von hier mit Moias Kanu und Tamone und Takaile nach Rangu und Päko. Dem Chinesen 1 weißen Schlafanzug gegeben. Dafür erhalte ich frei Eier und ab und zu ein Huhn. – Briefe und Bestellung für morgen abzufangenden Kutter 'Unea' geschrieben.«*

Der 'morgen abzufangende Kutter' fuhr leider vorbei. Er passierte die Insel auf seinem Weg von Unea nach Garowe in großer Entfernung. Grundsätzlich war abgemacht, daß der Kutter nur dann eine der Inseln ansteuerte, wenn von dort ein bestimmtes Rauchsignal gegeben wurde. In diesem Fall hatte sich der Posten, wie er behauptete, auf dem 179 m hohen Signalberg 'kulu' vergeblich bemüht, ein Feuer in Gang zu bringen, was sonst dank der Geschicklichkeit der Leute auch bei Regenwetter gelang. Wahrscheinlich hatte der Mann geschlafen.

Besuch in Kore und Kurawu

Sonntag, 6. Dezember 1908. Er muß gestern abend das Moskitonetz nicht richtig zugezogen haben. Eine dicke Kakerlake war plötzlich in seinem Bett und aufgeregt hin und her gerannt, nachdem sie den Rückweg nach draußen versperrt gefunden hatte. Als das eklige Tier auch noch über sein

Gesicht rannte, konstatierte er halbwach ... ist eine Schweißbahn ... und wischte sich den 'Schweiß' aus dem Gesicht. Das Gekrabbel in der Hand machte ihn hellwach – verdammte Kakerlake, na warte! Kerze und Streichhölzer – – – ein mühseliges Unterfangen – jetzt die Kakerlake – – da war sie – nein, weg war sie – – jetzt wieder, noch ein Versuch – peng – – er warf sie nach draußen vors Netz.

Am Morgen lag das Krabbeltier vor seinem Bett auf dem Rücken und strampelte noch. Aus seinem After wand sich langsam ein mehrere Zentimeter langer, dünner parasitischer Wurm heraus. Ein ekelerregender Anblick.

Den heutigen Sonntag wollte Karl Vieweg nutzen, um mehr von der Insel kennenzulernen. Er hatte die meisten der Ansiedlungen noch nicht gesehen.

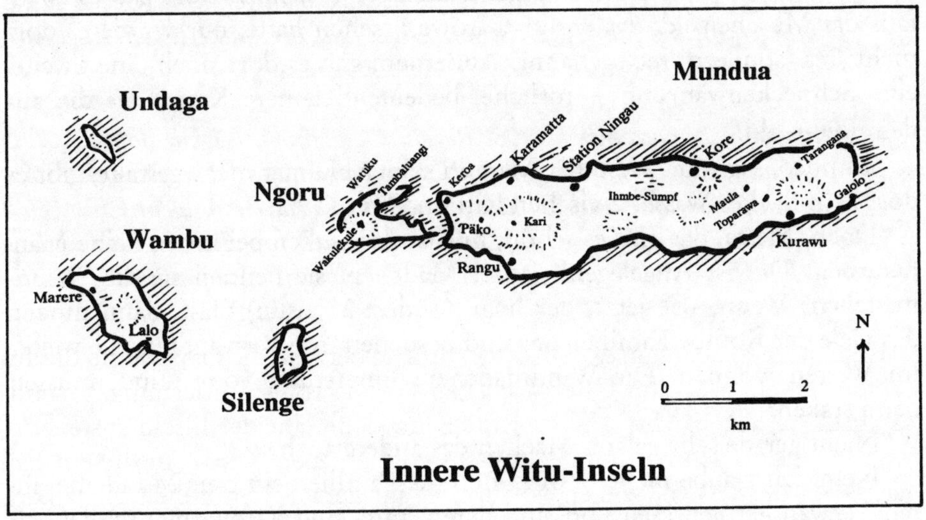

Karte 6: Die inneren fünf Witu-Inseln, Bismarck-Archipel

Gegen 9 Uhr vormittags kam verabredungsgemäß Big-Fellow-Man Tumbeo von Kore mit vier Männern, um ihn mit Tumbeos großem Kanu abzuholen. Karl Vieweg nahm Tomeawe mit und auch noch Feuermann Moliung, dessen hauptberufliche Tätigkeit darin bestand, das Feuer im 'house smoke', der Kopratrocknungsanlage, zu unterhalten.

Tumbeo hatte sich fein gemacht: Quer über das Gesicht waren breite gelbe Streifen gezogen, und im Haarwust steckte eine rote Blüte. Die Dorfbewohner legten bei ihren Hütten stets kleine Blumengärten an, so daß sie sich immer schmücken konnten. Auf dem Oberkörper hatte Tumbeo eines der gelblich-rotgrünen Croton-Blätter zerrieben. Die winzigen Blattstückchen hafteten am Körper und ließen ihn dadurch gesprenkelt erscheinen. –

Sein besonders dichtes Kraushaar, so meinte Tumbeo, ginge auf das Einreiben mit dem Saft einer vanilleähnlichen Rankenpflanze zurück. Dadurch würden die Haare 'bigger' werden. Die Insulaner nannten diese Pflanze 'kalomba'.

Zwei der Kore-Männer stakten das Kanu mit langen Bambusstangen im flachen Wasser des Riffs in Richtung Osten vorwärts. Einer von ihnen, der Mann am Bug, war nicht von Kore, sondern ein Ningau-Arbeiter von der Kumbani. Es war Mara, der heute am Wochenende bei Freunden in Kore übernachtet hatte. Tumbeo deutete schmunzelnd auf ihn und erzählte:

"Dieser Mann hier hat erst bei der Kumbani so richtig das Staken gelernt. Zu Hause stakt er kaum – er ist ein Kombe-Mann."

Karl Vieweg kannte den Kombe-Stamm. Der siedelte an der gegenüberliegenden Küste, also auf Neupommern, längs des Küstenstreifens, der sich unmittelbar westlich an die Villaumez-Halbinsel anschloß. Dort gab es ebenfalls das Muschelgeld, das er auf Garowe gesehen hatte, nur wurde es dort nicht 'rea' sondern 'reo' genannt. Außerdem gab es dort noch eine zweite, eine Schneckenwährung – rötliche, bedeutend feinere Ketten als die aus dem Reo-Geld.[20]

"Tumbeo, sag mir, wieso hat Mara in seiner Heimat nicht gestakt, gibt es dort kein flaches Wasser zwischen Riff und Strand ?"

"Doch, Masta, das gibt es schon, nur ist das Staken bei ihnen keine Männerarbeit. Das ist Angelegenheit der Mädchen, sie nennen sie die 'Windmädchen'. Wenn, wie jetzt, der 'ragi' (Südost-Monsun) bläst, dann nutzen das viele der Kombe-Familien aus und besuchen ihre Verwandten, die weiter im Westen wohnen. Die Windmädchen, unterstützt vom Wind, müssen dann staken."

"Nicht gerade sehr galant. Machen das andere auch so ?"

"Nein, ich glaube nicht. – Sind nun die Familien ein paar Monde bei ihren Verwandten gewesen und sind deren Yam- und Tarovorräte schließlich so gut wie aufgegessen" – er lachte laut – "und hat auch der Wind inzwischen gedreht, dann staken sie mit dem 'havara' (Nordwest-Monsun) wieder heimwärts zu ihrem Dorf. Allerdings", so fügte er verschmitzt hinzu, "müssen sie jetzt damit rechnen, daß beim nächsten Nordwest-Monsun die lieben Verwandten ihrerseits plötzlich vor der Haustür stehen und ihnen alles wegessen."

Karl Vieweg sah fragend zu dem Kombe-Mann hinüber. Der war etwas verlegen, nickte aber bestätigend.

---

20 Diese rötlichen Ketten werden aus dem Gehäuse der nur 15 mm großen Schnecke Chrysotoma paradoxum hergestellt. Das Gehäuse wird zerbrochen, geeignete Stücke werden mit einem Angelhaken durchbohrt, aufgereiht und mit Sand in der Hand rund geschliffen. Gleiche Ketten gibt es auch auf den 500 km entfernten Inseln Lihir und Tanga nordöstlich von Neumecklenburg.

Während solcher Gespräche glitt das Kanu langsam weiter dahin. Schöne Korallenbauten, rötlich, weiß, zogen unter der Oberfläche vorbei. Bunte Fische huschten hin und her und verschwanden in den Höhlungen der Korallen. Auf dem Meeresboden erkannte Karl Vieweg große Seesterne.

Als es an einer Stelle flacher wurde und die scharfen Korallenblöcke dicht unter der Oberfläche das Fahrzeug zu beschädigen drohten, bog es in Richtung offene See ab. Jetzt paddelten sechs Mann, um schneller durch die Brandung zu kommen. Hohe Brecher fielen vor dem Kanu in sich zusammen. Die Männer fuhren darauf los, es galt, den richtigen Augenblick abzupassen.

Jetzt war es so weit, sie beschleunigten das Tempo – aber zu spät! Ein Brecher kam über sie, das Kanu schlug voll!

Gottlob, es konnte nicht sinken. Aber solange das Kanu voll Wasser war, bewegte es sich auch nicht vorwärts, wirkte wie ein Spielball und konnte aufs Riff geworfen werden. Alle sprangen bzw. ließen sich über Bord fallen, hielten sich mit einer Hand am Kanurand fest, und mit der anderen schöpften sie wie wild Wasser mit den breiten Blattwurzel-Kellen der Betelnußpalme, die für solche Fälle im Einbaum parat lagen. Endlich war es geschafft. Beim zweiten Versuch kamen sie durch die Brandung. Mit Macht strebten sie von hier fort.

Sie hielten den Einbaum ein Stück weg von der Brandung, draußen auf der hohen Dünung. Die See hob und senkte das schmächtige Fahrzeug, so daß dem weißen Gast, der das nicht gewohnt war, alles andere als wohl zumute war.

Die Insulaner kannten das. Deshalb waren die Wände dieses wie auch mancher anderer Kanus mit Ansatzbrettern um Fußlänge erhöht und erschwerten so ein Vollschlagen des Fahrzeugs. Aber ab und zu passierte es eben doch. Irgendwo in der Nähe mußte wohl gestern ein Sturm gewesen sein, dessen Auswirkungen hier noch zu spüren waren.

Zwei von den Männern hatten sich eben bei dem Brandungsdurchbruch und auch vorher schon durch besondere Geschicklichkeit ausgezeichnet. Erstklassige Kanufahrer, bestätigte Tumbeo. Beide, so wurde abgemacht, sollten bei künftigen Fahrten mit Masta Vieweg möglichst immer dabei sein. Es waren *»Rarapio, ein großer 'manki', und Baro.«*

Das Kanu passierte jetzt das Riff vor Ihmbe, an dem die Brandung besonders stark war. Seitlich voraus waren die Anzeichen einer menschlichen Ansiedlung zu sehen – Kokospalmen. Nur der Kundige wußte, daß sich dahinter ein Dorf versteckte. Direkt am Strand bauten die Bewohner selten ein Dorf. Die Hütten könnten bei einem Sturm leicht umgeweht werden. Auch wären sie ein unnötiger Augenschmaus für feindliche Kanus.

Das Dorf hieß Kore. Es war erst vor einem halben Jahr aufgebaut worden, nachdem das alte in etwas ungeschützterer Lage bei einem Sturm völlig zerstört worden war. Karl Vieweg hatte damals kurz nach dem Unwetter das Dorf besucht.

Die Brandung an dieser Stelle war mäßig. Der Einbaum gewann leicht die ruhige Zone hinter der Riffbarriere. Auf einem aus dem Wasser herausragenden Korallenblock stand gerade ein Mann und beobachtete einen Fischschwarm. Er stand unbeweglich wie eine Statue, hielt einen mehrzackigen Fischspeer wurfbereit – jetzt schleuderte er ihn! Mit einem Satz war er selbst im Wasser und tauchte mit einem zappelnden Fisch am Speer wieder auf.

Lachend winkte der Mann herüber. Es war Tanerereo, ein älterer Mann mit Glatze. Er war unbefangen und gleich zu Späßen aufgelegt.

Die Männer des Dorfes und viele Kinder waren zum Strand gegangen, einzelne bis ins Wasser, um das Kanu in Empfang zu nehmen. Alle packten jetzt zu, Big-Fellow-Man Tumbeo war hinausgesprungen, das Kanu mit dem Gast wurde auf den Strand geschoben. Tumbeo nahm hierzu das übliche Rundholz und schob es unter den Kiel, damit das Fahrzeug besser hinaufgleiten konnte. Er tat dies eigenhändig, wenn er einer angesehenen Person gegenüber seine Ehrerbietung zeigen wollte.

Der Besuch im Dorf war ein großes Ereignis für die Bewohner. Manche der Frauen und Kinder hatten wohl seit langem keinen Weißen mehr gesehen. Sie standen und starrten Karl Vieweg an. Die meisten waren völlig nackt. Nur wer wiederholt mit Europäern zu tun hatte, also in der Gegend um Station Ningau herum, mußte sich wohl oder übel einen Lendenschurz zulegen, das war von der Bezirksverwaltung so vorgeschrieben. Die bisherige Art der Bekleidung unterhalb der Gürtellinie fand einfach nicht die Zustimmung der gestrengen Behörde, zum Leidwesen der Betroffenen. Das war nicht nur auf Mundua der Fall, sondern auch in den anderen Teilen der Kolonie:

> Auf der Matty-Insel (Wuwulu, Ninigo-Inseln) bestand die einzige Bekleidung der Männer aus einem dünnen Bambusrohr, das sie sich über den Penis stülpten. Die Lawo-Leute nahe der Grenze zu Niederländisch-Neuguinea versuchten schamhaft, ihren Anhänger in einem Kürbis zu verbergen. Ihr Prachtexemplar mußte unbedingt verdeckt sein, der dazugehörige Beutel durfte anstandslos sichtbar bleiben. – Auch die Lae Womba im Südosten der Kolonie mußten jetzt die neue Mode mitmachen. Bisher genügte ihnen ein straff gespannter Bastfaden um den Bauch, unter den die Kostbarkeit geklemmt wurde. Verrutschte einmal die Apparatur, wurde alles mit einem schnellen Griff wieder in die richtige Lage gebracht, so daß man sich weiter ungezwungen unterhalten konnte. Und nicht im geringsten unbekleidet fühlten sich die Manus von den Admiralitäts-Inseln, die als einzige Be-

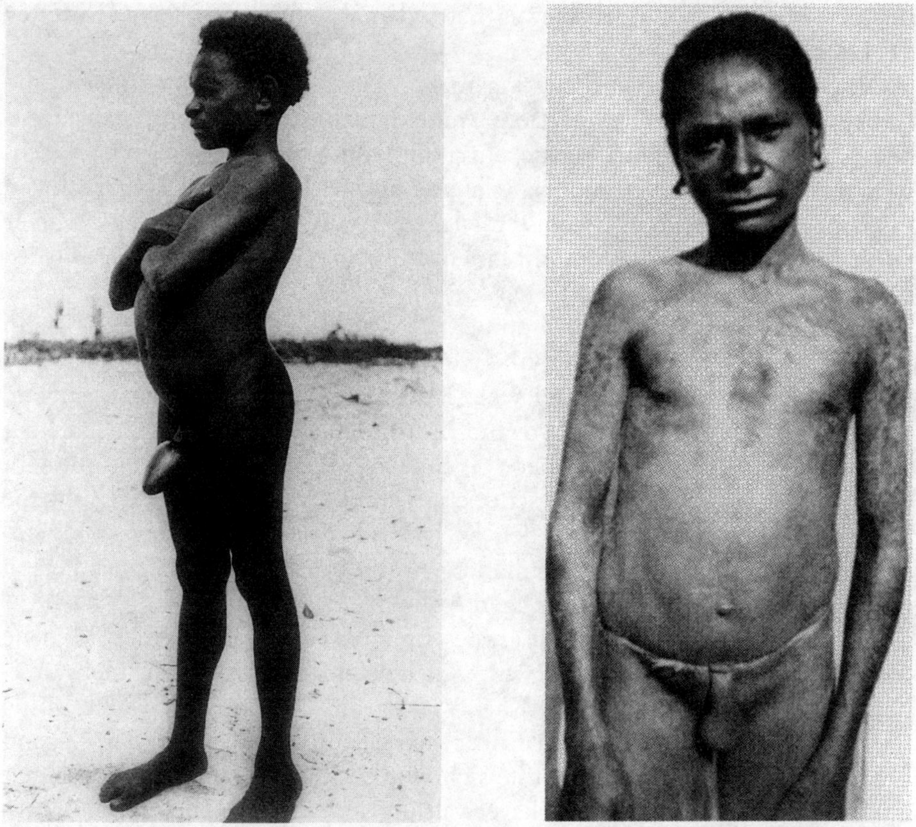

Abb. 72a: Verschiedene Männerbekleidung. Links: Ein Lawo-Mann – ein Kürbis verdeckt alles. Rechts: Ein Lae Womba-Mann im Gesellschaftsanzug.

Abb. 72b: Bekleidung eines Manus-Mannes (Mitte) von den Admiralitäts-Inseln – ein Schneckengehäuse ist wie eine Pudelmütze über das Ende gestülpt.

kleidung das kleine, weiße Gehäuse der Amphiperas-Schnecke wie eine Pudelmütze über die Eichel gezogen hatten (s. Abb. 72 a und b).

Tumbeo hatte inzwischen seinen gaffenden Landsleuten Beine gemacht. Ein junges Mädchen brachte zur Begrüßung eine trinkreife Kokosnuß, die bekannte Kulau. Ein Mann öffnete mit drei geschickten Schlägen die Frucht und reichte sie Karl Vieweg zum Trunk – ein schönes Begrüßungszeremoniell und ein wunderbar belebendes Getränk.

Sie sprachen von diesem und jenem, über das Wetter und den Fischfang und die Feldbestellung. Bei allem war deutlich zu merken, Tumbeo war der Häuptling, der Big-Fellow-Man. Er war der Sprecher, der Wortgewandte, der seine Aufgabe verstand. Er hatte auch zwei Frauen, was zu seinem Ansehen beitrug. Auf Befragen erklärte er sichtlich stolz, daß er der einzige im Dorf wäre, der zwei Frauen besäße. Zwei Frauen, das bedeutete mehr Arbeitskraft, ein größeres Feld konnte bestellt, größerer Wohlstand erzielt werden. So war die Frau der wichtigste Wirtschaftsfaktor in der Familie, ohne den ein Mann arm blieb.

Aber es war nicht nur die Wirtschaftskraft, die eine zweite Frau so begehrenswert machte. Es waren auch die sozialen Bindungen zu der Sippe der neuen Frau, denn sie würde ihn in wirtschaftlichen Notfällen nicht sitzen lassen, würde ihm Muschelgeld vorschießen, würde ihm in wichtigen Fragen beistehen.

Als Tumbeo ein Big-Fellow-Man geworden war, hatte sich bald eine Anhängerschaft um ihn geschart, die jetzt zu ihm aufblickte, nicht nur wegen seiner Tapferkeit und Gewandtheit, sondern weil auch sie in Notfällen Hilfe von ihm erwartete, etwa eine kleine Anleihe für einen Brautkauf. – Bei Festlichkeiten mußte Tumbeo natürlich mehr beisteuern als die anderen, sonst wäre er schon bald kein Big-Fellow-Man mehr. So war er gezwungen, ein größeres Feld zu bebauen, und dafür benötigte er wiederum eine zweite Frau. So drehte sich alles im Kreis und war in einem Netz gegenseitiger Abhängigkeiten verstrickt.

Der aufgeschlossene junge Deutsche interessierte sich wie immer für die Sitten und Gebräuche, wie überhaupt für das Leben der Insulaner. Einer der Dorfbewohner brachte einen hübschen kleinen Perlmuttlöffel. Einen ähnlichen aus Metall hatte der Mann einmal bei einem Europäer gesehen und diesen aus Perlmutt danach angefertigt. Das Löffelchen war sauber abgearbeitet. Es mußte eine mühselige Arbeit gewesen sein.

Karl Vieweg betrachtete das kleine Kunstwerk in seiner Hand und überlegte noch, ob er versuchen sollte, es einzutauschen. Da machte der Schwarze auch schon die schenkende Geste, der weiße Mann sollte es behalten. Es war ein schönes Stück. Karl Vieweg freute sich sehr darüber.

Ein einseitiges Schenken gab es nicht. Jedes Geben war stets mit einem

Nehmen verbunden, wenn nicht heute, dann morgen. So erwartete auch der schwarze Löffelspender eine Gegengabe, den heißgeliebten Tabak. Der ließ auch nicht lange auf sich warten.

Beide Parteien waren mit ihrem Geschenk zufrieden.

Von einem anderen Mann tauschte er sich noch eine der großen Triton-Schnecken ein, 'tawure' genannt, mit der man sich auf weite Entfernungen, sogar von Insel zu Insel, verständigen konnte, von den Weißen fälschlicherweise als Muschel bezeichnet.

Gleich am westlichen Ende des Dorfes stand das Zauberhaus, als solches zu erkennen durch die bunte Bemalung, Nautilus-Schnecken an den vier Ecken des Daches und auf dem First Tierdarstellungen – ein geschnitzter Krokodilschädel und ein Vogel. Ob er sich das Haus einmal näher ansehen dürfte? Big-Fellow-Man Tumbeo zog die Augenbrauen steil nach oben – das ortsübliche Zeichen für 'ja'. Ob er auch einmal in das Zauberhaus hineingehen dürfte? Da ließ Tumbeo ein 'psst' ertönen – das Zeichen für 'nein', das wäre nicht möglich.

So gingen die beiden nur bis zum Vorraum des Zauberhauses, den Tumbeo zunächst für den Eintritt eines Fremden präparierte, indem er einem Flaschenkürbis etwas Korallenkalk entnahm und diesen in alle vier Richtungen des Vorraumes blies. Nun durfte der Außenseiter, der Fremde, den Raum betreten, und Tumbeo verschwand im Hauptraum. Gleich darauf war von dort das Murmeln von Beschwörungsformeln zu hören, dann und wann erschien Tumbeo in der Öffnung, verschwand wieder, und nach weiteren Umständlichkeiten brachte er endlich ein größeres Malanggan-Schnitzwerk zum Vorschein, das der Gast ausgiebig bewundern mußte. Wie zufällig trat Karl Vieweg näher heran und konnte in dem Hauptraum weitere Schnitzereien und Masken erkennen. Hinein aber durfte er nicht. Nein, stopp – das ginge auf keinen Fall!

Mit dem Vorzeigen der Malanggan-Figur war auch der Höhepunkt erreicht und die Vorstellung zu Ende. So hatte Karl Vieweg endlich einmal ein Zauberhaus auch von innen, das heißt von halbinnen, gesehen. Umwerfende Erkenntnisse hatte es dabei allerdings nicht gegeben.

Jetzt aber wollte er weiter. Noch ein paar freundliche Worte, dann brach er auf und marschierte mit seinen beiden Leuten und Tumbeo sowie anderen aus Kore, die sich neugierig angeschlossen hatten, landeinwärts weiter. Sie kamen erst nach Maula, einer kleinen Siedlung von nur vier oder fünf Hütten, dann nach Toparawa und schließlich von dort zur gegenüberliegenden Küste nach Kurawu. Das Dorf lag damals auf dem 132 m hohen Kurawu-Berg, weil es dort leichter zu verteidigen war. Das Vorland unterhalb des Berges bis zum Strand wurde von den Kurawu-Leuten Ndamanun genannt. Hier waren ebenfalls Hütten zu sehen, und auf sie ging der Führer mit Karl Vieweg und dem immer größer gewordenen Troß geradewegs zu. Ob es sich bei der Siedlung nun um die Bezeichnung 'Ndamanun' oder 'Kurawu' handelte, das wurde nicht so genau unterschieden.

Hier lagen acht Kanus am Strand, die zum Teil noch im Bau waren. Karl Vieweg erzählt:

»Für die Einwohner von Ndamanun würden vielleicht auch drei neue Kanus gereicht haben, da einige alte noch tadellos intakt waren, aber der Kanubau ist ihre Spezialität, und sie tauschen später gelegentlich – z.B. wenn sie ein großes Singsing machen wollen – eines nach dem anderen der überzähligen Kanus gegen Nahrungsmittel, ein junges Weib, Schweine oder andere Gegenstände, die ein anderes Dorf wieder ganz besonders schön anzufertigen versteht, ein. So sind z.B. die Leute von Balangori auf Garowe und die der Insel Unea (Merite) sehr geschickt im Schnitzen von Trommeln, die mit einer Leguanhaut überzogen werden.

Ndamanun lag auf einem kleinen Hügel. Um einen großen, sauber gefegten Platz standen in weiten Abständen regellos die einfachen Hütten, viele weiter hinten auch im Busch. Auf einem Holzgerüst trocknete ein wohl 12 m langes und ca 80 cm breites Fischnetz, das auf der einen Längsseite mit angebundenen, dicht aneinandergereihten Muscheln etwa von der Größe eines Hühnereis beschwert war; besonders viele Tigermuscheln bemerkte ich darunter. Alle waren aber schwarz geräuchert, denn der Aufbewahrungsort von Netzen und allen anderen 'ethnologischen' Dingen wie Speere, Schilde usw. ist die Decke des Hauses, wo sich der Qualm der wegen der Moskiten allnächtlich im Innern angezündeten Feuer fängt.

Ich ging mit meinem Gefolge – aus allen Dörfern, die wir passierten, hatten sich Leute angeschlossen – auf das Junggesellenhaus los, das durch seine Größe, besondere Bauart und Dachverzierung auf den ersten Blick in jedem Dorf als solches zu erkennen ist, und nahm auf einem der quer vor dem Eingang liegenden ausrangierten und umgekehrten Kanus Platz, die als Sitzgelegenheit dienten. Vor und neben mir gruppierten sich meine Begleiter und die männliche Bevölkerung von Ndamanun.

Ich radebrechte, so gut es gehen wollte, in der Eingeborenensprache, da nur einige wenige Pidgin-Englisch konnten. Wir sprachen von dem Kanubau, von Hunden, Schweinen, vom Fischfang, Kopra schneiden und der nahenden Regenzeit. Zu diesen Themata verfügte ich über einen ausreichenden Vokabelschatz. Als wir aber auf die Regenzeit zu sprechen kamen, entspann sich eine recht lebhafte Debatte. Den Kurawu- resp. Ndamanunleuten war nämlich der viele Regen in letzter Zeit zu ihrem Kanubau recht unerwünscht gekommen, und sie warfen jetzt den Kore-Leuten vor, diese hätten den Regen herbeigezaubert aus Neid über die vielen schönen Kanus, die im Entstehen begriffen waren.

Fast gleichzeitig mit mir war auf dem Wasserwege auf der anderen Seite der Insel mein Freund Iruna, der Dorfälteste von Karamatta in Kurawu (Ndamanun) angekommen, der gleichfalls den ganz verschüchterten Kore-Leuten den Vorwurf der Regenzauberei machte. Ich ließ mir fortwährend von den rechts und links von mir sitzenden Manuki von Toparawa und Feuermann Moliung übersetzen, da ich jetzt in der erregten Unterhaltung fast nur die Schlagwörter verstand, zumal alles Betelnuß kaute und deshalb erst recht undeutlich sprach. Die Leute von Karamatta waren, wie Iruna sagte, noch nicht fertig mit dem Pflanzen von Taro, Süßkartoffeln, Bananen usw. und hätten deshalb gern noch trockenes Wetter gehabt. Die von Kore aber hatten alles bereits für die Regenzeit gepflanzt und machten deshalb nun die Regenwolken!

Vor Einbruch der Regenzeit legen nämlich auch in anderen Gegenden die Eingeborenen große Pflanzungen von Feldfrüchten an, die, wenn die Trockenzeit kommt, reif sind und dann gelegentlich der großen Singsings, Totenfeste, Kaikais, Beschneidungsfeierlichkeiten usw. gegessen werden. Tumbeo, der sonst wie ein Uhrwerk redet, sagte keinen Ton. Er war recht froh, als ich aufbrach und er sich anschließen konnte.

Die Kurawu-Leute gaben mir noch die üblichen Kulau (unreife Kokosnüsse zum Trinken) mit und ein bemaltes Stück Holz, das an einem Fischnetz zu befestigen ist; wenn Fische in dem Netz sind, merken es die Eingeborenen daran, daß einige an dem senkrecht aus dem Wasser ragenden Holze befestigte, ausgehöhlte Kerne aneinander klappern. Außerdem kriegte ich noch eine zu einem Körbchen geschnitzte Kokosnußschale mit, die von der Insel Unea stammte, wofür ich mich mit Tabak revanchierte.« [21]

Karl Vieweg verabschiedete sich mit dem gebräuchlichen *»Ngoro kemi – liege gut«*, worauf die Kurawu-Leute ihm ein *»Wano kemi – geh gut«* zuriefen. Dann ging er mit seiner Begleitung über Galolo und Tarangana nach Kore zurück.

Insel Ngoru und der Schweinebraten

Den Nachmittag des ***6. Dezember*** nutzte Karl Vieweg ebenfalls, um sich ein noch besseres Bild über die anderen in seinem Bereich liegenden Inseln

21 Das Klapperholz zum Fischfangen wird 'kabili' genannt, vgl. Abb. 51; in Museen ist es weitgehend unbekannt.

zu machen. Wenn erst der Nordwest-Monsun stärker blies, waren solche Fahrten weit schwieriger oder unmöglich.

Sein heutiges Ziel war Ngoru, die kleine, unmittelbar westlich von Mundua liegende Insel. Sie stieg steil zu einem Berg an und bildete mit zwei Ausläufern einen Halbkreis, dessen offene Seite durch die Insel Mundua geschützt war. Das wäre geradezu ein idealer Hafen, gegen Wind und Sturmwogen abgeschirmt, doch mit 2 bis 3 m Tiefe leider zu flach für größere Fahrzeuge. Die Insel war wie Garowe nichts anderes als einer der vielen versunkenen Vulkane an der Nahtstelle der großen Kontinentalplatten, deren Krateröffnungen im Laufe von Jahrtausenden mit Korallen zugewachsen waren.

Bei dieser Fahrt benutzte Karl Vieweg das Kanu 'kapkap', das dem Moia gehörte. Außer diesem waren noch der dicke Takaile und ein Junge an Bord. Takaile war ein heller Kopf und allen Neuerungen gegenüber aufgeschlossen. Bisher hatte er quer durch die Nasenscheidewand den Kiel einer Kasuarfeder stecken. Seit einigen Tagen trug er an der gleichen Stelle zwei abgebrannte Streichhölzer ...

Das klare und ruhige Wasser der Ngoru-Bucht gewährte einen einzigartigen Blick in die märchenhafte Unterwasserwelt. Zwischen den Korallenstöcken schwebten die schönsten Fische. Bei zu großer Annäherung des Kanus verschwanden sie blitzschnell in den zahllosen Höhlungen des Gesteins, lugten aber bald wieder neugierig hervor.

Viele Seesterne lagen auf dem Grund, dieses Mal rotbraune mit dunklen Tupfen, auch blaue waren dabei. Takaile versuchte, ein paar besonders schöne zu finden, weil der Masta einige mitnehmen wollte. Doch waren alle von Fischen angefressen.

Die Seeigel in der ruhigen Bucht besaßen ungewöhnlich lange Stacheln, über 30 cm lang! Weiter vorn, zur See hin, hatte er andere gesehen, plumpe und mit kurzen Stacheln. Der Versuch, einen dieser 'Plumpen' unversehrt herauszunehmen, scheiterte kläglich: Der Seeigel hatte sich mit seinen stummelartigen Stacheln fest in das Korallengestein gestemmt, um nicht von den hier stärkeren Wellen hin und her gerollt zu werden. Die Seeigel mit den schönen, langen Stacheln würden hier einfach fortgespült werden. So war jedes Tier ganz erstaunlich seinem Standort angepaßt.

Beim Dorf Tambaluangi, das nur aus fünf Hütten bestand, ging die Gruppe an Land. Das Gelände war einigermaßen trocken. An anderen Stellen war es teilweise sehr sumpfig und da es in der Ebene viele Krokodile gab, lagen auch fast alle Dörfer auf dem Berg.

Zusammen mit Moia und Takaile marschierte Karl Vieweg auf einem schmalen Pfad hinauf zu dem nächsten Dorf Kaure, mit ebenfalls nur vier oder fünf Hütten. Hier residierte Big-Fellow-Man Wakea.

Das nächste und höchstgelegene Dorf war Wakulekule mit dem alten

Big-Fellow-Man Masrawa, dessen erwachsene Tochter Winä eine große Wunde am Oberschenkel hatte. Ihm selbst fehlten am rechten Fuß zwei Zehen, die, wie er auf Befragen sagte, nach einer Verletzung abgefault waren. Die Oberschenkelverletzung seiner Tochter war auch schon älter, eiterte und stank. Karl Vieweg sah sich die Wunde genauer an – es wimmelte darin von Maden.

Wie oft hatte er so etwas schon gesehen! Als er kürzlich bei einer Frau eine Beinwunde verarzten wollte, hatte er darin ein kleines, glattes Buckelchen gesehen. Es war eine andersartige, ihm unbekannte Fliege, deren Hinterteil aus der Wunde heraussah! Kaum glaublich. – Solche Verhältnisse waren nichts Ungewöhnliches. Unter- und Oberschenkel dieser Menchen waren völlig ungeschützt und wurden durch harte Gräser oder auch Äste schnell verletzt. Bei der bestehenden Unsauberkeit wurde daraus im Handumdrehen eine große Infektionsgeschichte. Missionar Keysser hielt es in einem Bericht fest (27): *»Ungemein häufig ... trifft man Leute mit sehr schlimmen, gänzlich vernachlässigten, zuweilen handtellergroßen Wunden an den Füßen und Beinen ... Sie reinigen die Wunden natürlich nicht oder nur äußerst mangelhaft mit einem schmutzigen Stäbchen oder ihren gräßlichen Fingernägeln!«*

Karl Vieweg gab dem zuschauenden jungen Waka Auftrag, morgen nach Ningau zu kommen und Medizin für die scheußliche Wunde zu holen (was er auch getan hat).

Außerdem sah Karl Vieweg in dem Dorf wieder einen jener Menschen, die in der Hautfarbe gar nicht zu den anderen paßten. Der Mann hieß Kantaure und hatte eine rötliche Haut, war aber weder ein Albino noch ein Europäermischling. Auf Garowe gab es auch einen solchen Mann.

> (Bis heute ist ungeklärt, worauf die Hellhäutigkeit zurückzuführen ist. Es gibt auch dunkelhäutige Insulaner mit rötlichem Kopfhaar und wieder andere mit blonden Haaren auf dem Körper!)

Noch ein letzter Trunk aus einer Kokosnuß, dann ging es wieder bergab, zurück nach Tambaluangi und von dort im Kanu nach Ningau, wo die Vier bei Sonnenuntergang eintrafen.

Zu Hause ließ sich Karl Vieweg von Ulewuwu erst einmal einen Sandfloh unter dem Nagel vom linken großen Zeh entfernen. Ulewuwu erledigte das sehr geschickt. So etwas ging am besten mit dem Messer. Das war jetzt schon das dritte Mal. Eine unangenehme Angelegenheit, aus der sich leicht ein Eiterherd entwickeln konnte. Der Floh hatte ihn schon heute vormittag arg geplagt. Er war viel kleiner als der bekannte Menschenfloh und bohrte sich mit Vorliebe zwischen den Zehen oder unter den Nägeln ein. Man spürte ihn erst, wenn sein Körper zu schwellen anfing.

Auch für die schwarzen Begleiter vom Masta gab es nach der Rückkehr

Abb. 73: Männer von den Witu-Inseln

Abb. 74: Strandszene

Abb. 75: Zurück von der Schweinejagd

etwas Gutes: Mariselau hatte am Nachmittag eine Wildsau gespeert. Also ein abendliches Festessen für jedermann!

Zwei Tage später.

Schon wieder war ein Festessen in Aussicht, denn *»gegen Abend stellt Mariselaus Hund eine Wildsau beim Kakaoland.«* Mariselau war gerade beim Holzholen gewesen und da er eine Axt bei sich hatte, gelang es ihm, das überraschte Tier damit zu erschlagen.

Die Jagd nach einem Wildschwein konnte allerdings gefährlich werden, wenn es ein Eber war und das Tier keine Möglichkeit zum Entweichen sah. Dann stellte es sich zum Kampf und konnte mit seinen scharfen Hauern tödliche Verletzungen reißen. Gejagt wurde meistens mit abgerichteten Hunden oder mit langen Netzen. Seltener wurden Fallgruben angelegt, denn die Gefahr war doch sehr groß, in die vorzüglich getarnten Gruben selbst hineinzufallen und sich auf den spitzen Pfählen darin aufzuspießen.

Von manchen Dörfern war bekannt, daß sie keine Fallgruben anlegten, weil die Männer keinen passenden Zauberspruch wußten, mit dem sie die Ränder der Grube hätten besprechen müssen. Denn das war ihnen klar: Ohne Zauberspruch auch keinen Erfolg. Warum dann erst die ganze Mühe!

Die Zubereitung des von Mariselau erlegten Schweines am nächsten Morgen lief in gewohnter Weise und wie am Schnürchen ab: Einige holten Feuerholz, andere hatten bereits mehrere Feuer entfacht, in die faust- bis kopfgroße Steine gepackt wurden. Wieder andere hoben die Kochgrube aus und belegten sie mit Bananenblättern. Zwischendurch wurde das Schwein über dem Feuer mehrmals hin und her geschwenkt, um die Haare abzusengen. Der After erhielt als Verschluß – zack – ein passendes Stück Holz. Dann fingen zwei Mann an, das Tier mit allerlei Figuren zu bemalen.

Dieses Schwein war nun schon tot, so wurden ihm nur noch Nase und Schnauze mit Lehm verstopft. Sonst aber hätten sie es lebend zum Festplatz gebracht und dort erstickt: Sie binden dem Schwein die Nase und Schnauze mit Rotang fest zu und stellen sich auf seinen Brustkasten, so daß es nicht mehr atmen kann. Einer steckt sicherheitshalber noch schnell zwei Finger in die Nasenlöcher, damit die Seele auf keinen Fall entweichen kann. Sie muß im Körper, im Braten, bleiben. Sonst schmeckt er nicht.

Bei einem solchen Gerangel quietscht das Schwein natürlich ganz fürchterlich – nur zu, laß es nur quietschen ... das ist gut so, das lockt die bösen Geister aus dem Wald an ... sie nehmen teil an unserem Mahl ... werden zufriedengestellt ... wir brauchen keine Angst mehr vor ihnen zu haben.

Inzwischen war das Schwein fertig bemalt. Auch die Steine waren heiß genug und wurden in einer dicken Lage in die Grube gerollt bzw. die kleineren mit einer Bambuszange gefaßt und hineingeworfen – darüber Bananenblätter – dann das Schwein – wieder Bananenblätter – jetzt wieder eine dicke Lage Steine – darüber nochmals Bananenblätter – und dann mit Erde zugedeckt. So konnte das Schwein ungestört garen. Am Abend wird es herausgeholt. Das gibt dann einen Festschmaus, der so schnell nicht vergessen wird. Das Schwein vorgestern, das war in Stücken und in Töpfen gekocht. Ihm fehlte das Aroma, die richtige Würze, und die gibt es nur in der Grube und beim unausgenommenen Tier!

Zwei weitere Methoden des Garens auf den Witu-Inseln waren und sind:

- Die Eingeweide des Schweins werden entfernt, die Bauchhöhle wird mit heißen Steinen gefüllt und das Tier wie beschrieben zwischen heißen Steinen in der Grube gegart.
- Das Tier wird aufgeteilt und die einzelnen Stücke in Bananenblättern zwischen heißen Steinen am offenen Feuer oder in der Grube gegart.

Zum großen Schweineessen am Abend wurden auch die Leute von Karamatta mit eingeladen. Sie arbeiteten in Zeiten größeren Arbeitsanfalls ebenfalls auf der Station, als sogenannte Bargeldleute, also Tagelöhner.

Der Abend kam. Die Frauen hatten sich für den Festschmaus extra chic gemacht, die eine Gesichtshälfte war weiß gefärbt (Korallenkalk), die andere – ob die rechte oder die linke, das blieb sich gleich – war knallrot. Andere Weiblichkeiten hatten daumenbreite, grellgelbe Streifen auf Stirn und Wangen, wie sie der Weiße schon einmal bei Big-Fellow-Man Tumbeo aus Kore gesehen hatte. Feinere Striche wurden vorsichtig mit Hilfe ausgefranster Pflanzenstengel gezogen. Es war nicht zu leugnen, die Damen hatten sich viel Mühe mit ihrer farbenprächtigen Kosmetik gemacht, sie sahen gut aus.

"Woher stammen denn diese Farben?", wollte Karl Vieweg wissen.

"Die rote", erklärte Uleitis, "ist von der Saat des Strauches 'puro', dort drüben steht einer."

Er wandte den Kopf in die Richtung des Strauches, um entsprechend ihrer Sitte die Richtung mit der Nase angeben zu können. Mit der Hand zu zeigen, schickte sich nicht. Nun ging er und holte ein paar von den Saatkapseln, drückte die mit weichen Stacheln versehenen roten Kapseln auf, nahm die ebenfalls weichen Saatkörner heraus und zerdrückte eines zwischen den Fingern. Eine knallrote Creme kam zum Vorschein.

"Und die gelbe Farbe?"

Ein Junge brachte die Saat von einer anderen Pflanze – aha, eine Orchidee. Als er sie öffnete, war darin ein feines gelbes Pulver zu sehen, genug, um damit ein Dutzend Gesichter zu verschönern.

Nun endlich begann das Festessen. Was wurde da geschmatzt! Als Zugabe zum Taro hatten die Frauen junge Taroblätter zu einem spinatähnlichen Gemüse verarbeitet, das sie 'kumu' nannten. Und als etwas Besonderes gab es auch noch die Blüte des wilden Zuckerrohrs. Alles war mit einer dicken Kokossoße übergossen, deren Herstellung einige Kunst erforderte:

Die Frauen schabten Kokosfleisch zu Flocken und preßten diese durch das siebartige Blattwurzelgeflecht eines Palmenwedels. Manche fügten zum leichteren Durchpressen noch etwas Wasser hinzu. Die herauslaufende Milch fingen sie in einer tiefen Schale aus kreuzweise übereinandergelegten Bananenblättern auf. Pro Person rechnete man sechs Kokosnüsse. An Schnüren aus Bananenstengeln hatten die Frauen heiße Steine befestigt, die sie wie einen Tauchsieder in die Soße senkten. Die Steine wurden ständig ausgewechselt, bis die Milch allmählich zu einer honigähnlichen, klebrigen, weißen Masse zusammengekocht war. Das übrige Wasser wurde abgegossen. Eine Prise Salz verbesserte alles (den Gebrauch von Salz lernten die Insulaner erst durch die Europäer kennen, vorher nahmen sie Meerwasser). Wohlriechende Kräuter wurden hinzugegeben und erhöhten den etwas süßlichen Geschmack. Damit alles auch wirklich gelang, wurde abschließend noch ein Zauberspruch darüber gemurmelt. Sodann wurde die Soße – nein, das Gedicht – über den Taro und das Gemüse gegossen, und der Festschmaus konnte beginnen!

Natürlich ließ sich das Essen auch auf andere Weise schmackhaft machen, indem die durch das Raspeln gewonnene Kokosmilch über das Gemüse gegossen und dann beides zusammen zwischen heißen Steinen – dem 'mumu'-Verfahren – gegart wurde.

Daß die Hände bei den Zubereitungen alles andere als sauber waren – beim Auspressen der Milch tropfte die ganze Geschichte an Händen und Armen herunter –, so etwas störte niemanden. Auch Karl Vieweg blieb nichts anderes übrig, als zu übersehen, was nicht zu übersehen war ...

Jetzt aber gab es noch eine Überraschung: Für den Masta war zusätzlich ein Hühnchen gebrutzelt worden. Kopf und Füße und Eingeweide des Huhns waren von den Insulanern gleich zurückbehalten worden, da sie wußten, daß der weiße Mann für solche Knuspereien doch nicht das richtige Verständnis hatte.

Es war eines jener Zwerghühner, die – so nimmt man an – schon vor der Ankunft der Weißen im Bismarck-Archipel heimisch waren. Ob das wirklich so war? Daran hatte der junge Deutsche gewisse Zweifel, denn seine beiden Arbeiter, die von den Admiralitäts-Inseln kamen, sprachen von jenen Zwerghühnern immer nur von *»manuai a jap – dem Vogel der Weißen«*. Also wohl doch erst von den Weißen eingeführt.

Das Hühnchen schmeckte.

Von einem der Männer erfuhr Karl Vieweg jetzt, wie das Tier zubereitet worden war: Wenig zimperlich, wie sie waren, hatten sie es lebend gerupft, dann die Füße abgeschnitten, dann das Huhn erstickt (die Seele muß drin bleiben!) und schließlich abgesengt.

Nun vernahm er auch, wie lange das Mumu-Essen brauchte, um zwischen den heißen Steinen gar zu werden:

"Nicht ganz so lange, wie ein Huhn braucht."

"Und ein Huhn?"

"Äääh – das braucht etwas länger ..."

Von dem Schwein blieben nur die Knochen übrig. Jeder bekam reichlich. Da drüben stand einer der Karamatta-Leute, der gerade ein längeres Stück Darm erwischt hatte. Mit der Rechten hielt er das eine Ende, und zwischen zwei Fingern der Linken drückte er mit einer gekonnten Bewegung den breiigen Darminhalt heraus, daß es nur so in die Gegend schoß. Und schon stopfte der Glückliche das Ende in den Mund und begann mit seiner Schlemmermahlzeit.

Nur Big-Fellow-Man Uleitis machte sich die Mühe, 'seinen' Darm mit Wasser nachzuspülen.

Dann ertönten die Tanztrommeln. Wer sich schon wieder oder noch bewegen konnte, tanzte und sang dabei ein Loblied auf das Schwein und die Schweinejagd.

Gegen 22 Uhr war Schluß, denn morgen war kein Wochenende, sondern ein Arbeitstag, zu dem jeder wieder vor 6 Uhr auf den Beinen sein mußte.

Zu den Inseln Undaga, Silenge und Wambu

Sie waren sieben im Kanu und wollten Kokosnüsse von der Insel Undaga holen: Karl Vieweg, Sissia, Mariselau, Naur, Ngongo, Wuau und Haro. Undaga lag von Ningau aus etwa 6 km weiter westlich.

Sie waren kaum über das Riff hinaus, da rief Haro aufgeregt: *»Eega iha, eega iha – Fische, Fische!«* Das elektrisierende Stichwort galt den Fliegenden Fischen, die ganz in der Nähe des Fahrzeugs auftauchten. Wo Fliegende Fische waren, da befanden sich auch die verfolgenden leckeren Raubfische. Sogleich flog die bereitliegende lange Angelschnur ins Wasser, und der Köder zog weit hinter dem Kanu her.

Die Fliegenden Fische, so berichtet der Tagebuchschreiber, waren viel größer als die, die er damals vom Deck der 'Manila' aus gesehen hatte. Sie waren etwa 30 cm lang, silbrigglänzend und mit weit gespreizten Flügelflossen. Kaum einen halben Meter über der Wasserfläche schossen sie flink dahin, wohl 40 m weit, tauchten kurz ein und segelten noch einmal 10 oder 20 m, oft noch ein drittes Mal, um ihren Feinden zu entgehen.

Undaga war eine steile, felsige Insel (s. Abb. 77). Die Kanufahrer umfuh-

Abb. 76: Arbeiter der Plantage Ningau, Insel Mundua, mit Nasenstab und Fischpfeil

Abb. 77: Insel Undaga, Witu-Inseln

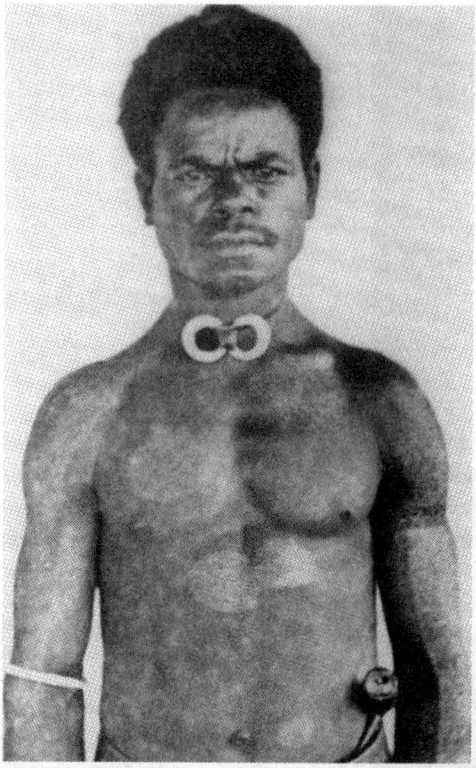

Abb. 78: Mann mit weit verbreitetem Hautpilz, in Pidgin 'Ringwurm' oder auch 'Grille' genannt

Abb. 79: Brautgeld: Ein 15 kg schwerer Obsidian-Stein zur Herstellung von Schneidwerkzeugen; Insel Mundua

ren sie einmal, aber überall waren nur Felsen zu sehen, an denen die Brandung donnernd hoch aufschäumte, insbesondere an der Nordnordwest-Spitze der Insel, auf der viele tragende Kokospalmen standen. Dort bestand ebenfalls keine Landemöglichkeit. *»Nur zwei kleine Stellen mit weißem Sand waren zu sehen, aber hier hohe Brandung.«*

Nirgends gab es Anzeichen einer menschlichen Siedlung. Lediglich die zahlreichen Palmen deuteten darauf hin.

"Sissia, gibt es keine Menschen auf der Insel?"

"Nein, Masta, es gab mal ein Dorf, aber seit der großen Krankheit (die Pocken, 1895) sehen wir niemanden mehr."

Das Kanu hielt sich in respektvollem Abstand von der Brandung. Wie konnte man hier überhaupt landen?

Sie umfuhren die Insel ein zweites Mal. Schließlich wählten sie wohl oder übel eine der beiden Sandstellen, kamen auch gut durch die Brandung. Karl Vieweg sprang ins hüfttiefe Wasser, watete an den Strand und arbeitete sich an den Felsen dahinter hoch. In etwa drei Metern Höhe rutschte er plötzlich ab und baumelte über der steinigen Tiefe. Seine Leute waren teilweise noch im Kanu, zwei Mann am Strand, helfen konnte keiner. Schließlich gelang es ihm, einen Halt zu finden und den letzten Meter zu erklettern.

Der nachfolgenden Mannschaft half er mit einer langen Schlingpflanze hinauf. – Das alles machte mächtigen Eindruck auf seine Leute (so hörte er am nächsten Tag von Tamone).

Haro blieb als Wachtposten im Einbaum zurück. – Jetzt versuchten sie, mit ihren Haumessern einen Pfad nach der Nordnordwest-Spitze der Insel zu bahnen, wo sie die vielen Kokospalmen gesehen hatten. Überall dichtes Buschwerk und Schlingpflanzen. Es war schlimm. Felsblöcke mußten überklettert oder umgangen werden, Busch und Boden wurden immer dichter und ungastlicher. Es war einfach unmöglich, hier weiterzukommen.

Schließlich gaben sie nach zwei Stunden mühseliger Arbeit das Vorhaben auf und kletterten wieder in ihr Kanu. Sie wollten bei einer weiteren Fahrt versuchen, an der anderen Sandstelle zu landen, um dann zur Inselspitze vorzudringen.

Bis auf Wambu hatte Karl Vieweg jetzt alle Inseln seiner Gruppe besucht. Von Silenge notierte er: *»Auf der Insel Silenge glaubten die Eingeborenen, ich wäre gekommen, um Weiber zu stehlen! Ich hielt mich ca. 1 Stunde in den beiden Dörfern der Insel auf und schied dann im besten Einvernehmen mit den Eingeborenen, die die üblichen Kulau ins Kanu brachten.«*

Zu der Insel Wambu hatte er eigentlich mit dem kleinen Segelboot der Station fahren wollen. Mit einem Einbaum war das Risiko – zumal vor dem Beginn der Monsunzeit – doch immer größer. Aber das Boot war gerade in Reparatur. So wählte er das große Kanu von Karamatta mit der Sechser-Mannschaft Uleitis, Moia, Piter, dem erfahrenen Takaile und noch zwei anderen. Da das Kanu keine Segel hatte und alles vom Paddeln abhing, war für die Fahrt ein windstiller Tag abgewartet worden.

Mit dem Kanu dauerte eine Fahrt natürlich länger als mit dem Segelboot. Doch die Mannschaft schwor, daß, wenn es darauf ankäme, ihr Kanu genauso schnell wie das Segelboot fahren könnte. Ja, es könnte sogar noch schneller dahinjagen, pfeilschnell wie ein großer Dampfer!

So – ? ?

Karl Vieweg konnte sich das nicht so richtig vorstellen.

Doch, es ist so, bedeutete Moia geheimnisvoll. Er habe beim Abdichten der Ritzen im Boden des Kanus dem Wachs etwas Seegras beigemengt, das habe er neulich von dem Big-Tima (die 'Siar') in Peterhafen abgekratzt. Das garantiere eine genauso schnelle Fahrt wie bei dem Dampfer.

Die anderen nickten vielwissend.

Sie fuhren los. Wambu lag etwa genauso weit entfernt wie Undaga, vielleicht eineinhalb Stunden. Während eines Zwischenstopps bei dem Dorf Watuku auf der Insel Ngoru stieg noch »*Tura, ein großer, dicker Meergreis – laute Stimme*« dazu. Im flachen Wasser vor einer kleinen Insel tummelten sich zahlreiche Fische, darunter einige noch nie gesehene, sehr schön schwarz und orangegelb gezeichnete. Uleitis warf eine Dynamitpatrone – neugierig steuerten die Fische darauf zu – ein Knall –, und schon war es um sie geschehen. Sie wanderten auf die Speisekarte für die Mittagsmahlzeit auf Wambu.

Offiziell war diese Methode des Fischfangs allerdings untersagt. Laut Verordnung des Gouverneurs vom 1.12.1904, Paragraph 1, Abs. I wurde »*mit Gefängnis bis zu 3 Monaten bestraft*«, sollte jemand »*unter Anwendung von Sprengstoffen fischen*« (13). Keiner der Europäer kümmerte sich um die Verordnung, erst recht nicht die auf den entfernteren Inseln, die in hohem Maße von der Fischnahrung abhängig waren.

Wieviel Fisch man mit einer Patrone schießen konnte, war aus einer Notiz vom Tag zuvor ersichtlich. Da hatte Tamone mit zwei Dynamitpatronen 30 kg Fisch geschossen (die am Abend restlos aufgegessen waren)!

Vor Wambu lagen viele kleine Inseln, einige mit etwas Busch bewachsen, andere bestanden nur aus nacktem Fels. Eine von ihnen, zwei oder drei Quadratmeter groß und mehr unter als über dem Wasser, trug sogar eine schlanke Palme. Das Kanu umfuhr die Nordwest-Spitze der Insel mit ihren senkrecht abfallenden Lavawänden, an deren Schichten die zahlreichen früheren Vulkanausbrüche deutlich abzulesen waren.

Die Fahrt war atemberaubend. Es ging zwischen den vielen Inselchen hindurch und entlang zahlreicher Riffe und mehrmals auch über gefährliche Unterwasserriffe hinweg, die fast den Boden des Kanus streiften. Doch die Mannschaft blieb ruhig. Sie wußte Bescheid. An der Südwest-Seite der

Insel tauchte plötzlich schöner Sandstrand auf, ein Dorf dahinter. Kurz davor zog sich quer durch die Insel *»ein marere (Sumpf), in dem es auch Krokodile geben sollte.«* Moia erklärte, daß das Dorf wegen des nahen Sumpfes ebenfalls 'marere' hieß. Einzelne Männer standen am Strand und sahen herüber.

Sie fuhren weiter.

> *»Wir landeten bei einem kleinen Dorf von etwa 5 bis 6 Hütten auf der Südsüdwest-Seite der Insel, dessen Bewohner sich bei meiner plötzlichen Ankunft fast alle in die Hütten flüchteten.«*

Es war das Dorf Lalo.

"Takaile, frag den Big-Fellow-Man da drüben, ob er Hunger hat, dann laden wir alle zum Fischessen ein!"

Und Takaile rief hinüber: *»Cho witolo ni igo – du Hunger mit dir?«*

Und als Antwort kam es zurück: *»Ääh, chao witolo ni jau – ja, der Hunger ist bei mir!«*

Es dauerte nicht lange, bis die Bewohner überzeugt waren, daß der Fremde weder Weiber stehlen wollte, noch mit seinen Begleitern sonst etwas Böses im Schilde führte, zumal einige Leute der beiden Gruppen miteinander verwandt waren. Die mitgebrachten Fische wurden gleich gebraten. Bis sie gar waren, wurden in der Zwischenzeit als sichtbares und demonstratives Zeichen des Friedens Betelnüsse miteinander gekaut.

Auch die Lalo-Leute hatten zur Mahlzeit beigetragen und zwei Kakadus gegrillt. Sie hatten die beiden Vögel nach der bewährten Max-und-Moritz-Methode gefangen: Als Köder wurden ein paar Fruchtnüsse ausgelegt, die jeweils mit einem Bastfaden an einem größeren Blatt angebunden waren. Sobald der Vogel die Nuß verschluckt hatte und davonfliegen wollte, bekam er durch das Blatt sehr rasch Schwierigkeiten und stürzte zu Boden.

Es war ein leckeres Mahl.

Beim Essen drehte jeder dem anderen möglichst den Rücken zu. Das gebot nach Landessitte der gute Ton! Mehrere Leute setzten sich mit ihrem Bananenblatt und dem Fisch darauf sogar abseits hinter ein Gebüsch, denn es gehörte sich einfach nicht, offen voreinander zu speisen, insbesondere, wenn noch Schwägerleute anwesend waren. Der Big-Fellow-Man, so hörte Karl Vieweg von Tamone, war der Schwager seines Freundes Uleitis.

"Uleitis, sag mir, wie heißt der Big-Fellow-Man von Lalo?"

"Masta, der Big-Fellow-Man ist der Bruder von meiner Frau."

"Ja, ich weiß das, Uleitis. Doch sag mir, wie heißt der Bruder deiner Frau?"

"Der Bruder meiner Frau sitzt dort, er ist der Big-Fellow-Man von Lalo."

"Und wie heißt der Big-Fellow-Man von Lalo?"

"Masta, wenn ich seinen Namen ausspreche, kommen in der Nacht ihre

Geister zu mir und strafen mich schwer. Das kann ich nicht tun!"

Richtig, davon hatte er gehört, zu dumm, er erinnerte sich jetzt: Der Ehemann durfte nicht die Namen der Verwandten seiner Frau nennen. Wenn er von ihnen sprechen wollte, dann mußte er die Personen umschreiben. Und sollte Uleitis seinen Schwager sogar direkt mit dessen Namen anreden, dann verfiel er der Todesstrafe. Da wurde kurzer Prozeß gemacht!

Sie waren mit dem Essen fertig. Wasser zum Trinken gab es nicht. Wozu auch. Wer trinken wollte, trank das Wasser der unreifen Kokosnuß, der Kulau. Uleitis erklärte, daß es auf Wambu kein Trinkwasser gäbe.

"Kein Trinkwasser??"

"Nein, Masta. Es gibt aber reichlich Kokosnüsse. Das genügt."

"Und die Hunde?"

"Sie erhalten ebenfalls Kokoswasser."

"Und die Schweine?"

Jetzt lachte der Lalo-Big-Fellow-Man dazwischen: "Die können sich selbst suchen, was sie brauchen. Wenn es länger nicht geregnet hat, bekommen sie auch schon mal eine Kokosnuß. Selbst wenn es in der Regenzeit genügend Wasser gibt, trinken wir nur Kokoswasser – das heißt, wenn die Kinder manchmal etwas Unrechtes getan haben, dann dürfen sie zur Strafe kein Kokoswasser trinken, nur Regenwasser!"

Hier auf Wambu gab es viele Kokospalmen, viel mehr, als die Leute für sich benötigten, ein untrügliches Zeichen, daß die Insel früher, wahrscheinlich bis zur Pockenepidemie, stärker besiedelt war. Karl Vieweg ermunterte die Bewohner, die reifen Nüsse für ihn zu sammeln. Dafür würde er ihnen dann Tabak geben.

Die Insulaner überlegten und palaverten lange miteinander, Karl Vieweg hörte zu. Sie schienen nicht abgeneigt. Ob die heruntergefallenen Nüsse nun am Boden lagen und vergammelten, oder ob sie dafür Tabak bekamen, das war doch ein Unterschied. Das leuchtete ihnen ein! Schließlich hatten sie genug davon und konnten auf diese Weise billig an ihren geliebten Stinketabak kommen. So wurde abgemacht:

> *»Die Eingeborenen sammeln Kokosnüsse und kriegen für je 20 Stück 1 Stange Tabak. Beim ersten Viertel des nächsten Mondes kommt das Boot mit Hu Ah Hoi und holt die Nüsse.«* [22]

Das Dorf war nicht groß, es hatte vielleicht fünfzehn, höchstens achtzehn Einwohner einschließlich der Kinder. Und Karl Vieweg merkte wieder wie überall, wenn er sich nach der Größe einer Familie oder eines Dorfes erkundigte, dann wurden die Alten und Sterbenskranken einfach nicht mitgezählt. Sie waren ja alt und nichts mehr wert, also zählten sie auch

---

22 Da 1 Stange Tabak 11 Pf kostete, war der Gegenwert für 1 Kokosnuß etwas mehr als 0,5 Pf.

nicht.

Er bemerkte ebenfalls, daß mehrere Leute dicke Beine hatten. Einer der Älteren,

»Taneruku, hat einen mächtig dicken Sack. Wambu steht bei den Bewohnern der anderen Inseln in dem Rufe, höchst ungesund zu sein. Man sagte mir, die Leute dort würden nicht alt, sie kriegten geschwollene Beine (Elephantiasis?) und stürben schließlich daran. Unter den Kindern soll die Sterblichkeit besonders groß sein.« (Fünf Jahre später war die Insel bereits unbewohnt.)

Frage an den Big-Fellow-Man: "Wißt ihr, woher diese Krankheit kommt?"

"Ja, das wissen wir", antwortete der und rollte seinen Betelkloß in die andere Backe: "Wenn sich jemand von uns über einen anderen geärgert hat, dann bespricht er einen Gegenstand, zum Beispiel Kalk, und legt diesen versteckt auf den Weg. Wenn der andere, über den er sich geärgert hat, darüber hinweggeht, bekommt er einen dicken Sack oder ein dickes Bein!"

Nächste Frage: "Gebraucht ihr Muschelgeld?"

"Nein."

"Und was trägst du da um deinen Hals, was ist das?"

"Na kaluha – ein Hai." (Die Wirbel eines kleinen Hais waren zu einer Kette aufgereiht)

"Wie groß war der Hai?"

"Betalebakot – nicht groß."

"Fangt ihr oft Haie?"

"Aäh."

"Interessant. Wieviele fangt ihr etwa im Jahr?"

Der Big-Fellow-Man hielt nach einigem Überlegen beide Hände hoch, schloß die Finger zur Faust und legte die Linke darüber.

"So viele?! – Wie bringt ihr es fertig, ein so gefährliches Tier zu fangen?"

"Das kann nicht jeder. Walo kann es. Wenn ein Hai draußen auftaucht, fährt Walo mit seinem kleinen Mon-Einbaum hinaus und lockt den Hai mit einer Rassel und einem Fisch, den er an einer Angel anfangs unter Wasser und, wenn der Hai näher kommt, rasch über Wasser hält. Wenn nun der Hai das Fahrzeug ständig umkreist und nach dem Fisch schnappt, wartet Walo einen geeigneten Augenblick ab, dirigiert dabei eine Schlinge an einem Stock so geschickt, bis der Hai beim Sprung nach dem Fisch da hindurchfährt. Dann zieht Walo blitzschnell zu. Der Hai springt wild hin und her, und dabei erschlägt oder ersticht ihn Walo. Manchmal stürzt Walo dabei ins Wasser. Das ist alles sehr gefährlich. Wir können es nicht. Nur Walo kann es."

"Das ist kaum zu glauben! Wo ist Walo jetzt, ist er hier?"

"Nein, er ist nach Silenge gefahren. Morgen ist er sicher wieder zurück."

"Sag mir, an der Haikette an deinem Hals ist noch etwas anderes, was ist das?"

"Das sind Saatkörner, wir nennen sie 'wiwidi' (Coix-Samen)."

"Fängt der Hai auch Leute aus deinem Dorf?"

"Nicht viele. Es kommt schon mal vor."

"Fangen die Krokodile auch Leute?"

"Das kommt auch vor."

Eine der Frauen neben einer Hütte war mit dem Anfertigen von Behältern beschäftigt. Hierfür benutzte sie Bananenblätter. Es war interessant, ihr zuzusehen. Zunächst entfernte sie den unteren, dickeren Teil der Mittelrippe. Dann zog sie das Blatt durch das Feuer, so daß es geschmeidig wurde. Nun konnte sie es spielend zu Gefäßen, Taschen oder anderem Flechtwerk verarbeiten.

Beim Weitermarsch landeinwärts stieß Karl Vieweg mit seiner Gruppe auf eine verlassene Ansiedlung. In einer der leeren Hütten fanden sie ein frisches Grab mit einem noch glimmenden Feuer darauf. Schließlich kamen sie noch zu einem weiteren Dorf, tiefer im Busch.

Kurz nach Sonnenuntergang traten sie von Lalo aus die Heimfahrt an. Noch während der Abfahrt konnten sie beobachten, wie immer mehr Möwen herankamen, die auf Wambu landen wollten. Moia erklärte, daß Wambu für alle Möwen der Umgebung die Übernachtungsinsel sei. Nun erinnerte sich Karl Vieweg auch, bei Sonnenuntergang auf Mundua hatte er stets die Möwen nach Westen fliegen sehen, also nach Wambu. – Ob die Insulaner die Möwen wohl essen? Im Geäst eines Baumes über den Hütten von Lalo hatte er vorhin fünf Flügelpaare von Möwen hängen sehen. Zur Dekoration? Zur Geisterbeschwörung?? Bei den Baining auf der Gazelle-Halbinsel war ihm ähnliches aufgefallen. Auch sie hatten Flügel in den Bäumen neben ihren Hütten hängen, nur waren es dort die großflügligen Fregattvögel, die eine Spannweite bis zu 2,30 m erreichten. Hier auf den Witu-Inseln konnte er noch keine dieser räuberischen Vögel beobachten, die andere, von der See zurückkommende Vögel so lange im Flug bedrängten, bis sie ihre Beute wieder auswürgten und dem Fregattvogel überließen.

Die Nacht brach schnell herein.

Hoch über ihnen wölbte sich der Sternenhimmel. Keine Wolke, kein Dunst trübte die Sicht. Über dem Horizont leuchtete der Abendstern, die Venus. Nach Auffassung der Tolai an der Blanche-Bucht ging er so früh unter, weil ihn das laute Schnarchen der Menschen störte. Hier auf Mundua und Wambu, so erfuhr Karl Vieweg, nannten sie ihn 'hupu', ein wichtiger Orientierungspunkt auf See, wenn sie im Dunkeln die Richtung verloren hatten.

"Und wie nennt ihr das Kreuz des Südens, dort drüben?"

"Die hellen Sterne – ? Das sind die 'wartamahi', Vater, Mutter und zwei Kinder. Wenn sie höher steigen, ist das ein gutes Zeichen, dann kommt bald der 'ragi' (Südost-Monsun) und bringt uns viele Fische. Deshalb nennen manche dieses Gestirn auch den 'Vater des Südostwindes'."

Der Orion mit seinen bekannten drei Gürtelsternen stand über dem nördlichen Horizont. Uleitis erklärte, was sein Volk zu diesem Sternbild sagte. Sie nennen es *»bole bole na boro«*, das seien *»zwei Männer, die von der Jagd zurückkommen und ein erlegtes Wildschwein zwischen sich an der Stange tragen (bole bole = Tragestock, boro = Schwein).«*

Ziemlich in der Nähe dieses Sternbildes standen sechs oder acht andere Sterne in einer Reihe. Sie waren aber weniger hell als die vom Orion. Sie hießen *»'kapirupiru' – die Jungen oder die Leute. Ein anderes Sternbild weiter entfernt davon mit einem spitzen Winkel heißt 'keinda', die Bambuszange zum Umwenden und Anfassen der im Feuer liegenden Taroknollen. Noch viele andere erklären Uleitis, Moia und Takaile.«*

Dann begann es am östlichen Horizont heller zu werden. Der Mond ging auf – es war der Tag nach Vollmond –, die fast volle Scheibe des Gestirns stieg langsam aus dem Meer herauf. Eine große, rötliche Scheibe. Ihr Licht leuchtete den jetzt schweigend dahingleitenden Kanufahrern.

Auch für die dortigen Menschen war das Erscheinen des Mondes etwas, das Besinnlichkeit ausstrahlte. In den Mythen der Tolai nahm der Mond sogar eine höhere Stellung ein als die Sonne, und den ersten Menschen setzten sie mit dem Mond gleich!

Welche Vorstellungen wohl die Witu-Insulaner von dem Mond haben, das wollte Karl Vieweg gern wissen. Und Uleitis erzählte, eine Mondfinsternis sei etwas ganz Schlimmes. Dann ist der Mond von der Sonne gefangen, und alle Leute im Dorf bringen ihre wenigen Kostbarkeiten auf einen Platz und schenken diese symbolisch der Sonne. Sie opfern ihr auch den Namen einer Frau im Dorf, damit sie den Mond wieder freigibt. Sie rufen dazu: Sonne, laß ihn wieder frei! Auch ein Schwein wird geopfert, geschlachtet.

"So – ? Hilft das?"

"Ja", beteuerte Uleitis mit Nachdruck, "die Opfer haben uns immer geholfen. Schon bald darauf, noch in derselben Nacht, kommt der Mond wieder frei! Nur einmal, es war während des letzten großen Monsuns, da war es schwierig. Da blieb der Mond dunkel. Erst als wir noch ein zweites Schwein geschlachtet hatten, dann kam er endlich wieder frei!"

Erstaunlich, was man alles mit Opfern erreichen konnte! Eine ähnliche Geschichte kannte er von den Küstenbewohnern der Astrolabe-Bai: Wenn der Mond länger von Wolken bedeckt, nicht zu sehen war, zufällig auch noch Neumond oder eine schmale Sichel, bekamen sie Angst und meinten, der Mond sei vom Meer verschlungen, nun würde auch ihr Dorf untergehen ...

Leise glitt das Kanu durch die Dunkelheit dahin, leise klatschten die Paddel im gleichmäßigen Schlag. Eine laue Südseenacht. Kein Lüftchen regte sich. Die See war spiegelglatt. Mit einem Mal fluoreszierte es im Heckwasser, bei jedem Paddelschlag leuchtete das Wasser auf – – – Meeresleuchten!

Myriaden kleiner Meerestierchen verursachten diese Erscheinung. Es geschah immer dann, wenn die ruhige Oberfläche gestört wurde, also durch den Bug des Kanus oder durch das Paddel. Karl Vieweg griff ins Wasser – aufleuchtend rann ihm das silbrige Wasser durch die Finger. Ein seltsam prickelndes Gefühl, zumindest bildete er sich das ein.

Abb. 80: Nächtliche Rückfahrt von Insel Wambu nach Mundua

Karl Vieweg sann vor sich hin. Eine traumhafte Fahrt.

Keiner sprach mehr. Jeder war in irgendeiner Weise von der Allmacht der Natur ergriffen. Es war ein schöner Abschluß eines Tages, wie er sicher nicht oft im Leben wiederkehrt.

Dörfer Rangu und Keroa

S*onntag, 13. Dezember 1908.* Nachts war wieder ein abscheuliches Hunde-Heulkonzert. Er gewöhnte sich nur schwer daran. Einer von diesen Kötern war ganz in der Nähe gewesen, vermutlich hatte er sich in dem Hohlraum unter dem Boy-Haus befunden. Wuppdich, im Schlafzimmer seines Herrn, hätte am liebsten mitgeheult.

Nun war es 5.45 Uhr. Die Sonne mußte gleich aufgehen. Karl Vieweg drehte sich verschlafen auf die andere Seite, schließlich war heute Sonntag. Da räusperte sich jemand auffällig auf der Veranda. Wuppdich war sofort hoch.

Heda! Wer ist draußen – ??

Uleitis aus Karamatta stand vor der Tür. Er war auf Garowe gewesen und gestern erst spät am Abend mit seinem Kanu zurückgekommen. Er hätte Neuigkeiten und hielt es für wichtig, diese den Masta wissen zu lassen.

Also komm rein und schieß los. Und Uleitis erzählte:

In Peterhafen waren vor wenigen Tagen drei Häuptlinge von Kambeira an der Westküste der Gazelle-Halbinsel eingetroffen, Toviringe, Tokotua und Tongani. Sie hatten dem Stellvertretenden Administrator, Herrn L., vorgetragen, daß es in ihren Dörfern jetzt schlecht aussähe, es wären nur noch die Alten und die Frauen da, sie könnten keinen Busch mehr roden, keine Felder bestellen, hätten kaum noch Taro, müßten aber trotzdem die Kopfsteuern zahlen. Um es kurz zu machen, sie wollten, daß sechs ihrer jungen Leute, die auf Mundua und Garowe arbeiteten, ihren Arbeitsvertrag vorzeitig beendeten und mit ihnen wieder nach Kambeira zurückkehrten.

Der Stellvertretende Administrator hätte davon aber nichts wissen wollen, hätte mächtig geflucht und böse Worte gebraucht. Das alles sei übertrieben, er brauche jeden. Im übrigen wolle er den sechs Burschen erst einmal das Arbeiten beibringen.

Und als die drei Häuptlinge baten, sie am nächsten Tag wegen des jetzt unsicheren Wetters in dem großen 'Unea'-Kutter mitfahren zu lassen, der nach Talasea/Villaumez-Halbinsel segeln sollte – ihr Kanu im Schlepp –, da hatte er ebenfalls abgelehnt unter dem Vorwand, das Boot sei voll geladen. Dann hätte er nur noch 'raus!' gerufen, worauf sie gegangen wären.

(Das aus der deutschen Sprache ins Pidgin übernommene Wort 'raus' wurde von den Eingeborenen vielerorts – so auch hier – im Sinne eines Abschiedsgrußes, 'Auf Wiedersehen!', aufgefaßt. Es hat jedoch die gleiche Bedeutung wie im Deutschen.)

Doch die Männer wußten von der Besatzung bereits, daß das Boot leer nach Talasea gehen wird. Für sie war das Maß voll. Nun wollten sie nicht mehr nur nach Hause, sondern gleich weiter bis nach Herbertshöhe paddeln, um sich beim 'big fellow master', dem Gouverneur, über L. zu beschweren. Vielleicht würde er ihre Sorgen verstehen. Mit seiner Ablehnung hatte sich L. bei den Insulanern wahrlich nicht beliebter gemacht.

Karl Vieweg wußte, sie hofften auf seine Hilfe, denn im August, als Parau auf Wunsch von Uleitis nach Karamatta zurückkommen sollte, hatte er das unterstützt, und L. hatte mit Ausdrücken wie 'fauler Kanaker' und anderen lieben, doch überflüssigen Worten zugestimmt. Der heutige Fall lag aber anders. Durch die Fahrt zum Gouverneur spitzte sich jetzt alles zu.

"Uleitis, wenn der Mond wieder halbvoll sein wird, werden wir wissen, wie der Big-Fellow-Master entschieden hat!"

> (Seine Rausschmeiß-Diplomatie bescherte Herrn L. bei Halbmond harte Worte vom Gouverneur – zähneknirschend mußte er die sechs Leute entlassen.)

Den angebrochenen Morgen nutzte Karl Vieweg, um an seine Eltern in Quedlinburg zu schreiben. Am Nachmittag, 14.30 Uhr, ging er mit Arbeiter Dado in Richtung Ihmbe und Kore. Es war ein Erkundungsgang. Er wollte feststellen, ob und wo noch Ländereien lagen, die sich für die Anlage von Plantagen eigneten. Natürlich mußten sie weit genug von den Dörfern entfernt liegen, damit deren Ernährungsbasis in keiner Weise geschmälert würde. Darüber gab es vom Bezirksamtmann strenge Vorschriften.

Auf halbem Weg mußten die beiden um den Ihmbe-Sumpf herumgehen, in dem es zahlreiche Krokodile gab. Ein kaum sichtbarer Pfad verkürzte den Weg direkt am Sumpf entlang.

Hier mußten sie eigentlich durch.

Krokodile waren nicht zu sehen. Die hielten sich auch weiter unterhalb auf, zur See hin. Trotzdem blickte Dado nach vorn und musterte drüben den Rand des Busches. Nur zwei knorrige Baumstämme lagen dort, halb vom Gras überwachsen. Sonst nichts.

"Masta! Masta! Siehst du den Baumstamm – den hinteren – – dort!? Er lag vor ein paar Tagen noch nicht da. Das ist ein großes Krokodil! Mai, mai – komm schnell, wir gehen lieber zurück und nehmen den anderen Weg."

Ein Krokodil sollte das sein – ? ?

Es war kaum zu glauben. Was hatte der Mann doch für Augen!

Der Baumstamm hatte sie sicher längst entdeckt und träumte von einem köstlichen Mahl. Nichts rührte sich drüben. Sie wußten, dem Scheusal war nicht zu trauen. Seinen Karabiner hatte Karl Vieweg nicht bei sich. Der stand zu Hause im Schrank. Am besten, er hörte doch auf das, was die Inselbewohner immer sagten und mied, soweit möglich, diese gefährliche Gegend.

Sie gingen ein Stück zurück und nahmen dann den Hauptpfad. Kurz vor Kore öffnete sich der Wald. Links lag der Berg Boro (auch 'Mboro' = Wildschwein), sie standen vor den Feldern des Dorfes. Hier hatte es also keinen Zweck mehr, weiter nach geeignetem Plantagenland zu suchen. So machten sie kehrt und gingen zur anderen Seite der Insel in Richtung Rangu.

Plötzlich blieb der vorausgehende Dado stehen, sah vorsichtig nach rechts und links, schnupperte.

"Was ist – ?"

"Masta, hier ist eben ein Kuskus gewesen, ich rieche es noch deutlich, ein leckerer Braten."

Mit etwas Einbildung roch es Karl Vieweg jetzt auch (ein Kuskus ist ein Greifbeutler, etwa so groß wie ein Dachs). – Alles Suchen half nichts. Das Tier war längst über alle Berge.

Die kurze Unterbrechung nutzte Dado, um etwas Blattgemüse für die Abendmahlzeit zu sammeln. Es war ein Nachtschattengewächs, das hier in der Niederung sehr reichlich wuchs. Der junge Quedlinburger kannte es als Unkraut von seiner Heimat her. (Am Abend ließ er sich davon eine Probe zubereiten, fand es eßbar, doch etwas bitter.)

Von Kore nach Rangu waren es wohl fünf Kilometer, ein langer Weg in der heute besonders drückend-heißen Urwaldschwüle. Kein Lufthauch war zu spüren. Auch oben in den Kronen der Bäume bewegte sich kein Blatt. Seit es in den letzten Wochen häufiger regnete, gab es auch viel mehr Moskitos. In dichten Wolken umschwirrten sie die beiden Marschierer. Nur weiter, damit man in Bewegung blieb.

Als sie aus dem 'mungo-mungo', dem Urwald, heraustraten und die Hütten von Rangu vor sich liegen sahen, stieß Dado einen tarzanähnlichen Schrei aus. Sofort lief alles neugierig zusammen. Der Weiße ging auf die Gruppe zu und grüßte. Da spuckten die Leute vor sich auf den Boden – sie mußten erst den roten Betelsaft loswerden – und erwiderten den Gruß.

Big-Fellow-Man Koroi hatte aus Anlaß des seltenen Ereignisses sein Lendentuch aus der Hütte mitgebracht. Allerdings trug er es wie ein Kellner apart über dem Unterarm und nicht dort, wo es hingehörte. Erst später legte er es an. Der arme Kerl war stark mit Ringwurm befallen, dieser so weit verbreiteten Hautpilzerkrankung (vgl. Abb. 78).

Sogleich gab es wie immer die bekannte Kulau-Kokosnuß. Ein treffenderes Geschenk konnte es kaum geben. – Hier in Rangu war auch Kabuläo zu Hause, der (wie auf S. 228 zu lesen war) von seiner Stiefmutter zu seltsamer Zweisamkeit vereinnahmt worden war. Der Junge hatte von Geburt her ein zu kurzes Bein und humpelte stark.

Die Männer hatten gerade eine der riesigen Tridacna-Muscheln an Land geschleppt. Der Besucher betrachtete staunend das mächtige Exemplar, das jetzt vor ihm lag. Es hatte einen Durchmesser von sicherlich einem Meter.

Koroi, der das Erstaunen bemerkte, erläuterte schnell:

"Masta, es gibt noch viel größere. Wir hatten einmal eine Muschel, die war fast so lang wie Kabuläo, wenn er sich daneben legt."

"Wie nennt ihr diese Muschel?"

"Wir nennen sie 'bulu'."

"Und was macht ihr damit?"

"Wir machen viel daraus. Wir gebrauchen sie vor allem als Trinkwassergefäße für die Hunde und Schweine. Wir machen auch Schmuck daraus. Als ich jünger war, fertigte ich aus der Muschel Beile und Angelhaken."

Die Tridacna-Muschel siedelte sich besonders gern in der Nähe des Korallenriffs an, weil ihr dort durch die Brandung viele Tierchen zugespült wurden. Um so schwieriger und gefährlicher war es für die Männer, die Muscheln im Brandungsbereich zu finden und auch herauszuholen, ohne dabei selbst gegen das scharfkantige Riff geschmettert zu werden.

Lag die Tridacna-Muschel geöffnet auf dem flachen Meeresboden und wartete auf Beute, so war sie schwer zu erkennen. Trat ein Mann unversehens in sie hinein, dann war es um ihn geschehen (Mördermuschel!). Dem Unglücklichen wurde zumindest der Wadenmuskel durchschlagen, vielleicht auch der Knochen. In vielen Fällen kam der Mann gar nicht mehr lebend zurück, schon gar nicht ein Taucher, der mit den Händen da hineingeraten war.

Nach einer halben Stunde Aufenthalt in Rangu brach Karl Vieweg wieder auf, um mit Dado nach Keroa weiterzugehen. Aber Koroi erhob Einspruch. Er konnte doch den Weißen nicht zu Fuß weitergehen lassen, während er selbst hier ein Kanu am Strand liegen hatte! Nein, das konnte er nicht. Und sein Gast konnte das auch nicht wollen. Der aber wollte viel lieber zu Fuß gehen, wollte jedoch kein Spielverderber sein. So nahm er freundlich lächelnd an.

Nun stiegen sie ins Kanu, außer Koroi noch zusätzlich die Paddler Kollekolle und Kabuläo.

Nach einer flotten halben Stunde erreichten sie Keroa. Im knöchel- bis knietiefen Wasser zwischen Riff und Strand waren mehrere Frauen damit beschäftigt, allerlei Seegetier für das Abendessen zu fangen. Es war Ebbe. Immer mehr Wasserlöcher bildeten sich, in denen es von zurückgebliebenen Fischen aller Art wimmelte. Mit kleinen Netzen filterten die Frauen alles Brauchbare heraus. Jedes Wasserloch wurde genaustens untersucht. Ihre Ausbeute – Fische, Krabben, Muscheln, Seegurken und ab und zu auch einen Tintenfisch – ließen sie in den landesüblichen Netztaschen verschwinden, die ihnen an langen Schnüren vom Kopf auf dem Rücken herunterhingen.

Das Dörfchen Keroa selbst bestand nur aus wenigen Hütten. Big-Fellow-Man am Platze war Ruk, der auch Tanewawelau genannt wurde. Zeichen seiner Würde war ein besonders schön geflochtenes Armband, wie Karl Vieweg es bisher noch nie gesehen hatte. Ein anderer Dorfbewohner, Lambongi mit Namen, besaß ebenfalls ein auffallend schönes Schmuckstück, ein großes Kapkap – in der Witu-Sprache 'marube' oder auch 'marumbe' genannt –, das er an einer dünnen Schnur um den Hals hängen hatte. Wie es schien, war Keroa ein Dörfchen, dessen Bewohner ein besonderes Geschick in der Herstellung von Schmuck besaßen.

Karl Vieweg fand das Kapkap ungewöhnlich schön. Es war außerordentlich fein gearbeitet und bestand aus einer untertassengroßen Scheibe, die aus der Tridacna-Muschel hergestellt und im Sand sorgsam flach geschliffen war. Auf ihr lag eine dünne Schildpattscheibe mit durchbrochener Schnitzarbeit – zart wie eine Filigranarbeit! Und all das war mit einem vergleichsweise doch groben Obsidianmesser herausgearbeitet worden!

Schließlich fragte er Lambongi, ob er ihm das Kapkap überlassen könne, er würde ihm dafür Tabak geben. Der war über das großzügige Angebot hocherfreut, Tabak ging ihm über alles. Und schon wechselten die Gegenstände die Besitzer.

Vom Dorfältesten Ruk tauschte er sich noch *»malia, kaukau und kulau«* (Yam, Süßkartoffeln und Trinkkokosnuß) für zwei Stangen Tabak ein. Dann ging es heimwärts.

Big-Fellow-Man Koroi brachte seinen weißen Gast noch bis Ningau. Es war 18.45 Uhr, als Karl Vieweg dort ausstieg. Noch ein letzter Gruß, dann verschwanden die paddelnden Männer in der hereinbrechenden Nacht.

Zur abendlichen Taromahlzeit gab es zwei kleinere Vögel, die Ulewuwu auf den Leim gegangen waren. Ulewuwu hatte beobachtet, daß die beiden Vögel gern auf einem bestimmten Ast saßen. Den hatte er mit dem äußerst klebrigen Saft der Ngallip-Saat dick bestrichen und sich geduldig auf die Lauer gelegt. Die nichtsahnenden Vögel ließen sich wie immer zur gewohnten Zeit auf dem tückischen Ast nieder und klebten prompt fest.

Nun hatte Tamone den Tisch abgeräumt. Karl Vieweg saß noch eine Weile auf der Veranda und sah auf das Meer hinaus. Gestern war der Postdampfer in Peterhafen eingetroffen, ein Kanu hatte heute seine Post herübergebracht, darunter einen Brief aus Sumatra. Von Noras? Nein – über Noras. Der Brief enthielt die traurige Nachricht, daß Noras, seine Reisebekanntschaft von der Ausreise 1906, an Malaria gestorben war.

Sie war ein fröhliches holländisches Mädchen gewesen, Krankenschwester, Jenny Noras van der Heyden, und wollte für ein paar Jahre an dem Krankenhaus in Médan/Sumatra arbeiten. Mehrere Wochen waren die beiden auf dem Dampfer zusammen gereist, hatten sich kennengelernt. Nun hatte die Malaria sie hinweggerafft. Sie war für immer draußen geblieben wie schon viele andere vor ihr. Es traf ihn hart.

Seit einer Stunde saß er nun draußen. Absolute Windstille, wie schon den

ganzen Tag über. Der Schweiß rann trotz des Nichtstuns am Körper herunter. Sicher würde das Wetter bald umschlagen. In der Ferne ein Grummeln, aber kein Wetterleuchten oder Blitze. Die Moskitos piekten mehr als sonst. Kein Wunder, jetzt, da kein Wind wehte, konnten sie sich erheben und alles Versäumte nachholen.
Er hatte die Petroleumlampe gelöscht. Auf dem dunklen Meer sah er an mehreren Stellen Lichter aufflammen. Das mußten Leute von Karamatta oder Kore sein, die mit ihren Kanus zum Fischfang ausgezogen waren. Unmittelbar westlich von seinem Haus, nur zehn oder zwölf Schritt entfernt, lag die ungeschriebene, aber jedem bekannte Grenze zwischen den Einflußbereichen der beiden Dörfer, und wehe, wenn einer 'versehentlich' im Nachbarbezirk fischte!

Gewöhnlich saßen drei Mann im Boot. Der eine paddelte und steuerte, der andere hielt eine Fackel aus Palmenblättern dicht über der Meeresoberfläche und während sich die Fische neugierig dem Lichtschein näherten, spießte sie der dritte mit erstaunlicher Gewandtheit auf seinen mehrzackigen Fischspeer auf.

Damit die Fische möglichst lange frisch blieben, wurden sie zunächst lebend ins Kanu geworfen, das zu diesem Zweck mit etwas Wasser gefüllt war. Erst nach mehreren Stunden, wenn die Fahrzeuge zu ihren Dörfern zurückgekehrt waren, wurden die Fische getötet. Das, was die Fischer mit der nächsten Mahlzeit essen konnten, brieten oder kochten sie zusammen mit Taro. Alle übrigen Fische wurden zwischen zwei flache, zusammengebundene Holzstäbe geklemmt und über qualmenden Holzfeuern geräuchert.

Schon am frühen Morgen konnte die frische Ware an Siedlungen, die im Inland lagen, weitergeliefert werden. Deren Bewohner durften nicht fischen. Das Recht zum Fischen hatte nur ein Stranddorf.

Natürlich gab es auch andere Arten des Fischfangs. Beliebt war die Netzfischerei, bei der ein über hundert Meter langes und etwa eineinhalb Meter tiefes Netz von einem Kanu aus im Halbkreis von einem Strandstück zum anderen ausgelegt und von den Männern an beiden Enden an den Strand gezogen wurde. Ein derartiges Netz, nur kleiner, hatte er in Ndamanun gesehen. Dort hatte er auch von dem Netz mit der Alarmeinrichtung, dem herausschauenden 'kabili'-Holz, erfahren. Wenn ein Fisch im Netz zappelte, klapperte es oben, und der am Strand hindösende Mann wußte jetzt, daß es Zeit war, wach zu werden.

Auch mit Reusen wurden Fische gefangen. Die Herstellung der Netze und Reusen war ausschließlich Männersache. Andere Lebewesen wie Schweine oder Frauen hatten da nichts zu suchen. Schweine, die sich während der Herstellung dem Platz am Strand näherten, wurden sofort zum Dorf zurückgejagt, weil sie den Platz schon allein durch ihre Gegenwart verunreinigten und dadurch einen glücklichen Fang verhinderten.

Aus dem gleichen Grund durften auch Frauen nicht auf den Werksplatz – geschweige denn, die Netze oder Reusen anfassen. Das ging auf keinen Fall! Das ging so weit, daß sich die dort arbeitenden Männer während der Herstellungszeit der Fanggeräte jeden geschlechtlichen Verkehrs mit ihren Frauen enthielten. Nur so waren sie sicher, daß das Gerät wirklich sauber blieb und der Fisch im wahrsten Sinn des Wortes ins Netz ging. Im besten Fall erlaubte man den Frauen, die zur Herstellung benötigten Rotang- und Faserlasten heranzuschleppen. Es bestätigte sich immer wieder: Frauen und Schweine hatten in vieler Hinsicht den gleichen Stellenwert.

Von der Gazelle-Halbinsel kannte der junge Vieweg die gleiche, seltsame Einstellung: War eine Frau oder ein Schwein versehentlich in oder an eines der Männerhäuser gekommen (die für sie tabu waren), so stand der Abbruch des Hauses bevor, es sei denn, dem Zaubermeister gelang es, gegen Entrichtung einer Gebühr ein Reinigungsmittel bereitzustellen; das war zum Beispiel Kalk, der in den Raum geblasen wurde, unterstützt von einem kräftigen Zauberspruch. – Kleinere Übertretungen eines Tabus waren nicht ganz so tragisch. Jeder war sicher, die zuständigen großen Ahnengeister würden den Frevler schon mit reichlich Unbill überhäufen. Die von ihnen in grauer Vorzeit geschaffene Weltordnung konnte schließlich nicht ungestraft gestört werden.

Karamatta

Sonntag, 20. Dezember 1908. Eine Eigenart der Insulaner schien es zu sein, sich nur das Notwendigste an Früchten zu beschaffen, obwohl sie doch viele Möglichkeiten zu einer reichlichen Versorgung hatten. Das war Karl Vieweg aufgefallen. Wenn er zurückdachte, hatte er das im Unterbewußtsein bereits auf der Gazelle-Halbinsel wahrgenommen. Andererseits war auch deutlich, daß die Insulaner während der Tagesarbeit mal hier und mal da in die Zweige oder ins Gebüsch griffen und irgendeine Frucht in den Mund steckten, die dem Europäer nichts sagte.

Es gab auf den Inseln eine Vielfalt an wilden Fruchtbäumen mit meist apfel- oder auch kirschähnlichen Früchten. Das meiste blieb die Beute der Fliegenden Hunde und der Vögel, und was zu Boden fiel, fraßen die Wildschweine.

Auch dicht bei Karl Viewegs Haus wuchs ein junger Fruchtbaum, der ihm von Friedrich-Wilhelmshafen her ein Begriff, den Leuten hier aber unbekannt war. Vielleicht stammte er von einem seiner Vorgänger, oder aber die Saat war von einem Vogel herübergebracht worden.

Karl Vieweg meinte, dieser Baum könnte ein nützliches Geschenk für Tamone sein, auch für die Zeit, wenn sein Vertrag beendet und er wieder in Karamatta zu Hause war. Tamone war ein guter und williger junger Mann, man sollte etwas für ihn tun. So fuhr er am *»Nachmittag mit Tamone im Kanu nach Karamatta mit einem kleinen Fruchtbaum* ***(Diospyrus discolor).«***

Das Dorf lag nur zehn Minuten entfernt. Der alte Iruna mit seinem Sohn Kapio war da, außerdem noch Lomboi (*»alter Kanaker, Glatze, dicke Backe«*), Uleitis und mehrere andere. Uleitis saß vor seiner Hütte und schnitzte an einer neuen Kopfstütze für die Nacht. Die alte sei ihm bei einem unüberlegten Wurf nach seinem Hund zerbrochen, als der sich gerade an das Abendessen der Familie heranmachen wollte.

Die Hütten von Karamatta waren im Gegensatz zu denen der anderen Dörfer dieser Insel zu ebener Erde errichtet, also nicht auf den sonst üblichen Stelzen. Das hatte Karl Vieweg auf Naraga ebenfalls gesehen. Ob das wohl einen bestimmten Grund hatte? Er fragte Uleitis danach. Der meinte, das sei eben so. – Na schön.

Weiter links waren zwei größere Ferkel mit einem Baststrick an einem der Hinterbeine festgebunden. Es waren Wildschweine, die sich auf diese Weise erst an den Menschen gewöhnen sollten. Arme Schweinchen. Sie schienen sich aber trotzdem wohl zu fühlen. In Kurawu hatte er Hühner gesehen, die auf die gleiche Weise gehalten wurden.

Am Eingang von Uleitis' Hütte lag ein großer schwarzer Obsidianblock im Sand, größer als ein Kopf und sicher 15 kg schwer (s. Abb. 79). So etwas hatte Karl Vieweg hier noch nicht gesehen. Das interessierte ihn.

"Uleitis, sag mal, was macht eigentlich dieser Stein hier, ich dachte, auf Mundua gäbe es keinen 'gari-gari' (Obsidian)?"

"Masta, der Gari-gari ist der Brautpreis, den ich vor Jahren für meine Tochter bekommen habe. Der Stein kommt von der Villaumez-Halbinsel, von dem Dorf Volupai, dort gibt es viel. Wer etwas davon haben will, dem schlagen die Volupai-Kanaka ein Stück von dieser Größe ab."

"Was müßt ihr dafür geben?"

"Sie wollen meist Hunde oder Schweine haben."

"Hier auf Mundua gibt es also keinen Gari-gari?"

"Nein, hier nicht. Aber auf Unea."

"Weshalb fahrt ihr dann zur Villaumez-Halbinsel, die viel weiter weg ist, und nicht nach Unea?"

"Wir tauschen lieber mit den Kanaka von Volupai. Mit den Tamogone-Leuten auf Unea, denen der dortige Gari-gari gehört, bekommen wir leicht Streit, einen der Unsrigen haben sie schon erschlagen. Sie sind nicht unsere Brüder."

"So?"

"Nein, sie sind nicht unsere Brüder. Sie sagen, eine ihrer Urmütter, Katutumaimai, wäre ein überirdisches Wesen, ein menschenähnliches, gewesen, kein richtiger Mensch. Katutumaimai hätte mit ihrem Klan in dem Gari-gari-Gang unter der Erde gelebt und nachts die Anpflanzungen der Tamogone heimgesucht. Eines Nachts war es schließlich dem Tamogone-Mann Tora gelungen, Katutumaimai zu fangen. Er tötete sie aber nicht, sondern brachte sie ins Dorf, wo sie essen und trinken lernte. Auch wurde sie mit vielen Medizinen behandelt. So wurde sie eine richtige Menschenfrau und bekam von Tora zwei Kinder. Das muß lange, lange her sein."

"Glaubst du, daß sie kein richtiger Mensch war?"

"Am Anfang war sie bestimmt kein richtiger Mensch, denn sie hatte Fähigkeiten wie kein anderer der Tamogone-Leute."

"Was waren denn das für Fähigkeiten?"

"Sie hatte ein Gerät aus Stein bei sich, dessen Bedeutung niemand kannte. Sie wußte auch, so wird erzählt, wie man Wunden besser heilen lassen kann."

"Du bist kein Unea-Mann, woher kennst du die Geschichte?"

"Jeder kennt sie. Einer von deinen Leuten in Ningau, Walanga, kennt sie noch genauer. Er kommt von Unea."

Und nach einer Pause ergänzte Uleitis: "Ich wollte aus dem Stein eigentlich Schneidwerkzeuge machen, aber nun haben wir ja eure Messer und die Glasscherben von den Bierflaschen, die viel besser sind. Ich brauche den Stein nicht mehr."[23]

Iruna zeigte Karl Vieweg noch eine runde, enteneigroße, bräunliche Frucht, die er von irgendwoher bekommen hatte, nicht von dieser Insel. Sie wurde zerrieben und zum Abdichten der Kanus gebraucht.

Sie saßen im Schatten eines Baumes. Die Krone über ihnen war von einer Kompanie Webervögel in Beschlag genommen worden. Die etwas zotteligen Nester hingen von den äußersten Enden der Zweige herunter. Auf den fragenden Blick des Weißen erklärte Iruna: "Die 'lelia' bauen ihre Nester immer ganz am Ende der Zweige, dort kommen die Schlangen nicht hin und können so die Eier nicht stehlen."

Während des Gesprächs war auch eine von Uleitis' Frauen vom Feld zurückgekommen. Ein paar Schritte hinter ihrem Mann blieb sie stehen und hörte scheinbar teilnahmslos zu. In der Öffentlichkeit würde sie sich

23 Die Erzählung über Katutumaimai wird auch von Blythe (10) wiedergegeben. Ihr Bericht deutet darauf, daß sich die Gegebenheit vor etwa 250 –300 Jahren zugetragen haben dürfte. Das Wort Katutumaimai bedeutet etwa 'die Einführung der Beschneidung'. Der Name dokumentiert wohl, daß die Beschneidung zu jenem Zeitpunkt erstmalig von der heute ansässigen Bevölkerung praktiziert wurde.
Bei dem erwähnten steinernen Gerät handelt es sich um einen Mörser. Derartige Mörser werden in Papua-Neuguinea verschiedentlich gefunden und stammen von einer unbekannten Vorbevölkerung, zu der wahrscheinlich auch Katutumaimai gehört hat.
Obsidian von der Villaumez-Halbinsel wird vermutlich schon seit über 11 000 Jahren für Werkzeuge und Waffen genutzt (54) und seit über 3 000 Jahren *»mehrere tausend km«* weit gehandelt (1).

nie neben ihren Mann stellen ... das würde sie nie tun ... das wäre entwürdigend für ihn ... ein paar Schritte hinter ihm – ja, das erlaubte die Etikette. Genauso wie es sich auch nicht ziemte, Gefühlsäußerungen für den Ehepartner vor anderen zu zeigen, noch dazu vor einem Weißen! Nein, das würde sie nie tun.

Der schmale Strand von Karamatta war übersät mit Treibholz, mehrere Stämme lagen wie aufgereiht. Es war Monsunzeit, und die Wellen aus Nordwest hatten zu den alten Stämmen neue hinzugetragen. Die Insulaner waren darüber gar nicht so unglücklich, denn nicht selten fand sich unter dem Strandgut ein geeigneter Baum, aus dem sich ein Kanu heraushauen ließ. So auch hier: Einer der Stämme war bereits aus dem Bereich der Wellen bis an die Hütten heraufgerollt worden.

"Uleitis, ist das Treibholz nicht zu minderwertig, um daraus ein Kanu zu bauen?"

"Es kommt darauf an, Masta. Wir sehen, welches Holz noch gut ist. Was länger im Wasser gelegen hat, nehmen wir natürlich nicht, das hat Würmer. Die schmecken aber lecker!" Und er lachte dabei.

"Und aus welchen Bäumen macht ihr die besten Kanus?"

"Am liebsten nehmen wir das Holz des Wanga-Baumes und des Airima-Baumes. Auch der Kapiaka (Brotfruchtbaum) und der Ngallip (Kanarinuß) sind gut. Der Stamm hier vorn bei der Hütte, den wir aus dem Meer gezogen haben, ist ein wilder Mango. Er ist auch gut. Wir werden ihn in den nächsten Tagen bearbeiten."

"Früher", so ergänzte der alte Iruna, "hatten wir Muschelbeile, mit denen wir die Kanus heraushackten. Die Beile mußten wir uns erst aus der großen Bulu-Muschel herstellen. Du kennst sie. Bis ein Kanu fertig war, hatte sich der Mond mehrere Male gefüllt", und zur Bestätigung bog er nach einigem Überlegen nacheinander alle fünf Finger seiner linken Hand zur Faust ein und dann auch noch einen Finger der rechten Hand. "Ja, so lange haben wir daran gearbeitet. Heute haben wir die eisernen Hohlbeile, die du uns gegeben hast, da geht alles viel, viel schneller." Und immer noch staunend über den Fortschritt, schüttelte er den Kopf.

Die beiden Karamatta-Kanus, die oben auf dem Strand lagen, hatten weder Mast noch (Bast)Segel. Der enthusiastische junge Vieweg fertigte eine Zeichnung von einem der beiden Fahrzeuge an und gab eine generelle Beschreibung:

> *»Von jedem Paar der aus Ästen des Mangobaumes gefertigten Gabeln ragt fast stets etwa 1 bis höchstens 1 1/2 m ein schrägstehender, niemals gerader, sondern etwas hin und her gekrümmter, manchmal mit kleinen Ästen versehener Mangostock in die Höhe, an dem Bastbüschel oder Muscheln zur Verzierung befestigt sind. Alle einzelnen Teile des Kanus wer-*

den mit den schon erwähnten, außerordentlich dauerhaften Ranken einer Schlingpflanze verbunden, seltener mit gespaltenem Rotang (von der Rotangpalme, Rohrstock, spanisches Rohr!), der nicht so fest und widerstandsfähig ist. An den beiden Enden des Kanus werden Schnitzereien angebracht, in denen meistens stilisierte Fische zu erkennen sind.«

Ohne diese reich verzierten Kanusteven wurde kein neugebautes Fahrzeug zu Wasser gelassen, sonst fehlte der Schutz der Ahnengeister. Es würde kentern und untergehen.

»Die Kanus haben auch Namen – ich spreche nur von den Witu-Inseln, wie es woanders ist, weiß ich nicht genau –, so heißt z.B. eines, das ich mir schon häufig von den Karamatta-Leuten geliehen habe, 'kakambe' (Schmetterling), ein anderes, gleichfalls von Karamatta, heißt 'baku mai' (man immer langsam voran; wörtlich: Es kommt nachher). Ulewuwu von Päko, dem ich meine Flinte gegeben habe, damit er täglich Tauben für mich schießt, pflegt sein Kanu, wenn er es nicht benutzt, auf ein im Wasser erbautes Gerüst zu schieben; das Kanu heißt deshalb 'es kommt rauf, es geht hoch'.«

Uleitis, Iruna und die anderen waren neugierig näher getreten, als Karl Vieweg die Umrisse des Kanus mit den Fischen an der Backbordwand und den Nautilus-Muscheln an den beiden Stöcken in seinem Notizbuch festhielt. Sie sahen, wie er zeichnete und schließlich alles zuklappte und einsteckte. Nun war ihr Kanu hier draußen auf dem Strand und auch drinnen beim Masta in der Hosentasche (s. Abb. 81).

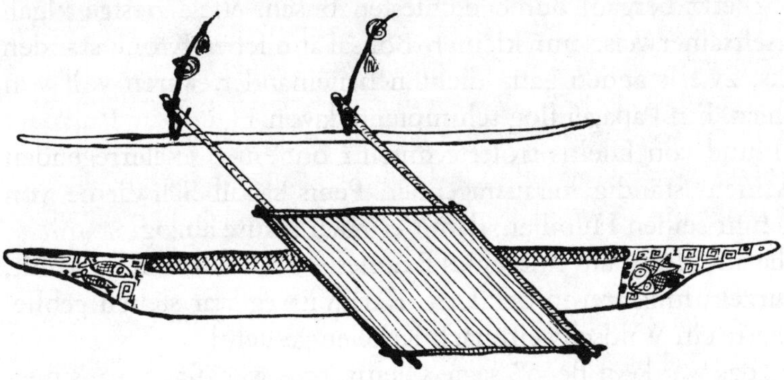

Abb. 81: Kanu von dem Dorf Karamatta, Insel Mundua

Dann sprachen sie über den mitgebrachten Fruchtbaum, den keiner von ihnen kannte. Iruna meinte abwägend: "Ob er wohl so groß wird wie ein Kapiaka-Baum? Der Kapiaka mit seinen großen Früchten ist der wichtigste Fruchtbaum für uns. Wir ernten zweimal im Jahr. Sieh dort drüben, Masta, der Manki Nurre ißt gerade davon."

Nurre, der Junge mit den seltsam hellen Haaren und einem geschlossenen Auge, hatte sich vorhin eine der 2 bis 3 kg schweren Früchte vom Baum geholt und schälte daran herum.

Ob der Masta schon einmal davon probiert hätte?! Nein, er hatte noch nicht.

So schnitt Nurre fein säuberlich ein Stück ab und gab es ihm. Es war ein Stück grauweißes Fruchtfleisch mit Kernen, sehr appetitlich sah es nicht aus. Die Kerne waren mit einer harten Schale umgeben, er mußte sie aufknacken. Sie schmeckten gut, wie eine weiche Mandel. Aber auch das Fruchtfleisch sollte er mitessen. – Das schmeckte nicht ganz so gut.

Wo also sollte nun der Fruchtbaum gepflanzt werden, den er mitgebracht hatte?, fragte Tamone etwas ungeduldig. Uleitis meinte, er könnte gleich hier vorn stehen, aber Tamone wollte ihn lieber auf seinem eigenen Land bei dem Dorf Kari haben. Also gut.

Die Drei brachen auf – Iruna blieb im Dorf zurück – und verschwanden im Wald in Richtung Kari, das auf dem Höhenrücken zwischen Karamatta und Rangu auf der Südseite der Insel lag.

Anfangs sahen sie auf ihrem Weg durch den Busch noch viele Betelnuß-Palmen (Areca-Palmen), das untrügliche Zeichen, daß sich hier eine Ansiedlung befand. Zwischendurch waren auch einzelne Limbong-Palmen zu sehen, aus denen der stets wellige Fußboden in den Hütten der Insulaner hergestellt wurde. Limbong- und Betelnuß-Palmen sahen sich sehr ähnlich, der Betelnußstamm war jedoch grüner, beide wiederum ähnelten sehr dem schlanken Bambus.

Der Pfad ging jetzt bergauf durch dichtesten Busch. Viele riesige Ngallip-Bäume mit seltsamerweise nur kleiner, Bonsai-ähnlicher Krone standen rechts und links, zwei standen ganz dicht nebeneinander, waren voll von Webervogelnestern. Ein Papagei flog schimpfend davon.

Der magere Hund von Uleitis trottete mit. Er bot einen ekelerregenden Anblick. An seinem ständig herausragenden Penis saßen Schwärme von Fliegen. Uleitis fuhr seinen Hund an, damit er nach Hause abzog.

An einer Stelle am Hang, am Fuß eines Baumes, war die Erde aufgewühlt, ein Teil der Wurzeln hing frei in der Luft. Karl Vieweg war stehen geblieben. Hier also hatte ein Wildschwein nach Knollen gesucht!

"Nein, Masta, das war kein Boro", sagte Uleitis, "das war Navolo aus meinem Dorf. Der hat hier gegraben, um aus den Wurzeln dieser Schlingpflanze den Saft aufzufangen. Wenn wir ein wenig davon ins Meer schütten, sterben alle Fische in der Nähe. Sie schmecken genauso wie die, die wir mit dem Netz fangen. Wir kennen mehrere dieser Giftpflanzen. Diese hier heißt 'tuwa'."

Eine Schlingpflanze sollte das sein? Für den Mitteleuropäer war das keine Schlingpflanze, sondern ein normaler Baum. Erst als er weiter nach oben sah, stellte er fest, daß sich der Baum um andere Stämme herumwand. Also doch.

Plötzlich war der eklige Köter wieder da. Ohne noch ein weiteres Wort zu verlieren, nahm Uleitis eine schwere Kokosnuß auf und stieß sie, während er mit Karl Vieweg sprach, ganz nebenbei in Richtung Hund, der, nichts Böses ahnend, dahertrottete und mit einem gellenden Schreckensschrei gerade noch ausweichen konnte. Nun hatte er die Nase voll und zog endgültig nach Hause ab.

"Mai – komm", ließ sich jetzt Tamone vernehmen, er wollte endlich seinen Fruchtbaum gepflanzt haben, und wie zur Bestätigung schlug er mit seinem Haumesser in den Stamm des nächsten Baumes, daß es nur so krachte. Es war nicht der erste Hieb, den der arme Baum über sich hatte ergehen lassen müssen. An vielen Bäumen längs des Pfades waren Narben zu sehen.

"Sag mal, Tamone, warum schlagt ihr eigentlich immer mit eurer 'neissi' auf die armen Bäume ein? Was hat das auf sich? Ist das eine Angewohnheit, oder bekämpft ihr damit irgendwelche Geister?"

Tamone sah etwas verlegen auf, nein, dieses Mal wären keine Geister mit im Spiel, das Hauen mit der Neissi würde jeder so machen, auch in Kore und Kurawu und in den anderen Dörfern machten sie es so.

Vielleicht, dachte sich Karl Vieweg, stammte die Bewegung noch aus der Zeit, als sie ihre Pfade durch den Urwald schlagen mußten. Wahrscheinlich war es auch so. Bei den Tolai auf der Gazelle-Halbinsel hatte er es auch beobachtet. Bei den Baining war es noch schlimmer gewesen. Kein Baum im Umkreis eines Dorfes, der nicht übel zugerichtet war, natürlich mit Ausnahme des Kabulucha-Baumes, aus dem sie ihre Tapa-Matten herstellten.

Während solcher Gespräche und Gedanken stieg der Weiße schweißtriefend mit den beiden anderen Männern bergan, bis sie auf ein kleines Plateau mit einzelnen Hütten stießen. Hier hatten mehrere Familien ihre kleinen Ländereien. Ein großer Teil davon gehörte Lambongi aus Keroa, von dem Karl Vieweg vor einer Woche das schöne Kapkap bekommen hatte. – Auf der gegenüberliegenden Seite des Plateaus konnte er tief unten zwischen den Bäumen bereits das Meer sehen.

Hier also wollte Tamone sein Bäumchen pflanzen. Und so tat er es auch. Mit dem langen Haumesser war schnell ein Loch gegraben und das Bäumchen eingepflanzt.

Dann trat die Gruppe den Rückmarsch an.

Weihnachten 1908

Am ***Freitag, den 25. Dezember 1908***, schrieb Karl Vieweg an seine Eltern in Quedlinburg:

»Gestern habe ich am Heiligen Abend Weihnachten gefeiert. Am Vormittag war ich mit meinem Koch Tamone in dem kleinen Kanu der Station losgefahren, erst in die Bucht der Insel Ngoru, um Fische mit Dynamit zu schießen. Wir fanden hier aber keine und fuhren in dem größeren Kanu meines Schießjungen Ulewuwu, den wir von Päko abholten, zurück an der Station vorbei und nach dem Riff von Ihmbe, einer kleinen, sumpfigen Ebene zwischen Station Ningau und dem Dorf Kore. Hier hielten sich viele Fische auf, teils in den vielfach durchlöcherten und durchbrochenen Seiten der Korallenblöcke, die wie große Pilze auf dem am Ufer flachen Meeresboden stehen, teils zwischen und auf den Riffen.

Ich ließ Tamone die Patrone mit der angezündeten Schießschnur wegwerfen, da er wiederholt große Geschicklichkeit darin gezeigt hatte. Zischend fliegt die mit einem angebundenen Stück Koralle beschwerte ca. 12 cm lange Patrone ins Wasser zwischen zwei große Korallenblöcke, wo wir einen Fischschwarm sich tummeln sahen. Die Patrone sinkt unter, und wenige Sekunden später erfolgt ein Krach, das Wasser wird fast einen Meter hoch geschleudert, und eine Schmutzwelle quillt aus der Tiefe herauf. Auch im Kanu spürte man einen starken Ruck bei der Explosion.

Nachdem sich das Wasser ein wenig geklärt hat, zeigen sich die auf dem Rücken liegenden oder auf der Seite schwimmenden Fische im Wasser. Ulewuwu und Tamone haben inzwischen ihre 'Wertsachen' wie Perlenhalsband, Bambushaarkamm, Messer, das im Armring steckt, Tamone auch sein Lendentuch abgelegt (Ulewuwu hat sich bis heute noch nicht mit dem Luxus eines Lendentuchs vertraut machen können), und mit wasserrattenartiger Geschwindigkeit greifen sie die oft noch zappelnden Fische, an denen äußerlich nur selten eine Verletzung wahrzunehmen ist. Einen Fisch zwischen den Zähnen und in jeder Hand zwei oder drei, so kommen sie wieder hochgetaucht.

Die wunderbarsten Fischformen kommen da zum Vorschein! Bei einer Art ragen wie bei einem Eber aus dem Ober- und Unterkiefer seitlich je zwei krumme Zähne hervor. Verschiedene Formen von Schleierschwänzen haben wir schon gefangen, viel schöner gefärbt als ich sie im Aquarium von Neapel gesehen habe.

Ich suchte mir einen großen Fisch für meine Tafel aus, während ich die übrigen – 2 große Körbe aus Palmblattblättern voll – den Arbeitern zum Weihnachtsschmaus überließ.

Abends machte ich schon um 1/4 6 Uhr Schluß mit der Arbeit. Die Leute traten an und kriegten jeder eine Stange Tabak. Später, wenn der Kutter von Peterhafen nachträglich die Weihnachtsgeschenke bringt, kriegt jeder 1 Lendentuch, 1 Maultrommel, 1 Fingerring oder ähnliches, die besten bekommen noch etwas extra, z.B. ein einfaches Taschenmesser oder eine bunte Porzellanpfeife mit Mundstück aus Hartgummi.

Dann bekamen alle Kranken einen neuen Verband (meist Unterschenkelwunden). Hu Ah Hoi bepinselte, wie jeden Abend, die mit Krätze behafteten Leute mit Perubalsam, und ich dekorierte nun eiligst meine Bude mit Blumen und einem großen Kasuarinenzweig, den ich mit roten Blumen besteckte und so an der Wand befestigte, daß er über den Tisch hinweg weit ins Zimmer ragte.

Tamone hatte unterdessen im Kochhause seines Amtes gewaltet, die andere Hälfte des Fisches gebraten – die eine hatte ich schon zu Mittag gegessen – und 'Kartoffeln' gekocht, das heißt eine der Süßkartoffel ähnliche Knollenfrucht, die die Eingeborenen hier viel anpflanzen; sie rankt sich an zu diesem Zweck in die Erde gesteckten Stöcken hoch und heißt in der Eingeborenensprache 'malia' [Yam]. Die Ranken sind mit Stacheln versehen und haben fettglänzende Blätter. Man pflanzt eine große oder zwei kleine Knollen in ein Loch und erntet, wenn die Ranken trocken sind, von jeder Pflanze etwa 10 bis 20 Knollen.

Also gebratenen Fisch mit Malia gab es gestern am Heiligen Abend, dazu Tee mit einem Schuß Rotwein, als zweiten Gang Brot und Thüringer Leberwurst (letztere aus Dose), zum Schluß Vanillepudding. Seine Ingredienzen waren: 1 Päckchen Monopolpuddingpulver, 1 Ei, 1 Tin = 1/2 l Milch, 2 gehäufte Löffel Maismehl (aus Tin), Zucker nach Tamones Gutdünken, ca. vier Löffel oder fünfe. Alle meine Puddings schmecken stets vorzüglich – ich fabriziere Mandel-, Vanille-, Himbeer-, Zitronen- und Schokoladenpudding, alles mit Monopolpuddingpulver –, nur haben sie immer mehr den Charakter von Creme als von Pudding, ihr Geschmack aber ist über jeden Einwand erhaben!

Während die Jungen im Kochhause den letzten Pudding mit Cremecharakter aus der Suppenterrine schleckten und dann kunstvoll eine Ananas schälten, suchte ich einige Geschenke für sie zusammen, steckte sieben in meinem Besitz befindliche Kerzen an, ließ auch Hu Ah Hoi rufen und die ganze Gesellschaft reinkommen. Jeder bekam 5 Stangen Tabak, Biskuits, Manila-Zigaretten, 1 Tin Corned Beef, 2 Lendentücher, 1 Arm- und 1 Fingerring, 1 Maultrommel, 5 Schachteln Streichhölzer und Tomeawe als rangältester Diener noch eine schön gelb und weiß karierte Porzellanpfei-

fe extra. Dem braven Hu Ah Hoi gab ich einen abgelegten weißen Anzug und einem Landsmann und Freunde von Tamone, namens Tungäwa aus Karamatta, den ich seit 8 Tagen hier in Pflege habe, einige Kleinigkeiten und 1 Lendentuch, da er immer nackt herumläuft, wie alle Eingeborenen. Heute früh hat er es aber schon an Tamone weiterverschenkt. Vor etwa 10 Tagen brachten ihn die Eingeborenen im Kanu an mit zwei ganz scheußlichen, tiefen, eitrigen Wunden an beiden Unterschenkeln, die natürlich stanken wie der Deubel, die größte maß 10 cm im Durchmesser mal 12 cm; die andere, halb so groß, ist in den nächsten Tagen geheilt.

Nach der Bescherung braute ich mir eine Ananasbowle. Wein und Sodawasser hatte ich in Ermanglung von Salpeter im Winde auf der Veranda gekühlt, mit übergestülpten nassen Strohhülsen.

Nachdem alle Vorbereitungen getroffen waren, streckte ich mich auf meinen Sorgenstuhl, links von mir die Bowle, rechts ein Teller mit leberwurstbestrichenen Biskuits und daneben der kleine Musikapparat. Draußen hörte ich, wie Tomeawe den anderen Jungen vom vorjährigen Weihnachtsfeste in Kokopo erzählte, von den großen Kasuarinen mit vielen Lichtern im House Drink, wo alle Europäer zusammengekommen wären und gesungen und getrunken hätten; und zum Schluß wären fast alle longlong gewesen – oh so longlong (besoffen), auch der kiap (der Bezirksamtmann).

Die Bowle wäre den Herbertshöhern wahrscheinlich zu warm gewesen, mir aber schmeckte sie vorzüglich. Ich trank und sang und dachte abwechselnd an Euch, an frühere Weihnachten und an meine Bowle. Um 1/2 2 Uhr, als ich alle mir bekannten Lieder mindestens einmal mit schmetternder Stimme durchgesungen hatte, war meine Bowle zu Ende, und ich ging aus diesem Grunde zu Bett.«

Das Beschneidungsfest

Das Beschneidungsfest war in weiten Teilen des Bismarck-Archipels und auf Neuguinea das größte und bedeutsamste aller Feste. Es gab allerdings örtlich erhebliche Unterschiede. Auch wurde bei einigen Stämmen überhaupt nicht beschnitten, hierzu gehörten die Tolai und die Baining auf der Gazelle-Halbinsel. Da über die Witu-Inseln nur bruchstückartige Angaben bekannt sind, stützt sich die Wiedergabe der Gebräuche der Initiationsfeiern in erster Linie auf die für Neuguinea vorliegenden Berichte.

Wesentliche Voraussetzung für das Fest war zunächst eine genügende Anzahl Schweine, denn geladen waren auch die Beschneidungskandidaten benachbarter Dörfer und Inseln. Begleitet wurden jene von ihren männlichen Angehörigen und Freunden. Jeder wollte mit dabei sein (das heißt, jeder wollte Schweinefleisch essen). Weil alles eine teure Angelegenheit war und sich dies niemand so schnell wieder leisten konnte, fand das Fest auch nur alle paar Jahre, oft nur alle zehn bis zwanzig Jahre, statt, mal in diesem Dorf, mal in jenem. Deshalb waren unter den Kandidaten auch alle möglichen Altersgruppen vertreten, vom Säugling bis zum verheirateten Mann.

Das Fest war eine reine Männerangelegenheit. Die Frauen durften von der eigentlichen Beschneidung nie etwas erfahren. Das ganze Tamtam hörten sie nur aus der Ferne. In einigen Gegenden, nicht auf den Witu-Inseln, wurde ihnen eine kultische Handlung erzählt, die sich im großen und ganzen um den folgenden Kern rankt (62):

> Im Wald haust ein Ungeheuer, das die Jungen demnächst verschlingen wird. Wenn man dem Ungeheuer jedoch genügend fette Schweine vorsetzt, wird es die Jungen wieder auswürgen und statt dessen lieber die Schweine fressen.

Also mästete jede betroffene Mutter wie besessen ein Schwein, um ihr Kind zu retten. Die Beschneidungswunde war dann später die Stelle, an der das Ungeheuer den Jungen versehentlich gebissen hatte.

Auf den Witu-Inseln hingegen wurde und wird beim Beschneidungsfest, dem 'vatomutomu', das fette Schwein seltsamerweise durch eine magere Heuschrecke ersetzt: Aus der geraspelten Kopra einer Kokosnuß wird die Milch herausgepreßt, in einer Kokosnußschale aufgefangen, gekocht, eine Heuschrecke hineingetan und alles zusammen dem 'großen Geist' präsentiert, der mit diesem dürftigen Mahl offensichtlich stets zufrieden ist.

Bei einigen Stämmen wohnten die Kandidaten in den Wochen vor dem Fest in einer einsamen Hütte, entfernt vom Dorf. Keine Frau durfte in ihre Nähe kommen. Bei anderen Stämmen fand die gesamte Prozedur im Dorf selbst statt. Dann mußten sich die Frauen solange abseits im Wald Hütten errichten und dort wohnen. Die Beschneidungsanwärter durften in dieser Zeit nur wenig essen und kein Wasser trinken. Kokoswasser war jedoch erlaubt. Dabei magerten sie verschiedentlich *»zu Skeletten ab«* (33). Wasser sollten sie deshalb nicht trinken, damit die Wunde nachher nicht so blutete!

Einige Männer machten in diesen Wochen wiederholt mit einem Schwirrholz Brummgeräusche, um den Frauen die Gegenwart und die Unzufriedenheit des Ungeheuers vorzutäuschen (und sie damit zu ermuntern, nicht mit dem Mästen nachzulassen). Auf den Witu-Inseln trat das Schwirrholz ebenfalls in Aktion, sein Brummen galt jedoch als die Stimme eines

Geistes!

Am Beschneidungstag selbst steigerten sich die Geräusche zu einem Höllenlärm. Da wurden Dutzende dieser Schwirrhölzer geschwungen, und verstärkt durch die verschiedenartige Befestigung mit Bast oder an 3 – 4 m langen Bambusstangen, entstanden höhere oder tiefere Geräusche. Von den Tami-Insulanern erzählt Missionar Bamler (7), daß das Schwirren der kleineren Hölzer *»wie das wütende Gekläff eines zornigen Köters klingt. Bei ruhigem Wetter hört man das Summen von Tami bis nach Jabim, drei bis vier Stunden weit.«* Also etwa 15 km weit.

Daneben wurde noch getutet, getrommelt, gesungen und geschrien. Dazwischen das Heulen der Hunde, wenn einer von ihnen gerade gegrillt wurde.

Auf den Witu-Inseln waren einige der Festteilnehmer mit über einem halben Meter hohen Bastmasken verkleidet. – In Bogadjim an der Astrolabe-Bai wurden zu diesem Fest *»10 – 12 große Holztrommeln aufgestellt, die nun 2 Wochen lang nicht ruhen. Tag und Nacht werden sie mit großen Keulen von je 2 Mann in verschiedenen Takten geschlagen ... Jedem Trommel*schläger *steht ein Mann zur Ablösung zur Seite«* (33).

Das Singen und Brüllen war besonders wichtig, weil damit die Schmerzensschreie der Jungen bei der Beschneidung übertönt wurden. Missionar Hoffmann (26): *»Es war die reine Schlächterei, denn die Operation wurde mit Bambusmessern ausgeführt. Vier Männer hielten den jeweiligen Jungen fest, und über einem schmutzigen Stein verrichteten die beiden Alten ihr Handwerk.«*

Das blutige Messer wurde für den nächsten Kandidaten nicht gereinigt, höchstens am Oberschenkel kurz abgewischt. Infektionen waren an der Tagesordnung.

Die Art der Beschneidung war unterschiedlich. Bei den Kai wurde der Rundschnitt nach Art des Hauses Israel durchgeführt (27), bei anderen wurde nur die Vorhaut geritzt oder 1 bis 2 cm weit aufgeschnitten. Bei den Bukaua – man glaubt es kaum – wurde sogar die Eichel gespalten (7). Kleinkinder und Säuglinge beschnitt man gar nicht oder gab ihnen, um der Pflicht zu genügen, ein Tätowierungsschnittchen auf den Po. Sie waren dann beim nächsten Mal dran.

Auf den Schouten-Inseln (53) vor der Neuguinea-Küste wurde neben dem Rundschnitt noch eine zusätzliche Maßnahme praktiziert: Auf der Unterseite des Penis wurde die Harnröhre am Körperansatz etwa 2 bis 3 cm aufgeschnitten. Das Ergebnis kam beim Geschlechtsverkehr bis zu einem gewissen Grad einer Verhütungsmaßnahme gleich, war aber nicht eigentlich Sinn der Sache. Mit dem aufgefangenen Blut wurde der Initiand bestrichen. Er stellte von nun an ein vollwertiges Mitglied der Gemeinschaft dar. Die blutige Prozedur diente vor allem der Reinigung des Körpers und wurde nach längerer Zeit periodisch wiederholt, wobei die Öffnung immer größer wurde. Bei der Frau war eine ähnliche Säuberungsmaßnahme nicht notwendig. Sie reinigte sich regelmäßig durch die Menstruation.

Die Kai fingen das abtropfende Blut in Kokosschalen auf und trockneten es ein. Später rührten sie es mit Wasser und Kräutern an und gaben den Jungen diese Frühlingssuppe zu trinken. »*Wer sich zu trinken sträubt, wird dazu gezwungen. Die Männer packen ihn fest, drücken ihm den Mund in die Schale und quälen ihn, bis er nachgibt*« (27). Diese Mixtur sollte die Zeugungskraft erhöhen. Die Sulka auf der Gazelle-Halbinsel waren nicht der gleichen Auffassung. Sie wußten von ihren Ahnen, die Beschneidung selbst reichte zur Erlangung der Zeugungskraft aus.

Im allgemeinen floß wenig Blut. Konnte jedoch eine Blutung nur schwer gestillt werden, drückten die Männer glimmende Holzkohle auf die Wunde. Gelegentlich kam es dennoch vor, daß ein Junge verblutete. Dann wurde er an Ort und Stelle eingegraben und der Mutter später erzählt, das Ungeheuer hätte ihn nicht wieder ausgespuckt, weil das gelieferte Schwein nicht fett genug gewesen wäre. Der wissende Vater fügte sich schweigend seinem Schicksal.

Die gesamte Beschneidungsprozedur symbolisiert das Töten und die Wiedergeburt des Initianden. In bestimmten Berggegenden Neuguineas werden deshalb die zu Beschneidenden noch heute mit stumpfen Pfeilen beschossen (23).

Der Junge sollte nun von der schon allzu langen Mutterbindung gelöst werden – er wurde also durch das Ungeheuer verschlungen, das bisherige Leben damit ausgelöscht. Nun spuckte ihn das mythische Wesen freundlicherweise wieder aus, und damit begann ein neues Leben – nunmehr als Mann.

In jenen Wochen schwelgten die Männer in Schweinefleisch. Einige der Schweine mußten den Gästen lebend überlassen werden. Das war so üblich. Die Zahl der nacheinander eingetroffenen Gäste konnte manchmal über 100 oder 200 sein! Sie nahmen die Schweine vorzeitig mit nach Hause, denn zu lange hielten es die fremden Gäste so dicht beieinander nicht aus. Das war ihnen einfach nicht geheuer. Erst bekriegten sie sich immer, und nun sollten sie plötzlich friedlich beieinander sitzen. Das fiel auf die Dauer nicht leicht. Doch während der Beschneidungszeit hatte jede Feindseligkeit zu ruhen, das war ein altes Gesetz. Möglicherweise hatte der eine oder andere bei dem Gedränge auch ein Gesicht wiedergesehen, das er besser nicht gesehen hätte. Anstehende Morde mußten aber wohl oder übel verschoben werden. Man redete auch nicht laut miteinander. Das gehörte sich nicht. Laut mit jemandem aus einer anderen Sippe oder einem anderen Dorf zu reden – das bedeutete praktisch schon Krieg!

Die restlichen Schweine wurden nun zerteilt, gebraten und vertilgt. Es wurde in den Bauch hineingestopft, was nur hineinging. Verständlich, daß manches in der finsteren Enge nicht drinbleiben wollte. Der nur an große Taro-Massen gewöhnte Magen machte da einfach nicht mehr mit. Bekannt dazu ist die Geschichte vom alten Ninggang aus dem Kai-Land, der aufgrund schlimmer Erfahrungen kommen sah, was kommen mußte und sich deshalb beim Schlemmermahl sehr zurückgehalten hatte. Um so schlimmer hieben seine Genossen drein. Nun lagen sie am Boden, krümmten sich und gaben alles wieder von sich. Währenddessen saß der alte Ninggang vergnügt vor seiner Hütte und sah sich die Bescherung an. Überliefert ist das folgende Lied, das er dazu gesungen hat (41):

»O u – gelegele, u gele u – gelegele.
Jai kaka bimbing ona honepe.
O musanggu landing bame kuli gpae;
mulale honepe honepe.

Oh Gewimmel von Maden und Schwärme von Mücken!
Oh Bruder, sieh nur, was sich dort auf dem Boden befindet.
Oh Nordwind, du hast die Leute umgeworfen und schaukelst dich
auf den herabhängenden Fäden ihres Erbrochenen;
wenn nun erst der (noch stärkere) Südwind kommt,
da gibt es etwas zu sehen!«

Die Frauen sahen von den Fleischfreß-Orgien natürlich nichts. Nur das Ungeheuer fraß bekanntlich das Fleisch und ließ nichts übrig. Deshalb wurden alle Überreste wie Knochen und Schwarten sorgsam vergraben. – Die Täuschung der Frauen war natürlich äußerst plump, aber wer strengte schon sein Denkvermögen groß an. Verschiedentlich wurden den Frauen doch ein paar Reste zugesteckt, vielleicht vom heimlichen Hausfreund. Wer den Schwindel durchschaut hatte, sprach nicht darüber. Wer sich verplapperte, wurde von der Männergesellschaft unweigerlich umgebracht.

Wochen nach der eigentlichen Beschneidung, wenn alles gut verheilt war, kehrten die Jungen in ihr Dorf zurück. Sie

- waren schmerzhaft gezogen oder gezerrt worden, um kräftig und groß zu werden (33),
- hatten Spießruten laufen müssen (7),
- waren dicht ans Feuer gehalten und etwas versengt worden, um zu erfahren, was einem droht, wenn man den Schwindel den Frauen erzählt (41),
- hatten die Nasenflügel durchbohrt bekommen (43) und manches andere mehr.

Abb. 82: Beschneidungskandidaten

Abb. 83: Strand vor Karl Viewegs Haus auf Insel Mundua. Links im Bild die Landspitze, hinter der sich im Januar 1909 das Kurawu-Kanu verborgen hatte.

Dafür aber waren sie ab heute Männer!

Es war schon vorher ständig gefeiert worden, jetzt aber, am Rückkehrtag, ging das Spektakel erst so richtig los. Die erste Nummer des Tages war gewöhnlich ein Bad der Jungen im Meer, die zweite das Rasieren des Hinterkopfes und die dritte das Anmalen (7) und Schmücken von Gesicht und Körper. Alles sang, tanzte und trommelte bei unterschiedlichen Gebräuchen tagelang.

Damit war die Beschneidungszeit, die insgesamt bis zu einem halben Jahr dauern konnte, vorüber. In dieser Zeit wurde wenig getan. Wenn die Männer nicht feierten, lungerten sie herum. Jede produktive Arbeit ruhte. Tontöpfe, Geräte, Kanus, nichts wurde angefertigt, niemand ließ sich zur Arbeit überreden und schon gar nicht von der Neuguinea Compagnie anwerben! Es war eine Zeit allgemeiner Stagnation, die oft in eine Hungersnot überging, weil jeder über seine Verhältnisse gelebt und maßlos verschwendet hatte. An die Zukunft dachte dabei niemand.

Das einzige Gute an dieser Zeit: Der Friede war gesichert.

Die Zeit der großen Beschneidungsfeste ist jedoch vorbei. Durch die Missionare waren die Frauen mehr und mehr über die Geschichte mit dem Jungen-fressenden-Ungeheuer aufgeklärt, worauf für die Männer die Sache an Reiz verloren hatte. In Sissanu, auf dem Neuguinea-Festland gegenüber den Witu-Inseln, fand im Jahr 1909 noch eines der großen Beschneidungsfeste statt, am Huon Golf gar keines mehr.

So gingen alte Sitten und Gebräuche verloren.

Der Todeszauber

An einem Tag in der ersten Januarwoche 1909 wollte Karl Vieweg zur Insel Ngoru hinüberfahren. Da sein Haus nicht weit vom Meer entfernt lag, kaum 60 m, ging er gleich barfuß über den Strand zur Anlegestelle. Tomeawe und Tamone warteten dort mit einem Kanu, das sie von Karamatta geholt hatten.

Mittags wollte er wieder zurück sein. Ulewuwu erhielt solange die Flinte und sechs Patronen, um ein paar Tauben fürs Mittagessen zu schießen. Das Kanu stieß ab und war bald hinter einem Vorsprung verschwunden.

Ulewuwu döste noch eine Weile. Erst einmal war Pause. Schließlich war der Masta jetzt weg. Bis zum Mittagessen, das heute Dienerin Nemi anstelle von Tamone bereiten sollte, war noch viel, viel Zeit. Diese ständige Eile bei den Bumbum, was sollte das alles. Nemi war der gleichen Meinung. Auch sie hatte es sich bequem gemacht.

Wie schon gesagt, bis zum Mittag war noch viel Zeit, und die Sonne stand auch noch nicht sehr hoch. Ulewuwu hatte Auftrag, hinten am Kochhaus ein paar Stangen zu befestigen. Die waren seit gestern lose. Das hatte der Masta natürlich gleich gesehen! – Ach, wenn er doch nur nicht so viel zu tun hätte. Er dachte an Pengali, seine junge Frau zu Hause in Päko ... sie ist fleißig ... sie wird jetzt auf den Feldern sein und Unkraut hacken. Ob sie auch die beiden Schweine und die kleine Tochter Magchäto immer gut versorgt? Das eine der beiden Schweine will er demnächst schlachten ... vier oder fünf Tage ist er schon nicht mehr zu Hause gewesen.

Auch seine Freundin in Karamatta hat er lange nicht mehr gesehen.

(!!)

Die Freundin in Karamatta!

Der Gedanke schoß ihm durch den Kopf. Daß er erst jetzt daran dachte! Die Gelegenheit war heute so günstig wie selten. Doch halt! Nemi, der Dummkopf, wird plaudern – – aha, sie schläft. Das ist gut so.

Vorsichtig erhob sich Ulewuwu und verschwand rasch landeinwärts in Richtung Karamatta, denn Tamone, der Mann seiner Freundin, war mit dem Masta außer Reichweite.

Als er nach geraumer Zeit wieder zurückkam, wurde es höchste Zeit, auf die Taubenjagd zu gehen.

Da sah er plötzlich, wie sich eine schwarze Gestalt vom dunklen Urwaldrand löste, weiter weg von der Landestelle, dort, wo der Strand vom felsigen Ufer abgeschlossen wurde.

Wer war das?

Da drüben hatte doch niemand etwas zu suchen. Es war keiner vom benachbarten Dorf Kore, auch nicht von Karamatta, das erkannte er. Also ein Fremder.

Hier ein Fremder?

Ein Schiffbrüchiger vielleicht?

Die Gestalt kam allmählich näher, bis zu der Stelle, an der Karl Vieweg ins Kanu gestiegen war. Jetzt blieb der Fremde stehen und gab ein Zeichen in die Richtung, aus der er gekommen war. Kurz darauf tauchte dort ein Kanu auf, das hinter den Felsen gelegen hatte. Also eine verabredete Sache!

Ulewuwu war das nicht geheuer. Er rief Nemi. Die wußte noch weniger.

Das Kanu kam schnell heran. Mehrere Männer stiegen aus. Einige gingen hierhin und dorthin und schienen den Strand nach etwas abzusuchen. Die anderen fuhren mit dem Kanu weiter bis zu der Stelle, an der der Auskundschafter bereits wartete. Hier machten sie sich dicht am Wasser zu schaffen. Nun kamen auch die anderen von ihrer Suche zurück und holten aus dem Kanu eine große Tridacna-Muschelschale heraus.

Ulewuwu hatte sich schlotternd hinter der Brüstung der Veranda versteckt und ließ Tauben Tauben sein. Er ahnte, was hier vor sich ging. Nemi war überhaupt nicht mehr zu sehen.

Ulewuwu hatte erkannt, es waren Männer aus Kurawu. Haben sie Speere bei sich, Keulen? Anscheinend nicht – oder liegen sie vielleicht im Kanu versteckt? Wenn sie die Speere ergreifen – er wird davonrennen, nach Päko am besten. Die Kanaka wissen, Masta Piewek ist jetzt nicht zu Hause, sie können sich hier dreist zu schaffen machen ... wird Ugat, sein Ahnengeist, ihm helfen?

Ulewuwu sah, am Oberarm hatten sie Messer stecken. Auch das noch! Seine Hände zitterten. Er mußte an sich halten, um nicht jetzt schon davonzulaufen. Ach, wenn doch das verdammte Kurawu versunken wäre, genauso wie das Dorf Warapu bei einem Erdbeben vor dem letzten großen Monsun. Sein Masta hatte ihm davon erzählt. Ulewuwu wollte am liebsten selbst im Boden versinken!

Abb. 84: Männer von Kurawu im Begriff, einen Fußabdruck von Karl Vieweg zur Verzauberung mitzunehmen.

Die Kanufahrer hatten sich jetzt um etwas geschart und knieten nieder. Es war die Stelle, an der Karl Vieweg ins Kanu gestiegen war. Einer blickte verstohlen zum Haus herüber – hatte er ihn etwa entdeckt? – ?

Ulewuwu sah mit Entsetzen, was er schon befürchtet hatte: Sie hoben mit der großen Muschelschale vorsichtig einen Fußabdruck von seinem Masta aus dem Sand und trugen ihn zu ihrem Einbaum. Der eine von vorhin blickte nochmals zum Haus herüber.

Den Kerl kenne ich doch? Der Blick sah nicht gut aus.

Dann stiegen sie wieder in ihr Fahrzeug und verschwanden in größter Eile mit der wertvollen Beute.

Ulewuwu wußte genau, was jetzt in Kurawu geschehen wird. Die Männer bringen den Fußabdruck so rasch wie nur möglich zu ihrem Hexenmeister, dem schurkischen Tanegumberuei, der den berüchtigten Todeszauber anwenden wird. Je frischer die Spur, um so mehr 'Seelenhauch' des Opfers haftet noch an dem Abdruck, um so größer die Erfolgsaussichten bei der Verzauberung. Tanegumberuei wird den Fußabdruck in einer langen und umständlichen Prozedur, die sich Wochen, auch Monate hinziehen kann, mit Kräutern und dem Rauch bestimmter Hölzer behandeln, so daß Masta Piewek, sein geliebter Masta, sterben muß. Nein, das darf nicht sein!

Er hat ihn schon immer gewarnt, nach Ningau zu gehen, bloß nicht Ningau! Zu viele waren da schon gestorben. Aber der Masta wollte ja absolut nichts davon wissen. Tomeawe hat es ihm auch schon gesagt. Nun ist es zu spät! Nun wird er genauso verzaubert werden wie seine sechs Vorgänger. Keiner wird ihm mehr helfen können. Armer Masta.

Abb. 85: Über den Fußabdruck von Karl Vieweg gebeugt, leitet der Zauberer Tanegumberuei den langwierigen Todeszauber ein.

Der Geisterglaube der Kurawu-Leute wie auch aller anderen Insulaner sagte ihnen, daß zum Verzaubern eines Menschen ein von ihm stammender Gegenstand genügte. Der wurde dann verzaubert und damit auch dessen Eigentümer. Hierfür genügten schon ein paar Haare, abgeschnittene Fingernägel, Speichel oder Exkremente, aber auch ein Essensrest, eine Zigarettenkippe, ein benutztes Taschentuch, ein alter Socken oder nur eine Fußspur im Sand.

Solche Kostbarkeiten ließen das Herz eines Zaubermeisters höher schlagen, wenn es nur seinen Helfershelfern gelang, dieser Schätze habhaft zu werden. Und das war jetzt der Fall gewesen!

Die Weißen, so sagte sich Tanegumberuei, wollte er schon von der Insel fortbekommen. Nicht mit Keule oder Speer, das fällt auf und ist dumm, so wie damals bei Pieter Hanson. Dann kommt der Kiap mit der schrecklichen Polizeitruppe, die alles niederschießt und die Hütten abbrennt. Einmal war doch sogar ein Big-Tima gekommen und hatte Feuer und Rauch auf das Dorf Witu geschleudert. Nein, das bringt nichts ein. Mit dem Zauber geht das unauffälliger. Da gibt es keine Schwierigkeiten. Wer nicht von selbst stirbt, dem muß eben etwas nachgeholfen werden.

Gegen Mittag kam Karl Vieweg von seiner Fahrt zurück. Keiner von seinen Leuten stand wie sonst auf der Veranda. Und der Tisch war auch nicht gedeckt. Die Flinte stand unbenutzt in der Ecke, die sechs Patronen lagen daneben. Also auch keine Tauben zum Mittag.

"Neeemi !!! "

Sie kam zusammen mit Ulewuwu aus dem Kochhaus hinter dem Wohnhaus hervor. Als Karl Vieweg die verstörten Gesichter der beiden Helden sah, wußte er, daß etwas Außergewöhnliches vorgefallen sein mußte. Stotternd berichtete Ulewuwu, der Vernünftigere. Dabei war er heilfroh, daß er heute morgen nicht selbst mit hinunter zum Strand gegangen war. Seine eigenen Fußabdrücke wären sonst wohl auch verzaubert worden.

Karl Vieweg, ein tatkräftiger, junger Mann von 25 Jahren, der sich nicht so leicht ins Bockshorn jagen ließ, überlegte, was zu tun sei. Seine sechs Vorgänger ... immerhin, sie waren schließlich tot ... dumm waren sie sicher auch nicht gewesen ... waren sie wirklich nur einem Seelenzauber erlegen? Man hörte so viel davon, niemand wußte aber so recht etwas darüber. Oder hatten die Schwarzen ihnen Gift gegeben? Vielleicht war es auch nur die Malaria gewesen? Die Angst der Schwarzen vor dem Verzaubertwerden begegnete ihm täglich. So mußte er beim Verarzten der Wunden auch stets dafür sorgen, daß der alte Verbandsstoff oder nur ein Tupfer sogleich verbrannt, um Himmels Willen aber nicht in einen Abfalleimer getan wurde. Den Inhalt könnte sich sonst jemand nehmen und verzaubern. Ängstlich verfolgten die Augen des Patienten jedes Mal das alte Verbandsstück, bis es verbrannt war.

Wie dem auch sei – er wollte auf der Hut sein. Er beschloß zu handeln und den Spieß umzudrehen. Da zwischen Karamatta und Kurawu gegenwärtig Frieden herrschte, ließ er einen Boten von Karamatta nach Kurawu schicken und dem Big-Fellow-Man sagen, er hätte ihm hier etwas Wichtiges mitzuteilen.

Der Bote kam am Abend mit der Nachricht zurück, daß er die Aufforderung zu kommen, überbracht, aber keine Antwort erhalten habe. Es würde wohl noch darüber beraten.

Nun gut.

Da tauchte am nächsten Mittag ein großes Kanu bei dem Felsvorsprung auf, aus Richtung Kore-Kurawu kommend. Es hielt auf den Strand vor dem Haus zu. Im flachen Wasser innerhalb des Korallenriffs paddelten die Männer jetzt nicht mehr, sie stakten mit langen Bambusstangen heran. Nemi hatte das Kanu entdeckt, als sie auf der Veranda fegte. Sofort kamen auch Ulewuwu, Tomeawe und Tamone. Das Quartett starrte zum Kanu hinüber. Anhand der typischen Verzierungen war das Fahrzeug einwandfrei zu erkennen – es kam aus Kurawu.

Inzwischen war auch Karl Vieweg von der Station zu seinem Haus herübergekommen. Acht Mann waren im Kanu zu sehen. Sie gaben sich zu erkennen, winkten, und Karl Viewegs Leute winkten zurück. So hatte alles seine Richtigkeit.

Nun stiegen sie aus und kamen den Strand heraufgegangen, einer nach dem anderen. Karl Vieweg stand auf der Veranda, seine Angsthasen neben ihm. Den Revolver hatte er sicherheitshalber im Gürtel stecken. Auch das Gewehr stand griffbereit am Pfosten.

Wie üblich gingen die Ankömmlinge nur bis kurz vor das Haus und hockten sich dann auf dem Boden nieder. Der Zauberer war nicht dabei. Der Big-Fellow-Man war da, und die meisten anderen kannte Karl Vieweg auch: Kanubauer Wolemu mit dem schönen Perlenhalsband, Manuki, der immer eine Binde um den Kopf trug, Umberuei, ein verheirateter Manki, und der große Schlanke mit der verschrumpelten Nase, das war Talato.

"Das ist der, der gestern so grimmig zum Haus herübergesehen hat", stieß Ulewuwu aufgeregt hervor und verschwand hinter Karl Viewegs Rücken.

Dann war da noch Pulä, der hatte ein blindes Auge, links. Und vom Strand her kamen noch zwei hinterher: Der eine, ein Alter, grauhaarig – war das der Zaubermeister? Nein, er war es nicht, ein Unbekannter. Der andere, den hatte er auch schon mal gesehen. Das war Bakahutu mit einem mächtigen Haarschopf. Der Name war ihm sicher zurecht gegeben worden. Bakahutu, das bedeutete 'Läusekopf'.

Nun tauschten sie die üblichen Höflichkeitsfloskeln aus. Karl Vieweg fragte, wie es ginge, sprach von den jetzt günstigen Regenfällen. Er vergaß nicht, auf die umfangreichen Taro- und Yam-Anpflanzungen einzugehen, die er bei ihrem Dorf gesehen hatte und die viel Arbeit erforderten, und lobte die Weitsicht und Gastfreundschaft der Kurawu-Bewohner.

Der anfangs mürrische Big-Fellow-Man machte jetzt ein zufriedenes Gesicht ('Gastfreundschaft der Kurawu-Bewohner' hat er eben gesagt, das hörte er gern!). Doch dann wurde er wieder mürrisch und sagte, daß in der letzten Zeit vermehrt Wildschweine bei seinem Dorf aufgetaucht wären und unerhörterweise die Anpflanzungen zerwühlt hätten. Früher hätte es weniger Wildschweine gegeben und dadurch natürlich auch weniger Schaden. Jetzt aber, bei dieser Bestellung, sähe es schlimm aus!

Aha! Das war es also. Der Wildschweinschaden!

Nach der Kurawu-Philosophie hieß das: Mit der Ankunft des siebten weißen Mannes hatte sich auch der Wildschweinschaden vermehrt. Der Bumbum hatte also die bösen Schweine geschickt, und deshalb sollte er von der Bildfläche verschwinden.

Na warte.

Karl Vieweg bedauerte den angerichteten Schaden außerordentlich und versprach, wann immer er Wildschweine sähe, diese sofort abzuschießen. Auch die Männer von Karamatta, so ergänzte er, wären bemüht, die Schweine zu bekämpfen.

Das Gesicht des Big-Fellow-Man klärte sich ein wenig auf.

"Im übrigen", so fuhr Karl Vieweg jetzt mit Hilfe des dolmetschenden Tamone fort, "ist mir berichtet worden, daß gestern in meiner Abwesenheit Männer von eurem Dorf gekommen sind und meine Fußspuren im Sand vor meinem Haus gestohlen haben. Das durftet ihr nicht. Tanegumberuei will also meine Seele haben. Das aber ist Mord. Und dafür muß ich euch dem Kiap melden, von dem ihr viel, viel Kalabus (Gefängnis) bekommen werdet, weil ihr den Frieden der Insel gestört habt."

Keine Bewegung war in den Mienen der Kurawu-Männer zu erkennen. Nur im Gesicht von Wolemu zuckte es mehrmals.

"Ich weiß aber, daß ihr sonst gute und tüchtige Leute seid. Deshalb werde ich ausnahmsweise kein sprechendes Papier zum Kiap schicken. Ihr konntet auch nicht wissen, daß die Tau-taua-Bemühungen von Tanegumberuei bei mir gar nicht wirken können. Ich bin keiner von den euch bekannten Bumbum. Ich komme von einem anderen Dorf, bei dem jeder Zauber von euch einfach abprallt."

Er machte eine Pause und ließ seine Rede wirken. Der Big-Fellow-Man und seine Gruppe saßen schweigend da und machten ungläubige Gesichter.

Dann fuhr Karl Vieweg fort: "Aber wenn ihr meint, daß es doch nicht so ist, wie ich euch sage, so könnt ihr es gern noch einmal probieren. Nehmt noch einmal Fußspuren von mir mit oder besser, nehmt noch mehr zum Verzaubern mit. Da hinter meinem Haus, ihr könnt es sehen, da steht das 'house beke-beke' (Plumpsklo), das könnt ihr ausräumen und alles, alles, was da drin ist, mitnehmen. Übergebt das dem Tanegumberuei und sagt ihm, er möchte bitte alles verzaubern."

Verdutzt sahen sich die Männer aus Kurawu an und überlegten, was sie von diesem Vorschlag halten sollten. Das war ihnen noch nicht passiert. Noch nie hatte ihnen jemand etwas freiwillig zum Verzaubern angeboten – und dann auch gleich so viel!

Sie sahen den weißen Mann eine Zeitlang schweigend an und sprachen dann leise miteinander. Schließlich standen sie teils scheu, teils brummend auf und gingen zu ihrem Kanu zurück.

Sie stakten in Richtung Kurawu davon.

Abschied

Karl Viewegs mehrjähriger Aufenthalt in der Südsee neigte sich dem Ende zu. Für den 24. Januar 1909 war die Heimreise auf der 'Manila' gebucht. Alles war bereits verpackt, die Kisten zugenagelt. Darin hatten sich die schönsten Ethnologica friedfertig zusammengefunden: Ahnenfiguren und Masken, Obsidianmesser und -speere, Keulen, Menschenschädel, Gebrauchsgegenstände usw. usw.

Eine Woche vor der Abfahrt kam von Peterhafen das Boot, das ihn abholen sollte. Einen Tag später, am ***Sonnabend, dem 16. Januar,*** nachmittags, setzte Karl Vieweg mit all seinen Sachen, die auf zwei Boote verladen waren, zur Hauptinsel Garowe über. Dieses Mal dauerte die Überfahrt nur fünfeinhalb Stunden, bei der Herfahrt waren es zweieinhalb Tage gewesen. Unvergeßlich!

Vor der endgültigen Abreise war noch manches zu regeln, und Abschied feiern mit den Kollegen wollte er auch noch. Einige Sachen, die er nicht mehr benötigte, überließ er Hanson, Dahne und zwei Chinesen.

Am ***Montag, dem 18. Januar,*** regelte er seine Finanzen mit der Compagnie. Er erhielt 100,– RM Vorschuß auf die Reisespesen und hatte nach Empfang seines Guthabens jetzt insgesamt 896,– RM bar in der Tasche. Die Heimreise sollte über Bremen erfolgen, Tagegelder gab es freilich nur bis Genua.

Freitag, 22. Januar 1909. Der frühere Hausjunge von Administrator Müller, Nduari, brachte als Abschiedsgeschenk einiger Garowe–Bewohner einen langen Holzlöffel für eine Kürbiskalebasse, eine Schleuder mit graviertem Schleuderstein sowie eine Steinbeilklinge.

Sonntag, 24. Januar 1909. Der Abreisetag. *»Morgens gegen 7 Uhr kommt der Manki Djalbaluag nach Ilia, wo ich bei Herrn Hanson wohne, und meldet, daß die 'Manila' in Peterhafen schon vor Anker liegt. An Bord gegangen. Gepäck: 1 große Kiste Ethnologica etc., 1 kleine Kiste, 1 Bündel Speere, 1 Kabinenkoffer und 1 Handtasche.«*

Als er in seine Kabine kam, lagen da zwei Kulau auf dem Tisch – ein Abschiedsgruß von seinen Arbeitern auf Mundua. Der Tamul Dado hatte sie heute früh hier abgegeben.

Karl Viewegs Nachfolger, Herr Pawlitz von Herbertshöhe, war mit der 'Manila' heute morgen angekommen.

Abfahrt 10 Uhr vormittags. Alles winkte und grüßte und schwenkte die Hüte, während das Schiff die Leinen löste und sich langsam von der Pier wegbewegte. Aus der Gruppe, wo Herr Dahne stand, scholl noch ein letzter Gruß herüber:

»Master Vieweg! Hipp, hipp, hurra!«

Die Dampfersirene heulte – noch ein Winken – –, dann verließ das Schiff langsam den kleinen Hafen.

Karl Vieweg stand gedankenverloren an der Reling und sah, wie die Inseln, die für ihn einen Lebensabschnitt bedeuteten, mehr und mehr zurückblieben. Erst war es die Insel Mundua, ***seine*** Insel, die am Horizont versank, dann auch Garowe mit ihren höheren Bergspitzen.

Ausblick

Nach dem Ende der deutschen Kolonialzeit von 1884 – 1914 hatte das ehemalige Deutsch-Neuguinea ein wechselvolles Schicksal gehabt, bis alle Landesteile ihre Unabhängigkeit erhielten. Der südlich des Äquators gelegene Teil, also der Teil, der auf dem Festland Neuguinea lag, sowie das Bismarck-Archipel und die Salomonen, wurden zusammen mit dem britisch-australischen Papua im Jahr 1975 als Papua-Neuguinea in die Unabhängigkeit entlassen. Das Land ist mit seinen rund 600 Inseln fast doppelt so groß wie die Bundesrepublik Deutschland, hat jedoch nur 3,2 Mio. Einwohner.

Seit der Unabhängigkeit von Papua-Neuguinea sind nunmehr fünfzehn Jahre vergangen. Australien trug über viele Jahre ein Drittel des Staatshaushaltes. Inzwischen sind es nur noch 16%. Viele Länder der westlichen Hemisphäre leisten dem jungen Staat Entwicklungshilfe. Auch die Bundesrepublik steuerte bisher 160 Mio. DM dazu bei.

Papua-Neuguinea ist eines der wenigen Länder in der Inselwelt Ozeaniens, das über reiche Bodenschätze verfügt. Auf der Salomonen-Insel Bougainville befindet sich eines der größten Kupfervorkommen der Erde. Der Abbau bringt dem Staat wertvolle Devisen. Dieses Kupferreichtums wegen wollte die Insel – und will auch wieder – selbständig werden, um seine Ressourcen nicht mit anderen teilen zu müssen. Auch die Gazelle-Halbinsel mit Rabaul hatte eine Sezession angestrebt. So entstand der Inselstaat nicht ohne schwere Geburtswehen.

Dann wurden auf der Hauptinsel im Hochland bei Ok Tedi weitere Kupfer- sowie Goldvorkommen entdeckt. Da jedoch die Weltmarktpreise beträchtlich fielen und es vor allem Probleme mit der praktischen Durchführung verschärfter Umweltschutz-Auflagen gab, kam die Produktion zunächst ins Stocken. Papua-Neuguinea hatte 1984 bereits seine Umweltkatastrophe gehabt, als auf dem Fly-River ein Schiff kenterte, das mit hochgiftigen Chemikalien für das Bergwerk Ok Tedi beladen war. Trotz aller Bemühungen konnte nur ein Bruchteil der brisanten Ladung geborgen werden. – Die Fragen der Umweltschutz-Auflagen wurden erfreulicherweise bald gelöst, auch die Weltmarktpreise zogen wieder an, der Abbau wurde fortgesetzt. Außer auf Bougainville und bei Ok Tedi fanden sich weitere Bodenschätze. Es sind Chrom-Nickel-Kobalt-Lager und bedeutende Gold- und Erdölvorkommen, die in den nächsten Jahren noch in größerem Umfang erschlossen werden.

Im Jahr 1986 eröffnete Papua-Neuguinea eine Botschaft in Bonn, um den beiderseitigen Handel zu intensivieren. Die deutsche Wirtschaft hatte zu diesem Zeitpunkt mit ihren Kapitalanlagen in Papua-Neuguinea bereits die 100-Millionen-DM-Grenze überschritten, die Investitionen in der Ok Tedi-Mine nicht einbezogen.

Aber nicht überall in der Bundesrepublik wurde die einmalige Chance des wirtschaftlichen Einstiegs in ein 'Neuland' erkannt. BMW zum Beispiel vergab sie, als der Konzern den Fuhrpark der Regierung ausrüsten sollte. Heute fahren dort Mazda-Wagen. Ähnlich verhält es sich mit MBB-Hubschraubern.

Das Exportvolumen aus Papua-Neuguinea in die Bundesrepublik Deutschland hat sich in den vergangenen 15 Jahren verdoppelt und liegt nun über einer halben Milliarde DM. Die Bundesrepublik wurde damit nach Japan zum zweitgrößten Abnehmer von Produkten aus Papua-Neuguinea. Hauptexportgüter sind Kupfer und Gold. Dagegen haben Importe aus Deutschland nur geringe Bedeutung, sie lagen 1987 bei nur 28 Mio. DM. Zwar besteht in Papua-Neuguinea für eine Reihe von Investitionsgütern ein potentieller Markt, doch kann er gegen harte japanische, australische, neuseeländische und neuerdings auch singaporianische Konkurrenz kaum genutzt werden.

Die Regierung des Landes wirbt um Investitionen, u.a. im Bereich der Verarbeitung von im Land erzeugter Produkte, bisher aber nur mit wenig Erfolg. Steuerliche Vergünstigungen sollen zusätzliche Investitionsanreize schaffen. Da das Lohnniveau jedoch ungewöhnlich hoch ist – ein Mehrfaches von dem der benachbarten Philippinen –, können die Erzeugnisse auf den Exportmärkten nicht mit denen der Billigländer konkurrieren. Und auf dem Inlandsmarkt ist die Nachfrage noch zu gering, um rentabel wirtschaften zu können. Deshalb verringert sich die bisherige Importabhängigkeit des Landes nur unwesentlich.

Der Verfasser sah bei seinem Besuch im Jahr 1986 die Spuren jener Periode, in der die Deutschen 30 Jahre lang die Geschicke des Landes bestimmt hatten. Damals begann der Weg in die neue Zeit. Nicht nur Ortsnamen in Papua-Neuguinea zeugen von der deutschen Vergangenheit wie Blücher, Gauss, Bunsen, Helmholtz, Potsdam oder einfach nur Dorf, auch der Berliner Kurfürstendamm ist als 'Ku-Damm' vertreten.

Viele Menschen kennen noch den Namen des damaligen deutschen Gouverneurs, Dr. Albert Hahl, der ein Herz für die Belange der Einheimischen hatte und ihnen, wenn nötig, zu ihrem Recht verhalf.

Auch die Namen der Missionare aus der deutschen Zeit sind unvergessen, zum Beispiel Missionar Keysser oder Missionar Becker. Unumstritten sind die Verdienste der Missionen, die einen teilweise heroischen Kampf gegen Geisterangst, grausige Riten und Analphabetentum führten. Papua-Neuguineas Fortschritt ohne seine Missionare aller Konfessionen wäre undenkbar. Nur der Glaube konnte ihnen die Kraft geben, in äußerst schwierigen Verhältnissen zu leben, die sowohl für einen Menschen des Deutschen Kaiserreichs als auch für einen Normalbürger der Bundesrepublik unfaßbar und unbegreiflich erscheinen. Die Patres vom Heiligen-Herzen-Jesu begannen mit ihrer segensreichen Tätigkeit auf der Gazelle-Halbinsel bereits Jahre vor der Inbesitznahme durch das Deutsche Reich. Drei weitere katholische und fünf protestantische Missionsgesellschaften folgten nach.

Als Karl Vieweg auf den Witu-Inseln lebte, gab es dort noch keine Mission und keine Schule. Die ersten Missionare begannen nach 1950 mit ihrer Arbeit. Sie verdammten nicht von Grund auf den heidnischen Glauben, sondern knüpften an die religiöse Ideenwelt der Insulaner an. – Zu Kaisers Zeiten gab es auf den Witu-Inseln rd. 2 000 Einwohner, heute sind es 6 000. Für sie gibt es mehrere staatliche und Missionsschulen. Jedoch für die Inseln Mundua, Ngoru und Silenge ist nur eine einzige Schule vorhanden. Wer von der Inseljugend etwas lernen will oder soll, paddelt jeden Morgen ein oder zwei Stunden zum Unterricht und am Nachmittag wieder zurück, vorausgesetzt, die Wellen sind nicht zu hoch und der Wind steht günstig. – Kaum ein Jugendlicher, der heute nicht Pidgin sprechen oder schreiben kann. Viele können auch Englisch.

Der Verfasser erfuhr aus den Tagebüchern seines Vaters ziemlich genau, wie es vor 80 Jahren um die medizinische Versorgung bestellt war. In diesem Bereich hat es in den vergangenen Jahrzehnten enorme Fortschritte gegeben. Und trotzdem: Es bleiben noch weite, unterversorgte Gegenden, in denen Kranke keine ausreichende Hilfe finden.

Noch immer sind die häufigsten Todesursachen Lungenentzündung, Malaria und Hirnhautentzündung. Zwar fehlt es weiterhin an vielem, doch ist der Fortschritt sichtbar belegt. Allein in den letzten 20 Jahren stieg die Lebenserwartung der Bevölkerung um rd. 10 auf rd. 54 Jahre. Die Säuglingssterblichkeit liegt mit (erfaßten) 10% noch sehr hoch, und bei der Entbindung stirbt heute noch jede 50. Mutter. Insbesondere auf dem Land, in entfernten Gebieten, in denen die Verbindungen spärlich sind, haben Schwerkranke wenig Chancen. 11 700 Menschen haben rein rechnerisch nur einen einzigen Arzt (in der Bundesrepublik kommen auf einen Arzt 371 Einwohner!).

Die Blanche-Bucht auf der Gazelle-Halbinsel ist medizinisch sehr gut versorgt. Rabaul hat ein allgemeines Krankenhaus, und in Kokopo, nur 30 km entfernt, liegt das Krankenhaus der katholischen Mission Zum-Heiligen-Herzen-Jesu, das landesweit einen hervorragenden Ruf genießt.

Im krassen Gegensatz dazu sind die Witu-Inseln medizinisch völlig unzureichend versorgt. Es gibt nur ein Gesundheitszentrum ('Health Centre'), von einem Arzt ganz zu schweigen. Ist jemand so krank geworden, daß weder der Medizinmann, noch der von der Regierung eingesetzte Gesundheitsposten, noch das Gesundheitszentrum helfen kann, kommt nur noch das Krankenhaus in Frage. Und das heißt warten: Einmal wöchentlich legt das Versorgungsschiff an, nimmt die kranke Person mit und bringt sie ins 150 km entfernte Krankenhaus nach Kimbe/New Britain.

Nicht entscheidend gebessert hat sich in Papua-Neuguinea die Stellung der Frau. Der Ehemann bestimmt und kein anderer! Der Hauptlehrer auf der Insel Garowe ließ dem Verfasser gegenüber daran keine Zweifel aufkommen: »*We control them!*« Sie ist weiterhin das Arbeitstier der Familie, sie trägt die Lasten, und der Hausherr spaziert nach der Väter Sitte mit würdevollem Schritt voraus (nur, in früherer Zeit hielt er dabei absichernd einen Speer in der Hand!). Und wenn es ihm geraten erscheint, erhält sie eine Tracht Prügel. Doch gegen diese übertriebene Ausübung von Gewalt ist der Polizeiminister von Papua-Neuguinea vor kurzem energisch eingeschritten. Er begann seinen eindringlichen Appell mit einer Ansprache an seine Polizeioffiziere: »*Schauen Sie, meine Herren, wir alle haben es ja schon getan ...*«

Hoffen wir, daß sich seine Initiative und seine Selbsterkenntnis bis zu den entferntesten Inseln auswirken werden.

Auffallend für den Verfasser war ferner, daß die deutsche Kolonialzeit gern glorifiziert wird – alles war so schön, hatten die Alten erzählt, hätte so gut geklappt. Lag es wohl daran, daß auch im fernen Papua-Neuguinea die 'gute alte Zeit' beschworen wird, wie überall auf dieser Welt? So führte zum Beispiel ein Fremdarbeiter vom Festland Papua-Neuguinea dem verblüfften Verfasser auf der Witu-Insel Mundua die überlieferte Geschichte der Ermordung eines deutschen Missionars vor. Der Mann erklärte strahlend, daß seine Tanzvorführung, bei der er alles tat, was die Stimmbänder hergaben, ein Dank dafür sei, daß die Deutschen vor 100 Jahren hierher gekommen waren. Aber auch von der Regierung Papua-Neuguineas wird die dreißigjährige deutsche Kolonialzeit in einem positiven Licht gesehen.[24]

Weiterhin fiel bei den Besuchen in den einzelnen Dörfern der Witu-Inseln immer wieder auf, daß die Hilfsbereitschaft der Einheimischen, der Einsatz, die Mühe einzig und allein der Freude entsprangen, dem Fremden zu helfen. War der überhaupt ein Fremder? Hatte er nicht ein Buch in der Hand, aus dem er ihnen vertraute Namen, den des Vaters, des Großvaters, vorlas? Die hatten doch mal von einem 'Masta Piewek' erzählt! Nein, und nun war der Sohn da! Auch so groß und auch so lange Schritte! Und auch so neugierig!

Der Verfasser und seine Frau spürten aber auch, was die moderne Zeit für

---

24 Dies erinnert an den verstorbenen Staatspräsidenten von Liberia, William Tubman, der die Unterentwicklung seines Landes gern damit begründete, daß es in Liberia leider keine Kolonialmacht gegeben habe.

die Bewohner des weitläufigen Inselstaates bedeutet. Besonders in der Hauptstadt Port Moresby (130 000 Einw.) zeigte sich, wie schwierig und problembeladen der Weg in die Neuzeit ist. Während sich der Verfasser und seine Frau in der Stadt aufhielten, herrschte dort und in einigen anderen Gebieten Ausnahmezustand wegen Unruhen durch jugendliche Banden. Diese Unruhen haben jedoch nichts gemein mit den ständigen Stammesfehden im Hochland, die aus meist nichtigem Anlaß entstehen – ein Schwein oder eine Frau wurde gestohlen, eine Schuld nicht beglichen. Niemand möge sich deshalb veranlaßt sehen, dies zum Maßstab für die Beurteilung der schönen Südseeinseln zu machen. Jahrtausende alte Wertvorstellungen und Traditionen prallen auf die einer ganz neuen Zeit, und der Kulturschock ist entsprechend groß.

Begnügen sich die Alten in den im allgemeinen weit entfernt liegenden Ansiedlungen noch mit dem einfachen Leben, wie sie es immer kannten, wie die Überlieferung, die Erzählungen, die Ahnengeister es lehrten, so können sie doch nicht die Jungen halten. Die zieht es in die Stadt mit den bunten Lichtreklamen, wo ihnen alles so viel besser erscheint als in der kargen Welt der Eltern, die ihnen außer Geborgenheit nichts zu bieten hat.

Die Auswirkungen müssen als erschreckend bezeichnet werden. Ein Junge mit dürftigster Schulbildung kann in der Stadt kaum etwas werden, was seinen Träumen entspricht. Er spürt schnell, daß seine Chancen äußerst gering sind. Nun sollte er eigentlich schleunigst nach Hause laufen. Aber dorthin, in die nach seiner Meinung erbärmliche Hütte, zieht ihn nichts mehr. Bald findet er Anschluß an andere, denen es genauso ergeht. So entstehen Jugendbanden, wie dies auch aus anderen Ländern bekannt ist. Sie stellen die Regierung vor Probleme, die sich nicht so schnell lösen lassen.

Hier soll erwähnt werden, daß das Land in den letzten Jahren für viele auch der Ausweg aus Not und Verfolgung ist. Es gibt ein Flüchtlingsproblem, denn über die Grenze von dem heute zu Indonesien gehörenden Teil Neuguineas fliehen die Menschen hinüber nach Papua-Neuguinea, das seit 15 Jahren eine Demokratie hat und soziale Errungenschaften, um die es beneidet wird: Wo in jenem Teil der Erde gibt es eine feste Arbeitszeit von nur 42 Stunden pro Woche, einen Urlaub von mindestens drei Wochen, bis zu neun bezahlte Krankheitstage und vieles andere mehr für bisher noch nicht sehr effektive Arbeitskräfte? Für viele Menschen der Dritten Welt ist Papua-Neuguinea ein Vorbild. Allerdings wissen die wenigsten von ihnen, daß wegen der hohen Löhne die Produkte des Landes weitaus teurer sind als in jedem anderen Land dieser Region. So wird dem Staat zum Nachteil, was für den Einzelnen zum Vorteil wurde.

Auf jedem Sektor gibt es eine Fülle von Problemen. Das Land muß die Verbindung schaffen zwischen den alten Traditionen und modernen Wertvorstellungen. So weichen mit erschreckendem Tempo zum Beispiel die schönen, geschnitzten Trommeln und andere Kunstwerke den Kassettenrecordern und modernen Plastikscheußlichkeiten. Digitaluhren und billiger Modeschmuck lassen die prächtigen Schmuckstücke aus einheimischer Herstellung verschwinden und damit auch die handwerklichen Kenntnisse. Unbeachtet fast vergeht eine hohe Kultur von großer Schönheit, obwohl neuerdings die Regierung viel tut, um sie zu erhalten.

Alkohol kam durch den weißen Mann herein, ist heute weit verbreitet, doch in Unruhegebieten verboten. Die Regierung greift hart durch (Warnschild auf dem Flugplatz Rabaul: Wer Alkohol mit ins Hochland nimmt, wird mit (umgerechnet) 20 000 DM bestraft!). Und wo er nicht verboten ist, machen die Schankwirte gute Geschäfte. Der Lohn des Arbeiters wird nur zu leicht in Alkohol umgesetzt, was letztlich zur Verarmung der Familien in den Dörfern führt.

Betroffen registrierten der Verfasser und seine Frau die kulturelle Entfremdung und die damit verbundene Entwurzelung der Menschen. Werden sich diese Negativa zum Positiven wandeln? Wird sich die Modernisierung aller Lebensbereiche eines Tages wirklich als segensreich erweisen? Wären nur die Probleme nicht gar so schwierig! Sie sind es – so traurig es ist – in fast allen Entwicklungsländern. Der Sprung vom Steinzeitalter in die moderne Welt ist weiter, als viele Menschen sich vorzustellen vermögen.

Es muß daran erinnert werden, daß die Bevölkerung des dicht besiedelten Hochlandes von Papua-Neuguinea – hier leben etwa dreißig Einwohner pro Quadratkilometer gegenüber nur sieben im Landesdurchschnitt – erst in den 30er Jahren Kontakt zur Außenwelt bekam. Und die Kontakte blieben für viele Jahre spärlich, da in dem zerklüfteten Land nur schwierig Verbindungen hergestellt werden konnten. Nicht umsonst hat Papua-Neuguinea mit seinen vielen Inseln ein dichtes Luftverkehrsnetz.

Die eigentliche Erschließung des Landes begann erst in den 50er Jahren, nachdem die Vereinten Nationen der australischen Mandatsregierung dringend empfohlen hatten, Papua-Neuguinea zu helfen, endlich den Anschluß an die moderne Zeit zu gewinnen.

Heute zählt Papua-Neuguinea durch seine Einnahmen aus den Bodenschätzen nicht mehr zur Gruppe der ärmsten Entwicklungsländer. Zudem verfügt es wie viele andere Entwicklungsländer über große und noch ungenutzte landwirtschaftliche Ressourcen. Die Agrarproduktion wird auch in absehbarer Zeit nicht durch Mangel an Land behindert sein, denn bisher wird mit 5% der Gesamtfläche nur etwa die Hälfte des Anbaupotentials genutzt. Bei steigender Bevölkerungszahl könnte also die bebaute Fläche langfristig verdoppelt werden und gleichzeitig auch höhere Erträge bringen, wenn der bisherige Wanderhackbau der Subsistenzwirtschaft (Selbstversorgung) durch produktivere Anbauverfahren abgelöst wird.

Die Zentralregierung in Port Moresby weiß, daß in einem Land, in dem über 80% der Bevölkerung noch von der Subsistenzwirtschaft leben, ein Schwergewicht in der Landwirtschaft liegen muß. Premierminister Namaliu hat dies 1988 erneut bekräftigt. Die Schaffung von Arbeitsplätzen in der Landwirtschaft soll in erster Linie dazu beitragen, den Zustrom beschäftigungsloser Jugendlicher in die Städte zu stoppen.

Die Preise für die wichtigsten agrarischen Exportprodukte Kaffee, Kakao und Kopra sind gegenwärtig sehr niedrig. Der Anbau von Kokospalmen ist so gut wie unrentabel geworden. Manche Plantagen werden deshalb heute überhaupt nicht mehr abgeerntet, auf anderen werden die Kokosnüsse nur noch in größeren Abständen eingesammelt. – Die Palmen, die Karl Vieweg einst gepflanzt hatte, bringen wegen Überalterung nur noch geringe Erträge, werden aber nicht durch Neuanpflanzungen ersetzt.

Bei ihrer Suche nach lohnenden Verkaufskulturen gingen viele Kokospflanzer 1985/86 zum Kakaoanbau über. Karl Viewegs Kakao, den er einst pflanzte, bekannt als sogenannter 'German Cocoa', wurde nun durch ertragreichere Hybriden ersetzt. Dann aber fielen 1988/89 auch die Kakaopreise.

Große australische Konzerne wie Burns Philp, Carpenter und Steam Ships hatten nach dem Ersten Weltkrieg die Plantagen der Deutschen übernommen, um in das inzwischen lukrative Kolonialgeschäft einzusteigen. Die Ländereien waren von ihnen erweitert, die traditionellen Landrechte der Einheimischen jedoch respektiert worden. Auf den Witu-Inseln hatte Burns Philp die Kokos- und Kakao-Plantagen übernommen. Die Preise waren damals gut, und die Geschäfte gingen glänzend.

Die Insulaner profitierten nicht davon. Sie waren auch wenig daran interessiert. Sie besaßen ihre eigenen Anpflanzungen bei den Dörfern und scherten sich kaum um die großen Plantagen der Weißen, die fast nur mit Fremdarbeitern betrieben wurden. Die Witu-Bewohner waren mit ihrem Dasein zufrieden, denn die dörfliche Subsistenzwirtschaft und das Leben in der Großfamilie gaben ihnen Sicherheit und Auskommen.

Papua-Neuguinea soll eine Nation werden! Im Rahmen des 'nation-building'-Prozesses ziehen sich gegenwärtig die australischen Konzerne aus dem Land zurück und geben die Geschicke der Betriebe in papua-neuguineische Hände. Das Jahr 1987 brachte auch für die Witu-Insulaner eine Wende in ihrer Geschichte, denn Burns Philp zog sich auch hier zurück. Jeder Witu-Bewohner kann sich nun mit Anteilen an den bestehenden Pflanzungen beteiligen. Der Einstieg in moderne Wirtschaftsprozesse und Miterwerb von Kapital schafft zwar Probleme, ist jedoch Anforderung und Hoffnung zugleich. Die Geldwirtschaft spielte bisher nur eine untergeordnete Rolle.

Einige Monate nach dieser Veränderung gab es auf den Witu-Inseln ein zweites, noch viel weitreichenderes, sensationelles Ereignis: Vor den Riffen der Inseln Garowe und Mundua sind Gold, Zink und Öl gefunden worden! Ein Freudentaumel erfaßte die Menschen! War das nicht ein glückliches

Zeichen! Sie sprechen seitdem nur noch von 'Eldorado' und träumen von einer großartigen Zukunft. Unternehmungslust breitet sich aus, und Mr. Big-Fellow-Man braucht sofort einen Kredit, um endlich den Traum seines Lebens, einen 'liquor shop' (Schnapsladen), zu verwirklichen.

Die nächsten Jahre werden zeigen, wie sich das Leben auf den schönen Witu-Eilanden entwickeln wird. Erwartungsvoll schauen die Menschen an der Schwelle zu einer ganz neuen Zeit und einer ganz anderen Kulturstufe in die Zukunft.

Diese jüngsten Ressourcenfunde sind es, die jetzt die noch zögernden Wirtschaftskreise auf den Plan rufen. Staatsminister Helmut Schäfer vom Auswärtigen Amt in Bonn äußerte sich hierzu nach seinem Besuch in Papua-Neuguinea: *»Wir haben noch gar nicht begriffen, vor welcher Entwicklung dieser Staat steht!«* Und Premierminister Namaliu in Port Moresby weist nicht von der Hand, daß sein Land bald so reich sein könnte wie die Ölscheichs im Nahen Osten.

ANHANG

Glossar

Alang-alang-Gras Auch 'Kunai-Gras' genannt *(Imperata arundinacea).*

Atap Auch 'Morota' genannt. Die Bezeichnung für die mächtigen, oft 6 m langen Blätter der Nipa-Palme, die zum Dachdecken verwendet werden.

Betel (Malaiisch). Die Nuß der Betelnuß-Palme (Areca-Palme) wird zusammen mit den Blättern des Betelpfeffers und unter Zusatz von Kalk als Genußmittel gekaut. Durch den Kalk werden Speichel und allmählich auch Zähne rot gefärbt, das Zahnfleisch dagegen schwarz.

Big-Fellow-Man Auch 'Big-Man'. Der Begriff wird im allgemeinen mit 'Häuptling' gleichgesetzt, obwohl dies aus ethnologischer Sicht nicht korrekt ist, da ein Häuptling in einer ererbten Position gesehen wird.

Binatang Moskito, Käfer, Tier (Schimpfwort in Küstenmalaiisch)

Buin Ort im Süden der Salomonen-Insel Bougainville

Bumbum Allgemeine Bezeichnung für den Weißen. Angeblich soll das Wort nicht auf den Knall des Gewehres zurückzuführen sein.

Canna Tropische Pflanzengattung; Staude mit gladiolenähnlichen Blüten und breiten, oft roten Blättern. Zierpflanze.

Drazäne Drachenbaum, palmenartig

Elephantiasis Verdickung der Beine und Arme, auch Hoden und weiblicher Geschlechtsteile durch Lymphbahnenverstopfung als Folge von Fadenwürmern. Der Hodensack kann Fußballgröße erreichen! Übertragung der Larven durch Stechmücken.

Emin Pascha Deutscher Forschungsreisender, Arzt, 1840–1892. Richtiger Name: Dr. Eduard Schnitzer.

Excellieren	Glänzen
Grille	'Grille' oder 'Ringwurm' ist die Bezeichnung für eine Pilzerkrankung der Haut, die sich ringförmig ausbreitet. In extremen Fällen lassen die sich ablösenden Hautschuppen den Farbigen wie in Mehl getaucht erscheinen, so daß er im ersten Augenblick fast wie ein Weißer aussieht. Etwa 1/3 der einheimischen Bevölkerung von Deutsch-Neuguinea war mit Ringwurm befallen. Die Auffassung, daß Personen mit 'Grille' gut kochen können bzw. besonders stark sein sollen, ist natürlich Aberglaube.
Gunantambu	'Gunan' = Gehöft, 'Tambu' = Geld. Das Wort 'Gunan' taucht in der Kuanua-Sprache der Tolai in Verbindung mit anderen Wörtern öfter auf, z.B. Plantage Gunanur.
Kabulucha	Papiermaulbeerbaum *(Melaleuca leucadendron)*
Kaikai	Essen, Mahlzeit; essen, fressen
Kalabus	Gefängnis (Pidgin; span.: calabozo)
Kanaker	Das Wort 'Kanaker', 'Kanaka' stammt von dem polynesischen Wort 'Tangata' ab und bedeutet 'Mensch'.
Kapiaka	Brotfruchtbaum
Kapok	Pflanzenhaare der Fruchtkapsel von Wollbäumen, insbesondere des Kapok-Baumes. Genutzt als Füllung für Kissen, Schwimmgürtel, Rettungsringe.
Kiap	Bezirksamtmann
Kinigunan	Auch Kininigunan. Das Gelände gehört heute zur Missionsstation Vunapope auf der Gazelle-Halbinsel.
Kombe	Der Kombe-Stamm wird in der englischen Literatur als 'Kove' bezeichnet.
Kongkong	Chinese
Kulau	Trinkreife (also unreife) Kokosnuß; sie enthält Wasser, keine Milch
Kumbani	Neuguinea Compagnie (Pidgin)
Lawalawa	Auch 'Laplap' = Lendentuch; abgeleitet von 'Lappen'
Limlimlimbu	Nichts tun, bummeln, faulenzen, spazierengehen
Livuan	Ältere Bezeichnung für die in der Gegend des Weber-

	hafens siedelnden Tolai-Melanesier
Luluai	Verbindungsmann des Dorfes zur deutschen Behörde. Der Luluai wurde vom Gouverneur eingesetzt, um u.a. kleinere Rechtsstreitigkeiten im Dorf zu regeln oder auferlegte Arbeiten zu überwachen. Meist war er ein früherer Arbeiter der Neuguinea Compagnie, der nunmehr des Pidgin mächtig war und durch seine Kenntnisse von der weiten Welt außerhalb des eigenen Dorfes an Ansehen gewonnen hatte. Er war vergleichbar mit dem Dorfjumben in den afrikanischen Kolonien. Der Begriff 'Luluai' war geschickt gewählt. Er ist ein Wort aus der Kuanua-Sprache der Tolai und bedeutet 'Kämpfer', 'Held'. Die Einrichtung des Luluai in der deutschen Kolonialzeit hat sich bewährt und ist bis heute beibehalten worden. Gouverneur Dr. Hahls Strategie zur Entwicklung der Kolonie Deutsch-Neuguinea war: Zunächst Gründung weiterer Regierungsstationen als sichtbares Zeichen deutscher Autorität, dann Ernennung von Luluais, danach Einführung einer vierwöchigen Arbeitspflicht für alle Männer (Straßenbau!) (1903) und anschließend anstelle der Arbeitspflicht Erhebung von Kopfsteuern durch den Luluai. Die Durchführung der einzelnen Schritte wurde flexibel gehandhabt.
Malia	Eine der rd. 600 bekannten Arten der Yam-Knollenpflanze *(Dioscorea pentaphylla)*, die einzige mit Stacheln (16)
Mangrove	Artenreiche Waldbäume tropischer Küsten, die bei Flut im Meerwasser stehen
Manki	Junge im Kindesalter (monkey!) (Pidgin)
Morota	Siehe 'Atap'
Ngallip	Kanarinuß *(Canarium commune* (älter *C. indicum))*, großer Schattenbaum, besonders häufig in Melanesien, fälschlicherweise oft als Mandelbaum bezeichnet.
Obsidian	Glasartiges, hartes Gestein, das aus rasch erstarrter, siliziumreicher Lava entstanden ist
Päderastie	Sexuelle Beziehung eines männlichen Erwachsenen zu einem Jugendlichen gleichen Geschlechts. – Rituelle Päderastie wird heute noch bei einigen Stämmen

im Hochland Neuguineas gepflegt. Im Alter von etwa neun Jahren wechseln die Jungen eines Dorfes aus der Obhut der Mutter in das Männerhaus hinüber. Dort wird dem Jungen ein erwachsener Betreuer zugewiesen, der ihn in den nächsten Jahren in den Riten des Stammes unterrichtet und dessen Sperma er regelmäßig trinken muß, damit er zu einem richtigen Mann heranreift. Anschließend übernimmt er selbst die Rolle des Sperma-Spenders bei einem Kandidaten der nächsten Gruppe (19).

Pidgin 'Pidgin' (in Pidgin: 'Tok Pisin') ist eine Verstümmelung des englischen 'business', also eine 'Geschäfts'-sprache, ein Gemisch vor allem aus Englisch, anderen europäischen Sprachen, Papuanisch, Melanesisch, Malaiisch und Polynesisch. Etwa 5% der Wörter haben einen deutschen Ursprung.

Puro Anatto-Strauch *(Bixa orellana)* mit dem Carotinoid-Farbstoff Bixin

Ringwurm Siehe 'Grille'

Rotang Auch 'Rattan' genannt (malaiisch 'ratang'), eine lianenartige Kletterpalme. Sie wird von den Insulanern vielfältig als Flecht-und Bindematerial verwendet, von den Europäern damals als Rohrstock für Prügelstrafen, heute für Korbmöbel.

Sabe Wissen (Pidgin; franz.: savoir)

Seelo Sail ahoy! Segel ahoi! Schiff in Sicht!

Singlet Unterhemd

Tabu Schneckengeld auf der Gazelle-Halbinsel.Das Wort 'Tabu' stammt aus dem Polynesischen und hat Eingang in die deutsche Sprache gefunden. Ursprünglich bedeutete es 'das zu Merkende', im übertragenen Sinn 'verboten', 'unantastbar', 'wertvoll' (21).

Tamul Mensch; allgemeine Bezeichnung für die Bewohner der Astrolabe-Bai

Tanduk Das Blasen auf dem bis zu 40 cm langen Gehäuse der Triton-Schnecke, in das seitlich ein Loch gebohrt ist. Eine Verständigung ist über weite Strecken – von Insel zu Insel – möglich.

Tapa	Matte aus Baumrinde
Tatauierung	Tätowierung (samoanisch)
Tau-taua	Zaubern, einen Gegenstand besprechen
Totem	Ein Tier, aber auch eine Pflanze oder eine Naturerscheinung, durch die sich eine Gruppe Menschen mystisch verbunden fühlt. Das Totem gilt als Schützer und Helfer, mit ihm sind bestimmte Gebote und Verbote verbunden.
Tridacna-Muschel	Auch Mördermuschel genannt. Die größten sind mit eineinhalb Metern Durchmesser von den Hermit-Inseln bekannt (47). In Deutschland waren früher kleinere Tridacna-Muscheln als Weihwasserbecken in Kirchen beliebt.
Triton-Schnecke	Siehe 'Tanduk'
Vunapope	Missionsstation Zum-Heiligen-Herzen-Jesu (Vuna = Quelle, Ursprung, Vater; Pope = Papst)
Vunakokor	Berg auf der Gazelle-Halbinsel ('Quelle der Gewässer')
Yam	Auch Yams; siehe 'Malia'.

Bevölkerung der Witu-Inseln

Insel	Dorf	Männer	Frauen	Kinder	Gesamt	Doppelehen
Garowe	Witu-Bambe	22	19	14	55	2
	Witu-Bandi	27	26	31	84	–
	Balangori	48	53	67	168	7
	Lama	29	41	36	106	6
	Ndolle	15	14	15	44	2
	Bodobodo	29	25	26	80	3
	Lambe-Kawanga	21	15	12	48	2
	Lambe	50	38	38	126	2
	Gesamt	241	231	239	711	24
Mundua	Kurawu	24	27	37	88	2
	Karamatta	22	18	33	73	–
	Kore	20	20	19	59	1
	Gesamt	66	65	89	220	3
Ngoru		35	28	31	94	1
Silenge		17	14	11	42	1
Naraga		18	17	22	57	–
Wambu		–	–	–	–	–
Undaga		–	–	–	–	–
Unea		391	357	312	1070	17

Der Zensus erfolgte in 1913. Quelle: (5), gekürzt.

Anmerkung zum Todeszauber

(Anmerkung zu Karl Viewegs Verzauberung auf der Insel Mundua; vgl. S. ff)

Der Todeszauber, bei dem immer das Leben eines Menschen auf dem Spiel steht, ist das Entsetzen eines jeden Insulaners. – Der Verfasser versuchte bei seinem Besuch in 1986 vergeblich, von dem Enkel des damaligen Zauberers Tanegumberuei zu erfahren, wie die Verzauberung von Karl Vieweg vor sich ging oder gehen sollte. – Es gibt die verschiedensten Varianten dieses Todeszaubers, in Neuguinea wie auch im Bismarck-Archipel. Als Beispiel eines solchen Todeszaubers wird hier die Methode wiedergegeben, die von dem Missionar Keysser 1911 von den Kai-Leuten berichtet wurde (27):

Zunächst versucht der Zauberer,

»einen Ga, ein Zaubermittel, zu erhalten, in dem sich der Seelenstoff des Opfers befindet. Da der Seelenstoff selbst das kleinste Teilchen des Körpers erfüllt, da er auch auf alles übergeht, was der Mensch berührt, so kann als Ga ein Haar, ein Schweißtropfen, der Auswurf, ein Speiserest, ein Holzspan und vieles andere verwendet werden. Der Ga muß ganz frisch genommen sein, weil es sonst unsicher ist, ob sich der Seelenstoff des Menschen noch darin befindet.

Der Ga, welcher sobald als möglich einem Zauberer übergeben werden muß, wird von diesem sorgfältig behandelt. Zunächst wird er in ein Gama-Blatt gewickelt (wie die Gama-Blättchen von Raupen gefressen werden, so soll der Leib des Verzauberten eine Speise der Würmer werden) und in ein ganz kurzes, vielleicht 5 – 8 cm langes Bambusröhrchen gesteckt, welches von einem Geisterplatz genommen sein muß. Dazu kommen kleine Rindenstückchen der Bäume Bizo, Temenglili, Kilimung, Mangang und Sikapi. Die beiden ersten, Bizo und Temenglili, haben eine schwere Rinde. Sie wird dem Päckchen beigegeben, weil dasselbe bei prüfendem Wiegen in der Hand sich nicht leicht anfühlen darf: Denn Leichtigkeit gilt als Zeichen dafür, daß die Seele entwichen ist. Daß das Gewicht des Päckchens von der Rinde und nicht vom menschlichen Seelenstoff kommt, tut nichts zur Sache. ...

Mangang und Sikapi sind Bäume mit so unangenehmem Geruch, daß den Eingeborenen davon übel wird. Ihr Seelenstoff soll bei dem Opfer Übelkeit und Erbrechen hervorrufen.

Das Röhrchen mit all diesen Stoffen wird wieder sorgfälig in ein Gama-Blatt gewickelt und mit einer Tipu-Schlingpflanze gebunden. Diese Schlingpflanze welkt und morscht sehr rasch. So soll auch der Verzauberte schnell die Kräfte verlieren, dahinwelken und sterben. Das Päckchen wird so lange gewickelt und gebunden, bis es genau in ein zweites, weiteres Bambusrohr paßt, das ebenfalls von einem Geisterplatz stammt. Dieses Rohr wird endlich noch einmal in ein größeres gesteckt, so daß also das Zaubermittel mit der 'Seele' in drei Röhrchen eingeschlossen ist, deren äußerstes noch gut mit Baumwachs zugeklebt und mit kleinen Muscheln besetzt wird.

Beim Wickeln und Kleben ruft man den weißen Kakadu:

Kakadu, Kakadu,
komm und reiße dem Mann den Leib
auf und zerbeiße ihm alle Eingeweide,
daß er sterbe!«

Dann wird das Päckchen gebunden und unter leisem Singen geschwungen; man ruft und lockt die Geister, sie möchten kommen und die Seele des Verzauberten ins Geisterreich holen.

»Schließlich wird das Päckchen vom Stock gelöst und in das Blatt einer stachligen Ranke eingewickelt: Der Körper des Menschen soll von schmerzhaften Stichen gequält werden.

Weiter wird das Päckchen in ein Ninking- und zuletzt in ein welkes, abgefallenes Brotfruchtbaumblatt eingelegt: Die Ninking-Blätter haben feine Haare, welche auf der Haut Jucken und Brennen verursachen. ...

Wie das dürre Blatt sich vom Zweige löste und zu Boden fiel, soll er abmagern und ins Grab sinken. Bei all dem Wickeln und Binden wird folgender Zauberspruch auf das Päckchen geflüstert:

Oha und Wakang, ihr beiden Rieseneidechsen.
Kommt, legt euch auf seine Seele und drückt sie,
daß fröhliches Springen und jegliches Vergnügen aufhöre.
Verstopft ihm auch die Ohren, daß er nicht mehr höre,
und verwirrt ihm seine Gedanken!

Beim Hersagen des Spruches schlägt man mit der flachen Hand auf das Päckchen, wodurch den Leib des Verzauberten schmerzhafte Schläge treffen sollen. Während dann das Bündelchen noch einmal mit einer sehr festen Schlingpflanze umbunden wird, murmelt der Zauberer einen zweiten Spruch:

Falle ab und faule wie die Gurken!
Der Mann winde sich in Schmerzen!
Seine Arme und Beine sollen sich winden vor Schmerzen!
Sein ganzer Körper soll sich winden vor Schmerzen!
Sein Kopf soll sich winden vor Schmerzen!

... In dieser Weise behandelt der Zauberer sein Opfer nicht bloß einmal, er wiederholt seine Besprechungen oft viele Monate hindurch. Jeden oder

jeden zweiten Tag und seltener begibt er sich in seine einsame (abseits vom Dorf gelegene) Zauberhütte und traktiert die gefangene Seele. Nachdem er dann das Päckchen in die Asche des Feuers gelegt hat, geht er seiner Arbeit nach. Diese Behandlung wird so lange fortgesetzt, bis das Opfer erkrankt. Dann beginnt eine neue Phase der Verzauberung.

Von jetzt an wird das Seelenpäckchen am Feuer erhitzt, nachdem es abermals eingewickelt ist. Als Umhüllung wird eine mit feinen Stacheln besetzte Rinde benutzt, welche dem Kranken große Qual und Unruhe bereiten soll. Miteingewickelt werden etliche Rindenstückchen des mit Astknollen besetzten Bizo-Baumes. Davon soll der Kranke knollenartige Schwellungen am ganzen Körper bekommen. Außerdem wird das Päckchen noch mit dem scharfen Saft einer zerkauten Wurzel bespuckt: Den Kranken soll brennende Fieberhitze peinigen. ...«

Beim Unterhalten des Feuers darf nur das schon genannte Bizo-Holz und das des stachligen Zakweng-Baumes verwendet werden.

»Auch eine große Liane wird ins Feuer gelegt. Die zuerst hellfarbige Schnittfläche nimmt schnell dunkles Kolorit an. Es soll demnach die Haut des Kranken dunkeln, und sein Blut soll schwarz werden, d.h. gerinnen. Das Seelenpäckchen wird nun womöglich Tag für Tag einige Zeit ans Feuer gelegt und wie folgt besprochen:

Adler und Habicht, ihr beiden, hier ist euer Wild.
Faßt es mit scharfen Krallen,
reißt ihm den Leib auf
und zerfleischt es vollständig!
Dann mögen Verwesung und Würmer,
Maden und Käfer seinen Körper vollständig zerstören!

Bei jeder Wiederholung dieses Spruches wird das Päckchen umgewendet. Da der Zauberer bei dieser Behandlung der Seele den Leidenden mimisch darstellen muß, so bedient er sich dabei eines Gehilfen. Er ahmt den Kranken nach, wie er plötzlich an dieser oder jener Leibesstelle von Schmerzen befallen wird. Er seufzt, er ruft, er stöhnt und schreit wie der Kranke. ... Der Gehilfe tröstet ihn dann, wie der Freund einen Kranken in seiner Angst und Not tröstet.

Schließlich stöhnt der Zauberer wie ein Sterbender auf, ahmt das Todesröcheln und die letzten Atemzüge nach und stellt sich tot. Nach einer Weile erhebt er sich, und das unheimliche Spiel ist für diesen Tag zu Ende.

Er legt das Zauberpäckchen zwischen einige trockene Stückchen Holz, beschwert es mit einem Stein und bedeckt das ganze mit Asche. Um nicht Mißtrauen zu erregen, bringt der Zauberer die Nächte immer im Dorf im Kreise seiner Bekannten und Freunde zu.

Um sich zu vergewissern, ob die Seele noch in ihrem Gefängnis sitzt oder nicht, schleicht sich der Zauberer in der Dunkelheit hinaus zur Zauberhütte und lauscht. Hört er in dem dürren Laubwerk des Daches seiner Hütte irgendein Rascheln, Zirpen oder sonst ein Geräusch, so ist er überzeugt, daß die Seele noch wohl verwahrt ist, und seine Mühe schließlich Erfolg haben wird. Um diesen Erfolg nicht in Frage zu stellen, muß er sich manches versagen:

Er darf sich weder waschen noch baden, noch seine Haut vom Regen naß werden lassen. Als Getränk darf er nur Pfützenwasser zu sich nehmen, das durch Stehen in der Sonne gut gewärmt ist. Wasser kühlt nämlich; deshalb würde er auf einen Erfolg gewiß verzichten müssen, wollte er frisches Bachwasser trinken. Auch das stehende Wasser ist nicht ganz harmlos für ihn: Will er völlig sicher gehen, so darf er nur gekochtes Wasser, also etwas Kräuter- oder Fleischbrühe trinken. Doch auch da muß er äußerst mäßig sein. Darf er doch nicht einmal in Wasser gekochte Speisen genießen, sondern muß seine Taroknollen immer im Feuer rösten. Während der ganzen Zauberei darf er auch kein Weib berühren. Er darf sich nicht einmal von solchen Männern eine Speise reichen lassen, die Umgang mit Frauen haben.

In der Zauberhütte muß tiefe Stille herrschen: Kein lautes Wort darf gesprochen, und es darf auch nicht gehustet werden. Jedes notwendige Gespräch wird im Flüsterton geführt. Kein Holz darf in der Hütte zerbrochen, kein Ästchen zertreten werden. Deswegen ist sie an einem abgelegenen Geisterplatze errichtet, den seiner Unheimlichkeit wegen kaum je der Fuß eines Uneingeweihten betritt. Die Zauberhütte besteht aus einem größeren Hauptraum und aus einem kleinen, finsteren Nebenkabinett, der eigentlichen Zauberkammer, in die kein Sonnenstrahl fallen darf; denn die Seelen sollen durch nichts scheu gemacht, jede Hoffnung auf Befreiung soll ihnen genommen werden. ...«

Zum Abschluß der Prozedur kommen alle Zauberer der umliegenden Dörfer heimlich in der Waldhütte zusammen.

»Jeder bringt die Zauberpäckchen mit, die er in Behandlung hat. Zuerst werden sie sämtlich durch Wiegen auf der flachen Hand geprüft, die zu leicht befundenen werden beseitigt. Die übrigen legt man in einen alten Topf, umgibt und bedeckt denselben mit Scherben, streut Asche darüber und zündet ringsherum ein Feuer an. ...«

Einige der Zauberer ahmen wieder ihre Opfer nach, winden sich wie in Todesangst, seufzen, stöhnen, klagen und jammern. Die anderen nehmen eines der Ga-Päckchen nach dem anderen, legen es in ein Stück Bast und wringen es, wie man einen Lappen auswringt. Das Opfer wird dadurch von Todesangst befallen, seine Kehle wird zugeschnürt, es wird von Grauen gepackt. Alles dies wird mimisch dargestellt. Schließlich schneidet jemand den Bast durch, und die Päckchen fallen zu Boden (das Opfer fällt tot zu Boden).

»Damit ist die Zauberhandlung zu Ende. Die beteiligten Zauberer tauschen als Zeichen ihrer Freundschaft Wertsachen aus und geloben sich gegenseitig strengste Verschwiegenheit. – Stirbt um diese Zeit jemand, so sind die Hexenmeister von dem Erfolg ihrer Arbeit überzeugt und verlangen an geeigneter Stelle Bezahlung für ihre Mühe.«

Verzeichnis der Abbildungen und Karten

Abbildungen

13, 23, 59, 74	Beck, v. C.: Das überseeische Deutschland, Bd.2. Stuttgart, 1911.
48	Burger, F.: Die Küsten- und Bergvölker der Gazelle-Halbinsel. Stuttgart, 1913.
3, 53	Dohmen, S.: Bonn.
35, 38	Gash, N. und Whittaker, J.: A pictural history of New Guinea. The Jacaranda Press. Milton, Qld., 1975. (Quelle: B. B. Perriman Collection, Canberra).
49, 50	Hesse, K. and Aerts, Th.: Baining Life and Lore. Inst. of Papua New Guinea Studies. Port Moresby, 1982.
36	Kleintitschen, P.: Die Küstenbewohner der Gazelle-Halbinsel. Hiltrup, 1906.
43	Koch, G.: Iniet. Geister in Stein. Veröffentlichungen des Museums für Völkerkunde, Neue Folge 39. Berlin, 1982.
18, 25, 26, 45, 80, 84, 85	Koenn, F.: Königswinter.
8, 10	Meyer, A. B. und Parkinson, R.: Album von Papua-Typen II. Nord Neu Guinea, Bismarck Archipel, Deutsche Salomo Inseln. Dresden, 1900.
5, 6, 7, 11, 19, 20, 31, 33, 37, 46, 60, 72b, 82	Museum für Völkerkunde. Berlin-Dahlem.
17, 72a	Neuhauss, R.: Deutsch-Neuguinea, Bd. 1. Berlin, 1911.
78	Neuhauss, R.: Deutsch-Neuguinea, Bd. 2. Berlin, 1911.
30, 52, 68, 69, 73	Parkinson, R.: Dreißig Jahre in der Südsee. Stuttgart, 1907.
16, 47	Rautenstrauch-Joest-Museum. Köln.

44	Schnee, H.: Bilder aus der Südsee. Berlin, 1904.
41, 63, 64	Thurnwald, R.: Ethnopsychologische Studien an Südseevölkern. Beihefte zur Zeitschrift für angewandte Psychologie und psychologische Sammelforschung. Leipzig, 1913.
12, 28, 29, 34, 39, 40, 42, 51, 54, 55, 56, 57, 58, 61, 62, 76, 77, 83 ***Abb. S. 86 und 227***	Vieweg, B.: Bonn.
1, 2, 9, 14, 15, 21, 22, 24, 27, 32, 66, 75, 81	Vieweg, B.: Bonn. (Nachlaß von Karl Vieweg).
67	Wichmann-Boelicke, G.: Kolonialer Alltag in Kaiser-Wilhelmsland. Katalog zur Ausstellung der Univ.- und Stadtbücherei. Köln, 1984.
70	Wiener Museum für Völkerkunde.
4, 65, 71, 79	Wittich, K.: Niedenstein.

Karten

1 – 7	Vieweg, B.: Bonn.

Literaturverzeichnis

(1) Ambrose, W.R. and Green, R.C.: First Milenium B.C. transport of obsidian from New Britain to the Solomon Islands. Nature, 237:31, 1972. In: Specht, Jim: Obsidian sources at Talasea, West New Britain, Papua New Guinea. The Journ. of Polyn. Society, Vol.90, No.3. 1981.

(2) Amtsblatt für das Schutzgebiet Deutsch-Neuguinea, 1.Jahrgang, Nr.5. Simpsonhafen, 1909.

(3) Amtsblatt für das Schutzgebiet Deutsch-Neuguinea, 1.Jahrgang, Nr.16. Simpsonhafen, 1909.

(4) Amtsblatt für das Schutzgebiet Deutsch-Neuguinea, 1.Jahrgang, Nr.22. Simpsonhafen, 1909.

(5) Amtsblatt für das Schutzgebiet Deutsch-Neuguinea, Nr.23 und 24. 1913.

(6) Arnd, Norbert: Die Tierwelt Ozeaniens. Mus. f. Völkerkunde, Abtlg. Südsee, Führgsblt. 094. Berlin, 1973.

(7) Bamler, G.: Tami. In: Neuhauss, R., Deutsch-Guinea, Bd.3. Berlin, 1911.

(8) Beck, v. C.: Neuguinea. In: Das Überseeische Deutschland, Bd.2. Stuttgart, 1911.

(9) Blake, D.H. and Johnson, R.W.: The Cape Hoskins Area, Southern Villaumez Peninsula, the Vitu Islands and Associated Volcanic Centres. Volcanic Geology and Petrography Record 1972/133. Bureau of Min. Res., Geol. and Geophys. of Australia, 1971. In: Blythe, Jennifer: An obsidian source in the Vitu Islands, West New Britain. The Journ. of the Polyn. Society, Vol.93, No.2. 1984.

(10) Blythe, Jennifer: An obsidian source in the Vitu Islands, West New Britain. The Journ. of the Polyn. Society, Vol.93, No.2. 1984.

(11) Burger, Friedrich: Die Küsten- und Bergvölker der Gazelle-Halbinsel. In: Studien und Forschungen zur Menschen- und Völkerkunde, Bd.12. Stuttgart, 1913.

(12) Denkschrift über die Entwicklung der Schutzgebiete Afrikas und der Südsee im Jahr 1908/1909. Schrift f. Reichstagsabgeordnete, Nr.179 F 1, Deutsch Neu-Guinea, S.7.

(13) Deutsches Kolonialblatt, Amtsblatt f. die Schutzgebiete in Afrika u. in der Südsee, Reichskolonialamt. 1905.

(14) Deutsches Kolonialblatt, ----. 1907.

(15) Deutsches Kolonialblatt, ----. 1908.

(16) Espig, Gustav: Landw. Fakultät, Univ. Stuttgart-Hohenheim. Persönl. Mitteilung.

(17) Firth, Stewart: New Guinea under the Germans. Melbourne Univ. Press. 1982.

(18) Freyberg, Paul: Missionar der Evangel. Luth. Kirche in Papua Neuguinea. Persönl. Mitteilung.

(19) Godelier, Maurice: Die Produktion der Großen Männer. In: Theorie und Gesellschaft, Bd.6. Frankfurt, 1987.

(20) Hahl, Albert: Gouverneursjahre in Neu-Guinea. Berlin, 1937.

(21) Heiler, Friedrich: Die Religionen der Menschheit. Reclam. 1982.

(22) Helfrich, Klaus: Religion in Australien und Ozeanien 2. Mus. f. Völkerkunde, Abtlg. Südsee, Führgsblt. 084 b. Berlin, 1972.

(23) Helfrich, Klaus: Forschungen im Bergland von Neuguinea; das interdisziplinäre West-Irian-Projekt, Forschungsprojekte Ethnologie, Religion. Sonderausstellg., Blatt 21. Berlin, 1978.

(24) Helfrich, Klaus: Magie und Zauberei in Ozeanien. Mus. f. Völkerkunde, Abtlg. Südsee, Führgsblt. 098. Berlin, 1982.

(25) Hesse, K. and Aerts, Th.: Baining Life and Lore. Inst. of Papua New Guinea Studies. Port Moresby, 1982.

(26) Hoffmann, Albert: Lebenserinnerungen eines Rheinischen Missionars. 2 Bde. Wuppertal-Barmen, 1948–1949.

(27) Keysser, Ch.: Aus dem Leben der Kai-Leute. In: Neuhauss, R.: Deutsch Neu-Guinea, Bd. 3. Berlin, 1911.

(28) Kleintitschen, P.: Die Küstenbewohner der Gazelle-Halbinsel. Hiltrup, 1906.

(29) Kleintitschen, P.: Mythen und Erzählungen eines Melanesierstammes aus Paparatava, Neupommern. Anthropos-Bibliothek. Mödling b. Wien, 1924.

(30) Koch, Gerhard: Iniet, Geister in Stein. Veröffentlichungen des Mus. f. Völkerkunde, Neue Folge 39. Berlin, 1982.

(31) Kroll, H.: Der Iniet. Das Wesen eines melanesischen Geheimbundes, 1938. In: Koch, Gerhard: Iniet, Geister in Stein. Veröffentlichungen

des Mus. f. Völkerkunde, Neue Folge 39. Berlin, 1982.

(32) Kummer, Ludolf: Kannibalismus auf Neu-Mecklenburg. In: Kosmos, 1914, S.275.

(33) Kunze, Georg: Bilder aus dem Leben der Papua. Barmen, 1926.

(34) Lehner, Stephan: Bukaua. In: Neuhauss, R.: Deutsch Neu-Guinea, Bd.3. Berlin, 1911.

(35) May, R.J.: Kaikai Aniani. A Guide to Bush Foods Markets and Culinary Arts of Papua New Guinea. Bathurst/Australia, 1984.

(36) Mead, Margaret: Brombeerblüten im Winter. Rororo. Hamburg, 1978.

(37) Meyer, P.J.: Mythen und Erzählungen der Küstenbewohner der Gazelle-Halbinsel. Anthropos-Bibliothek. Münster i.W., 1909.

(38) Meyers Großes Konservations-Lexikon. 1909.

(39) Mitteilungen aus den deutschen Schutzgebieten, Bd.21. 1908.

(40) Nachrichten über Kaiser-Wilhelmsland und den Bismarck-Archipel. Heft 3. Berlin, 1888.

(41) Neuhauss, R.: Deutsch Neu-Guinea, Bd.1. Berlin, 1911.

(42) Nevermann, Hans: Masken und Geheimbünde in Melanesien. 1933.

(43) Parkinson, R.: Dreißig Jahre in der Südsee. Stuttgart, 1907.

(44) Petschull, Jürgen: Queen Emma und die deutschen Herren. In: Die Illustrierte "Der Stern", Nr.38. 1983.

(45) Pöch, R.: Bericht über eine Reise nach Neu-Guinea. In: Deutsches Kolonialblatt, Amtsblatt f. die Schutzgebiete in Afrika u. in der Südsee, Reichskolonialamt. 1906, S.647.

(46) Powell, Wilfried: Unter den Kannibalen von Neu-Britannien. Drei Wanderjahre durch ein wildes Land. 1884. In: Schultz-Naumann, Joachim: Unter Kaisers Flagge; Deutschlands Schutzgebiete im Pazifik und in China einst und heute. Universitas Verlag. München, 1985.

(47) Rechinger, Lily und Karl: Streifzüge in Deutsch-Neu-Guinea und auf den Salomons-Inseln. Berlin, 1908.

(48) Robson, R.W.: Queen Emma. New York, 1973.

(49) Schnee, Heinrich: Bilder aus der Südsee. Berlin, 1904.

(50) Schiefenhövel, Wulf: Forschungen im Bergland von Neuguinea; das interdisziplinäre West-Irian-Projekt, Forschungsprojekt Ethnomedizin. Mus. f. Völkerkunde, Abtlg. Südsee, Führgsblt. 13. Berlin, 1978.

(51) Schultz, Wolfhart: Forschungen im Bergland v. Neuguinea; das interdisziplinäre West-Irian-Projekt. Forschungsprojekt Zoologie 1. Mus. f. Völkerkunde, Abtlg. Südsee, Führgsblt. 7. Berlin, 1978.

(52) Schwabe, Kurd: Die Deutschen Kolonien, Bd.2. Verlag Weller. Berlin, ca. 1910.

(53) Simpson, Collin: Adam in Chre. Inside Aboriginal Australia. Sydney, 1951.

(54) Specht, J., Lilley, I. and Normu, J.: Radiocarbon dates from West New Britain, Papua New Guinea. Austral. Archaeology, 12:13–15, 1981. In: Specht, J.: Obsidian Sources at Talasea, West New Britain, Papua New Guinea. The Journ. of Polyn. Society, Vol.90, No.3. 1981.

(55) Swading, Pamela: Papua New Guinea's Prehistory. Nat. Museum & Art Gallery. Boroko, 1981.

(56) Taschner, Fritz: Pater Franz und seine Mamussi. Hallbergmoos, 1985.

(57) Tischner, Herbert: Dokumente verschollener Südsee-Kulturen. Abhandlungen der Naturhist. Gesellschaft, Bd.38. Nürnberg, 1981.

(58) Übersee-Museum Bremen. Pamphlet 'Südsee'. 1979.

(59) Wendland, Wilhelm: Im Wunderland der Papua. Berlin, 1939.

(60) Werner, Eugen: Beobachtungen und Erlebnisse in den Urwäldern Neuguineas. Freiburg, 1911.

(61) Wichmann-Boelicke, Gisela: Kolonialer Alltag in Kaiser-Wilhelmsland. Katalog zur Ausstellung der Universitäts- und Stadtbibliothek Köln, 1984.

(62) Zahn, Heinrich: Die Jabim. In: Neuhauss, R.: Deutsch Neu-Guinea, Bd.3. Berlin, 1911.

(63) Zimmermann, Emil: Unsere Kolonien. 1912.

Sachregister

Burkhard Vieweg wurde 1928 in Potsdam geboren. Er studierte Landwirtschaft in Rostock, Göttingen, Kiel und Pretoria und promovierte an der Universität in Kiel.

Achtzehn Jahre seines Berufslebens hielt er sich als Farmverwalter, Forscher und Berater in Ländern Afrikas und in Indien auf. Weitere fünfzehn Jahre war er im Bundesministerium für Ernährung, Landwirtschaft und Forsten in Bonn für Fragen der Entwicklungshilfe zuständig, eine Aufgabe, die ihn auch immer wieder in die Dritte Welt führte. Sein Engagement auf verschiedenen Gebieten zeigt sich in über 50 Veröffentlichungen.

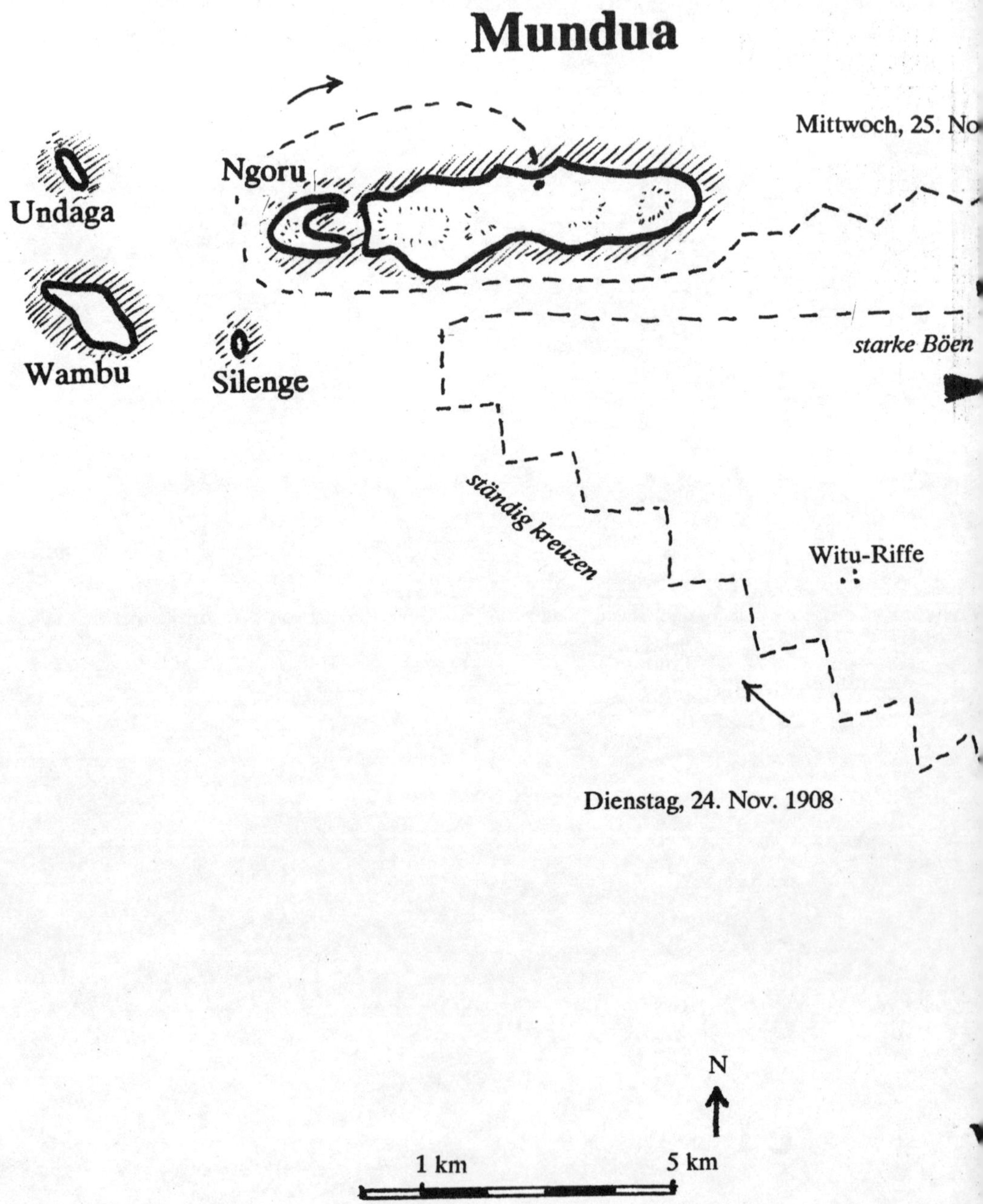

Karte 7: Die inneren sechs Witu-Inseln. Karl Viewegs Irrfahrt von Garowe nach Mu